스탠퍼드
인문학 공부

스탠퍼드 인문학 공부

지은이 | 랜달 스트로스
옮긴이 | 안종희

1판 1쇄 인쇄 | 2018년 10월 22일
1판 1쇄 발행 | 2018년 11월 5일

펴낸곳 | (주)지식노마드
펴낸이 | 김중현
디자인 | 제이알컴
등록번호 |제313-2007-000148호
등록일자 | 2007. 7. 10

(04032) 서울특별시 마포구 양화로 133, 1201호(서교동, 서교타워)
전화 | 02) 323-1410
팩스 | 02) 6499-1411
홈페이지 | knomad.co.kr
이메일 | knomad@knomad.co.kr

값 18,000원

ISBN 979-11-87481-46-1 03320

이 도서의 국립중앙도서관 출판예정도서목록(CIP)은 서지정보유통지원시스템 홈페이지(http://seoji.nl.go.kr)와
국가자료공동목록시스템(http://www.nl.go.kr/kolisnet)에서 이용하실 수 있습니다.(CIP제어번호: CIP2018030816)

* 잘못 만들어진 책은 구입하신 서점에서 교환해 드립니다.

A Practical Education

스탠퍼드
인문학 공부

랜달 스트로스 지음 | 안종희 옮김

nomad
지식노마드

에밀리, 할, 반에게

인문학,
도대체 어디에 쓰는 것인가?

오늘날의 기업 세계에서 인문학 교육의 중요성은 그다지 강조되지 않는다. 한때 스티브 잡스를 비롯한 경영자들이 인문학을 강조해서 흥미를 끌긴 했지만, 실제 취업 전선에서 인문학이 어떤 실용적인 유용성을 갖고 있다고는 평가받지 못했다.

몇 년 전 우리 사회에도 인문학 열풍이 불면서 인문학 서적이 쏟아져 나왔고, 대학에도 각종 인문학 강좌가 개설되었다. 하지만 기업은 인문학 전공자를 뽑지 않은 지 오래됐고, 대학에서도 지원자가 줄어들면서 인문학과들이 통폐합되는 추세다.

이런 현실에서 출간된 이 책은 인문학의 유용성을 증명하려 시도한 연구의 결과를 보여준다.

저자는 첨단 IT 기업의 요람으로 알려진 실리콘밸리 지역의 스탠퍼드 대학교를 예로 들어 인문학 교육의 유용성을 밝히고자 했다. 이를 위해 그는 실리콘밸리에 취업한 인문학 전공자들의 과거와 현재 모습을 추적했다.

한창 인문학 열풍이 불었던 2011년, 세계적인 IT 기업 구글에서는 부사장이 직접 스탠퍼드에 찾아와 신입 직원 6,000명 중 4,000~5,000명을 인문 분야 전공자로 뽑을 계획이라고 밝히기도 했다. 그러나 이 계획은 실행되지 않은 것 같다. 그랬다면 이 책이 나오지도 않았을 테니.

스탠퍼드에서 공학을 전공한 엔지니어를 뽑으려는 기업들은 넘치지만, 아무리 스탠퍼드 출신이라도 인문학 전공자들만 뽑기 위해 오는 기업은 없다. 제니퍼 오켈만은 299번의 입사 지원에 실패한 후 실리콘밸리에서 일자리를 찾았고, 그랜가드는 졸업한 지 3년이 지난 뒤에야 선배의 친구 도움으로 간신히 취업했으며, 헤이지는 대학에서 열린 취업박람회에서 실패한 후 경력직을 뽑는 면접 장소에 찾아갔다가 운 좋게 취업했다.

그러나 취업이라는 관문을 통과한 이들은 인문학을 공부하면서 배운 능력을 바탕으로 성공을 이뤄냈다. 역사학도인 무어는 글쓰기를 집중적으로 훈련했던 역사학 수업을 통해 사업상 결정을 내리는 데 중요한 이야기를 만들어내는 능력을 키웠다. 스트라이프에 입사한 영문학도 헤이지는 자신의 일상 업무가 영문학 보고서와 비슷하다고 말한다. 대학 때 소설을 읽고 주제를 파악한 뒤 보고서를 썼던 것처럼 스트라이프에서 그녀는 자료를 면밀히 조사하고 고객들이 보낸 이메일과 까다로운 전화에 관한 팀원들의 이야기를 신중하게 검토한 후, 주제를 파악한 보고서를 작성한다. 그리고 회사가 취해야 할 행동에 대해 권고한다. "분석 방법은 놀랄 정도로 비슷합니다. 결과만 다를 뿐이죠"라고 그녀는 말했다.

이 책은 명문 스탠퍼드 대학교 학생들의 일부 경험을 사례로 삼아 인문학 공부의 유용성을 역설한다는 점에서 어느 정도 한계를 내포하고 있다. 하지만 지식의 반감기가 급속도로 짧아지고, 정보화로 인해 기업에 정보가 넘쳐나며, 다양한 이해관계자들과의 협력이 성공의 필수 요소가 된 시대에 인문학 공부가 오히려 점점 더 중요해질 가능성을 보여주기에 충분하다. 지식을 빠르게 습득하는 능력, 커뮤니케이션 능력, 추론 능력은 저자가 인문학 교육을 통해 얻을 수 있다고 주장하는 대표적인 역량들이다.

수많은 스탠퍼드 인문학 전공자들의 현재 모습을 추적한 끝에 저자는 이들이 인문학 전공자임에도 불구하고 실리콘밸리에서 성공한 것이 아니라 인문학을 전공했기 때문에 성공했다고 결론짓는다.

그렇다고 인문학을 전공한 것이 성공의 충분조건이라고 단정 지어서는 안 된다. 인문학적 배경이 긍정적으로 작용하는 것은 사실이지만 개인적인 특성도 무시할 수 없기 때문이다. 지적으로 도전하는 태도, 가장 쉬운 길에 대한 단호한 거부, 열심히 일하는 능력, 더 높이 도달하려는 추진력을 포함한 개인들의 특성이 바로 그것이다.

그러므로 지식이 아니라 그 지식을 얻기 위해 받은 훈련이 중요하다. 저자는 "미친 짓처럼 보일지 모르지만"이라는 수식어를 이 책에 등장하는 인문학 전공자들에게 공통적으로 붙일 수 있다고 말한다. 이들은 미래의 직업과는 별로 상관이 없었지만 자신이 좋아하는 분야의 공부를 선택했던 사람들이다. 그들은 오로지 배우는 기쁨을 위해 미친 듯이 관심 분야를 파고들었고, 미친 듯이 자료를 조사했고, 미친 듯이 글쓰기를 했던 사람들이다. 그들은 이런 과정을 통해서 변화무쌍한 미래에 대비하는 가장 중요한 무기인 빠르게 배우는 능력을 습득할 수 있었다. 천재도 즐기는 자를 이길 수 없다는 말이 있지 않은가.

우리 사회에서도 직장인들의 인문학 공부 열풍이 뜨겁게 불었다. 삶의 가치나 더 고상한 목적을 추구하는 사람들도 있었지만, 대부분의 직장인들에게는 생존과 성공을 위한 필요성이 더 컸을 것이다.

이 책은 인문학 공부를 통해 직업 세계에서 성공하기 위한 단초들을 제시해준다. 자신이 정말 배우고 싶은 것을 열정적으로 폭넓게 공부하는 과정에서 빠르게 습득하는 훈련을 획득함으로써 성공을 위한 강력한 무기를 확보할 수 있다. 열매를 거두기 위해서는 오랜 시간 집중하는 능력과 끈기가 필요할 것이다. 평생직장 개념은 사라지고 일생에서 적어도 몇 번의 이직이 예상되는 세상을 살아갈 인문학도들을 위해 응원의 한 마디를 마지막으로 남긴다.

"인문학은 불확실한 미래를 준비하는 검증된 가장 강력한 방법이다."

차례

1장
전공 선택

스탠퍼드 대학 학부생들은 매우 운이 좋은 사람들이다. 그들은 미국에서 학생을 가장 까다롭게 선발하는 학교에 입학하여 에덴동산 같은 캠퍼스에서 생활한다. 게다가 학교 옆에는 실리콘밸리가 있다. 캠퍼스에서 엎어지면 코 닿을 만한 거리에 첨단기술 분야의 거대 기업과 한창 성장하는 기업, 스타트업 기업들이 자리 잡고 있다. 여러 조사에 따르면 이 기업들은 세계에서 가장 전도유망한 고용주들로 평가받는다. 스탠퍼드의 학부생들은 미래에 대한 큰 걱정 없이 졸업할 수 있는 가장 완벽한 위치에 있는 것처럼 보인다.

이들 가운데 가장 인기 있는 학생들은 공학 전공자들로 그들의 지위는 최근 몇십 년 동안 크게 성장했다. 그러나 이 책은 공학을 전공으로 선택한 학생들이 아닌, 직업적 목표가 불분명하지만 그저 학문을 공부하는 기쁨을 얻기 위해 전공을 선택한 학생들에 관한 내용을 다루고 있다. 그들은 바로 인문학 전공자들이다. 대다수 인문학 전공자들은 더 높은 학위를 취득하지 않은 상태에서 곧바로 전문직을 구하려고 할 때 미래가 불확실한 경우가 상당히 많다. 나는 이 책을 집필하기 위해 그들의 현재 지위와 교육과정, 구직 경로, 최근 졸업생들의 첫 직장 경험을 포함한 구술 기록들을 수집했다. 이러한 자료를 충분히 검토한 결과 나는 인문학을 전공한 졸업생들이 기업에 잘 적응하고 높은 성과를 보여줄 충분한 준비가 되어 있다고 확신하게 되었으며, 다른 사람들도 이에 동의할 것이라 생각한다. 만약 고용주들이 그들에게도 기회를 준다면 말이다.

나는 여기에 소개하는 학생들 대부분이 특권계층 출신이라는 점을 인정한다. 그들의 부모 중 많은 이들이 스탠퍼드에 다녔고 경제적으로도 넉넉하다. 그들은 자녀를 훌륭한 초등학교와 중·고등학교에 보냈으며, 자녀가 스탠퍼드에 진학했을 때도 자녀가 관심 있는 전공을 선택하는 것을 허락했다. 나는 여기에 소개한 이 학생들이 무작위로 뽑힌 샘플이 아니라는 것도 알고 있다. 우리는 이 학생들이 매우 영리하며, 같은 또래 중에서도 승자 그룹에 속한다는 점을 잊지 말아야 한다. 그렇다고 이들이 영리한데다 노력까지 하는 유일한 대학생들은 아니다. 어느 대학이든 그런 똑똑한 학생들이 있다. 내가 추적한 스탠퍼드 학생들의 신속한 학습능력에 대한 주장은 경영학이나 응용기술 분야를 전공하라는 주변의 충고를 거부하고 자신이 좋아하고 우수한 능력도 발휘할 수 있는 분야를 전공한 모든 학생들에게도 그대로 적용할 수 있다.

나는 모든 대학교의 인문학 전공자가 교육과정을 제대로 이수하고 졸업 학점을 얻었다는 이유만으로 졸업 후에 뛰어난 직장인이 될 것이라고 주장하지 않는다. 그러나 미래의 고용주들은 특정 직업과 밀접하게 연결되지 않는 학문 분야를 전공으로 선택하여 그 교육과정을 성실히 수행하는 동안 새로운 지식을 스펀지처럼 빠르게 흡수하는 능력을 보여주었으며, 추진력과 성실성, 치열한 사고능력과 우수한 소통 능력을 성적표를 통해 증명한 학생들을 다재다능한 후보군으로 보아야 한다.

　만일 내가 인문학의 실용성에 대해 미래의 고용주나 대학생, 혹은 대학생의 근심 어린 부모 중 그 누군가를 설득해야 한다면 지금 직장에서 한창 잘나가는 인문학 전공자들을 실제로 보여주면 될 일이다. 그래서 스탠퍼드 대학에만 초점을 맞추기로 했다. 실리콘밸리의 고용주들은 스탠퍼드의 인문학 전공자들에게도 기꺼이 취업 기회를 줄 정도로 스탠퍼드 출신을 선호한다. 인문학을 전공한 졸업자 대부분은 대체로 그들의 전공 덕분이 아니라 그 전공임에도 불구하고 실리콘밸리의 기업에 고용된다. 그들은 많은 경우 스탠퍼드 동문이라는 학맥 덕분에 고용되었다. 여기서 중요한 것은 그들이 어떻게 해서든 직장에 발을 들여놓았다는 점이다. 어쨌든 그들은 일단 입사한 후 인문학을 전공한 사람들에게서 특징적으로 나타나는 아주 다양하고 유용한 강점을 입증할 기회를 얻는다. 고용주들은 결국 회사에 구체적으로 기여하는 그들을 인정하게 될 테지만, 그것은 학맥과는 상관없는 일이다. 그들은 곧 더 많은 책임을 지는 자리에 오를 것이고 결국 더 많은 성취를 이룰 것이다. 고용주들이 비즈니스 분야와 상관없는 전공자들을 문전박대한다면 이런 일은 한낱 희망사항으로만 남을 것이다. 인문학 전공자들은 스탠퍼드 출신이라는 점 때문에 고용되었지만, 일단 직장을 얻고 난 후에는 그들이 고용주에게 보여주는 능력에 의해 미래가 좌우된다. 학사 학위를 어느 분야에서 받았는지는 중요하지 않다. 그들이 교육과정에서 갈고 닦았던 능력을 제대로 발휘할 수 있느냐가 중요하다.

인문학 전공 졸업생들의 곤경

이 책에서는 스탠퍼드 대학 설립 당시의 방침이었던 직업 중심 교육과 이에 반발한 비직업 중심 교육 사이에서 일어난 갈등과 진로 상담, 그리고 졸업 후 취업 지도 발전과정을 역사적인 사례를 통해 살펴볼 것이다. 이런 역사를 깊이 살피다 보면 고용주들이 학생들의 학부 전공과 그 선택 시기에 대한 의사결정을 얼마나 제멋대로 해왔는지 알 수 있다. 한 분야가 각광을 받다가도 곧 열기가 식어 다른 분야로 대체되는 일이 아주 많았기 때문이다. 고용주들이 학부생들에게 던지는 메시지는 앞으로도 계속 바뀔 가능성이 있다. 내가 보기에 알 수 없는 미래를 대비하는 최선책은 오랜 시간 보편적인 준비 방법으로 검증된 분야를 전공하는 것이다. 그것이 바로 인문학이 아닐까 생각한다.

하지만 이런 주장을 정당화하는 것은 확실히 쉽지 않다. 왜냐하면 새로운 졸업생들의 미래 고용주들은 계량 기법을 가르치는 학과를 전공하거나 직업에 특화된 분야를 배운 학생들을 훨씬 더 선호하기 때문이다. 또한 공학 전공자들에 비해 훨씬 많은 수의 인문학 전공자들이 노동경제학자들이 정의한 '능력 이하의 일을 하는'[1] 곳에 첫 직장으로 입사한다는 증거도 많다. 그러나 졸업생들이 노동시장에 진입한 후에도 불완전고용 상태에 계속 머문다는 증거는 뚜렷하지 않다. 또한 안타깝게도, 비전문적인 관찰자나 이를 우려하는 부모들은 경영학 학위를 포함한 직업 관련 전공과 직업 예비과정 전공 분야의 학위 소지자와 인문학 또는 사회과학 전공 학위 소지자 간의 초기 소득 격차가 시간이 가면서 줄어든다는 사실을 보지 못한다. 최고 연봉을 받는 연령인 56~60세가 되면 인문학과 사회과학 전공자들은 두 분야에서 석·박사 학위를 받은 사람들을 포함할 경우 다른 분야 전공자에 비해 1년에 2,000달러를 더 번다.[2]

미래의 인문학 전공자들에게 용기를 주기 위해 스탠퍼드가 지금으로부터 약 35년 전에 인문학 전공자들의 사례를 수집할 때 가졌던 생각을 다시 되새겨보려고 한다. 인문학 전공자들의 불안한 미래는 1970년대에 분명히 드러났다. 그 당시 저녁 늦게 캠퍼스를 지나던 방문

---

1 Jaison R. Abel and Richard Deitz, "Underemployment in the Early Careers of College Graduates Following the Great Recession," National Bureau of Economic Research, Working Paper 22654, September 2016. 뉴욕연방준비은행 직원인 아벨과 데이츠는 2011년 중반부터 2014년 중반까지 최근 대학 졸업자의 고용이 감소하였고, 실업률도 1990년대 초반 이후 처음으로 46% 이상까지 증가했다고 밝혔다. STEM(과학, 기술, 공학, 수학) 전공자나 회계학, 경영분석학, 경제학, 금융학 전공자들은 자신의 전공을 활용할 수 있는 첫 직장을 잘 찾은 반면 영문학, 역사학, 예술사 및 다른 인문학 분야는 대공황 이후 불완전 고용률이 훨씬 더 높았다. 직업 관련 전공자들은 두 가지 극단을 보였다. 간호학 전공자들은 불안전 고용률이 가장 낮았고, 경찰행정학 전공자는 불완전 고용률이 가장 높았으며, 공연예술 전공자가 근소한 차이로 그 뒤를 이었다. 부록 〈도표 4〉를 보라.

2 Debra Humphreys and Patrick Kelly, 《How Liberal Arts and Sciences Majors Fare in Employment》 (Washington, DC: Association of American Colleges and Universities, 2014), 9~10쪽. 석, 박사 학위를 받은 사람을 제외하고, 학사 졸업자끼리만 비교한다면, 인문학 또는 사회과학을 전공한 사람과 직업 관련 또는 직업 예비과정을 전공해 학위를 받은 사람들 간의 소득 격차는 더 오래 지속된다. 그러나 인문학 전공자들은 다른 모든 학사 학위 소지자보다 석, 박사 학위를 취득할 가능성이 더 높다. 모든 학사 학위자와 비교할 때 전자는 42.5%, 후자는 36.3%가 상급 학위를 받았다. Norman M. Bradburn and Robert B. Townsend, "Use Data to Make a Strong Case for the Humanities," 《Chronicle of Higher Education》 (December 2, 2016): A23을 보라.

자들은 학생들이 대학의 직업센터 밖에서 텐트나 야전침대에 누워 자는 광경을 흔히 볼 수 있었다.

지금도 여전하지만 당시 공학 전공자들은 그들과 함께 대화를 나누고 싶어 하는 미래의 고용주를 쉽게 찾을 수 있었다. 그러나 인문학 전공자들은 지금과 마찬가지로 기회를 얻기가 어려웠다. 소수의 기업들만 큰 선심을 쓰듯 생색을 내면서 겨우 그들과 만나주었다. 반면 이들 기업을 만나려는 학생들은 많았기 때문에 스탠퍼드는 학생들이 진로 계획 및 취업안내 센터Career Planning and Placement Center에 직접 방문하여 미리 시간을 예약하는 시스템을 만들었다.

등록이 시작되는 날, 수많은 적극적인 학생들은 센터의 문이 열리기 훨씬 전인 꼭두새벽부터 미팅 예약을 하기 위해 도착했다. 오전 6시에 나온 학생들이 예약을 하지 못하자 다음 날에는 더 이른 시각인 새벽 4시에 나오기 시작했다. 그 다음부터는 더 일찍 와서 텐트를 치거나 기숙사에서 야전침대를 끌고 와서 기다리게 되었다.

대학 당국은 인문학 전공자들이 더 좋은 고용주를 만나기 위해 필사적으로 노력하는 놀라운 모습을 보고 당혹스러워 했다.[3] 1980년 신임 총장에 임명된 도널드 케네디Donald Kennedy는 학생 기자로부터 '직업 세계로 진입할 준비가 필요한' 인문학 전공 졸업자들의 곤경에 대해 날카로운 질문을 받았다. 거의 20년 동안 생물학자로서 스탠퍼드에서 가르치고, 2년 동안 워싱턴에서 식품의약국 위원으로 일한 후 최근 대학에 다시 돌아온 케네디 총장은 더 많은 학생들이 STEM(과학Science,

3   "Overcrowding Plagues CPPC Job Interviews," 〈SD〉, February 4, 1981

기술Technology, 공학Engineering, 수학Mathematics) 분야를 전공해야 한다고 주장할 수도 있었을 것이다. 그러나 그는 그 대신 인문학 교육의 포괄적인 유용성을 옹호했다. 그는 학생들의 흥미는 "하나의 특정 일자리나 직업"을 준비하는 것이 아니라 "폭넓은 활동을 통해 매우 유능한 사람으로 발전할 때" 가장 잘 꽃필 수 있다고 믿는다고 말했다.[4]

케네디는 역사학자였던 전임 총장 못지않게 특히 인문학을 강화할 필요성에 대해 깊이 이해하고 있음을 보여주기 위해 노력했다. 스탠퍼드가 연방정부로부터 과학연구 개발자금 지원을 세 번째로 많이 받게 되었을 때, 그는 "1980년대에는 인문학을 과학이 도달한 수준까지 끌어올리기 위해 노력해야 한다"고 말했다.[5]

케네디 총장은 자신의 영역인 캠퍼스 내에서 인문학 교수진을 강화할 수 있는 권한을 갖고 있었다. 그러나 그는 기업의 고용주들이 인문학 전공자들을 기피하는 경향을 바꿀 수는 없었다. 1979년에는 스탠퍼드 졸업 예정자 중 구직자의 수가 급격히 늘어났다. 5년 전에 대학에서 4학년생을 대상으로 조사했을 때는 졸업생의 약 4분의 1만이 졸업 후 곧바로 직장을 구했었지만, 이후 대학원 진학의 매력이 급격히 떨어지면서 이제 졸업생의 절반 이상이 일자리를 구하기 시작한 것이다.[6]

2학년생인 스탠 영Stan Young은 〈스탠퍼드 데일리Standford Daily〉의 '불쌍한 퍼지fuzzy 전공자들'이라는 제목의 칼럼에서 "우리는 인문학을 전공한 졸업생들이 마땅한 일자리가 없어 레스토랑에서 접시를 닦고

---

4 "Successor to Lyman as Eighth University President, Kennedy Speaks on Advising, Faculty, Humanities," 〈SD〉, August 15, 1980.

5 "New President of Stanford", 〈NYT〉, June 14, 1980.

6 "1979 Senior Survey Results", 〈SD〉, April 22, 1980.

있다는 가슴 철렁하는 이야기를 듣는다"라고 썼다. 당시 대학가에서는 '기술 전공자' 또는 '퍼지 전공자(퍼지 전공자란 주로 예술이나 인문학, 사회과학 전공자를 일컫는다. ― 옮긴이)'라는 용어를 사용했다. 영이 역사학을 전공한다고 하자 친척들은 얼굴이 창백해질 정도로 깜짝 놀랐다. '기술 직종'을 준비하는 사람들 혹은 '스탠퍼드를 졸업할 때 받는 성적표는 상대적으로 시장성이 없다'라는 말을 계속 되풀이하는 사람들로 둘러싸였던 이상한 경험을 토로한 인문학 전공자는 스탠 영 한 사람뿐이 아니었다.[7]

케네디 총장은 영 같은 인문학 전공자들이 자신의 미래에 대해 염려한다는 것을 잘 알고 있었지만, 그들이 캠퍼스 문을 나서자마자 매우 좋은 직장이 기다리고 있다고 약속하지도 않았다. 그는 학생 기자에게 이렇게 말했다. "부러움을 받는 직업을 얻을 거라고 기대하기는 어렵습니다. 어느 정도의 실험이 필요할 것이고, 그 실험은 아마도 고통스러울 것입니다." 이런 상황과 관련하여 대학이 할 수 있는 일은 졸업생들에게 "결국 현실에 대처할 수 있는 도구"[8]를 제공하는 것이라고 그는 말했다.

인문학을 전공으로 선택한 사람들 앞에 고통이 놓여 있다는 말은 놀라울 정도로 솔직한 충고다. 그러나 이 말은 진로를 주저하는 학생들을 인문학으로 끌어들이는 데는 도움이 되지 않는다. 스탠퍼드 문리대는 불투명한 미래로 이어질지 모를 미답의 영역으로 더 많은 학생을

---

7   Stan Young, "Pity the Fuzzy Study Major", 〈SD〉, January 11, 1980. 영(Young)은 스탠퍼드에서 역사학 석사 학위를 받은 뒤 하버드 로스쿨에 진학해서 1985년 법학 학위를 받았다.
8   "Successor to Lyman."

유치하기 위해 새로운 계획에 착수했다. 인문학의 중심인 문리대에는 인문학, 사회과학, 순수과학이 포함된다. 문리대는 최근 다수의 졸업생들을 대상으로 고용과 관련한 내용을 자세히 조사했다. 다음 해 그 조사 내용이 《전공 선택》이라는 소책자로 출간되었는데, 일부 졸업생들의 사진을 포함한 프로필이 자세히 소개되어 있었다. 그것은 졸업 당시에는 예상할 수 없었던 분야에서 흥미로운 직장을 발견한 졸업자들의 사례였다.

실리콘밸리로 간 인문학도들

나는 이 소책자에 실린 사례 중에서도 기업 채용 담당자들의 우선순위 목록에서 가장 거리가 먼 인문학을 전공한 학생들에게 관심이 갔다. '전공 선택' 과정에서 인문학을 마음에 두고 신중하게 고민하는 학생들은 실제 졸업생들의 이야기를 듣고 안심할 수 있을 것이다. 물론 근심스러운 부모 역시도 그럴 것이다.

《전공 선택》의 서론에서 편집자는 인문학 전공자의 미래를 낙관적으로 그리고 있지만, 각 전공자의 졸업 후 구체적인 상황을 가장 잘 설명한 사람은 학생들 자신이었다. 역사학을 전공하고 맷슨 내비게이션 컴퍼니Matson Navigation Company의 회계 책임자로 일하고 있는 마리엘 무어Maryellie Moore는 역사학을 공부하면서 얻은 비판의식이 특정한 역사적 사건과 기념일을 잊은 후에도 오랫동안 그녀의 머릿속에 남아 있다고 말했다. 철학 전공자인 바바라 브라운Barbara Brown은 자신이 샌프란시스코 도시철도회사의 관리자가 될 것이라곤 꿈에도 예상하지 못했다고 말하면서 이렇게 덧붙였다.

나는 훌륭한 인문 교육의 미덕을 주장하는 연단에 기꺼이 올라갈 것입니다. 스탠퍼드에 있을 때 나는 비판적이고 체계적으로 사고하는 법을 배웠습니다. 이런 능력의 희소가치를 알 수 있는 곳은 대학 밖의 '현실 세계'입니다. 글을 잘 쓰고, 논리적으로 생각하고, 체계적인 방식으로 업무계획을 수립하는 것의 가치를 단 하루도 확인하지 않는 날이 없습니다. 대학에서 이런 능력을 익혔던 사람은 믿기 어려울 정도로 시장성이 높습니다.[9]

소책자에는 회계사, 작가, 의사, 치과의사, 변호사가 된 이들의 프로필도 포함되어 있었다. 4년 전에 졸업한 종교학 전공자 마이클 크렌델 Michael Crandell은 프로그래머가 되었다. 그는 《전공 선택》에 실린 인터뷰에서 이렇게 말한다. "내가 지금 프로그래머가 된 것은 스탠퍼드에서 컴퓨터과학Computer Science 분야의 한 과목을 이수했기 때문입니다." 그는 "당신이 알지 못하는 어떤 분야의 일을 전반적으로 준비하는 작업의 일환"[10]으로써 인문학을 전공해야 한다고 다른 사람들에게 강력히 추천한다.

크렌델의 프로필이 간단했기 때문에 그가 단 한 과목만 듣고도 어떻게 프로그램 분야의 직업을 얻을 수 있었는지 자세히 알 수 없었다. 졸업 이후 그에게 어떤 일이 일어났기에 프로그램 관련 직종에 첫발을 딛을 수 있었을까? 그는 지금도 프로그래밍 분야에서 계속 일하고 있을까? 아니면 컴퓨터과학의 다른 과목들을 이수하는 데 실패해서 더

9 《The Major Decision》(Stanford: H&S, 1983), 6쪽.
10 같은 책, 8쪽.

이상 발전하지 못하고 그만두지는 않았을까? 명확한 준비 부족은 몇 년간 종교학을 공부하는 동안 얻은 '전반적인 준비'라는 다소 모호한 장점을 무색하게 만들지 않았을까?

크렌델이 졸업한 지 35년이 더 지난 현재 시점에서 해답을 찾기 위해 나는 그의 연락처와 공식적인 경력 기록을 수소문했다. 그것은 어렵지 않았다. 얼마 지나지 않아 나는 내 의문 중 하나였던, 그가 프로그래밍 업계에서 계속 일하고 있는지에 대한 답을 얻었다. 그는 여전히 이 업계에서 일하고 있었다. 현재 그는 소프트웨어 회사인 라이트스케일RightScale의 공동창업자이자 최고 책임자다. 이 회사는 클라우드 컴퓨팅에 필요한 관리 도구를 제공하는 기업으로, 실리콘밸리의 주요 벤처캐피털 회사 몇 곳의 지원을 받고 있다. 대학 때 프로그래밍 수업 단 한 과목을 이수한 종교학 전공자가 어떻게 여기까지 도달할 수 있었을까? 나는 크렌델에게 메일을 보내 졸업 후에 그에게 어떤 일이 있었는지 말해줄 수 있는지 물었다. 그는 흔쾌히 승낙했다.

그의 이야기는 1974년 오리엔테이션 주간에 시작된다. 처음 부모님과 함께 스탠퍼드 캠퍼스에 왔던 날 그는 대학 관계자들로부터 환영사와 여러 조언을 들었다. 그날 그는 지혜로운 충고 한 가지를 듣고 고무되었다. 앞으로는 모든 사람의 삶에 컴퓨터가 엄청나게 중요해질 것이며, 스탠퍼드에 다니는 동안 컴퓨터과학 분야에서 최소 한 과목이라도 이수하지 않는다면 사실상 문맹이나 다름없는 취급을 받을 것이며 미래를 제대로 준비하지 못할 것이라는 어느 부학장의 주장이었다. 그것은 미래의 직업에 대한 조언을 단 한 문장으로 압축한 것 같았다. '플라스틱'**11**이 아니라 소프트웨어다. 그 조언은 크렌델의 마음에 깊은 인상을 주었고 그는 그의 말대로 따랐다.

크렌델은 프로그램 입문 과정 수업을 재미있게 들었던 기억을 갖고 있었다. 당시 학생들은 SAIL 프로그래밍을 배웠다. SAIL은 스탠퍼드 인공지능Stanford Artificial Intelligence 연구소에서 개발했다. 프로그램 입문반은 규모가 커서 강당에서 강의가 진행되었다. 수업이 끝난 뒤 학생들은 중앙컴퓨터 연구소에 있는 커다란 기계에 연결된 단말기에 코딩 숙제를 입력했다. 그때는 개인용 컴퓨터가 도입되기 전이었다. 그 기계는 미니컴퓨터라고 불렸는데 '미니mini'라고 불린 이유는 이전의 대형 컴퓨터보다 작았기 때문이었다. 학기가 끝날 즈음, 학생들이 과제물을 완성하기 위해 중앙컴퓨터 연구소로 달려갔다. 이미 과부하에 걸린 시스템은 학생들의 과제물을 저장하는 작업만으로도 멈추는 일이 잦아 과제물이 종종 날아가곤 했다. 하지만 바로 이 컴퓨터 기술은 학생들이 자신의 프로그램 코드를 돌려 즉시 결과를 확인할 수 있는 능력을 제공했다. 이런 능력은 많은 재능 있는 사람들을 컴퓨터과학 분야로 이끌었다.**12**

기숙사에서 크렌델과 함께 지내던 1학년 학생 두 명은 공대생이었

---

11 '플라스틱'은 영화 〈졸업〉(1967)에 나오는 유명한 장면을 가리킨다. 이 영화는 선의를 가진 부모들과 친구들이 제공하는 많은 직업 안내가 어리석은 것임을 보여준다. 갓 졸업한 벤저민 브래독(더스틴 호프먼 분)에게 가족의 친구인 맥과이어 씨가 다가와 말을 건넨다. "한 마디만 할게. 딱 한 마디만." 맥과이어가 말한다. "예." "듣고 있지?" "예, 듣고 있어요." [극적인 일시정지] "플라스틱." [혼란스러운 일시정지 장면 후 대답한다] "정확히 무슨 뜻이에요?" "플라스틱에 엄청난 미래가 있어. 그것에 대해 생각해봐, 그럴 거지?" "예, 생각해보겠습니다." "그럼 됐어, 좋아."

12 미시건 대학이 작성한 소개서를 보면, 나중에 미국의 저명한 컴퓨터과학자가 된 윌리엄('빌') 조이는 크렌델이 스탠퍼드에 다닌 시기와 정확히 같은 시기에 미시건 대학 학생이었다. 맬콤 글래드웰은 스탠퍼드가 학부생을 프로그래밍으로 끌어들이기 위해 설치한 새로운 시간 공유 시스템의 매력적인 즉각 응답 특성을 인정한다. Gladwell, 《Outliers: The Story of Success》(New York: Little, Brown, 2008).

다. 두 사람은 순차적인 미래를 계획했다. 이를테면 공학을 공부한 뒤 직장을 얻고 경력을 쌓아 안정적인 삶을 누린다는 것이었다. 그러나 크렌델은 거창한 계획이 없었다. 2학년 때 들은 비교종교학 수업이 그의 마음을 사로잡았다. 그는 도교, 불교, 신도(조상과 자연을 섬기는 일본 종교 — 옮긴이), 그리고 기독교에 관한 다양한 관점을 접했다. 그 수업은 그에게 커다란 존재론적 질문을 던졌다. 우리는 왜 여기 있는가? 우리에게 주어진 시간 동안 우리는 여기에서 무엇을 해야 하는가? 그는 "그 수업은 나를 강타했다"라고 말했다.

졸업 후 그는 하버드 대학 신학대학에서 대학원 공부를 시작했지만 대학원 과정은 그가 기대했던 것과 달랐다. 그는 자신의 지적 호기심을 쫓아가고 있었다. 그의 동료들은 군중을 인도할 준비를 하고 있었지만 그는 목회에는 관심이 없었다. 그는 신학교를 떠나 고향인 캘리포니아 주의 산타바바라로 돌아갔다.

크렌델이 직장을 구하던 때 그의 전공은 신입 채용 기준과 어울리지 않았다. 그러나 풍부한 글쓰기 경험을 쌓은 인문학 전공자였던 그는 비영리단체인 민주주의 제도 센터Center for Democratic Institutions 가 5만 5000명의 후원회원을 위해 매월 발행하는 〈센터 매거진Center Magazine〉의 편집자로 고용되었다.

센터에서는 구독자 명단을 관리하고 매달 주소 라벨을 인쇄하는 업무를 외부업체에 위탁했다. 이 기업은 센터로부터 구독회원 한 명당 매년 약 1달러의 수수료를 받았다. 새로운 직장에 적응한 크렌델은 외부업체가 매년 수수료로 받는 5만 달러의 가치만큼 일하지 않는다는 것을 알게 되었다. 센터가 매년 지불하는 수수료 중 일부 비용으로 미니

컴퓨터를 구입해서 구독자 주소 라벨을 직접 인쇄한다면 비용을 상당히 절감할 수 있었다. 크렌델은 대학생 때 들었던 프로그래밍 수업을 통해 얻은 능력만으로는 프로그램을 작성하거나 컴퓨터를 직접 관리할 수 없었다. 그러나 그 수업은 컴퓨터에 대한 신비감을 지우는 데는 성공적이었다. 크렌델은 컴퓨터를 도입하면 업무량이 어떻게 변할지 정확히 판단할 수 있었다. 이 프로젝트를 받아들이기 주저하던 상급자들은 훨씬 더 적은 비용으로도 이 일을 직접 처리할 수 있다는 크렌델의 주장에 설득되었다. 센터는 결국 컴퓨터를 구입했고 비용을 절감했다.

크렌델은 낮에는 편집자로 일하고 밤에는 록밴드에서 베이스 기타 연주자로 활동했다. 당시 그는 어린 딸을 두고 있는 대학원생 여자와 사랑에 빠졌다. 그는 이전보다 수입을 늘려야 했기 때문에 전문적인 수준의 프로그래밍을 배우기로 결정했다. 그의 아버지는 잘 알고 지내던 로저 마커스Roger Marcus를 그에게 소개해 주었다. 경험이 많은 프로그래머였던 마커스는 크렌델의 멘토가 되었다. 마커스는 문서편집용 컴퓨터를 제조하는 기업인 컴퓨코프CompuCorp에서 일했다. 문서편집용 컴퓨터는 매우 비쌌지만(컴퓨코프의 기본 모델 가격은 1만 달러였으며, 3000달러짜리 프린터는 별도로 구매해야 했다), 언제든지 단어를 수정하고 문서를 저장했다가 불러올 수 있는 기능 때문에 전동 타자기를 대체했다. 컴퓨코프는 로스앤젤레스에 있었지만 마커스는 회사의 공식 인턴과정을 제안하지 않았다. 준비는 모두 비공식적으로 이루어졌다. 크렌델은 산타바바라에 있는 마커스의 집 지하실에 있던 예비용 컴퓨터를 사용할 수 있었다.

다양한 주제에 대한 놀라운 수용능력

마커스가 "우리는 어셈블리 언어로 작업해"라고 크렌델에게 말하자 그는 그것이 무슨 뜻인지도 전혀 모른 채 "멋지군요!"라고 말했다. 어셈블리어는 '낮은 수준의 언어'로 특정 칩에 있는 특정 저장 장소에 비트bit를 입력해야 한다. 어셈블리어 프로그래밍은 힘들고 엄청나게 지루하다. 요즘 대부분의 프로그래밍은 '고급 언어'를 사용하기 때문에 프로그래머가 하드웨어를 세부적으로 몰라도 된다. 그러나 크렌델은 '자기가 모른다는 사실을 몰랐기 때문에' 어셈블리어를 전혀 두려워하지 않았다.

크렌델은 약 6개월 동안 저녁과 주말마다 코딩을 공부한 결과 Z-80 어셈블리어에 숙달하게 되었다. 이런 노력 덕분에 그는 신입사원 일자리를 얻어 컴퓨코프에 입사했다. 회사에서 가장 낮은 연봉을 받았지만 그의 수입은 상당히 늘었다. 그는 면접 때 한 면접관이 "음, 이 사람이 유리한 게 한 가지 있군. 컴퓨터 분야 학위가 없어"라고 말하는 것을 들은 기억이 있다. 크렌델은 그것이 정확히 무슨 말인지 알지 못했다. 아마도 채용 담당자들은 그가 컴퓨터과학 전공자들에게서 흔히 볼 수 있는 거만한 태도가 없다고 말한 게 아닐까? 그래서 그는 자신의 전공에 대해 농담 삼아 이렇게 말했다. "적어도 종교학 전공은 플러스 요인이야!"

그가 컴퓨코프에 입사했을 즈음, IBM PC가 등장하면서 컴퓨코프의 컴퓨터는 구식이 되었다. 그러나 컴퓨코프는 PC에서 사용 가능한 저렴한 문서편집 소프트웨어를 출시하지 못했고, 단일 용도로만 사용 가능한 그들의 컴퓨터는 위태로운 상황에 놓였다. 크렌델은 컴퓨코프가 이 상황에 대처하든 그렇지 않든, 이 구식 컴퓨터들은 곧 사라질 것이라고 보았다. 크렌델은 회사를 떠나 컴퓨코프의 문서편집 소프트웨어에 기반한 IBM PC용 소프트웨어를 만들기로 결심했다. 그는 곧 1인 기업을 창업했다. 피터 노턴Peter Norton의 매뉴얼《IBM PC의 모든 것All About the IBM PC》을 구입한 뒤 독학으로 C언어를 배워 문서편집 소프트웨어를 만들었다. 그는 월 임대료 250달러를 주고 모텔을 개조한 진짜 사무실에 입주했다.

크렌델 개발회사Crandell Development Corporation라고 이름붙인 그의 작은 스타트업 기업은 소프트웨어 1카피당 150달러를 받고 유통업자에게 판매하면서 힘들게 생존했다. 유통업자는 그 제품에 다른 상품명을 붙여 한 카피당 495달러로 유럽 지역에 소매로 판매했다. 크렌델은 일을 도와줄 프로그래머 한 사람을 고용했고, 얼마 후 다른 직원들도 고용했다. 그의 작은 회사는 마침내 10명의 직원을 둘 정도로 성장했다. 그런데 마이크로소프트가 워드Word 같은 가장 대중적인 소프트웨어 애플리케이션을 저렴한 패키지로 통합한 오피스Office 프로그램을 출시했다. 오피스가 등장하자 크렌델의 제품 같은 고가의 문서편집 소프트웨어에 대한 수요가 줄었다.

그 후 크렌델은 레이저팩스LaserFAX를 개발할 기회를 발견했다. 이 제품은 PC에 팩스기기의 기능을 제공하는 소프트웨어로 그는 40개의 다른 회사에 라이선스를 제공했다. 그는 회사를 제트팩스JetFax에 매각하고 이 회사의 부사장이 되었다. 최종적으로 이 회사는 이팩스eFax로 회사명을 바꾸고 주요 경쟁사와 합병되었다. 하지만 크렌델은 합병회사가 제이투글로벌J2 Globle이란 이름으로 바뀌고 수십 억 달러의 성공을 거두기 전에 이 회사를 떠났다. (그는 "팩스가 실제보다 훨씬 더 빨리 사라질 것이라고 잘못 판단했습니다"라고 회고했다.) 그는 잠시 컨설턴 트로 지내다가 스타트업 기업 두 곳의 최고경영자를 역임했다.

2006년 아마존은 아마존 웹서비스AWS를 시작했다. 이 서비스는 최소한의 비용으로 모든 사람에게 클라우드 컴퓨팅 환경을 제공했 고, 아마존에서 책을 구입할 때 사용하는 신용카드로 결제도 할 수 있 었다. 그 후 크렌델은 2007년 엔지니어인 토르스텐 폰 에이컨Thorsten von Eicken과 라파엘 사베드라Rafael Saavedra와 함께 라이트스케일 RightScale을 설립했다. 이 회사는 처음에는 AWS 고객들에게 아마존 에서 임대한 컴퓨터 리소스를 관리하는 소프트웨어 도구를 제공했다. 아마존의 경쟁사들이 클라우드 서비스를 경쟁적으로 출시하자 라이 트스케일은 제품을 확대하여 고객들에게 많은 클라우드 제공자를 동 시에 처리할 수 있는 '클라우드 포트폴리오 관리 도구'를 제공했다. 이 것은 대기업의 정보관리 책임자들에게 주로 판매하는 고급 기술 서비 스였다.

크렌델의 직업 경력을 들으면서 우리는 그가 접한 다양한 주제에 대 한 놀라운 수용능력을 확인할 수 있다. 가령 그는 4학년 논문 주제로 성 안셀무스의 '신의 존재론적 증명'에 대해 탐구했다. 그런가 하면, 컴 퓨터과학 수업에서는 SAIL 프로그램을 사용해 무작위 함수를 활용 한 기초적인 막대기 모양의 술 취한 선원처럼 이리저리 비틀거리는 사 람을 만드는 방법을 발견했다. 그는 이후의 삶에서도 감탄할 만한 능력 을 잃지 않았다. 아마존이 자사의 컴퓨터 인프라 시설을 파격적인 낮 은 가격으로 일반인들에게 임대 제공했을 때 그는 이를 '감동적인' 순간이라고 표현했다.

소프트웨어 산업에서 크렌델의 경력은 이 산업의 생애주기 초기 단계인 미성숙기, 즉 특별한 자격이 없는 개인을 환영하는 시기에 가능한 창의성의 절정을 보여준다. 오늘날 소프트웨어 산업계는 많은 부분에서 진취적인 아마추어에 폐쇄적이다. 크렌델도 소프트웨어 엔지니어를 고용할 때 기본적으로 자신처럼 독학한 프로그래머를 뽑지는 않는다. 그는 오늘날의 소프트웨어 업계는 자신이 시작했을 때와는 다르다고 말한다. 지금은 컴퓨터과학 학위를 어디에서 취득했는지 조사하는 것이 기본이다. 그러나 그는 계속 배우려고 열심히 노력하는 독학 엔지니어를 찾고 있다고도 말한다.

그의 회사에는 기술적 배경이 없는 사람을 위한 직책들이 있다. 우리가 대화를 나누기 하루 전 그는 라이트스케일의 엔지니어들과 함께 고객의 문제를 해결하는 '고객 성공 관리자' 직책의 후보자를 면접했다. 환경학을 전공한 이 특별한 후보자는 크렌델이 특정한 지적 분야의 지식보다 더 소중하게 여기는 호기심을 갖고 있었다. 크렌델은 말한다. "만일 그가 시간을 내어 밤에 피터 노턴의 책을 읽는 것과 같은 일을 한다면, 그것으로도 괜찮습니다. 사람을 다루는 스킬이 기술적인 영역을 배우는 것보다 실제로 더 어렵다고 생각합니다." 첫 직장을 찾는 대학생들에게 하고 싶은 조언이 무언인지 질문하자 크렌델은 그들에게 더 작은 기업이나 스타트업을 집중적으로 탐색해보라고 제안했다. 신입들은 이런 소규모 기업에서 회사에 더 기여할 수 있다.

인문학 공부는 당신이 알지 못하는 어떤 분야의 일을 위한 준비

《전공 선택》은 또 다른 종교학 전공자의 증언을 소개하고 있다. 1974년에 졸업한 게리 파지노Garry Fazzino 는 휴렛팩커드에서 정부 관련 업무 담당자로 일하고 있었다. 그는 "스탠퍼드 재학 시절 교수들은 대화, 독서, 오랜 글쓰기 시간을 통해 모든 것의 가장 기본인 사고하는 방법을 배우게 했습니다"라고 말했다. 이는 일반적인 내용 같지만, 파지노는 아무것도 모르는 상태에서 새로운 주제를 받아들이는 경험에 관한 좋은 기억을 갖고 있었다. 그는 유교사상에 관한 논문을 쓴 뒤 걱정스러울 정도로 낮은 학점을 받은 일을 회상했다. "발표를 마친 뒤 교수님으로부터 내 논문이 유교사상을 형성하는 아시아의 다양한 사상을 파악하지 못했다는 비판을 들었습니다." 파지노는 이후 몇 달 동안 중국 역사에만 집중적으로 몰두했다. "미친 짓처럼 보일지도 모르지만 그런 훈련은 나중에 정치 활동과 직장 업무 모두에 도움이 되었습니다." 그는 책자에 이렇게 썼다. "내가 거둔 성과는 정부와 시민, 엔지니어를 소통시키는 능력 덕분입니다. 내가 상대하는 사람들과 그들이 제기한 이슈에 관련된 배경을 이해하려고 노력해야만 성공을 기대할 수 있습니다."[13]

'미친 짓처럼 보일지도 모르지만'이라는 그의 표현은 종교학 전공이 휴렛팩커드의 관리자가 된 현재 직책과 관련이 있다는 주장을 회의적으로 받아들일 수 있는 여지를 남겼다. 스탠퍼드가 《전공 선택》을 위

---

[13] 파지노는 스탠퍼드에서 학사 학위를 받은 뒤 옥시덴탈 대학에서 공공정책학으로 석사 학위를, 워싱턴 대학에서 경영학 석사 학위를 각각 받았다. 나중에 그는 팰로앨토 시장직을 두 번 역임했다. 그는 2012년 60세에 사망했다. Gary Fazzino, obituary, Palo Alto Online, http://www.paloaltoonline.com/obituaries/memorials/gary-fazzino?o=1882.

해 수집한 모든 사례에 '미친 짓처럼 보일지도 모르지만'이라는 구절을 붙일 수 있을 것이다. 그리고 직업 세계에서 겪은 학생들의 경험은 인문학이 전적으로 실용적임을 입증하는 사례이다.

《전공 선택》이 출간된 지 수 년이 지난 뒤, 노동 시장에서 직업과 관련된 전공들에 대한 선호는 더욱 두드러졌다. 직업과 관련된 전공에 대한 학생들의 선호는 노동 시장과 미래 고용주들의 선호에 대한 그들의 이해를 반영한다. 인문학을 학부생들에게 판매하려는 시도는 고용주들이 직업과 관련된 전공에 대한 선호를 중단하지 않는 한 시기상조다. 오늘날 만약 그런 요구를 받는다면 고용주들은 자신의 선호가 바뀌고 있음을 어색하게 인정하면서 인문학이 이상적으로 제공하는 '소프트 스킬soft skill'을 갖춘 대학생을 고용하려는 강렬한 열망이 있다고 단언할 것이다. 2015년 월스트리트 저널의 조사에 따르면 기업 임원의 92%가 소프트 스킬이 기술적인 능력과 같거나 더 중요하다고 말했고, 조사 응답자의 89%가 소프트 스킬을 갖춘 후보자를 찾기가 힘들다고 대답했다.[14] 그러나 코퍼레이트 아메리카Corporate America의 직원 채용 활동, 고용 결정, 보상, 승진은 전혀 다른 이야기를 들려준다.

이 책은 지식에 대해 두루 깊은 관심을 갖는 졸업생, 의사소통 능력을 개발한 졸업생, 교육과정이 사고하는 방법을 배우는 데 도움이 되었다고 정당하게 주장하는 졸업생이 과거 못지않게 오늘날에도 필요하다는 점을 일깨워줌으로써, 고용주들이 채용 활동을 다르게 바라보도록 설득하려고 한다. 다른 많은 저자들이 이미 인문학 교육의 미

---

14 "Hard to Find: Workers with Good 'Soft Skills,'" 〈Wall Street Journal〉, August 31, 2016. 이 기사는 2015년에 시행된 조사의 결과를 잠시 언급했다.

덕에 대해 극찬했기 때문에[15] 나는 다른 접근 방법을 선택했다. 최근에 나는 인문학 교육을 받은 뒤 대학원에 진학하지 않고 학사 학위만 갖고 첫 직장을 얻은 스탠퍼드 졸업생들과 함께 시간을 보냈다. 그들이 들려준 개인적인 경험은 상당히 구체적이어서 그들이 받은 교육의 유용성을 잘 보여준다.

이 책의 약 절반을 차지하는 졸업생들의 이야기는 인문학 전공을 고민하고 있지만 아직 '전공 선택'을 결정하지 못한 현재 학생들과 부모들에게 어느 정도 용기를 줄 수 있다. 나는 이 이야기들이 통계적으로 탄탄한 근거가 있는 표본이라고 주장하지 않는다. 만족스러운 출발을 하지 못한 학생들이 자신의 경험을 흔쾌히 나눌 것이라고 기대할 수도 없다. 내가 만난 학생 집단은 고용주 측면에서도 대표성을 갖지 않는다. 당연히 여기에서 언급된 고용주들은 계몽된 고용주들이거나 또는 계몽되지 못한 기업에서 일하지만 내가 추적하는 인문학 전공자들을 환영하는 관리자들이다. 그러나 이 이야기들은 회의주의자들에게 가능성을 보여주려는 이 책의 목적에 중요한 역할을 한다.

나는 하나의 측면에서 이 그림들을 조합하려고 의도적으로 선택했다. 나는 자신의 전공으로 얻기 힘든 직업을 구한 학생들, 즉 인문학 전공자에게 초점을 맞추기로 결정했다. 또한 자신의 전공과 명확하게 관련이 없는 직장을 구한 학생들에게만 관심을 기울였다. 가령 기업의 커뮤니케이션 업무를 담당하는 일자리를 구한 영문학 전공자나 음악 교

---

15 주목할 만한 최근 연구는 다음과 같다. Fareed Zakaria, 《In Defense of a Liberal Education》 (New York: Norton, 2015); Michael S. Roth, 《Beyond the University: Why Liberal Education Matters》 (New Haven: Yale University Press, 2014); and Andrew Delbanco, 《College: What It Was, Is, and Should Be》 (Princeton: Princeton University Press, 2012).

사가 된 음악 전공자는 제외했다. 나는 인문학 옹호자들의 주장(마이클 크렌델이 갓 대학을 졸업했을 때 말했듯이 인문학은 "당신이 지금 알지 못하는 직업 분야에 대한 전반적인 준비다.")에 대한 실제적인 사례를 보여주고 싶었다. 하나의 캠퍼스를 대상으로 조사하면 곧 졸업할 학생들의 구직 활동 이력과 그들이 제공받은 조언과 잠재적 고용주의 태도 변화, 고용주들이 구직자를 선별하는 방법을 추적할 수 있다. 현재는 물론 과거를 포함하면 학생뿐만 아니라 고용주들도 더 이른 시기에 인문학 교육의 진가를 공유했다는 사실을 확인할 수 있을 것이다.

나는 여기서 인문학 교육에 대한 나의 지지를 숨기지 않겠다. 나는 인문학 교육 지지자이며 인문학 전공자들이 마음이 통하는 고용주를 만났다는 소식을 들을 때마다 기쁘다. 나는 미네소타 주의 세인트폴에 있는 작은 문과대학인 매칼리스터 대학Macalester College을 졸업했지만, 내가 여기서 추적하는 졸업생들처럼 끔찍한 구직 활동을 경험하지는 않았다. 나는 역사학과 동아시아어 및 문화를 복수 전공했고, 박사 학위 과정에 진학해 근대 중국사를 공부할 계획이었다. 졸업 전인 1976년에 스탠퍼드로부터 입학 허락을 받았기에 졸업 후 직업이 없는 끔찍한 공백기를 보내지 않아도 됐다. 이 책을 쓰는 과정에서 나는 대학 시절의 나보다 훨씬 더 강한 근성을 지닌 학생들과 대화하고 내가 직접 경험하지 못한 것을 간접적으로 경험할 수 있는 기회를 가졌다. 이 학생들은 대학을 졸업하자마자 갖는 직업이 비공식적인 대학원 교육의 역할을 한다는 점을 보여준다.

내가 스탠퍼드에서 보낸 6년은 마이클 크렌델의 스탠퍼드 재학 시기와 약간 겹친다. 그 당시에는 서로 몰랐지만 틀림없이 우리는 꼭두새벽

34

에 같은 컴퓨터실에서 함께 시간을 보냈을 것이다. 1982년 나는 스탠퍼드에서 근대 중국사로 박사 학위를 마쳤지만 그곳에서는 전공 분야의 일자리를 찾을 수 없었다. 나는 콜로라도 광업대학에서 미국사를 가르치는 일자리를 얻었고, 몇 년 뒤 근대 중국 역사가로서는 의외로 경영대학인 산호세 주립대학에서 교수직을 얻었다. 그 이후 나는 계속 이 대학에 머물면서 '전략적 경영'과 '기업과 사회' 과목을 가르쳤다. 나는 직접 프로그래밍을 가르쳤고, IT 회사(마이크로소프트, 구글)에 관한 책, 벤처 캐피털인 벤치마크 캐피털Benchmark Capital과 와이 콤비네이션Y Combinator에 관한 책, 그리고 발명가와 기업가(토머스 에디슨, 스티브 잡스)에 관한 책도 썼다. 9년 동안 나는 〈뉴욕타임스〉에 IT 기업에 관한 '디지털 도메인Digital Domain'이라는 칼럼을 기고했다. 내가 직업에 대해 배운 내용은 이 책의 내용과 멀리 떨어진 이야기이며, 우리가 별도로 관심을 기울일 필요가 없는 이야기다. 그러나 나는 내가 받은 인문학 교육도 "당신이 알지 못하는 어떤 분야의 일을 위한 전반적인 준비"라는 인문학의 목적을 보여주는 사례라고 생각한다.

2장
새로운 교육

　하버드 대학교는 1636년 '뉴 칼리지New College'라는 이름으로 설립된 북미 식민지의 첫 번째 대학이었다. 이 대학의 장구한 역사는 확실한 장점처럼 보인다. 오랫동안 하버드는 여러 명의 대통령과 뛰어난 거물들을 배출한 탁월한 고등교육 기관이었으며, 대학 관리자들의 꿈이기도 한 엄청난 기부금을 보유한 대학이기도 하다. 하버드는 최근까지도 타의추종을 불허하는 대학이었다.

　하버드와 다른 모델을 채택하며 새로운 뉴 칼리지로 부상한 스탠퍼드는 모든 분야의 학과를 갖췄으면서도 공학을 제일 중요하게 취급했다. 2014년 〈하버드 크림슨Harvard Crimson〉은 길고, 고뇌에 찬 특집 기사 "우려스러운 일: 스탠퍼드 대 하버드"[1]를 게재하면서 하버드가 스탠퍼드보다 뒤처졌다는 사실을 공식적으로 우려하고 있다는 사실을 밝혔다.

1967년 하버드에 입학해 졸업한 뒤 2014년 스탠퍼드 교육대학원 교수가 된 윌리엄 데이먼William Damon은 "스탠퍼드만큼 신나고 진취적인 곳을 본 적이 없다"라고 말했으며, 1971년에 하버드 의대를 졸업한 데이비드 스피겔David Spiegel은 "내가 1975년 스탠퍼드 의대 교수가 되었을 때 '스탠퍼드는 멋진 곳이지만 분명 하버드와는 다르다'는 느낌을 받았다고 회상했다. 그는 "요즘에는 그런 느낌이 없다. 어느 누구도 느끼지 못한다"[2]라고도 말했다.

앞서 소개한 〈하버드 크림슨〉 기사에는 스탠퍼드 대학의 한 수업을 참관하고 쓴 주목할 만한 내용이 포함되어 있다. 그 수업은 프로그래밍 기초를 가르치는 〈프로그래밍 방법론 CS 106A〉이었다. 하버드 대학교 총장 드루 파우스트Drew Faust는 "스탠퍼드 학생의 거의 절반에 해당하는 엄청난 학생이 공학에 집중합니다. 하버드와는 아주 다른 분위기입니다"[3]라고 말하기도 했다.

실용교육을 장려하는 스탠퍼드의 분위기는 하버드의 일부 관찰자에게는 천박한 것이며 적어도 대학이 보존해야 할 가치를 폐기하는 것처럼 비쳤다. 하버드의 교양과정 프로그램 책임자 스테파니 케넌 Stephanie H. Kenen은 "나는 대학이 지식을 생산하고 보존하며 전파하는

---

1 "Seeing Red: Stanford v. Harvard," 〈Harvard Crimson's Fifteen Minutes Magazine〉, October 30, 2014.
2 같은 글.
3 같은 글.

역할을 담당하는, 정말 특별한 문화적 기관이라는 낭만적인 비전을 갖고 있습니다. 대학은 도로를 건설하지 않습니다"[4]라고 말했다.

하버드의 관찰자들이 오늘날 스탠퍼드의 핵심적인 교육 내용에서 확인한 실용성은 실리콘밸리 훨씬 이전에 존재했으며, 실리콘밸리의 탄생에도 직접적으로 기여했다. 실용적 교육은 이 대학의 공동설립자인 릴랜드 스탠퍼드Leland Stanford와 제인 스탠퍼드Jane Stanford 부부가 새로운 대학에 자금을 지원하면서 염두에 둔 가장 큰 특징이었다. 그러나 그 계기는 애절했다. 스탠퍼드 대학교는 그들의 유일한 아들인 릴랜드 스탠퍼드 주니어를 영원히 기념하기 위해 만들어졌기 때문이다. 그는 부모와 함께 한 유럽 여행에서 장티푸스로 15세에 사망했다.

스탠퍼드의 실용교육

릴랜드 스탠퍼드는 최초의 대륙간 철도 노선의 서쪽 부분을 담당하던 센트럴 퍼시픽 철도회사의 사장이었으며, 캘리포니아 전 주지사였다. 그는 주로 샌프란시스코에 거주했지만 북캘리포니아에 많은 농장과 부동산을 소유하고 있었다. 샌프란시스코의 신문들은 스탠퍼드 가문에 대해 많은 지면을 할애했지만 스탠퍼드 부부의 계획을 처음 보도한 곳은 〈하버드 크림슨〉이었다. 스탠퍼드 부부의 아들이 사망한 지 두 달 뒤인 1884년 5월, 제목도 없는 작은 단신 기사가 다음과 같이 실렸다. "파리 통신원에 따르면 '얼마 동안 이곳에 머물렀고 건강이 아주 나빴던 캘리포니아 전 주지사 릴랜드 스탠퍼드가 막대한 재산 중 수백

---

4   같은 글.

만 달러를 들여 노동자들의 자녀를 위한 대학을 설립하기로 결정했다'는 소식을 들었다고 밝혔다."**5**

릴랜드가 뉴욕을 방문했을 때 〈뉴욕 트리뷴〉이 그와 인터뷰를 했다. 그는 대학들이 졸업생이 직업을 구하는 데 필요한 실용교육을 제공하지 않는 것을 우려하고 있다고 말했다.

> 내 사업 경험에 의하면, 생계비를 벌 수 있는 직업에 대한 실제적인 지식을 갖추지 못한 젊은이들이 대학을 졸업하고 세상으로 나오고 있습니다. 대학에서 교육받은 많은 청년들이 센트럴 퍼시픽 철도회사 사장인 나에게 찾아와 직장을 구하지만 나는 그들과 어떤 일도 할 수 없었습니다. 그들은 어느 곳에도 적합하지 않았기 때문입니다. 사업가들이 사람들을 고용할 때는 특정한 서비스를 염두에 두기 때문에 단순히 총명함만으로는 그들의 목적을 이룰 수 없습니다. 그러므로 나는 최대한 실용적인 교육을 추구하려고 합니다.**6**

그와 그의 아내가 생각한 대학의 목표는 "졸업생들이 사업 수완이나 영업을 철저히 익혀 인생의 출발점부터 생계 문제가 걸림돌이 되지 않도록 해야 한다"**7**는 것이었다.

릴랜드 스탠퍼드가 생각한 대학의 모델은 미국과 유럽의 기술 전문

5   〈Harvard Crimson〉, May 15, 1884.

6   "The Stanford Memorial College," 〈SFC〉, May 23, 1884. 이 글은 원래 〈뉴욕 트리뷴〉에 실렸던 것이다.

7   "Stanford Memorial College." 샌프란시스코에서 간행된 정치, 문학 학술지 〈The Argonaut〉는 스탠퍼드 대학이 학생들에게 "매우 실용적인 산업 분야"를 가르쳐 유용한 노동력을 갖추고 세상에 진출할 수 있게 하고, 아울러 그런 지식은 생존 전쟁에 쓸모가 있다고 쓰면서 비슷한 이미지를 사용했다. "Editorial Correspondence," 〈Argonaut〉 14, no. 25 (June 21, 1884).

학교였다. 그가 뉴욕에 있는 동안 코넬 대학에 의견을 구한 이유는 그곳의 인문학 교육과정이 아닌 농업 및 임업 교육 프로그램 때문이었다. 스탠퍼드는 불운한 여행이 되었던 유럽으로 아내와 아들과 함께 떠나기 전에 이미 팰로앨토에 소유한 500에이커의 말 농장을 수목원을 만드는 데 기부하기로 결정한 바 있다. 릴랜드는 결국 수목원 대신 대학을 세우기로 했다. 한 지방 신문은 새로운 대학이 캘리포니아의 수백 개 사업체들이 절실히 필요로 하는 숙련된 노동력을 제공할 것이라고 내다보았다. 가령 졸업생들은 "포도를 재배하고 와인을 만들고, 온갖 종류의 과실수를 키우고, 다양한 가축 품종을 개선하고, 토양을 최적의 상태로 경작하여 토양의 급속한 황폐화를 막는 방법을 배울 것이다." 이런 사업들은 "이른바 학식 있는 전문직"보다 수입이 더 많을 것이며, "더 건강하고 즐거운 생활"을 제공할 것이다.[8]

릴랜드 스탠퍼드는 실용교육이 대학을 졸업한 뒤가 아니라 대학 재학 중에 이루어져야 하며 이를 위해 필요한 대학 교육과정을 짜야 한다고 생각했다. "기업 관리자들이 요구하는 것보다 더 많은 실제적인 경험 없이 대학 교육만 받은 청년들을 사업 분야에서 실용적인 사람으로 바꾸려는 시도는 완전히 어리석은 일"이라고 그는 비난했다.[9]

미국의 대학 교육

하버드 대학교의 핵심은 고전적인 교육과정이었다. 릴랜드 스탠퍼

8   "Practical Education," 〈SFC〉, June 1, 1884.
9   같은 글.

드는 기본적으로 하버드와는 다른 대학을 만드는 방법을 고민하고 있었다. 그러나 릴랜드가 자신의 계획을 시작하기 오래 전부터 다른 사람들은 하버드 대학교를 고전적인 교육의 모범이 아니라 과도하게 응용 교육에 관심을 기울이는 학교로 보았다. 토머스 제퍼슨은 이런 이유로 하버드를 비판한 가장 유명한 인사 중 한 명이었다.

제퍼슨이 보기에 하버드는 미국의 원조 직업학교였다. 하버드 칼리지는 목사를 배출했고, 의학 대학은 의사를, 법학 대학은 법률가를 배출했다. 제퍼슨은 그가 새로 설립한 대학인 버지니아 대학이 하버드를 모델로 삼지 않기를 바랐다. 1823년 그가 설립한 대학이 첫 신입생을 받을 준비를 할 때 그는 하버드의 프랑스어, 스페인어 및 문학 담당 교수인 조지 티크너George Ticknor에게 점잖은 내용의 편지를 썼다. "나는 하버드의 실용교육에 대해 충분히 알지 못합니다. 하지만 [미국의] 거의 모든 대학과 교육기관이 따라하고 있긴 하지만 우리가 확실히 바꾸어야 할 한 가지 특징이 있습니다. 그것은 모든 학생에게 미리 정해진 읽기 교육과정을 제공하는 것입니다." 즉 "그들이 장차 얻을 특정 직업에 필요한 자격을 갖추는 데 필요한 내용"만 가르치고 있다고 지적했다. 제퍼슨은 버지니아 대학 학생들이 그들이 수강하는 강의를 '자유롭게 선택'할 수 있도록 허용하기를 원했다. 제퍼슨은 학생들이 자신의 사고를 향상시킬 수 있는 것이라면 무엇이든 좋았다. 그에게는 구속받지 않는 선택이 인문학 교육의 이상이었다.[10]

이와 대조적으로 19세기 초 다른 대학들은 응용 교육을 중시하

---

[10] Thomas Jefferson to George Ticknor, July 16, 1823, Thomas Jefferson Papers Series 1, General Correspondence, 1651~1827, http://hdl.loc.gov/loc.mss/mtj.mtjbib 024710.

는 방향으로 고등교육을 바꾸었다. 1802년 웨스트포인트에 설립된 사관학교는 공학 대학이었다. 이 학교는 스티븐 반 렌셀러Stephen Van Rensselaer가 '과학을 응용하는' 교육기관을 세우기 위해 자금을 지원한 학교였다.[11] 예일 대학은 1847년 셰필드 과학대학을 설립했다. 수십 년 동안 이 대학은 예일 칼리지와 완전히 별도로 운영되었다. 이 대학의 학생들은 따로 기숙사를 쓰고 그 학교의 교수진들로부터만 수업을 들었다. (한 역사가는 이렇게 썼다. "19세기 후반기 동안 예일 칼리지와 불과 몇 블록 떨어진 곳에 위치한 셰필드 과학대학은 같은 지구에 있는 두 개의 다른 국가였다."[12]) 하버드 대학교는 1845년 과학대학을 추가했고 다트머스 대학교는 1852년에 과학대학을 추가했다. 처음에는 적어도 반半자율적 또는 완전히 분리된 과학계열 대학은 고전·교양 대학이 받아들인 학생들보다 덜 준비된 학생을 받아들였다.[13]

1850년대 여러 대학의 고등교육에 직업 또는 응용 교육으로 분류되는 농업, 군사, 과학, 공학 등의 교육과정이 학위 과정에 포함되었지만 한 분야는 유독 제외되었다. 그것은 경영학이었다. 중등 교육과정 이후의 경영 교육은 우후죽순처럼 설립된 영리 교육기관에 의해 제공되었는데, 부기, 산술, 상거래 서신, 글씨를 단기간 동안 가르쳤다.[14]

---

11 Daniel A. Wren, "American Business Philanthropy and Higher Education in the Nineteenth Century," 〈Business History Review〉 57, no. 3 (1983): 325쪽.

12 Melissa Stone, "Another Time, Another SSS: A Brief History of the Sheffield Scientific School," 〈Yale Scientific〉 82, no. 3 (November 2008), http://www.yalescientific.org /2008/11/another-time-another-sss-a-brief-history-of-the-sheffield-scientific-school.

13 Roger L. Geiger, "The Rise and Fall of Useful Knowledge: Higher Education for Science, Agriculture, and the Mechanic Arts, 1850~1875," in 〈The American College in the Nineteenth Century〉, ed. Roger L. Geiger (Nashville: Vanderbilt University Press, 2000), 156~157쪽. 가이거(Geiger)는 하버드 대학 로렌스 과학대학이 기부금 덕분에 유명한 과학자 루이스 아가시즈를 청빙하고 교육과정을 순수 과학으로 바꾸면서 다른 대학이 추구한 응용과학과는 다른 길을 걸었다고 말했다.

14 Edwin G. Knepper, 〈History of Business Education in [the] United States〉 (Bowling Green: Edwards

경영학 분야를 제외한 응용 직업교육으로의 변화는 1862년 모릴 법 Morrill Act이 통과되면서 널리 확산되었다. 이 법은 농업대학과 '기술 과목Mechanic arts' 즉 공학을 전문적으로 가르치는 대학의 재원을 조달하기 위해 주 정부에 연방의 토지를 불하하는 것을 허용했다. 소수의 예외가 있지만 이 대학들은 공립 종합대학이 되었다.

인문학을 가르치는 기술대학들

1869년 초, 하버드 출신으로서 1861년에 설립된 매사추세츠 공대 MIT 화학과 교수로 부임한 찰스 W. 엘리엇Charles W. Eliot은 〈애틀랜틱 먼슬리Atlantic Monthly〉에 '새로운 교육'이라는 제목의 영향력 있는 글을 기고했다. 여기에서 그는 특히 그리스어와 라틴어보다는 과학과 현재 사용되는 유럽 언어를 중심으로 한 비고전적인 교육 실험을 비판했다.[15] 엘리엇은 아들을 단과대학에 보내야할지 고민하는 부모들이 마음에 품은 가장 중요한 질문으로 글을 시작했다.

내 아이를 어떻게 할까? 나는 자녀에게 최고의 교육을 기쁜 마음으로 제공할 수 있다. 자녀가 설교자나 학식 있는 사람이 된다면 자랑스러울 것이다. 하지만 자녀가 그런 자질을 갖고 있다고 생각하지 않는다. 나는 그에게 실용적인 교육을 제공하고 싶다. 내가 준비한 것보다 자

Brothers, 1941). 네퍼(Knepper)는 브라이언트-스트래튼 상업학교 설립과 함께 1852년 '경영대학 시대'가 시작되었다고 말한다. 1871년 노스웨스턴 대학과 노트르담 대학을 포함한 소수의 비영리대학이 네퍼가 '일종의 상업 관련 학문'으로 부른 교육을 제공했다. Knepper, 43~44쪽. 또한 John R. Thelin, 《A History of American Higher Education》(Baltimore: Johns Hopkins University Press, 2004)을 보라.

15 이 글은 두 부분으로 출간되었다. Charles W. Eliot, "The New Education," 〈Atlantic Monthly〉 23, no. 136 (February 1869): 203~221쪽; and Eliot, "The New Education II," 〈Atlantic Monthly〉 23, no. 137 (March 1869): 358~367쪽.

녀를 더 잘 준비시켜 나의 사업을 이어받거나 다른 활동적인 직업을 구할 수 있게 해주는 교육 말이다. 고전 교양 학교나 단과대학은 내가 원하는 것을 제공하지 않는다. 자녀를 어디에 보내야 할까?[16]

엘리엇은 이러한 부모들에게 자녀를 새로운 과학계열 학교에 보내라고 추천하지 않았다. 그는 이런 학교들이 훌륭한 학생들뿐만 아니라 '태만하거나 낙오한' 학생들, '통상적인 고전 학문을 추구하는 무능한' 학생들도 많이 모집했다고 생각했다. 새로운 과학 학교의 교수진과 학생들은 모두 주요 대학에 비해 자원과 평판에서 "불가피하게도 스스로 열등하다고 느꼈다." 엘리엇은 "과학 학교는 미운 오리새끼였다"고 말했다. 그러나 그는 과학 학교가 대학에 통합되어야 한다고 주장하지 않았다. 그는 과학과 고전적인 학문을 하나의 캠퍼스에 통합하는 것은 이미 프랑스에서 시도했다가 포기했다고 말했다. 독일에서는 분리되어 있었는데 양쪽 모두에게 이익이었다. 그는 고전적인 교육과정을 가르치는 주요 대학과 '실용교육'을 해주는 교육기관을 분리할 것을 주장했다. 엘리엇은 렌셀러나 그의 모교인 MIT 같은 독립적인 기술대학을 권고했다. 이 대학들은 단순한 기술 교육기관이 아니었다. 이들은 직업 교육 이외에 인문학이라고 부를 수 있는 교육을 제공했다. 엘리엇은 또 이렇게 썼다. "좋은 공학자, 화학자, 건축가를 만들기 위한 유일하고 확실한 방법은 우선, 또는 적어도 관찰력이 있고, 숙고하며, 분별력을 갖춘 사람을 만드는 것이다. 그런 사람은 생각을 잘 저장할 뿐만 아니라

---

16 Eliot, "The New Education," (February 1869), 203쪽.

보고, 비교하고, 추론하고, 결정을 내리는 훈련도 잘 받아야 한다."[17]

고전 교양 교육과 응용 교육에 관한 엘리엇의 의견은 하버드 대학교에 직접적인 영향을 미쳤다. 이 기고문이 발표된 지 수개월 만인 1869년에 그는 하버드 총장에 임명되어 40년 동안 그 자리를 유지했다. 이 대학 총장으로서는 지금까지 가장 오래 재직한 기록이다.[18]

쿠퍼 유니언과 코넬 대학, 릴랜드 스탠퍼드의 모델

19세기에 엄청난 부를 쌓은 발명가와 산업가들은 고전 교육을 받은 학자인 엘리엇처럼 라틴어와 그리스어를 옹호하고 응용 학문을 계속 멀리하는 일에 관심을 두지 않았다. 1859년 발명가이자 산업가인 피터 쿠퍼Peter Cooper는 뉴욕 시에 쿠퍼 과학 및 예술발전협회를 설립하고 무료 강습과 야간 수업을 제공하여 노동 계층이 대학 교육을 이용할 수 있도록 했다. 피터 쿠퍼의 사례에 이어 실용학문을 포용한 고등교육의 또 다른 부유한 후원자가 있었다. 그는 뉴욕 이타카Ithaca에 있는 한 대학의 공동 설립자인 에즈라 코넬Ezra Cornell이다. 코넬 대학은 1868년 개교했으며 얼마 뒤인 1884년에 릴랜드 스탠퍼드가 학교를 방문할 준비를 했다. 코넬은 농학과 공학의 열렬한 후원자였으며, 주 의회가 이 대학을 뉴욕 주의 토지 불하 교육기관으로 지정해달라고 설

---

17 같은 글., 218쪽.
18 총장 취임 연설에서 엘리엇은 말했다. "언어, 철학, 수학, 또는 과학이 최고의 정신적 훈련을 제공하는지, 그리고 일반 교육은 주로 문학 분야이어야 하는지 아니면 과학 분야이어야 하는지에 대한 끝없는 논쟁은 오늘날 우리에게 아무런 실제적인 교훈을 주지 못합니다. 하버드대는 문학과 과학 사이의 어떠한 실제적인 적대의식도 인정하지 않습니다. 수학이냐 고전이냐, 과학이냐 형이상학이냐와 같은 협소한 대안에 동의하지도 않습니다." 《Addresses at the Inauguration of Charles William Eliot as President of Harvard College》 (Cambridge: Sever and Francis, 1869), 29쪽.

득했다.**19** 또한 그는 육체노동에 자기 시간의 절반을 기꺼이 사용하려는 학생들에게 무료 교육을 제공하고 싶었다. 그래서 그는 이런 학생들을 위해 신발 공장과 의자 공장을 캠퍼스 안에 건설하려고 계획했다. 그러나 이 대학의 공동설립자이자 초대 총장인 앤드루 딕슨 화이트 Andrew Dickson White 는 그에게 그 계획을 포기하라고 말했다.**20**

코넬 대학은 외부 관찰자에게는 완전히 다른 종류의 대학 교육, 즉〈샌프란시스코 크로니클San Francisco Chronicle〉이 몇 해 전 찰스 W. 엘리엇이 사용한 것과 똑같은 표현을 차용하여 기사 제목으로 채택한 '실용교육'을 여실히 보여주는 몇몇 교육기관 중의 하나였다. 코넬 대학은 매사추세츠 농업대학, 미주리 대학과 더불어 "오래된 사상에 대담하게 반기를 든" 교육과정을 채택했다. 이 대학들은 "이론은 실제에 종속되며, 추상적인 추측은 효용에, 문해 및 고전 교육은 실제적인 삶의 추구와 관련된 과학적, 산업적, 전문적인 교육에 비해 부차적"이라고 생각했다.**21**

코넬 대학의 첫 번째 학생들은 한 관찰자가 '대략적으로 뉴욕 안팎

---

19 Roger L. Geiger, 《The History of American Higher Education: Learning and Culture from the Founding to World War II》 (Princeton: Princeton University Press, 2015), 287. 스탠퍼드, 쿠퍼, 코넬은 새로운 교육기관을 설립했다. 다른 기업가들은 기존 교육기관에 기부금을 제공하였고 기부자를 기념하기 위해 학교 이름을 바꾸었다. 대니얼 워렌은 다음과 같은 기업가의 이름을 획득한 단과대와 종합대학 목록을 정리했다. Bates, Brown, Bucknell, Carleton, Case, Clark, Colby, Colgate, Converse, Creighton, DePauw, Drew, Drexel, Duke, Hopkins, Newcomb, Peabody, Pratt, Purdue, Rollins, Rose, Simmons, Stetson, Stevens, Tulane, Vanderbilt, Vassar, Wells, Wofford. 또한 그는 뉴저지의 퀸스 칼리지가 부유한 지주인 헨리 럿거스(Henry Rutgers) 대령으로부터 5,000달러와 종을 기증받고 아주 기뻐하며 그의 유언장에 학교가 언급되기를 기대하며 학교명을 바꾸었다고 말했다. 그러나 헨리 럿거스 대령은 기대를 저버리고 자신의 재산을 교회에 기부했다. Wren, "American Business Philanthropy," 336쪽.

20 Carl Becker, 《Cornell University: Founders and the Founding》 (Ithaca: Cornell University Press, 1943), 131쪽; Andrew Dickson White, 《Autobiography of Andrew Dickson White》 (New York: Century, 1906), 1:371쪽. 에즈라 코넬은 미국 정부의 지원을 얻기 전에 일과 학업을 병행하는 학생들에게 무료 교육을 제공하자는 아이디어를 기자에게 말했다. 벡커는 미국 정부가 〈뉴욕 트리뷴〉에 실린 발표문을 보고 "실망"했다고 말한다.

21 "Practical Education," 〈SFC〉, August 14, 1874.

지역 출신'이었다고 묘사했듯 주로 뉴욕의 농촌 지역 출신들이었다. 학생들은 대학의 시범 농장에서 일하면서 스스로 생계 문제를 해결하려고 노력했지만 필요한 수준에는 미치지 못했다. 그 결과 첫 번째 학생들 10명 중 1명만이 학위를 받았다.[22] 시간이 흐르면서 "코넬 대학은 가난한 소년들을 훈련하는 학교가 아니라 부유하거나 유복한 부모의 자녀들을 교육하는 일반 대학이 되었다"고 〈샌프란시스코 크로니클〉은 보도했다.[23]

릴랜드 스탠퍼드가 그의 새로운 대학을 실용적인 대학으로 만드는 최선책을 숙고하기 얼마 전 경영학 분야가 마침내 1881년 한 대학 내에 둥지를 틀었다. 베들레헴 철강회사Bethlehem Steel Company와 아메리칸 니켈회사American Nickel Company의 성장으로 재산을 모은 조셉 와튼Joseph Wharton이 처음에는 와튼 금융 및 경제 대학이라고 명명한 대학을 설립하기 위해 펜실베이니아 대학에 막대한 돈을 기부했다. 하지만 릴랜드는 코넬 모델에 더 관심을 두었고, 기존 교육기관에 새로운 학교를 추가하는 와튼의 방식보다는 아예 처음부터 완전히 새로운 대학을 시작했다.[24]

릴랜드는 성급히 계획을 수립하고 싶지 않았다. 그는 기존 대학의 사례에서 배우기 원했다. 동부 해안에 있는 동안 그는 코넬, 하버드, 예

22 Geiger, 〈History of American Higher Education〉, 290쪽.

23 "Practical Education," 〈SFC〉, February 18, 1886. 이 글 또한 스탠퍼드 대학을 주요 철도 노선이 없는 소도시에 설립하고, "건물과 일반적인 개선에 너무 많은 돈"을 지출한 에즈라 코넬의 '실수'를 비판했다.

24 계획 초기, 릴랜드 스탠퍼드는 대학만으로는 그가 생각하는 실용교육을 제공하기에 불충분하다고 믿었다. 그는 대학 캠퍼스 중앙에 남자와 여자를 위한 두 가지 예비 학교를 짓는 방안에 대해 말했다. 예비학교는 12세 때부터 학생을 받아 일찍부터 자신이 선택한 소명을 준비시키는 기관이었다. "Stanford's Projects," 〈SFC〉, January 23, 1885.

일, MIT, 존스 홉킨스를 방문했다.[25] 하버드에서 그와 그의 아내 제인은 찰스 W. 엘리엇의 환대를 받았다. 오랜 세월이 흐른 뒤 엘리엇은 그때의 만남을 회상하며 스탠퍼드 부부가 요절한 아들을 기념하기 위해 박물관, 기술학교, 대학 등 세 가지 대안을 고려하고 있는데, 어떤 것이 가장 적절한지 의견을 구했다고 말했다. 엘리엇은 대학, 이상적으로는 등록금을 받지 않는 무료 대학을 추천했다. 그리고 그렇게 하려면 적어도 500만 달러(2017년 기준으로 약 1억 2,000만 달러)의 기부금이 필요하다고 덧붙였다. 릴랜드 스탠퍼드는 아내에게 말했다. "음, 제인, 그렇게 할 수 있죠?"[26] 부부는 세 가지 전부, 즉 기술학교와 자체 박물관을 포함한 대학을 설립하기로 결정했다. 이를 위해 그들이 기부한 토지, 주식, 채권은 500만 달러가 아니라 2,000만 달러였다.[27]

스탠퍼드에게 가장 깊은 인상을 준 교육기관으로, 새로운 대학의 모델로 삼고 싶었던 곳은 쿠퍼 유니언Cooper Union이었다. 스탠퍼드는 기술학교, 디자인 학교, 미술품 갤러리, 발명품을 전시하는 박물관을 건설하여 '노동계층'이 이용할 수 있기를 원했다.[28] 릴랜드의 청원에 따라 1885년 캘리포니아 주 의회에 법안이 제출되어 바로 통과되었다. 이 법에 따라 대학 설립을 위해 개인의 재원을 주 정부가 보증하는 신탁 형

---

25 "Governor Stanford's Plans," 《Sacramento Daily Record-Union》, May 26, 1884. 예일대라는 이름을 언급하지 않았지만 릴랜드 스탠퍼드는 "예일대 마쉬 교수"와 함께 매사추세츠 주와 버몬트 주뿐만 아니라 코네티컷 주의 교육기관을 방문할 것이라고 말했다. 또한 SU, "History of Stanford: The Birth of the University," https://www.stanford.edu/about/history/index.html을 보라.

26 Charles W. Eliot to David Starr Jordan, June 26, 1919, David Starr Jordan Papers 1861~1964 (SC0058), General Correspondence 1872~1931, SCUA, https://stacks .stanford.edu/file/druid:zk100zx0318/sc0058_s1a_b98_f870.pdf.

27 "The Stanford Gift," 《SFC》, May 15, 1887. 2,000만 달러에는 세 지역에 흩어져 있는 530만 달러 가치의 토지, 120만 달러의 가치가 있는 팰로앨토 농장과 1,470만 달러의 다른 투자 자산이 포함되었다.

28 "Stanford's Projects," 《SFC》. 쿠퍼 유니언(Cooper Union)이 "쿠퍼 대학(Cooper Institute)"으로 잘못 언급되었다.

태로 예치하고, 학생들에게 "유용한 사업이나 예술에 알맞은 인재를 양성하는 실용적인 교육을 제공"하는 데 사용할 수 있게 되었다.**29** 그 해 여름, 릴랜드는 MIT 총장 프랜시스 A. 워커Francis A. Walker를 캘리포니아로 불러 몇 주를 함께 지내면서 대학 설립 계획에 대해 협의했다.**30**

응용 교육에서 벗어난 스탠퍼드 설립자들의 비전

스탠퍼드 부부는 그해 말 대학의 신탁 관리자들에게 바라는 자신들의 희망사항을 구체적으로 적은 세부적인 대학 비전을 '대학 설립기금 문서' 형태로 발표할 준비가 되었을 때 세 가지 중 어느 하나만 선택할 수 없다고 밝혔다. 그들은 기술 교육기관(여러 개)과 박물관(여러 개), 미술품 갤러리, 실험실, 온실, 그리고 '모든 분야의 농업 연구와 기술 교육에 필요한 시설'을 원했다. 또한 '정신의 발달과 확장을 위한 연구와 활동'에 필요한 모든 것, 즉 인문학도 포함되었다. 스탠퍼드 부부는 선도적인 대학 교육가들과 나눈 대화를 통해 애초에 염두에 두었던 응용 교육이라는 협소한 개념에서 벗어나게 되었다. 이제 그들은 "학생들이 성공할 수 있는 자격을 갖추고 유용한 삶을 사는 데" 필요한 모든 것을 원했다. 그것은 기존의 모든 지식 형태, 즉 응용 지식에서부터 이론적 지식, 영적인 지식에 이르는 것들을 제공하는 것을 의미했다. 설립자들은 '분파적인 교육'을 금지하고 대학이 '영혼의 불멸성, 전지하고 자비로운 창조자의 존재, 창조자의 법에 대한 순종이 인간의 최고

29 "A Public Benefaction," 《Sacramento Daily Record-Union》, January 27, 1885.

30 "Pacific Slope," 《Sacramento Daily Record-Union》, August 29, 1885.

의 의무'임을 가르치길 원한다는 희망사항을 분명하게 표시했다.[31]

1885년 스탠퍼드 부부는 21세기 초에 존재하던 것과 같은 경제적, 사회적 화두를 던졌다. 전보와 철도는 세상을 평평하게 만들었고, 부부의 표현으로는 "모든 생산자가 시장에 모여 경쟁하는 하나의 커다란 동네"를 만들었다. 공동설립자들은 "노동자를 지원하는 기계 덕분에 모든 사람의 힘이 향상되었기 때문에 기계 개발이 매우 중요하다"고 생각했다. 그래서 그들은 "기술과 기계 관련 교육에 아무리 많은 관심을 기울여도 지나치지 않다"고 보았다.[32] "졸업생들이 유용한 직업에 알맞은 자격을 갖추는 것"에 대한 대학 설립자들의 관심은 〈샌프란시스코 크로니클〉에 '진보적이고 보편적인 정신'을 보여준다는 깊은 인상을 남겼다. 이 신문의 기자는 명시적인 입학 제한 조건 철폐를 "연령, 성별, 피부색, 인종, 출신지역과 같은 제한" 없이 학생들을 환영한다는 표현으로 해석했다.[33]

그들이 제시한 비전에는 대학 설립자들의 색다른 관심사가 반영되었다. 스탠퍼드 부부는 팰로앨토에 있는 자신들의 농장 토지 일부가 학생들의 부모들에게 임대되어 대학의 '큰 수입원'이 되기를 기대했다. 그러나 스탠퍼드 부부는 신탁 수탁자들에게 "무례한 사람들이 그 토지에 거주하지 못하게 하고 술집도 열지 못하도록" 지시했다.[34] (릴랜드 스

---

31 Leland Stanford and Jane Lathrop Stanford, "The Founding Grant," November 11, 1885, in 〈Stanford University: The Founding Grant with Amendments, Legislation, and Court Decrees〉 (Stanford: Stanford University, 1987).

32 "Senator Stanford's Address," 〈Sacramento Daily Record-Union〉, November 16, 1885.

33 "The Stanford University," 〈SFC〉, November 19, 1885.

34 "Senator Stanford's Address." 스탠퍼드 대학의 촉구에 따라 1909년 대학 주변 2.4km 이내에서 술 판매를 금지하는 주법이 통과되었지만 오직 그 내용은 스탠퍼드 대학에만 적용되었다. 팰로앨토뿐 아니라 멘로 파크까지 확대된 금주 지역은 1990년 소송 사건에서 금지법이 폐지될 때까지 그대로 유지되었다.

탠퍼드는 세계 생산성의 25%가 "술처럼 사람을 취하게 만드는 것들 때문에 상실된다"고 믿었다.[35]

또한 그들은 대학이 "모든 분야의 농업 교육을 위해 농장을 유지해야 한다"고 생각했다. 대학에는 사용할 수 있는 7,000에이커의 땅과 과수 원예와 통조림 생산시설에 필요한 충분한 공간, 포도원과 포도 재배에 필요한 공간이 있어 학생들이 사업과 기술 교육을 받을 뿐만 아니라 일을 하면서 대학을 졸업할 수 있는 수단을 제공했다. 스탠퍼드 부부는 노동-학업 구조가 코넬 대학과 오벌린Oberlin 대학에서 이미 시도되었다가 폐기된 사실을 알고 있었다. 그러나 그들은 단념하지 않았다. 다른 교육기관은 실패했지만 자신들의 방식은 다르기 때문에 어느 정도 성공할 것이라고 믿었다.[36]

다른 사람들은 이런 계획이 전통적이지 않다고 보았지만, 릴랜드 스탠퍼드는 새로운 대학을 시작하기로 한 자신의 결단이 오히려 타당하다고 생각했다. 그가 여느 대학과 비슷한 대학을 설립하려고 했다면 (나중에 그가 말했듯이) 기존 대학에 돈을 기부했으면 될 일이다.[37]

내키지 않는 양보 혹은 마음의 변화로 인해 비전이 약화되고 거대한 대학 규모가 축소되기 전, 1886년 대학 설립기금 문서가 발표되었을 때 설립자들의 비전이 가장 확실하게 드러났다. 그리고 관찰자들은 스탠퍼드의 철학에서 그들이 보고 싶었던 모든 것을 보고 흥분했다.

"Downtown After Dark," 〈Palo Alto Weekly〉, September 21, 1994을 보라.

35 "The New University," 〈SFC〉, May 13, 1888.

36 같은 글.

37 Orrin Leslie Elliott, 《Stanford University, the First Twenty—Five Years》 (Stanford: Stanford University Press, 1937), 16~17쪽. 엘리엇은 자료 출처가 1891년 2월 19일자 〈뉴욕 에반젤리스트〉에 실렸던 인터뷰 내용이라고 말했다.

지역의 정치 후원자들은 그들이 본 것 때문에 분명히 아찔했을 것이다. 〈샌프란시스코 크로니클〉은 마침내 이곳에 젊은이들이 '모든 사업과 실용 기술 분야'를 훈련할 수 있는 교육단지, 예비 학교와 대학이 설립된다고 보도했다. 지난 20년 동안 프랑스, 독일, 영국은 사업에 필요한 훌륭한 기술학교를 설립했으며 미국보다 상당히 앞서 있었다. 한참 지나서야 미국은 그와 같은 일을 하게 되었다. 릴랜드 스탠퍼드는 이런 현실을 알아본 사람으로 인정받았다.

이 신문은 너무 흥분한 나머지 스탠퍼드에게 전통적인 대학을 건설하려는 계획을 없애라고 촉구했다. 아울러 그가 독일 모델에 따라 시설투자비 1달러당 교수진의 연봉으로 9달러를 지출하라고 촉구했다. 3개월 뒤 대형 임시 목조건물을 조립하여 교육 활동에 필요한 시설을 갖추고 개교식을 준비할 수 있었다. 이 신문은 "틀림없이 많은 이들이 훌륭한 대학을 그렇게 수수하게 시작하는 것을 적절하지 않다고 말할 것이다. 그러나 평범한 미국인들은 건물이 아니라 교수진이 훌륭한 대학을 만든다는 것을 깊이 깨달을 필요가 있다"라고 주장했다.[38]

샌프란시스코의 언론인들은 지역 후원자들의 끝없는 열정을 소유했을 뿐만 아니라 인내심이 있는 후원자였으며 100년 뒤를 내다보았다. 그들은 20세기가 끝나기 전에 스탠퍼드가 미국뿐만 아니라 세계에서 가장 훌륭한 학자들을 끌어 모을 것이며, "옥스퍼드, 케임브리지, 파리, 본, 베를린이 그 쓸모를 다할 때" 번영할 것이라고 예측했다.[39] 그들은 암묵적으로 단순한 주장을 제기했다. "오래된 기관은 살아 있는 것

---

38 "Practical Education," 〈SFC〉, February 18, 1886.
39 "The Stanford University."

들이 그렇듯이 사멸한다. 새로운 기관이 새로 탄생한 유기체의 활력을 보유한다. 스탠퍼드 대학은 그런 활력을 가질 것이다." 그 활력은 기존 대학들의 역사를 부채로 만들고 스탠퍼드의 신선함을 자산으로 말끔히 바꾸었다. 스탠퍼드는 빈 서판이며, 설립자들과 신탁관리자들은 원하는 것을 무엇이든지 채워 넣을 수 있었다. 비록 시작 단계였지만 그들은 신나는 상상의 나래를 펼치며 여러 가능성을 숙고했다. 실제로 설립된 스탠퍼드 대학은 설립자들과 후원자들이 바랐던 것과 크게 다르지 않은 것으로 드러났다.

3장
타고난 호기심

스탠퍼드 대학교는 신입생들에게 온갖 학문 분야의 다양한 강좌를 제공한다. 64개나 되는 엄청나게 다양한 전공이 있어 혼란스러울 정도다. 대학 당국은 성급하게 자신의 전공을 결정하지 말고 일단 탐색해보라고 권한다. 1학년과 2학년들에게 〈자신의 스탠퍼드 설계하기〉라는 전공 선택을 돕는 두 개의 강좌를 제공하기도 한다.

근대 인문교양 교육의 근본적인 문제는 새로 입학한 대학생들이 자신의 전공을 곧바로 선택하기에는 학문적인 경험이 충분하지 않다는 것이다. 그러나 이런 원칙은 학생들이 4학년이 되기 전 여름까지 직업과 관련된 인턴 경험을 쌓을 것을 요구하는 미래 고용주들의 기대와 충돌한다. 달리 말하면, 고용주들은 학생들이 3학년 중반까지 직업에 관련된 내용을 잘 준비하고 경험을 쌓기를 바란다. 이런 경우 혈기왕성한 대부분의 학생들로서는 시간이 촉박해진다. 그래서 1, 2학년 시기의 학문적 탐색은 인턴 활동과 관련된 직업이나 산업에 대한 자신의 애착을 입증하는 영역을 더 많이 포함하게 된다.

처음 학문적인 관심사를 탐색하는 학생들은 시간 부족을 가장 절실하게 느낀다. 대학은 학생들에게 전공 탐색을 장려하지만 학생들은 자신들이 학문 분야에 관심이 없거나 매우 싫어한다는 것을 알게 되면 다른 목표를 향해 나아갈 수밖에 없다. 3학년 때 유학이나 대학 밖에서의 경험을 통해 새로운 깨달음을 얻는다 해도 졸업 때까지 새로운 분야로 다시 방향을 잡고 필요한 경험을 할 수 있는 시간이 부족하다.

취업박람회

2009년 스탠퍼드에 입학한 메레디스 헤이지Meredith Hazy(결혼 전 성은 콜턴Colton)는 전공 선택을 서두르지 않았다. 그녀는 독서와 글쓰기를 좋아했고 영문학 수업을 즐겁게 수강했다. 그래서 2학년이 되어 전공을 선택해야 할 시기가 되자 영문학을 전공으로 선택하게 되었다. 졸업 후 그녀가 무엇을 할 것인지는 그녀에게 그다지 중요한 문제가 아니었다. 그녀는 졸업 후 흥미로운 일을 찾지 못하면 로스쿨로 진학하려고 생각했다.

그러나 로스쿨 진학은 매력적이지 않았다. 3학년 가을학기 때 그녀는 워싱턴 D. C에서 스탠퍼드 대학교 인턴 프로그램에 참가했다. 그녀는 그곳 지방법원에서 인턴 체험을 했는데 결국 자신이 법률 분야에 그다지 흥미를 느끼지 않는다는 것을 깨달았다.

3학년 봄에 그녀는 마드리드에서 공부한 후 다시 돌아와 그해 여름 멘로 파크Menlo Park에 위치한 비영리 싱크탱크이자 보건정책 개선을 위해 노력하는 카이저 패밀리 재단Kaiser Family Foundation에서 인턴으로 일했다. 그녀는 비영리 단체와 자선활동에 관한 수업을 들은 적이 있었는데, 그 당시의 인턴 활동은 비영리활동이 그녀가 아직 발견하지 못한 분야, 다시 말해 그녀가 열정을 바칠 만한 분야인지 가늠하는 좋은 기회가 될 것 같았다. 그러나 그녀는 3학년을 마친 그해 여름이 졸업 후 정규직으로 취업하고 싶은 회사나 기관에서 인턴을 해야 하는 시기라는 것을 나중에야 알게 되었다. 헤이지는 말한다. "나는 너무 순진해서 그것을 제대로 깨닫지 못했어요. '나는 비영리활동에 관심이 있어. 그러니 그것과 관련된 곳에서 인턴 경험을 쌓아야 해'라고만 생각했죠." 그녀는 인턴직 안내 서비스의 도움을 받아 카이저에서 일했지만 그곳은 정규직을 채용할 가능성이 없는 곳이었다. 또한 보건정책은 그녀가 열정을 느끼는 분야가 아니라는 점도 드러났다.

그것을 늦게나마 깨달은 것은 다행한 일이었다. 하지만 헤이지는 졸업 후 무엇을 해야 할지 전혀 결정하지 못한 채 4학년이 되었다. 그녀는 가을에 열린 대규모 취업박람회에도 참가했지만 취업에 성공하려면 이력서는 물론 정장을 차려입고 참석해야 한다는 사실을 몰랐다. 그녀는 부스 관계자들이 1차 평가를 하는 것이 아니라 단순히 정보만 제공할 것이라고 기대하며 그곳에 갔다. 그녀는 말한다. "나는 정말 멍청했어요."

스탠퍼드에서 처음으로 취업박람회가 열렸던 1979년에 헤이지가

4학년이었다면1, 회사 관계자들이 정보 외에는 아무것도 알려주지 않을 것이라는 그녀의 추측은 옳았을 것이다. 르네상스 페어Renaissance Faire(일반인들이 참여하는 주말 야외 오락 행사로 전통적인 복장과 배경을 연출한다. — 옮긴이)를 연상시키는 '일자리 시장Job Faire'으로 시작한 그 박람회는 1970년대 중반 졸업 후 곧장 대학원으로 진학하지 않고 직장을 찾던 학생들의 거센 요구에 대한 응답으로 개최되었다. 1979년 입학생의 약 55%가 졸업 후 직업을 찾았는데, 이는 1974년 입학생에 비해 두 배나 많은 숫자였다. 이 행사를 '잡 페어'라고 부르긴 했지만 대학 관계자는 회사 관계자들이 "일자리를 팔러 다니는 것"이 아니라고 강조했다. 그 대신 그들은 "취업을 고려하는 학생들에게 취업 전망에 대한 정보를 제공"했다.2

1979년에 시작된 1세대 스탠퍼드 취업박람회는 '아직 진로를 결정하지 못한 인문학 학생들'을 위해 특별히 마련되었다. 대학이 박람회에 참여할 기관들을 초청했고 소수의 기술 회사가 포함되었다.3 나중에 스탠퍼드 취업박람회는 대부분 기술 전공자를 찾는 기술 기업으로 채워졌다. 지금은 겨울철에 인문학 전공자를 위한 취업박람회가 별도로 개최되고 있지만 규모가 작고 주로 비영리기관과 교육 관련 영리회사들이 참여한다.

헤이지는 비영리활동을 지원하는 스탠퍼드 공공서비스 하스 센터 Stanford's Haas Center for Public Service를 통해 졸업생을 위한 1년간의 특

---

1 "First Campus-wide Job Faire to Take Place on Wednesday," 〈SD〉, April 23, 1979.
2 "CPPC Sponsors Job Faire Today in White Plaza; 60 Firms Attend," 〈SD〉, April 25, 1980.
3 같은 글.

별 연구직에 지원하기로 결심했다. 그녀가 이용할 수 있는 최선의 기회 같았고 졸업 후 1년 동안 장래를 살펴볼 수 있는 기회를 제공할 거라 생각했다. 그러나 그녀는 그 연구직을 얻지 못했다.

하스 센터에서 다른 공공서비스 인턴 기회를 알려주었기에 그녀의 실망감은 다소 누그러졌다. 그러나 그 자리는 1년이 아니라 여름 동안만 일할 수 있었다. 그녀는 2월에 승인 통보를 받았다. 그녀가 졸업 전에 정규직을 찾지 못할 경우를 대비한 것이었다. 미래에 대한 불안이 완전히 사라지지는 않았지만 적어도 그녀가 정규직을 찾기 전까지 상황이 더 심각해지는 것은 막아주었다.

헤이지는 많은 동료 영문학 전공자들이 결국 대학원 공부를 시작하는 것을 지켜보았다. 다른 친구들은 3월에 자신들이 비영리단체인 '티치 포 아메리카Teach for America'에서 수업을 하게 될 거라는 사실을 알았다. 화학 전공자인 그녀의 룸메이트는 헤이지처럼 4학년 내내 일자리를 찾고 있었다. 헤이지는 자연과학 전공자인 룸메이트도 일자리를 얻지 못하는데 '나는 무얼 할 수 있을까?'라고까지 생각했다.

그녀의 룸메이트는 결국 졸업 직전에 어느 재단에서 일자리를 구했고, 헤이지는 여름 인턴직을 받아들였다. 그녀는 퍼시픽 파운데이션 서비스Pacific Foundation Services에 들어갔다. 이 재단은 자체적으로 보조금 프로그램을 운영할 직원이 없는 소규모 패밀리 재단을 위해 보조금을 관리해주는 기관이었다. 급료는 스탠퍼드 하스 센터에서 지급했다. 퍼시픽 파운데이션 서비스는 헤이지에게 정규직을 제공할 만한 재원을 찾으려고 했지만 실패했다. 이 단체가 제공할 수 있는 것은 인턴 기간을 3개월 더 연장해주는 것뿐이었다. 연장 기간 동안 그녀는 수당 없이 시급만 받았다. 일자리를 얻을 가능성이 사라지자 그녀는 스스로 "내 생애 최악의 2개월"이라고 표현한 매우 불안한 시기를 맞이했다.

그녀는 비영리기관과 재단에서 직장을 구하려는 결심을 다시 숙고했다. 이것은 지난번 여름에 이은 두 번째 여름 인턴직이었는데 직장에서의 시간은 느리게 갔다. 그녀는 매일 직장에 나가는 것이 즐거운지 자문했다. 대답은 부정적이었다. 그녀는 IT 회사를 찾아보아야겠다고 생각했다. 그녀는 특정한 역할을 염두에 두지 않았지만 지난 4년 동안 스탠퍼드에서 시간을 보내며 가까이에서 접했기 때문에 IT 산업에 문을 두드려 볼 수도 있을 것 같았다.

IT 기업의 문을 두드린 헤이지

헤이지는 스스로에게 물었다. "어떤 IT 회사들이 좋지?" 가장 먼저 머리에 떠오른 것은 트위터였다. 그녀는 일을 하지 않을 때 하루 종일 트위터를 들여다보고 있었다. 그녀는 더 이상 학생이 아니었고, 트위터가 그녀가 그동안 일자리에 대해 가진 관심을 이해해줄 가능성이 얼마인지 알 수 있는 경험도 충분하지 않았다. 그녀는 트위터 관계자들이 약 90분 정도 떨어진 월넛 크릭의 한 호텔에서 열리는 취업박람회에 참석한다는 사실을 알았다. 이것은 대학생이나 최근 졸업자를 위한 취업박람회가 아니라 경력직을 위한 행사였다. 트위터에서 채용하려는 직책은 '고객관리 책임자'였고(그녀는 이 직책이 무슨 일을 하는지조차도 확실히 말할 수 없었다) 5~6년의 경력을 요구했다. 그녀는 자포자기한 심정이었고 달리 계획도 없었다. 그곳에 가서 채용 담당자들과 대화를 나눈다 해도 시간 외에는 잃을 것이 없다고 생각했다. 그녀는 고객관리라는 용어를 조사했고, 그것이 일종의 판매직과 비슷하다는 사실을 깨달았다. 그녀는 자신이 그 일을 수행할 자격이 있는 것처럼 보이기 위해 연쇄적인 논리를 만들었다. 즉 자신은 의사소통에 능한데, 의사소통은 판매의 핵심요소이기 때문에 판매를 잘할 수 있다는 논리였다.

헤이지는 박람회장으로 차를 몰고 갔다. 그녀는 호텔에 트위터뿐만 아니라 널리 알려진 다른 IT 기업들로 가득해서 자신의 주장을 호소할 기회가 여러 번 있을 것으로 예상했다. 하지만 그런 행운은 없었다. 그녀는 다른 어떤 기업들에 대해서 듣지 못했고 그들과 상담하는 구직자도 보지 못했다.

학생들이 부스로 가득한 광장 여기저기에 몰려다니던 캠퍼스 취업 박람회와 달리 이번 박람회는 공통 공간이 없는 호텔에서 열렸다. 지원자들은 각 회사가 빌린 호텔 방문 앞에 한 줄로 앉아서 채용 담당자가 문을 열고 부르기만을 기다렸다. 실제로 헤이지는 트위터를 제외하고 방문 앞에 대기하는 줄을 전혀 보지 못했다. 트위터 면접자들의 줄은 길었다. 그녀는 약혼자에게 문자 메시지를 보냈다. "난 포기해야 할 것 같아. 여기는 나를 위한 자리가 아냐. 내가 왜 왔는지 모르겠어. 좋은 생각이 아니었어." 그녀보다 2년 앞서 스탠퍼드 공대를 졸업한 약혼자는 떠나지 말고 적어도 트위터 관계자들과 이야기라도 시도해보고 그들이 뭐라고 말하는지 들어보라고 충고했다.

헤이지는 약 한 시간을 기다린 뒤 면접 기회를 얻었다. 그녀가 방에 들어서자 두 명의 채용 담당자가 있었다. 그녀는 미리 준비한 장광설을 늘어놓으며 자신을 트위터의 고객관리 책임자로 채용해야 하는 이유에 대해 설명했다. 간간히 웃으면서 끈기 있게 들어준 채용 담당자들은 잠시 후 단호하게 말했다. "당신은 이 직책에 적합하지 않습니다." 그 순간 헤이지는 마음이 얼마나 철렁 내려앉았는지 기억한다. 그녀는 아쉬운 듯 '이 일자리를 얻는다면 정말 좋을 텐데'라고 생각했다. 그러나 그녀의 몽상은 곧 중단되었다. 채용 담당자가 "당신에게 안성맞춤인 다른 직책이 있습니다. 고객관리 담당자입니다(이 직책의 의미 역시 명확하게 알고 있지 못해서 약간의 조사가 필요했다)"라고 말했기 때문이다. 헤이지는 자신이 그 직책에 아주 관심이 많다고 열심히 피력했다. 그녀는 다음날 채용 담당자로부터 이메일 메시지를 받았고 현장 면접을 위해 트위터 본사로 나와 달라는 요청을 받았다.

좋은 의사소통 능력과 좋은 판매 능력은 분리하기 힘들다는 전제로 이루어진 헤이지의 탄탄한 삼단논법은 본사 면접에서 시험대에 올랐다. 그녀는 세 명의 다른 면접관과 각각 다른 시간대에 면접을 하며 자신의 역할에 대한 질문을 받았다. 면접관은 그녀가 트위터의 광고를 담당한다고 가정하고 어떻게 판매할 것인지 말해보라고 했다. "트위터의 광고에 대해 말해보세요. 트위터 광고를 사용하라고 어떻게 설득하겠습니까?" 그것은 힘든 과제였다. 그녀가 트위터 광고에 대해 아는 것이라곤 그녀가 트위터 사용자로서 본 것뿐이었다. 그녀는 그 질문에 이렇게 대답했다. "계속 끊임없이 설득해야죠." 광고 판촉 활동을 일종의 즉흥극이라고 상상하는 것이 도움이 되었다.

아무도 그녀가 스탠퍼드에서 받은 교육과정에 대해 묻지 않았다. 그녀가 공부한 내용을 알 수 있는 가장 근접한 질문은 학부생 때 가장 자랑스러운 성취가 무엇인지 말해보라는 질문이었다. 그녀는 4학년 때 음식 작가 M. F. K. 피셔Fisher에 대해 쓴 보고서라고 언급하면서 사업적인 방식으로 그것을 표현했다. "처음부터 끝까지 연구 프로젝트에 집중했던 것은 좋은 경험이었습니다."

그녀는 또한 '디지털과 공간'이라는 분석적인 보고서를 작성하라는 요구를 받았는데 이런 주제에 대해서도 아는 것이 전혀 없었다. 그녀는 〈비즈니스 인사이더Business Insider〉, 〈포브스Forbes〉, 그리고 다른 기업 뉴스 사이트에 올라온 글들을 조사해 과제에 필요한 정보를 충분히 모았다.

그녀의 대답과 제출한 보고서를 좋아한 트위터 관리자들은 그녀에게 일자리를 제공했다. 그녀는 어렵사리 비영리단체의 단기 인턴직에서 첨단 대기업의 정규직으로 도약했다. 이는 기본적으로 경험이 부족한 이제 갓 졸업한 영문학 전공자인 그녀가 다른 후보자를 위한 취업 박람회에 직접 방문해 얻은 결과였다. 우리는 호텔에 찾아간 그 운명적인 날 헤이지가 목적을 위해 매우 강력한 의사소통 기술을 발휘했다고 확실히 추정할 수 있다.[4]

미리 갖추어야 실제적인 자질은
그 직책에 필요한 지식을 빨리 습득하는 능력

고객관리 담당자인 헤이지는 트위터와 광고 계약을 체결한 기업 담당자들과 매일 대화를 나누었다.[5] 어떤 기업들은 광고 캠페인을 한두

---

4   헤이지가 트위터에서 직장을 얻은 뒤 상사에게 입사 평가 과정의 일부로 자신의 과거 트윗들을 읽어보았는지 물어보면서 자신의 트윗 내용이 평가에 도움이 되었기를 기대했다. 그러나 상사는 그녀의 트위터 내용을 읽지 않았다고 말했다.

5   2006년에 설립된 트위터는 2010년까지 광고를 도입하지 않았다. 그 뒤 광고를 도입할 때 새로운 형태의 문자메시지와 함께 전달되는 새로운 형태의 광고('홍보형 트윗')을 시도했다. 트위터의 설명에 따르면, 이것은 전통적인 광고가 아니라 상표 브랜드가 이미 존재하는 트윗, 즉 '유기적 트윗'의 팔로우들에게 보

번 시도해본 뒤 그 결과에 실망하고는 더 이상 광고를 내지 않았다. 헤이지의 업무는 그런 광고주들에게 다시 연락해서 트위터에 더 효과적으로 광고하는 방법에 대해 조언을 해주는 것이었다. 그 일은 영업직이었지만 실적제가 아니라 정해진 월급을 받는 자리였다. 달성해야 할 매출 할당액이나 벌어들여야 할 광고 수수료도 없었다.

헤이지는 그녀보다 업무 경험이 훨씬 더 많은 사람들로 이루어진 팀에 합류했다. 팀원 중 두 명은 구글에서 비슷한 업무를 수행한 적이 있었다. 또 다른 사람은 전직한 변호사였다. 고객관리 담당자라는 직책은 매출로 이어지는 통로 역할을 했다. 헤이지는 최근에 고용된 소수의 대학 졸업생 중 한 명이었다. 경제학, 언론학을 포함한 다양한 전공자들이 주변에 많이 있었지만 영문학 전공자는 그녀가 유일했다. 그러나 그녀는 이 일에 전공은 중요하지 않으며 그녀가 팀원들보다 준비가 덜 된 것도 아니라는 것을 알았다. 미리 갖추어야 할 유일하고 실제적인 자질은 그 직책에 필요한 지식을 빨리 습득하는 능력이었다.

트위터는 통상 4주간의 교육훈련 기간을 제공하지만, 업무에 투입할 직원이 더 많이 필요했기 때문에 헤이지는 2주 교육을 받은 뒤 곧바로 고객과 통화하는 업무를 시작했다. 그녀의 임무는 간단했다. 계약을 체결한 트위터의 광고주들이 서비스를 더 효과적으로 사용하도록 돕는 것이었다. 봉급제 보상체계와 업무할당량의 부재 때문에 그녀의 업무는 다른 사람을 도와주는 직업 같았다. 그러나 6개월 후 회사는 목표 매출액을 할당하고 실적에 따른 수수료 보상체계를 도입했다. 한

내는 것으로, "사용자들의 공감을 불러일으키거나" 아니면 시야에서 사라진다. "Hello World," 〈Twitter blog〉, April 13, 2010, https://blog.twitter.com/2010/hello-world.

팀원이 일단 어떤 광고주와 대화를 나누면 그는 그 이후 그 광고주에게서 발생하는 광고 수입에 대한 공로를 인정받았다. 또한 회사는 팀원들이 우수한 기업들만 선별하여 그들하고만 통화하는 것을 막기 위해 매주 최소 30번은 다른 고객들과 통화하도록 유도했다.

헤이지의 경우 매출 할당제는 충격으로 다가왔다. 그녀가 그 일을 시작했을 때 그녀는 그 일에 대해 익숙하게 설명했었다. "이봐, 회사는 우리가 광고주와 대화하기를 원해, 난 그 일을 잘할 수 있어." 이전에 할당제를 경험한 적이 없어서 처음에는 마음이 불편했다. 하지만 할당제는 그리 부담스럽지 않은 것으로 드러났고 그녀는 더 이른 시기에 트위터에 입사하여 새로운 제도가 시행되기 전에 그 직책을 잠시나마 편안하게 근무할 기회를 얻었다는 사실이 기뻤다.

1년이 지난 후 그녀는 잠시도 쉬지 못하게 되었다. 그녀는 광고 판매보다는 새로운 내부 프로세스와 시스템에서 일하는 것을 선호했다. 그녀는 정규 업무 이외에도 특별 프로젝트에 자진해서 참여하면서 새로운 도전을 즐겼다. 또한 주변 기업들을 주시하면서 그녀가 새로운 역할을 시작할 수 있는 곳이 있는지 살폈다. 훨씬 더 빠르게 성장하고 있는 실리콘밸리 기업으로 이직하는 것에 대해서도 생각해봤다. 그녀는 트위터의 상급 관리자들 역시 자신과 마찬가지로 오래된 비기술 기업들이 채용 조건으로 당연시하는 경영학 학위가 없다는 사실을 알게 되었다. 또한 회사가 아주 빠르게 성장했기 때문에 지금 관리자들이 승진할 수 있었다는 사실도 깨달았다. 이제 트위터는 성장이 느려졌으니 만일 그녀가 폭발적으로 성장하고 있는 회사에서 일하고 싶다면 한시 바삐 이곳을 떠나야 했다.

고객 관리 직원에서 위험 분석가로

헤이지는 샌프란시스코에서 빠르게 성장하고 있는 B2B(기업간 거래) 소프트웨어 신생기업인 스트라이프Stripe에서 '위험 분석가'를 채용 중이라는 사실을 알게 되었다. 이 기업은 모바일 앱과 웹 개발자들이 신용카드 결제를 쉽게 이용할 수 있게 도와주는 시스템을 운영하는 회사였다. 위험 분석가는 사기 구매를 찾아내고 예측하는 일을 담당했다. 그녀는 트위터에 구직 신청을 했을 당시 위험 분석가 채용 공고를 보았지만 무시했다는 사실을 떠올렸다. "나는 스트라이프에 대해 그다지 알지 못했어요. '위험 분석가'가 지겨운 일처럼 들렸죠. 그 직책이 무슨 일을 하는지도 몰랐어요." 그러나 트위터에서의 업무 경험을 통해 그녀는 '위험 분석가'가 전혀 지루한 업무가 아니라는 것을 깨달았다. 스트라이프는 최고의 실리콘밸리 기업들로부터 벤처 자금을 유치하고 2014년 말 약 2억 달러를 조달하면서 점점 더 두각을 나타내게 되었다. 그해 자금을 조달했을 때 이 회사의 시가 총액은 30억 달러 이상이었다.[6]

스트라이프는 급속도로 성장하고 있었다. 2009년 6월, 스트라이프의 직원은 아주 젊은 형제인 회사 설립자 패트릭Patrick과 존 콜리슨John Collison이 전부였다. 그들이 이 회사에 관한 아이디어를 구상한 때는 MIT 2학년(패트릭), 그리고 하버드 1학년(존) 겨울 방학이었다. 그들은 그해 학기를 마치고 실리콘밸리에 가서 한 해에 두 번 스타트업에

---

6   "Stripe's Valuation Rises to $3.6 Billion with $70 Million Round," 〈Wall Street Journal Digits blog〉, December 2, 2014. 7개월 후 스트라이프가 또 한 차례 투자를 유치한 뒤 회사 평가가치가 50억 달러로 급상승했다. "Stripe, Digital Payments Start-Up, Raises New Funding and Partners with Visa," 〈NYT〉, July 28, 2015.

대규모 자금을 제공하는 마운틴 뷰Mountain View 소재 기업인 와이 콤비네이터Y Combinator에서 회사를 창업한 뒤 대학으로 돌아가지 않았다.[7] 2015년 6월 이 회사는 약 300명의 직원이 일하는 회사로 성장했다. 이는 헤이지가 찾고 있었던 회사의 성장 곡선이었다. 트위터는 약 10배 더 많은 직원을 두고 있지만 상대적으로 지루하고 정적인 것 같았다.

스트라이프가 원하는 위험 분석가 직책의 이상적인 후보자는 통계학 전공보다는 인문학 전공자가 더 적합했다.

타고난 호기심을 지닌 사람 : 무언가 제대로 작동이 안 되면 어찌된 일인지 알아보려고 한다.

결단력과 학습에 개방적인 태도를 지닌 사람 : 매일 중요한 결정을 많이 내릴 것이며, 어느 정도는 틀릴 것이다.

새로운 사업 착수에 따른 여러 도전 과제를 이해하고 공감하는 사람.

문제 이면에 있는 숫자들을 알고 이해하는 일에 강한 확신을 가진 사람.

탁월한 의사소통 능력과 복잡한 생각을 간결하게 전달할 수 있는 사람.

---

7   Randall Stross, 《The Launch Pad: Inside Y Combinator, Silicon Valley's Most Exclusive School for Startups》(New York: Portfolio, 2012), 64~66쪽.

하나 또는 그 이상의 외국어를 유창하게 구사하는 사람(스트라이프가 국제적으로 확장됨에 따라 필수는 아니지만 큰 가산점 요인).

헤이지는 첫 번째 구직 경험을 통해 취업하려는 회사 사람과 직접 대면하는 것이 온라인으로 응시원서를 제출하는 것보다 훨씬 더 좋다는 것을 배웠다. 그녀는 스트라이프에 아는 사람이 없었지만 스탠퍼드 친구 중 하나가 스트라이프에 근무하는 사람을 친구로 두었는데 그 역시 스탠퍼드 출신이었다. 헤이지는 친구에게 소개장을 이메일로 보내달라고 부탁했다. 그녀는 스트라이프 직원에게 이메일을 보내고 친구에게 전화를 걸었다. 아울러 그녀는 스트라이프 채용 담당자에게 연락해 구직 신청서를 제출했다. 그녀는 스트라이프에 근무하는 친구의 친구에게 채용 담당자가 자신의 이력서를 확인하도록 도와줄 것이라 믿었다. 그녀는 하루 동안의 면접을 위해 회사로 방문해달라는 요청을 받았다.

졸업한 지 2년이나 지난 그녀의 스탠퍼드 경험은 잠재적인 고용주에게 큰 관심사가 아니었다. 그러나 스트라이프를 방문했을 때 그녀는 트위터에서 담당했던 일상 업무, 즉 고객을 도와주는 일에 대해서는 말할 수 없었다. 위험 분석 업무는 고객과 직접 접촉하면서 그들을 돕는 일과는 아주 달랐기 때문이다. 다행스럽게도, 헤이지가 트위터에서 자원하여 담당했던 특별 프로젝트는 분석 업무와 관련이 있었다. 그 프로젝트는 통화 기록을 통해 어떤 특성을 지닌 고객이 어떤 도움을 요청하는지 파악하는 분석이 필요했다. 그녀는 또한 명문 스탠퍼드의 이름과 이 학교의 학생 선발에 따른 평판 덕분에 구직 경쟁에서 더 나은 평가를 받는 추세에도 도움을 받았다. 그러나 그녀의 배경은 단순히 스탠퍼드 출신이 전부가 아니었다. 여기에는 인문학, 독서, 글쓰기에 몰입한 경험이 포함되었다. 그녀는 자신에 대해 말하고 싶은 내용을 말하는 방법을 배웠다. 예를 들어, 영문학 전공자가 분석적인 직책에 적합하지 않다는 암묵적인 전제를 받아들이길 거부하는 이야기 말이다.

헤이지는 일자리를 제의받았고 그것을 받아들였다. 그녀는 시가 총액이 폭발적으로 증가하는 회사에 입사했다. 2015년 7월, 이 회사는 더 많은 투자금을 조달하여 조달 금액이 40% 더 증가했다.[8] 2016년 이 회사는 92억 달러 상당의 더 많은 투자금을 조달했는데, 그 전 2년 동안 조달한 액수의 3배가 넘는 금액이었다.[9]

헤이지는 스트라이프에서 사기 거래를 방지하는 팀에 배치되었다. 그녀가 입사했을 무렵 그녀가 의심스러운 고객이나 사기 구매를 찾아내는 일을 수행하는 데 필요한 내용을 알고 있을 거라고 아무도 기대하지 않았다. 그녀는 이에 대한 교육을 받았고, 교육에 포함되지는 않았지만 그 직무에 필요한 내용에 대해서도 모두 이해했다. 그녀는 자료를 분석하기 위해 데이터베이스 작업을 하는 프로그래밍 언어인 SQL을 배웠다.

헤이지가 스트라이프에서 위험 분석가로 1년 이상 경험을 쌓았을 때 그녀의 일상 업무는 영문학 보고서를 준비하는 것과 비슷해졌다. 대학 때 그녀는 소설을 읽고 주제를 파악한 뒤 보고서를 썼다. 스트라

8 "Online Payments Startup Stripe Raises New Funds at $5 Billion Valuation," 〈Wall Street Journal〉, July 28, 2015.
9 "Stripe's Valuation Nearly Doubles to $9.2 Billion," 〈Wall Street Journal〉, November 25, 2016.

이프에서 그녀는 계량 자료를 면밀히 조사하고 고객들이 보낸 이메일과 모호한 상황과 까다로운 전화에 관한 팀원들의 이야기를 신중하게 검토한 후, 주제를 파악하여 보고서를 작성했다. 그리고 회사가 취해야 할 행동에 대해 권고했다. "분석 방법은 놀랄 정도로 비슷합니다. 결과만 다를 뿐이죠."

헤이지는 그녀가 트위터에 근무할 때 습득한 '소프트 스킬soft skill'에 대해서도 고맙게 여겼다. 관리자와 좋은 관계를 구축하는 능력, 자신을 옹호하는 방법, 자신이 참여하고 싶은 프로젝트를 추진하는 방법, 자신의 이익과 회사의 이익 간의 균형을 잡는 방법 등이다. 그녀는 이런 능력을 타고났다고는 생각하지 않는다. 그녀는 직장에서 그것을 배웠고 시간이 지나면서 능숙하게 되었다.

헤이지는 대학을 졸업한 뒤 상급 학위를 취득하지는 않았지만 분명히 독학을 계속했다. 이는 '영문학 전공자'를 외면하지 않은 두 명의 깨어 있는 고용주 덕분에 가능했다.

4장
적절한 균형

　새로운 릴랜드 스탠퍼드 주니어 대학은 1887년 5월 릴랜드 스탠퍼드 주니어의 생일에 주춧돌을 놓는 행사와 함께 공식적으로 착공되었다. 1년 전 미국 상원의원에 당선된 릴랜드 스탠퍼드와 그의 부인이 행사에 참석했다. 샌프란시스코에서 장래 캠퍼스가 될 장소와 가장 가까운 역인 멘로 파크까지 기차로 이동한 18명의 신탁 관리자도 참석했다. 내빈들은 마차를 타고 건축이 시작될 스탠퍼드 농장의 빈 부지로 왔다. 지역 농부들과 호기심 많은 구경꾼들도 행사장에 참석했다. 현장에 만들어진 유일한 건물은 신탁 관리자들이 햇볕을 피할 수 있도록 제공된 나무 헛간이었다. 짧은 착공식 행사가 진행되는 동안 헛간의 천막 지붕이 미풍에 펄럭였다. 한 박스의 기념물들이 움푹한 구덩이

에 놓여 있었고 릴랜드 스탠퍼드가 흙을 덮어 주춧돌을 묻었다.[1]

공사 현장은 백지 상태였다. 대학은 설립자가 원하는 대로 어떻게든 만들 수 있을 것 같았다. '미국에서 가장 많은 기부를 받은 대학 중 하나'로 시작할 수 있었다.[2] 그러나 체육시설 계획은 교육과정이 정해지기 훨씬 전에 확정되었다. 사람들은 이 대학의 교육이 '철저하고, 실제적이며, 유용한 내용'이 될 것이라는 말을 들었다.[3] 그러나 이런 비전을 실현하는 방법은 대부분 대학 총장에게 맡겨졌다.

인문학과 응용과학의 동등한 발전을 추구한 스탠퍼드

대학은 몇 달 만에 조립된 대형 목재 건물 한 채로 급하게 시작되었고, 1년 전 〈샌프란시스코 크로니클〉에서 제안한 내용은 무시되었다.[4] 릴랜드 스탠퍼드는 그 대신 보스턴 소재의 농업 회사(셰플리Shepley, 루탄Rutan, 콜리지Coollidge)를 참고하라는 프레더릭 로 옴스테드Frederick Law Olmsted와 그의 조카이자 동료인 존 찰스John Charles의 조언을 들었다. 그들이 수립한 계획은 기존 대학들과 차별되는 지점이 드러나지 않았다. 대학교 부지 중심의 사각형 안뜰에는 내부 둘레를 따라 아치로 둘러싸인 아케이드가 있었다. 그 계획을 본 기자는 '예전 영국 대학의 회랑'을 떠올렸다. 엔지니어링 기계들이 들어설 건물, 남자 기숙사, 박물관이 즉시 건설되기 시작했다.[5]

1　"The Stanford Gift," 〈SFC〉, May 15, 1887.

2　같은 글.

3　"The Stanford University," 〈SFC〉, May 15, 1887.

4　"Practical Education," 〈SFC〉, February 18, 1886.

5　Jane Lilly, "If These Walls Could Talk: A History of Roble Halls," 〈Sandstone & Tile〉 30.2 (Spring/Summer 2006): 3~5쪽; David Starr Jordan, 〈The Days of a Man: Being Memories of a Naturalist,

릴랜드 스탠퍼드는 개교 관련 업무 이외에도 다양한 사업 관련 업무 처리, 상원의원 활동, 건강 관리 등 많은 일들을 해야 했다. 대학이 첫 번째 학생을 맞이하는 개교일이 다가왔는데도 릴랜드는 첫 번째 총장을 찾는 중요한 일을 마무리하지 못했다. 이것 때문에 교수진을 채용하는 일도 지연되었다. 릴랜드가 선택한 첫 번째 총장은 앤드루 화이트 Andrew White 코넬 대학교 총장이었다. 하지만 그는 릴랜드의 총장직 제안을 거절하고 그의 제자인 데이비드 스타 조던 David Starr Jordan 을 추천했다. 조던은 그 당시 인디애나 대학교의 총장이었다.[6] 뉴욕 주 북부의 농장에서 성장한 조던은 코넬 대학교 1회 졸업생으로 조숙한 학생이었으며(그는 3학년 때 식물학 강사로 일했다) 졸업할 때 석사 학위를 받았다. 그는 또한 일류 시인이었다.[7] 1891년 3월, 릴랜드와 제인 스탠퍼드는 조던을 찾아가 그에게 연봉 1만 달러의 총장직을 제안했다. 그 금액은 그가 인디애나에서 받았던 연봉의 약 3배였으며, 그에게 대학 건설 문제를 비용 걱정 없이 일임하겠다는 약속도 덧붙였다. 조던은 제안을 받아들였다.[8]

조던의 학문적 평판은 주로 어류학자로서 현장 연구에 기초한 것이었다. 그의 총장 임명 소식에 스탠퍼드 소재 지역 신문들은 조심스러

Teacher and Minor Prophet of Democracy》 (Yonkers-on-Hudson, NY: World Book Company, 1922), 1:367, 385. 원래 스탠퍼드 부부는 먼저 남학생이 학업을 시작한 다음에 여학생을 입학시킬 계획이었지만 학교 공사가 시작하고 2년 뒤 생각이 바뀌었다. 1889년, 그들은 여자 기숙사인 로블 홀(Roble Hall)을 첫 입학생의 학년이 시작될 것으로 예정된 1891년 10월 1일까지 준비하도록 요구했다. 하지만 여자 기숙사를 완공하기에는 시간이 부족했고, 그 규모도 건설 도중에 3분의 2로 줄여야만 했다. 오늘날 산타 테레사 거리에 서 있는 로블 홀 기숙사는 다른 건물이다. 이 기숙사는 1918년에 완공되었으나 동명의 기숙사로 대체했으며, 세쿼이아 홀로 개명했다가 나중에 헐렸다.

6   "Meet President Jordan," 〈Stanford Magazine〉, January/February 2010.

7   "Prominent Cornellians," 〈Cornell Alumni News〉 50, no. 6 (May 10, 1899).

8   "Meet President Jordan"; Jordan, 《Days of a Man》, 1:354~355쪽.

운 태도로 반기며 환영했다. 언론들은 조던을 코넬에서 배출한 실용적인 정신을 갖춘 학자로 보았다. 코넬의 실용 지향성은 스탠퍼드가 지향하려는 것과 비슷한 것으로 간주되었다. 한 신문 기자는 이렇게 말했다. "이번 실용교육 실험이 성공하기를 바란다. 그의 손에 재량권이 주어질 것이다. 이론가들이 지배적인 영향력을 행사하는 것은 허용되지 않을 것이다."[9]

조던이 선택한 첫 번째 직원은 코넬 대학교에서 박사 학위를 받은 오린 레슬리 엘리엇Orrin Leslie Elliot이었다. 조던은 그를 비서로 영입했고, 나중에는 대학 교무처장에 임명했다. 엘리엇은 새로운 대학이 수업료를 받지 않고 제공하려는 '실용교육', 즉 '자신의 생계를 꾸려갈 수 있는 내용'을 가르치는 교육에 대해 들은 미래의 학생들이 보낸 엄청난 편지에 응답하는 일을 맡았다.[10] 엘리엇은 입학 신청자에게 입학을 허가하는 일도 맡았다. 9월, 1000명의 응시자들이 몰려왔다. 예상한 것보다 훨씬 더 많은 숫자였다.[11] 1891년 10월 1일, 개교일에 465명의 학생이 등록했고, 그중 약 350명이 1학년으로 입학했지만 그들의 나이는 대개 20 혹은 21세였으며 고등학교를 막 졸업하고 온 것이 아니라 직장을 다니다 온 사람들이었다.[12]

그들은 입학한 뒤 스탠퍼드 대학교가 공학과 과학을 위한 좋은 배

9   Editorial, 〈SFC〉, March 24, 1891.
10 Ellen Coit Elliott, 《It Happened This Way; American Scene》 (Stanford: Stanford University Press, 1940), 172쪽.
11 "Waiting Students," 〈SFC〉, September 26, 1891.
12 Jordan, 《Days of a Man》, 1:402, 415. 학생들 중 일부는 30세가 넘었다. 조던은 이에 관한 일화를 소개했다. "두 명의 청년이 캠퍼스 언덕에서 돌아다니다가 만나 한 사람이 자신이 경험한 흥미롭고 멋진 일에 대해 떠벌린다. 드디어 그는 상대방에 대해 알아보려고 이렇게 질문한다. '1학년생이에요?', '아니, 교수야.', '오, 저런'이라고 당황한 신입생이 말했다.

움터를 제공한다는 사실을 알게 되었다. 하지만 스탠퍼드는 이들 학과 뿐만 아니라 인문학을 위해서도 똑같은 환경을 제공했다. 그래서 스탠 퍼드는 사업 분야 기술skill을 가르치는 프로그램을 시작하거나, 과거 영국의 과학·기술 전문학교 방식 대신 전통적인 대학들과 별로 다르 지 않은 계획을 수립했다. 조던은 '인문학과 순수과학, 그리고 다른 한 편에 응용과학(공학, 농학, 의학, 등)이라는 두 개의 큰 교육과정'을 마련 했다. 그는 이 계획에 대한 릴랜드 스탠퍼드의 승인을 얻었다. 특별한 점은 응용과학을 인문학, 순수과학과 동등한 영역으로 간주했다는 것 이다. 조던은 "두 분야가 서로 밀접한 관련을 갖고, 가능한 똑같이 발 전"하기를 바란다고 말했다.**13**

초창기의 어려움

스탠퍼드 부부가 대학에 맡긴 2,000만 달러는 미국 전체에서 주목 을 받았다. 조던은 나중에 이렇게 회고했다. "역사상 어느 대학도 미국 에서 발행되는 신문의 절반에 대학 홍보 기사를 실은 적이 없다."**14** 대 학 설립 기부금 덕분에 신임 총장은 재정에 대해 걱정할 필요가 없었 다. 조던은 대부분 정교수로 이루어진 40명의 교수진으로 시작한 다음 추가로 그들에게 교수진을 모집하게 할 계획이었다. 그러나 학계의 스 타였던 정교수들은 캘리포니아의 외진 곳으로 이직하는 데 관심을 보 이지 않았다. 동시대의 관찰자들은 이렇게 기록했다. "대도시의 매력

---

13 Orrin Leslie Elliott, 《Stanford University, the First Twenty-Five Years》 (Stanford: Stanford University Press, 1937), 50쪽.

14 "Meet President Jordan."

은 다른 분야만큼이나 학계에서도 강력했다. 동부 지역의 교수들은 시카고 같은 변방 도시로 가는 것도 큰 희생을 치르는 것이라고 생각했다. 캘리포니아 목장 지대에 사는 것은 생각할 수조차 없었다."[15]

조던은 총장직 제의를 받고 기꺼이 왔지만 인디애나에서 받았던 봉급의 수 배에 달하는 연봉이 총장직 수락에 큰 영향을 미쳤다. 그러나 스탠퍼드가 교수 초빙을 위해 제공한 예산은 그가 약속받았던 무제한이라는 말과는 전혀 달랐다. 조던은 자신이 받았던 것과 같은 프리미엄을 다른 사람에게 제공할 수 없었다.[16]

수업이 시작되었을 때 스탠퍼드에는 애초에 계획된 40명의 정교수가 아니라 릴랜드 스탠퍼드가 조던에게 허락한 최대치인 15명의 정교수밖에 없었다. 그는 조던에게 "15명이면 충분히 학교를 시작할 수 있습니다"라고 말했다.[17] 스탠퍼드는 새로운 대학의 도서관 건립에 대해 조던에게 "지식인이 약 4,000~5,000달러의 돈을 투자해 자신이 사용하기 위해 만든 정도의 도서관이면 충분하다고 생각합니다"라고 말했다.[18] 스탠퍼드는 조던에게 잠시 동안 농학과 설립 계획을 '보류'하라고

15 Edwin E. Slosson, 《Great American Universities》 (New York: Macmillan, 1910), 116쪽.

16 조던은 하버드 대학 철학과 학과장 조시아 로이스(Josiah Royce)를 청빙하려고 노력했다. 로이스가 캘리포니아에서 태어나 성장한 뒤 캘리포니아 대학에서 학사 학위를 받았을 때 조던은 집으로 돌아가는 방편으로 교수직을 제안했다. 〈샌프란시스코 크로니컬〉에 따르면, 로이스는 5,000달러의 연봉을 요구했다. 조던이 3,000달러를 연봉 최고액으로 제시하자 로이스는 그 제의를 거절했다. "A Small Faculty," 〈SFC〉, May 5, 1891. 그러나 수년이 지난 후 기록된 그의 비망록에 따르면, 조던은 자신이 매력적인 연봉을 제공할 수 없었던 일에 대한 비난에 대해 반론을 제기했다. 그는 뛰어난 학자들(로이스를 포함하여)에게 7,000달러의 연봉을 제공할 수 있는 권한을 받았지만, 대부분의 교수들에게 "아직 교육기관의 조직이 구성되지 않았고 도서관과 실험실을 건설 중인 대학에 합류하기에는" 위험이 너무 컸던 것 같았다고 주장했다. Jordan, 《Days of a Man》, 1:396~397쪽.

17 Leland Stanford to Professor David S. Jordan, telegram draft, April 13 [1891], 〈LSP〉. 조던은 나중에 릴랜드 스탠퍼드가 첫해 입학생이 적은데 교수가 더 많으면 우스꽝스럽게 될까 염려하여 교수진을 15명으로 제한시켰다고 주장했다. Jordan, 《Days of a Man》, 1:396~397쪽을 보라.

18 Leland Stanford to David S. Jordan, telegram draft, May 26, 1891, 〈LSP〉.

지시했다.[19]

최초로 초빙한 15명의 교수진 중 정교수는 7명에 불과했다. 그 중 아무도 40세였던 조던보다 나이가 많지 않았다. 이것은 〈샌프란시스코 크로니클〉이 보기에 돈이 걸림돌이 되지 않은 대학치고는 대단히 한심한 출발처럼 보였다.[20] 조던이 응용 기술과 인문학이 밀접한 관계를 유지하기를 바란다는 소망을 표명했음에도 대학 초기에는 그것이 드러나지 않았다. 레슬리 엘리엇이 비서와 교무처장으로 임명된 뒤 처음 임명한 교수 9명 중 8명은 공학, 수학, 과학 분야였고 단 1명만이 인문학 분야의 '비상근' 역사학 교수였다.[21]

조던은 인문학이 스탠퍼드 대학교의 여학생들이 집중할 분야가 될 것이라며 인문학을 지원할 재원이 필요하다고 릴랜드를 설득했다. 조든은 나중에 이렇게 말했다. "릴랜드 스탠퍼드는 스탠퍼드 대학교를 '코넬과 존스홉킨스의 결합'으로 생각하고, 응용과학과 다양한 지식 분야의 고급 연구를 수행하는 곳으로 만들려고 했습니다." 응용과학이나 고급 연구 분야에는 여성들의 자질이나 관심이 부족할 것이라 가정했던 것이다. 대학 설립자와 조던 모두 여학생 수가 남학생 수에 미치지 못할 것이라 기대했지만,[22] 몇몇 여학생들의 바람은 그렇지 않았다. 그래서 릴랜드는 첫 학기 첫날 열린 개교 기념식에서 왜 여성들이 학사

19 Leland Stanford to David S. Jordan, telegram draft, June 1, 1891, 〈LSP〉.

20 "A Small Faculty."

21 Elliott, 〈Stanford University〉, 55. 이때 조던은 릴랜드에게 그 다음에는 아래와 같은 분야의 교수를 청빙하겠다고 보고했다(영어, 스페인어, 자유롭게 그리기, 도서관, 체육, 음악, 미술, 미국 역사, 사회 및 시립 기관, 군사 전술, 전신). 그가 원하는 학과는 응용학문으로 가득했다. 1~2년 뒤 그는 농업, 농화학, 원예, 포도 재배, 수의사, 임업, 실용 식물학, 곤충학, 실용 동물학, 광산학, 광물학, 금속학, 심리학, 윤리학, 웅변술 등의 교수진을 채용할 계획이었다.

22 Jordan, 〈Days of a Man〉, 1:421쪽.

학위를 받아야 한다고 생각하는지 자신의 의견을 밝혔다. 그는 여자들은 어머니가 되고 유아를 돌보아야 하기 때문이라고 말했다. 그는 전문가들이 아이의 일생 중 첫 5~7년이 '아기의 정신이 형성되고 방향이 잡히는' 가장 중요한 시기로 간주한다는 점을 언급하며, "그러므로 어머니들이 어린아이의 지성을 바르게 인도하는 능력을 갖는 것이 매우 중요합니다"라고 말했다.[23]

대학이 일단 개교하자 릴랜드 스탠퍼드는 젊은 교수진을 채용한 것에 대해 조던을 칭찬했다. 그들은 젊기 때문에 "나이가 많은 사람들보다 새로운 신념에 더 개방적이었고 시대의 진보에 더 쉽게 따라갈 수 있었다." 그러나 그는 조던이 너무 많은 교수들을 임명했다고 계속해서 호통을 쳤다. 릴랜드가 보기에는 교수들이 "학생에 비해 너무 많은 것" 같았다.[24] 조던이 겨울에 체육관이 불편할 정도로 춥다는 학생들의 불만을 그에게 전하자 그는 짜증을 냈다. 워싱턴 D. C.에 있던 릴랜드 스탠퍼드 상원의원은 조던에게 "남자들이 스팀 난방이 필요할 정도로 연약하다니 믿을 수가 없습니다"라고 말했다.[25] 이 문제는 상원의원에게 크게 다가왔다. 얼마나 컸던지 대학 총장이 대학을 관리할 수 있을지 믿을 수 없을 지경이었다. 다음 날 릴랜드 상원의원은 대학 시설물을 감독하는 관리자에게 자신이 캘리포니아를 방문해 난방의 필요성을 직접 조사하기 전까지 체육관 난방 공사를 중지하라는 전보를 별

23 "Leland Stanford Junior University: The Opening Ceremonies," 〈SFC〉, October 2, 1891.
24 Leland Stanford to D. S. Jordan, May 10, 1892, 〈LSP〉. 또한 Leland Stanford to D. S. Jordan, May 23, 1892, 〈LSP〉을 보라.
25 Leland Stanford to David S. Jordan, February 17, 1892, 〈LSP〉.

도로 보냈다고 조던에게 알렸다.**26**

릴랜드 상원의원의 건강은 계속 나빠졌다. 다음 해 68세가 되었을 때 그는 원기를 회복하기 위해 스위스 산악지역으로 요양을 떠났다. 그러나 그는 걷기조차 힘들었고 도움 없이는 마차를 탈 수도 없었다. 릴랜드는 파리에서 가진 마지막 인터뷰에서 그가 수십 년 동안 말해온 이야기를 다시 끄집어냈다. 그는 사업을 하는 동안 만났던 젊은 사람들에게서 전통적인 인문학 교육의 비실용적인 면모를 많이 보았다고 말했다. 그는 이 사실을 매우 강조했다.

동부지역 친구들의 소개장을 갖고 나를 찾아온 모든 젊은이들 중에서 가장 무기력한 부류가 대학 졸업생들이었다는 사실은 내게 깊은 영향을 주었습니다. 그들은 내가 좋게 생각하는 대학 출신이었습니다. 그들은 매력적인 외모에 재산도 많았습니다. 그러나 그들이 직장을 구할 때 내가 그들에게 무엇을 할 수 있느냐고 물으면 그들은 '무엇이든지'라고 말했습니다. 그들은 어떤 것에 대한 확실한 기술이나 지식을 갖고 있지 않았습니다. 그들은 구체적인 목표도, 명확한 목적도 없었습니다. 이런 상태를 극복하는 길은 그런 결과를 초래하지 않는 교육을 제공하는 것입니다. 나는 이것이 스탠퍼드 대학의 목표가 되기를 바랍니다. 이 대학의 시설과 교수진이 세계 최고가 되기를 바랍니다. 따라서 이론 교육이 아닌 실용적인 교육을 제공하는 최고의 역량을 가진 대학이 되어야 합니다.**27**

26 Leland Stanford to David Starr Jordan, telegram draft, February 18, 1892, 〈LSP〉

27 "Stanford Interviewed," 〈DPA〉, October 19, 1892.

대학 설립기금 문서를 작성할 때 릴랜드 스탠퍼드는 염두에 두었던 실용교육의 모범적인 분야로 농업을 선정했다. 그리고 1893년 대학은 보류했던 농학과 설립 계획을 다시 검토했다.[28] 그러나 1893년 6월 릴랜드 스탠퍼드가 타계하자 대학의 재정이 위태로워지기 시작했다. 릴랜드가 기증한 2000만 달러는 주로 대학 부지를 포함한 부동산 구입에 소요되었다. 릴랜드 스탠퍼드는 대학 개교에 필요한 재원을 조달하기 위해 200만 달러를 빌렸다. 그는 센트럴 퍼시픽과 합병된 서던 퍼시픽 철도회사가 배당하지 않은 수익금 중 자신의 몫인 300만 달러로 이 부채를 상환할 예정이었다. 그러나 이 돈은 지급되지 않았다.[29]

릴랜드 스탠퍼드의 사후 그의 부동산은 공증으로 묶였고, 대학 운영에 사용해야 할 수입이 끊겼다. 대학이 직원 급료를 지급할 능력이 있는지 의구심이 생겨났다. 교수들의 봉급이 10% 삭감되었고 학생들은 매년 20달러의 '등록비'를 새로 내야 했다. 그런 와중에도 대학이 계속 문을 열 수 있었던 이유는 제인 스탠퍼드가 법원이 그녀에게 매월 지급한 1만 달러의 가족 수당을 이용해 대학의 경비를 충당했기 때문이었다. 이 위기는 3년 동안 완화되지 않았으며[30] 6년이 지나서야 완전히 해소되었다.[31]

28 Elliott, 《Stanford University》, 114~115쪽.
29 Jordan, 《Days of a Man》, 1:479. 조던은 릴랜드 스탠퍼드의 전 사업 파트너 콜리스 헌팅턴이 약속을 어겼다고 비판했다. 조던은 헌팅턴의 행동 윤리를 이렇게 묘사했다. "확정하지 않은 것은 무엇이든지 나의 것이다. 내가 파고들어 탐색할 여지가 있는 것은 확정되지 않은 것이다."
30 "Stanford Gets $2,500,000," 《DPA》, May 4, 1896.
31 Jordan, 《Days of a Man》, 1:479, 496~497, 509쪽.

전문화된 교육에 대한 옹호

조던은 대학 교육을 실용적으로 만들 방안을 갖고 있었다. 그의 혁신적인 방안 중 하나는 스탠퍼드 대학이 개교할 때 시행된 것으로 학부생들에게 법률을 가르치는 것이었다. 이는 대학원 공부를 대체하는 수단이 아니라 학생들에게 그런 과정을 시작할 기회를 제공하는 방법이었다.[32] 그가 시행한 또 하나의 혁신 방안은 대학을 오로지 '기술적이고 전문적인 일'과 연구에만 전념하게 만드는 것이었다. 이를 위해 그는 모든 입문과정을 없애고 대신 모든 학생이 스탠퍼드에 진학하기 전에 다른 교육기관에서 2년간의 대학 교육을 이수할 것을 제안했다. 그러나 그는 신탁 관리자들이 이 제안을 지원할 것이라고 확신하지는 못했다.[33]

조던은 학부 교육의 직업적 전문화에 대해 다양한 범위에서 서로 상반되는 의견을 가진 교수진을 이끌었다. 논쟁은 스탠퍼드 교수진의 도발적인 학위 수여식 연설을 통해 완전히 공개적으로 진행되었다. 1895년 스탠퍼드에서 만 4년을 보낸 최초의 학번이 졸업했을 때(그들은 자신들을 '개척자들'이라고 불렀다), 화학과 교수 존 맥슨 스틸먼John Maxson Stillman은 '교육의 전문화'에 관한 자신의 생각을 밝혔다. 그는 이 연설에서 교육의 범위를 좁혀 조기에 전문화해야 한다고 큰 소리로 호소하며 학부생들이 대학에 입학할 때부터 시작해야 한다고 주장했

32 "The Law Department," 《DPA》, December 12, 1895.

33 1911년 조던은 금주 단속이 개선되고, "아주 다른 유형의 학생 즉, 어린 학생들이 더 잘 공부하도록 영향력을 미치는 더 나이든 학생"을 모집해야 하기 때문에 '2년제 대학'을 없애라고 더 이상 요구하지 않는다고 말했다. 그는 가장 최근 학번이 "이전의 어떤 학번보다 훨씬 더 우수하다."고 밝혔다. Elliott, 《Stanford University》, 520, 529쪽.

다. 스틸먼 교수는 어떤 학생도 알아야 할 모든 내용을 숙달할 수 없다고 주장했다. 이미 전문화된 직업 시장에서 변호사들은 특정 분야의 법률만을 변호하고 있고, 의사들도 단일 의료분야를 전문적으로 치료했다. 엔지니어도 마찬가지였다. 따라서 학생들도 그래야 한다고 주장했다. 그는 "지식은 정말 힘이 되지만 많은 것들에 대한 피상적인 지식이 아니라 유용한 것에 대한 철저한 지식이 힘이 된다"라고 말했다. 대학원 공부는 전문적인 과목을 제공하지만 모든 학생들이 그런 혜택을 받을 수는 없다. 그는 "마음에 드는 과목에 에너지를 집중함으로써 얻는 많은 유익을 없애는 것보다 일반적인 학문을 희생하는 것이 더 낫다"고도 말했다. 그가 보기에 "인문학 스승들의 일반적인 사상을 접하지 않고" 좁은 범위의 내용을 훈련받고 자신이 선택한 분야에서 '유용한 일'을 하는 것이 "20개의 학문을 겉핥기로 배워 아주 세련되고 뛰어난 교양을 갖추었지만, 세상에서 직업을 구할 수 있는 유용한 지식이 충분하지 않은 대학생"이 되는 것보다 더 나았다.[34]

그러나 스틸먼이 학위 수여식에서 행한 연설을 들은 학생들은 그처럼 세상을 보지 않았다. 그들은 대부분 공학이나 법학 같은 가장 세분화된 전공을 피하고 인문학을 선호했다. 자칭 개척자들 중 15%는 영문학 전공자였고, 10%는 역사학, 13%는 외국어, 3%는 미술, 그리고 철학 전공자가 약간 있었다. 사회과학 전공자들은 경제학(6%), 심리학(1% 미만)만 포함되었다. 법학은 9%를 차지했다. 자연과학 분야에서는 생리

34 John Maxson Stillman, "Specialization in Education," 《Addresses at the Fourth Annual Commencement, Leland Stanford Junior University》, (Palo Alto, CA: Stanford University Press, May 29, 1895), 11~12쪽.

학이 전공자의 8%를 차지했다. 스틸먼이 담당하는 학과인 화학은 4%로, 라틴어 전공자인 6%보다 더 적었다. 물리학, 식물학, 동물학, 위생학, 곤충학은 전공 선택 비율이 낮았다. 대부분의 학생은 직업적으로 가장 전문화된 분야인 공학을 회피했다. 전기공학은 7%, 도시공학은 5%, 기계공학은 4%, 광산학은 2%였다. 공학계열을 전부 합치면 20%가 되는데 이는 인문학을 전공한 사람의 절반에도 미치지 못했다.[35]

개척자 학번은 고르게 탁월한 학번이 아니었다. 학생신문 편집자로 일한 한 4학년 학생이 보기에 스탠퍼드에 온 학생들은 '자신의 정신적, 도덕적 결격 사유' 때문에 다른 교육기관에서 입학이 허용되지 않았을 사람들이 다수였다. 많은 학생이 퇴학당하거나 이 학생이 표현하듯 "점수 때문에 낙제했다."[36] ("낙제해서 고향으로 돌아간 학생들은 모두 부유한 집안의 아들이었다.")[37] 교육 수준도 높지 못했다. 산업 분야의 한 수업에서는 성경 이야기를 이용해 요점을 설명했는데, 아담과 이브가 '최초로 옷을 함께 제작한 사람들'로 제시될 정도였다. 앞서 언급한 학생신문 편집자의 가장 큰 관심사는 학생들이 수업에 관심을 보이는 학생들을 경멸하는 방식이었다. 학생들 중 가장 사회적으로 성공한 사람은 공부하지 않고 수업을 빠진 '학교의 게으름뱅이'였다.[38]

개교 이후 4학년생들이 목격한 한 가지 긍정적인 변화는 여학생 비율이 꾸준히 증가한 것이었다. 첫해는 학생 4명 중 1명이 여성이었지만

---

35 Slosson, 《Great American Universities》, 147쪽.
36 "Four Years Retrospective of Stanford University," 〈DPA〉, May 29, 1895.
37 Nell May Hill to Garlin Hill, January 15, 1893, cited in Earl Pomeroy, introduction, "Letters of Herbert C. Hoover," 〈The Call Number〉 27, no. 2 (Spring 1966), 3쪽.
38 "Four Years Retrospective,"

곧 3명 중 1명으로 늘어났다. 편집자는 "가장 논리적인 추정은 스탠퍼드가 다른 대학보다 여성에게 더 적합했다는 것이다. 다른 대학들은 여성 입학자 수가 그렇게 급속히 늘지 않았기 때문이다"라고 추측했다.[39]

진정한 실용성

스틸먼이 더 전문화해야 한다고 요구한 지 3년 뒤인 1898년 졸업생들이 학위 수여식을 위해 모였을 때 고전철학을 가르치는 34세의 교수인 월터 밀러Walter Miller가 연단에 올라 전문화하지 않은 교육의 타당성을 열정적으로 주장했다. 그는 작고한 대학 설립자의 핵심적인 주장을 두려움 없이 대놓고 비판했다. 밀러는 "세상은 어떤 한 가지를 수행하는 방법을 남들보다 더 잘 아는 유식한 사람을 요구합니다. 그러나 그 한 가지 외에 아무것도 모른다면 그 사람은 여러 요구 조건을 충족할 수 없습니다"라고 말했다. 이어서 그는 "졸업생이 하나를 다른 것과의 관계 속에서 바라보고 '적절한 균형 속에서' 모든 것을 볼 수 있게 해주는 교육이 훨씬 더 낫습니다"라고 덧붙였다.[40]

밀러는 4년이 인문학의 토대를 확립하고 직업을 준비하기에 충분하지 않다는 점을 인정했다. 해결책은 학사 학위가 최종적인 학위라는 생각을 포기하고 대학원 교육을 일부 사람들이 선택하는 과정이 아니라 모든 교육받은 사람들의 최종 과정으로 생각하는 것이었다.[41] 지금과

---

39 저자는 여성의 대표성을 백분율이 아니라 남성에 대한 여성의 비율로 표현했다. 첫해인 1891~92년. 이 비율은 여성 33명 대 남성 100명이었다. 3년 뒤에는 여성 51명 대 남성 100명이었다.

40 Walter Miller, "The Old and the New," 〈DPA〉, May 25, 1898.

41 데이비드 스타 조던은 더 많은 학생이 대학원에 진학하기를 원했다. 그는 릴랜드 스탠퍼드가 똑같은 것을

마찬가지로 그 당시 스탠퍼드 대학교의 인문학 교수진은 직접적인 실용성이 없는 것에 학생들의 시간을 낭비시키지 말아야 한다는 요구 때문에 수세적인 입장이었다. 밀러 교수는 이에 반박했다.

'실제적인' 효용의 관점에서만 지식을 바라보는 사람들은 대학을 지식과 진리의 전당이 아니라 구체적인 정보를 전달하는 기관, 곧 문학적, 의학적, 또는 법률적 상품을 모아놓은 단순한 창고로 보는 것 같다. 지식과 힘의 강화는 고려하지 않고 따라서 바라지도 않는다. 미국에서는 심지어 순수한 지성의 문제에서도 달러나 센트로 바뀌지 않는다면 아무것도 실용적이지 않고, 유용하지도 않다는 생각이 너무 일반화되어 있다.

'실용적'이란 단어의 힘에 대한 직관적인 이해를 통해 밀러는 이 단어를 다시 빼앗았다. "더 진정한 의미에서 보면 인간이나 공동체, 또는 주와 국가를 더 강하게 또는 더 낫게, 더 현명하게 만드는 모든 것은 실용적이다. 자신 속에 있는 최선의 것에 따라 살도록 돕는다면 그것이 무엇이든 실용적이다."[42]

얼핏 보면, 밀러와 다른 인문학 교수진들은 가장 많은 학생들을 끌어들일 수 있는 아주 좋은 위치에 있는 것처럼 보였다. 영문학, 역사학,

---

원했다고 주장했다. 조던은 이렇게 썼다. "스탠퍼드 씨는 대학의 다른 어떤 일보다 처음 두 졸업반 학생 중 절반 이상이 대학원에 진학했다는 사실을 더 기뻐했다." 그러나 릴랜드 스탠퍼드는 대학에 관한 계획에 대해 질문을 받았을 때 대학원 교육에 대해 찬사를 보냈지만 그다지 열광하지 않았다. "The Educational Ideas of Leland Stanford," ⟨Educational Review⟩ 6 (September 1893), 142쪽.

42 Miller, "Old and the New."

외국어 전공자는 1898년 졸업반 학생의 22%를 차지했다. 순수과학 분야 전공 비율은 증가하여 이제 19%였다. 그러나 공학 전공자는 약간 줄어들어 15%였다. 교육학은 증가하여 5%가 되었다. 경제학 역시 5%, 법학은 9%에서 10%로 약간 증가했다. 또 다른 새로운 전공은 '생태학'으로 실험적인 생물학이었다. 스탠퍼드 교무처장은 이 전공을 '진화'와 동의어로 설명했으며 전공자 비율은 2%였다.[43]

그러나 개별 전공에 대한 대학의 기록에는 남녀 간의 비율이 없다. 1907년 직업상 적합한 분야의 전공자는 거의 전적으로 남자였다. 공학 전공자들은 44명으로 여학생은 한 명도 없었다. 법학은 남학생 30명, 여학생 1명이었다. 반면 인문학 분야의 경우 여학생이 압도적이었다. 라틴어 전공자는 여학생이 18명, 남학생은 1명이었고, 영어도 라틴어와 같았다. 독일어는 여학생 16명, 남학생 4명이었다.[44]

이런 패턴은 남자들이 일찍 전문화된 직업의 길을 선택했으며, 반면 여자들은 유급 직장이 아니라 릴랜드와 제인 스탠퍼드 부부가 생각했던 방식, 곧 가정에서 유아와 어린이를 돌보는 데 필요한 폭넓은 교양 교육을 받았음을 시사한다. 지질학 교수 존 C. 브래너John C. Branner는 밀러처럼 1898년 입학하여 4학년이 된 학생들에게 강연할 때 4학년 여

---

43 "Conferring of Degrees," 〈DPA〉, May 25, 1898; "The New Registrar," 〈DPA〉, May 13, 1896. 생태학에 대해 더 길게 정의하자면, 통제된 실험실 조건을 이용하여 자연 환경을 시뮬레이션하는 실험 생물학이다. 생태학은 영국 생물학자들에 의해 처음 시작됐지만 미국의 선도적인 생태학 주창자는 곤충학자 버논 리먼 켈로그다. 그는 1893년 스탠퍼드 대학 교수로 부임했다. Mark A. Largent, "Bionomics: Vernon Lyman Kellogg and the Defense of Darwinism," 〈Journal of the History of Biology〉 32 (1999): 465~488쪽을 보라.

44 Slosson, 《Great American Universities》, 133쪽. 에드윈 슬로슨은 그의 독자들이 여성이 남성이 하는 것과 동등한 학문을 수행한다는 인상을 받지 못했다고 확신했다. 그는 "여성이 압도적인 다수를 차지하는 인문학 공부는 기술 분야 공부보다 더 쉽다"고 썼다. 그러나 그는 수학 공부의 어려움에 대해서는 의견을 말하지 않았다. 수학 전공자는 여성이 5명, 남성은 1명이었다.

학생들을 칭찬했다. "교수진들은 이 학번 여학생들이 남학생들보다 더 똑똑하다는 것을 압니다." 그러나 그는 고별사에서 세상으로 나가 자신의 흔적을 남기라고 응원하지 않았다. 그는 여학생들과 남학생들에게 "할 수 있는 한 빨리 결혼하라"고만 말했다.[45]

스탠퍼드의 여학생들은 제인 스탠퍼드의 큰 관심사이기도 했다. 1년 뒤 그녀가 1,000만 달러 이상의 부동산, 주식, 채권을 대학 측에 공식적으로 전달했을 때 그녀는 신탁 관리자들의 요청을 받아들여 대학에 동시에 등록할 수 있는 여학생 수를 500명으로 제한하도록 대학 규정을 바꾸었다. 그 당시 1100명의 학생 중 여학생 수는 480명이었다.[46] 제인 스탠퍼드는 신탁 관리자들에게 말했다. "나는 여성 입학생 수가 크게 늘고 있는 것을 관심 있게 보고 있습니다. 앞으로도 계속 이런 속도로 증가한다면 여학생 수는 머지않아 남학생 수를 크게 앞지를 것입니다. 그렇게 되면 일반 사람들이 우리 대학을 남자를 위한 대학이 아니라 여자 대학으로 간주할 것입니다. 이것은 남편의 바람이 아닙니다. 나 역시 바라지 않습니다. 내 아들도 원하지 않을 것입니다."[47] 그녀는 1905년 76세의 나이로 사망했지만 500명 제한 규정은 1933년까지 사라지지 않았다.[48]

---

45 J. C. Branner, "Class Day Address," 〈DPA〉 May 25, 1898.

46 "Why Mrs. Stanford Restricts," 〈Chicago Tribune〉, June 7, 1899.

47 "Mrs. Stanford's Great Gift," 〈DPA〉, September 12, 1899. 제인 스탠퍼드는 캠퍼스 내 자동차, 음주, 늦은 저녁 시간 남학생과 여학생이 함께 산책을 하며 시간을 보내는 것을 용납할 수 없었다. 낭만적인 커플이 캠퍼스를 거닐고 있다고 보고하면 그녀는 엄청 화를 내며 신탁 관리자에게 여학생을 대학에서 완전히 퇴학시키라고 요구했지만 다른 사람의 설득으로 화가 누그러뜨려져 여학생은 계속 학교를 다닐 수 있었다. "Early History Of '500' Told by G. E. Crothers," 〈SD〉, October 13, 1931.

48 스탠퍼드 대학 신탁 관리위원회는 이 제한을 폐지하기로 결정하면서 여성이 대학의 다수가 되지 않아야 한다는 제인 스탠퍼드의 바람을 영구히 준수할 것을 선언하고 여학생 등록자 수를 전체 학생의 45%로 제한하도록 대학 입학 관리처에 지시했다. 이 비율은 제인 스탠퍼드가 여학생 등록자 수에 상한선을 설정한 1899년 5월에 전체 재학생 중 여학생이 차지한 비율이었다. "More Women Will Enter as Ruling Spells

스탠퍼드 대학교는 여학생 수를 제한함으로써 학문에 대한 관심이 적거나 전혀 없는 남학생을 더 많이 받아들였다. 그 결과 세상 사람들이 이 대학을 우수한 졸업생을 배출하는 대학으로 인식하기까지는 더 오랜 시간이 걸렸다. 1907~8 학년도에는 남학생 5명 중 거의 1명꼴로 '학업과 관련된 비행 행위'로 퇴학당했다. 하지만 여학생의 경우는 불과 2.5%에 지나지 않았다.[49]

남학생 비율을 인위적으로 높인다는 것은 공학과 법학, 직업 관련 교육과정에 대한 수요가 더 많고 인문학에 대한 수요는 더 적다는 것을 의미했다. 제인 스탠퍼드의 지시로 만든 대학 규정을 없애고 여자들이 상한 규정 없이 입학할 수 있게 되었을 때 비로소 학부생 교육과정의 발전을 저해하는 것에서 벗어날 수 있었다. 2차 세계대전 이전의 성비 재균형이 이루어지지 않았다면, 현재와 같은 협소한 직업적 전문화 추세가 나타나기 훨씬 이전에 수십 년 정도 먼저 전문화가 더 많이 언급되었을 것이다. 20세기 중반 이후에는 교양 교육이 크게 발전했고 새로운 졸업자의 잠재적 고용주들이 그런 교육을 폭넓게 수용하면서 모든 당사자들이 교양 교육을 실용적인 것으로 인정하는 고무적인 모습을 보여주었다.

End of '500,'" 〈SD〉, May 12, 1933.

49 Slosson, 《Great American Universities》, 127쪽.

5장
첫발을 내딛다

릴랜드 스탠퍼드가 당대의 일반적인 대학생이 "곧장 생계비를 벌수 있는 직업에 대한 실용적인 지식을 갖추지 못했다"고 보았을 때, 2010년 스탠퍼드를 졸업한 스티븐 헤이즈Stephen Hayes 같은 역사학 전공자를 언급할 수 있었을 것이다. 그런 점에서 헤이즈가 가장 잘 아는 주제는 남아프리카공화국의 역사였다. 하지만 그가 역사학 수업에서 받은 교육은 분명히 실용적이었다. 그가 받은 교육이 주제를 일차적으로 이해하는 것이 아니라 낯선 것을 배우고 분석하는 방법과 글을 잘 쓰는 방법, 설득력 있게 말하는 방법을 연마하는 과정이라는 점을 이해한다면 말이다.

헤이즈는 버지니아 주 알링턴에서 텔레비전과 비디오 게임 없이 자랐다. 그의 부모는 인문학 전공자로서 법학 학위를 받았고 세 자녀가 스크린이 아닌 다른 일들로 자유로운 시간을 보내기를 원했다. 헤이즈는 책을 탐독하면서 남북전쟁에서 시작하여 2차 세계대전까지 역사에 대한 특별한 애정을 키웠다. 2005년 가을, 스탠퍼드에 입학한 그는 남아프리카공화국의 현대 정치에 관한 1학년 대상 입문 세미나에 참석하고는 그 나라의 역사에 매혹되었다. 그는 3학년의 절반을 케이프타운에서 공부하며 보낸 뒤 학교로 돌아와 아프리카 역사에 관한 많은 강의를 듣고 대학 도서관에서 긴 시간을 보냈다. 그의 세미나 발표 논문 중 하나는 남아프리카공화국 흑인들로부터 토지 소유권을 박탈했던 1913년 원주민 토지법에 관한 것이었는데 이 논문은 역사학과 저널인 〈헤로도투스Herodotus〉에 게재되었다.[1]

헤이즈는 학과 공부 이외에도 스탠퍼드 지망생들과 그들의 부모를 위해 스탠퍼드 대학교를 안내하는 관광 가이드로 즐겁게 봉사했다. 그는 약 200명의 지원자 중에서 선발된 약 30명의 가이드 중 한 명이었다.[2] 가이드들은 관광객들에게 제공하기 위해 스탠퍼드에 관한 사소한 정보들을 모았다("우리 대학의 면적은 8,100에이커입니다. 디즈니랜드 26개와 맞먹는 규모입니다"). 그들은 또한 일반적인 교육 요구조건에서 미성년자 음주를 규제하는 대학 정책에 이르기까지 대학에 관한 실질적인 질문들에 답했다. 관광 안내를 시작할 때마다 그는 속으로 "놀이 시간이다!"라고 생각하고 일했다. 그는 글쓰기와 수사학 교육 프로그램에

1 Stephen Hayes, "From Moderation to Confrontation: African Responses to the Natives Land Act of 1913," 〈Herodotus: Stanford's Undergraduate Journal of History〉 20 (Spring 2010): 5~24쪽.
2 "Walking Backward: A Day in the Life of a Tour Guide," 〈SD〉, March 10, 2010.

서 강사로 활동하면서 학생들이 언어 소통 기술을 개선하도록 도와주었다. 재학 중에 여름이 되면 그는 워싱턴 D. C.에서 인턴으로 일했다. 처음에는 다이엔 파인스타인Dianne Feinstein 상원의원 사무실에서 탄소배출권거래제 입법에 관해 조사했다. 그리고 캘리포니아 공기업 피지앤이PG&E의 워싱턴 사무실에서 일했다. 세 번째로 그는 버락 오바마 행정부 첫해에 백악관에서 인턴으로 일했다.

4학년 가을 학기, 스탠퍼드 동기의 약 3분의 1은 졸업 후에 무엇을 할지 이미 알고 있었다. 그들은 여름에 정규직으로 전환할 수 있는 인턴으로 일한 학생들이었다. 헤이즈는 그다지 큰 관심을 기울이지 않았다. 그는 미국법 입문을 수강했는데 그 시간이 매우 좋았다. 그는 로스쿨 진학을 생각하면서 법학 학위가 정부나 기업을 포함한 다양한 경력에 유용할 것이라고 보았다. 그러나 그는 졸업 후에 곧장 무엇을 할지 걱정하지 않았다. 그는 여러 수업에 열중했고 입학 때부터 줄곧 그랬듯이 거의 20학점을 수강했는데 일반적인 수강 학점인 15학점보다 제법 많은 수준이었다. 어느 날 캠퍼스를 가로질러 가다가 가을 취업박람회를 우연히 발견하고 컨설팅 기업 모니터Monitor 관계자와 대화를 나누었다. 관계자는 공을 들여가며 자신의 회사는 인문학 전공자를 환영한다고 말했다. 그러나 헤이즈는 하루 종일 스프레드시트 속에 사는 일에 흥미가 없어 컨설팅업체에 취업하고 싶지 않았다.

다음 학기 헤이즈는 티치 포 아메리카TFA에 지원했다. 이 기관은 컨설팅 기업이나 투자 은행의 직원 못지않게 세련되게 학생들을 모집했다. 마감과 면접과 선별 과정이 있었다. 이 기관의 전국 합격률은 15%

로[3] 선발된 학생들에게 엘리트라는 소속감을 제공했다. 컨설팅 기업과 투자 은행은 TFA와 제휴하기를 원했다. 헤이즈의 친구 중 3학년을 마친 뒤 베인Bain에서 인턴을 수행한 한 학생은 베인과 TFA에 모두 지원했고, 베인은 그가 TFA 봉사자로 뽑힌 첫날 2년 동안 연기되었던 일자리를 그에게 제안했다. 스탠퍼드의 4학년 학생 중 약 10%가 헤이즈처럼 TFA에 지원했다.[4]

헤이즈는 TFA에 합격하여 가을부터 활동할 예정이었다. 그는 아직도 로스쿨에 진학할 계획을 갖고 있었다. 4학년 겨울 학기 말, 그는 졸업학점을 충분히 채웠기 때문에 '캠프 스탠퍼드'에서 봄 학기를 보냈다. 이것은 학생들이 붙인 이름으로, 학생들이 아주 작은 금액을 지불하면 공식적으로 학생 신분을 유지하면서 캠퍼스에서 지낼 수 있었지만, 수업을 듣지도 수업료를 지불하지도 않는 학기였다. 헤이즈는 이 학기를 이용하여 미국 법학대학원 입학시험 공부를 했다.

헤이즈는 입학시험에서 높은 점수를 받았지만 스탠퍼드에서의 시간을 되돌아보면서 약간 후회했다. 그는 최고의 로스쿨에 입학할 기회를 얻기 위해 뭐든지 했어야 했고 그런 일에 방해가 되는 일을 피했기 때문에 학문적 탐색을 더 많이 하지 못한 것을 후회했다. 특히 학점이 낮아질 것을 우려해 컴퓨터 입문 강의 〈CS 106A〉를 수강하지 않은 것을 크게 후회했다.

TFA에서 그는 출발이 좋았다. 그는 교수법의 기초를 배우기 위해 로스앤젤레스의 특별훈련 과정에 파견되었고, 차터 스쿨charter

---

3 "Those Who Can, Teach," 〈SD〉, March 10, 2010.
4 같은 글.

school(공적 자금을 받아 교사, 학부모, 지역 단체 등이 설립한 학교 — 옮긴이)의 유치원에 배정되었다. 그는 회고했다. "나는 이제 막 시작하는 경험에 대해 눈을 반짝이며 낙관적인 생각으로 가득했습니다." 그해에 그가 맡은 과제는 산호세의 차터 스쿨에서 7학년 영어와 사회과목을 가르치는 것이었다. 이 학교의 일반적인 7학년 학생들의 읽기 수준은 4학년 수준이었다. 그는 매일 2시간짜리 수업을 세 차례 가르쳤다. 처음 두 번의 수업은 좋았지만 세 번째 수업이 진행된 교실은 에어컨이 없어 숨이 막힐 정도로 더웠다. 교육계에서 일컫는 이른바 '행동 조절' 문제를 일으킬 수 있는 완벽한 장소였다. 그는 지원을 받기 위해 교장을 만났으나 지원받지 못하고 오히려 전근과 해고의 대상이 되었다. 그래서 1년 뒤 TFA 활동을 끝내기로 결심하고 이듬해에 들어갈 로스쿨에 지원했다.

구글의 면접 질문을 개발한 헤이즈

헤이즈는 로스쿨 입학 전 1년 동안 임시 직장이 필요해 크고 작은 다양한 회사에 지원서를 보냈다. 그는 당시 마운틴 뷰의 아파트에 살고 있었는데, 그의 룸메이트(스탠퍼드 1학년 때 룸메이트였다)가 구글에서 일하고 있어 그곳에 그를 추천해주었다. 면접에서 헤이즈는 그의 미래 고용주가 자신이 스탠퍼드에서 받았던 교육에 그다지 관심이 없다는 것을 알았다. 그가 가장 많이 받은 질문은 TFA에서의 최근 근무 경험이었다. 그럼에도 그는 스탠퍼드에서 받은 교육 경험의 타당성을 일반적인 용어를 사용해 말할 수 있었고, 특히 아이디어를 말이나 글쓰기로 효과적으로 전달하는 능력을 제공한 교육 훈련을 강조할 수 있었다. 면접 도중에 그가 세부 내용에 대해 말하자 면접관이 물었다. "무엇에 열정을 갖고 있나요?, 이 사무실 밖에 있을 때 무엇을 즐깁니까?" 헤이즈는 남아프리카에 대한 자신의 관심과 그곳에서의 유학 생활, 역사학과 저널에 게재된 세미나 논문에 대해 말했다.

구글은 그에게 피플 오퍼레이션People Operation 부서의 계약직 자리를 제시했다. 근무기간은 6개월이었다. 그와 동료 계약직들은 정규직 제공에 대한 어떠한 약속도 받지 못했다. 그의 팀에서 유일한 정규직 구글 직원은 계약직들로부터 보고를 받는 관리자뿐이었다. 그럼에도 계약직들은 구글에서 일하면서 각종 편의시설을 누렸다. 헤이즈는 변화에 현기증을 느꼈다. 그는 자신이 가르쳤던 차터 스쿨이 자리 잡은 산호세에 있는 한때 모텔이었던 낡은 숙소와 카페, 체육관, 세탁물 배달 서비스, 그 이외 다른 고급품들이 구비된 구글의 빛나는 업무단지 사이를 오갔다.

다행스럽게도 헤이즈의 팀은 흥미 있는 프로젝트에 도전하게 되었다. 구글은 지원자를 선별하기 위해 어려운 문제를 내는 것이 효과적인 평가 도구가 아니며 미래의 유능한 인재들에게 부정적인 인식과 나쁜 감정을 크게 조장한다는 점을 깨닫게 되었다. 그래서 구글은 대학의 인지도와 학점만을 평가하는 대학졸업자 선발 방식을 재고했다. 헤이즈는 말했다. "잘못된 부정적인 질문이 엄청 많았습니다. 그들은 약간 더 비전통적인 배경을 가진 특별한 지원자들이 있다는 것을 깨달았습니다." 그의 팀은 구글 면접관을 위해 지원자들이 자신의 업무를 능숙하게 수행할 수 있는 능력을 보여줄 수 있는 새로운 질문을 개발하는 과제를 부여받았다. 헤이즈는 말을 이었다. "지원자들이 스탠퍼드를 졸업했든 아니든, 학점 4.0을 받았든 아니든 상관이 없습니다."

이 팀은 다음처럼 컨설팅 기업들이 사용하는 것과 비슷한 질문을 제시했다.

당신이 새로운 도시에서 작은 사업을 시작하고 싶다고 가정해봅시다. 당신은 잔디를 깎는 서비스 회사를 시작하거나, 냉동 요구르트 상점을 열거나, 미용실을 여는 것 중에서 선택하려고 합니다. 올바른 결정을 하기 위해 당신이 고려해야 할 점들과 그렇게 생각하게 된 이유를 설명해 보세요.

헤이즈는 면접 질문을 만드는 일을 가장 즐겼지만 그와 그의 팀은 실제 구직자와 인터뷰를 진행하면서 새로운 질문을 현장에서 테스트하기도 했다. 그는 '완전히 록스타 같았던' 한 특별한 지원자를 기억한다. 그 지원자는 구글의 판매직에 지원했으며 대학에 다닌 적이 없었다. 이전의 채용 절차를 적용했다면 구글은 그를 진지하게 고려하지 않았을 것이다. 그러나 그 후보자는 판매 경력이 탁월했고 구글은 그에게 일자리를 제의했다. 헤이즈는 매우 기뻤다.

잉클링에서의 프로젝트 관리 업무

구글에서 계약 직원이 되기 전, 헤이즈는 창업한 지 1년 된 잉클링 Inkling이라는 스타트업 기업에서 일하는 스탠퍼드 친구를 통해 그 회사에 지원서를 낸 적이 있었다. 잉클링은 샌프란시스코에서 아이패드용 쌍방향 교과서를 출판하는 데 필요한 소프트웨어를 제작했다. 그는 그 회사에 대해 조사한 뒤 큰 관심을 갖고 지원서를 보냈다. 하지만 그는 그 회사로부터 연락을 받지 못했다. 구글에서 일자리를 얻고 나자 잉클링은 그의 마음에서 사라졌다. 그러나 몇 달 뒤 잉클링에서 그에게 면접을 보러 오라는 연락이 왔다. 구글의 일상적인 업무가 익숙하게 느껴지기 시작했고, 더 도전적인 일을 해보고 싶은 마음이 생겼기에 그는 면접을 보러 갔다. 잉클링은 그에게 편집 직원으로 일을 해달라고 제안했다. 그는 딱 1년 정도면 자신이 가장 원하는 로스쿨에 입학할 수 있을 것이라고 중얼거리며 그 제의를 받아들였다.

헤이즈가 입사한 2011년 당시 잉클린의 직원은 약 30명이었다. 아이패드가 출시되기 전에는 교과서 출판사들이 정적인 인쇄 페이지를 정적인 PDF 페이지로 전환하여 교과서의 디지털 버전을 만들었다. 아이패드는 화면의 크기에 따라 페이지를 역동적으로 조정할 수 있는 디스플레이 방법, 클릭을 할 수 있는 링크와 애니메이션 같은 쌍방향 방식도 제공했다. 그래서 PDF 페이지를 다시 만들어야 했다. 출판사는 잉클링에 역동적인 디지털 교과서 버전을 만드는 일을 맡겼다. 잉클링은 인도에 있는 하청업체에 그 일을 보냈고 헤이즈와 같은 편집 직원들은 교과서 원본과 새로운 버전을 비교해서 불일치되는 부분을 찾아내야 했다. 고쳐야 할 부분이 아주 많았다.

헤이즈가 보기에 잉클링은 인쇄된 교과서보다 학생들을 더 많이 참여하게 하는 디지털 매체용 교과서를 만드는 흥미로운 일을 하고 있었다. 그 역시 학생 시절 학기마다 몇 장만 참고하는 교과서를 구입해야 해서 기분이 좋지 않았던 적이 있었다. 잉클링은 학생들에게 필요한 각각의 장만 구입할 수 있는 선택권을 제공했다. 근무하는 날 하루 종일 교정을 보는 일이 거창한 임무만큼 매우 신나진 않았지만 자신이 인정하는 제품을 만드는 회사에 입사한 것이 기뻤다.

회사는 많은 자료를 정리해서 교과서를 제작하고 그것을 엑셀 스프레드시트 형태로 만들어 잉클링 안팎의 많은 사람에게 업무를 조정하여 배분했다. 완제품은 아름다웠고 교과서가 잉클링 온라인 서점에 출시될 때마다 이를 기념하기 위해 샴페인을 터트렸다. 그러나 업무 과정은 너무 어수선했다. 디지털 교과서 제작에 참여하는 수십 명의 사람들이 동일한 버전을 사용해 작업하는지 확인하기가 어려웠다. 잉클링은 콘텐츠 관리를 위해 자체적으로 사용할 소프트웨어를 만들기로 결정했다. 시작한 지 6개월 후 헤이즈는 신설된 콘텐츠 운영팀으로 승진했다. 이 팀은 1명의 관리자와 1명의 직원 단 두 명으로 구성되었다. 헤이즈는 직원이었다. 그때 그는 스탠퍼드를 비롯한 여러 로스쿨에서 입학 허가를 받았지만 새로운 업무의 미래와 도전 과제를 소중하게 생각했기에 스탠퍼드에 1년 동안 입학 유예를 신청하여 허락을 받았다.

헤이즈는 프로젝트 관리 분야를 배운 적도 없었고 수준 높은 서비스 표준을 정의해본 경험도 없었다. 그러나 그는 그 일을 배웠다. 또한 웹페이지를 작성할 때 사용하는 HTML과 CSS에 관한 지식을 충분히 습득하여 프런트엔드front-end 디자이너(사용자의 눈에 보이는 부분을 코딩하는 디자이너 — 옮긴이)에게 맡기지 않고 필요한 부분을 직접 수정할 수 있게 되었다. 스타트업은 흔히 자신의 역량보다 업무를 확장하기에 직위와 직책에 관한 엄격한 규칙을 부여하는 것을 싫어한다. 직원들은 할 필요가 있는 것은 무엇이든 수행하고, 일하는 방법을 모르면 다른 사람에게서 그것을 배우거나 스스로 이해하려고 한다. 헤이즈의 교육은 계속되었다.

헤이즈의 팀이 만든 소프트웨어는 반응이 좋았고 잉클링은 프로머Frommer의 여행 가이드나 윌리의 더미Wiley's Dummies 시리즈 같은 판매용 시리즈 책의 견본을 개발했으며 생산 속도도 높였다. 헤이즈가 입사할 당시 잉클링은 약 30권 정도의 책을 출간한 상태였다. 그해 말이 회사의 출판 목록은 400권으로 늘었다. 잉클링의 출판사 파트너들은 잉클링이 자체적으로 사용하는 소프트웨어에 관심을 보였다. 파트너들은 십여 명이 아니라 수백 명이 동시에 작업하는 콘텐츠를 힘들게 관리해야 했다. 잉클링은 자사의 콘텐츠 관리 소프트웨어를 대형 출판사들이 사용할 수 있도록 하는 SaaS(서비스형 소프트웨어)라는 새로운 사업 분야를 추가했다.

다시 1년이 흐른 뒤 헤이즈는 스탠퍼드 로스쿨에 입학을 1년 더 연기해줄 것을 요청했다. 잉클링이 성장하면서 그의 업무도 늘어났다. 소프트웨어 라이선스 사업은 매우 성공적이어서 잉클링은 도서 출판업을 완전히 접고 서비스형 소프트웨어 사업에 집중하게 되었다. 그러나 3년이 지나자 헤이즈는 더 이상 로스쿨 입학을 미룰 수 없었다. 그는 직장 상사에게 가을에 회사를 떠나 스탠퍼드로 돌아가야 한다고 말했다.

로스쿨 입학 전에 흥미로운 사업을 경험하길 원했던 그의 바람은 완전히 이루어졌다. 그가 입사한 후 3년 동안 크게 성장한 잉클링은 그에게 실제적인 일을 할 수 있는 자리를 제공했으며, 중요한 결정을 내리고 새로운 지식의 영역을 배울 수 있는 기회도 주었다. 잉클링에서 이런 놀라운 경험을 한 그는 보다 조용하고 덜 흥미로운 학교 생활에 자신이 잘 적응할지 의문이 들었다.

헤이즈가 로스쿨 진학을 위해 회사를 떠날 계획이라는 소식을 들은 잉클링의 최고경영자는 헤이즈의 서비스가 매우 중요하다는 점을 가장 설득력 있는 방식으로 보여주는 제안을 했다. 그러자 헤이즈는 스탠퍼드 로스쿨 입학을 포기했다. 그 결과 그는 스탠퍼드의 많은 동기들이 선택했던 예측가능한 직업 경로를 공식적으로 버렸다. 그 대신 그는 기회가 주어지는 곳을 선택했다.

헤이즈는 잉클링에 입사해 담당한 교과서 교정 업무를 '문으로 들어가는' 일이라고 부른다. 이 일을 하려면 가장 세부적인 내용에 끊임없이 집중해야 하는데 그는 자신이 이 일에 특별히 능숙하지 않다고 말한다. 그러나 일단 일을 시작한 뒤 회사 내에서 규모를 확대하는 데 필요한 운영 시스템을 구축하는 역할을 발견하고는 정말 즐겁게 일했다. 그러나 시간이 흐르면서 회사의 주요 사업이 바뀌었고 그는 다시 흥미가 떨어졌다. 이 일을 시작했을 때 그는 잉클링이 디지털 교과서의 미래를 연다고 생각했었다. 회사가 발전하면서 교과서를 넘어 온라인 교육훈련 자료를 관리하기 위해 잉클링의 소프트웨어가 필요한 대형 회사의 판매팀에 소프트웨어 서비스를 제공하게 되었다. 이 일은 그다지 그의 사명감을 북돋지 못했다.

리프트의 운영전략 업무

2015년 헤이즈는 또 다른 이유 때문에 잉클링을 떠날 때가 되었다고 느꼈다. 그는 다른 부서에 소속된 한 직원과 연인 관계였지만, 구조조정 이후 두 사람은 같은 부서에서 일하게 되어 같이 회사를 떠나기로 결정했다. 그들은 누적 항공마일리지로 세계일주 티켓 두 장을 구입할 수 있었다. 그들은 4개월에 걸쳐 뉴질랜드, 호주, 동남아시아, 남아프리카, 유럽, 남미 등을 여행했다[5]

여행을 마치고 돌아왔을 때 헤이즈는 새로운 구직 활동을 도와줄 두 가지 인적 네트워크를 갖게 되었다. 하나는 스탠퍼드 친구들이고, 다른 하나는 잉클링에서 일하는 동안 알게 된 사람들이었다. 그는 그들과 커피를 마시거나 점심을 먹었고, 친구들은 다른 사람들과 채용 담당자를 소개해주었다. 그는 선택의 기로에 섰다. 잉클링에서 처음 2년 동안 있을 때 그랬듯이 소비자에게 제품을 판매하는 회사로 돌아갈 것인가? 아니면 다른 기업에 제품을 파는 기업 즉 B2B 기업(잉클링은 사업 내용을 바꾸어 결국 B2B 기업이 되었다)에서 일할 것인가? 모든 사람이 제품을 볼 수 있는 회사를 더 좋아했기 때문에 그는 리프트Lyft에서 일하는 스탠퍼드 친구를 만났고, 그 다음 또 다른 스탠퍼드 졸업생과도 만났다. 그 두 사람은 서로 친구 사이였는데 후자는 그 회사에서 최초로 고용한 직원 중의 한 명이었다.

리프트는 헤이즈가 잉클링에서 수행한 업무 경험을 매우 적절한 것으로 보았다. 이 회사에 스탠퍼드 친구들이 없었다면 그런 경험만을 강점으로 보고 면접 요청을 받을 수 있었을까? 확실하게 판단하기 위해 실험을 해볼 방법은 없다. 그러나 스탠퍼드 인맥과 업무 경험이 있다 해도 그가 일자리 제의를 받기 위해서는 면접 과정을 잘 마쳐야 했다. 그는 사례 연구를 준비해달라는 요구를 받았다. 사례 연구는 리프트가 막 서비스하기 시작한 라스베이거스에서 어떻게 새로운 시장을 창

---

5   유나이티드 항공이 제공한 세계 일주를 하는 동안 일곱 곳에 머무를 수 있었다. 단, 여행객은 처음 여행을 시작할 때와 같은 방향으로 동에서 서쪽으로 계속 이동해야 한다.

출할 것인가 하는 문제를 다루는 것이었다. 그는 발표를 하기 전에 리프트 내 관련 팀과 자문용 인터뷰(법규 준수, 정부와의 관계, 운영, 마케팅, 파트너십)를 한 후 그들 앞에서 한 시간 동안 발표했다. 이 발표는 낯선 주제에 관한 핵심 정보를 신속하게 습득하고 요약하여 다시 정리한 다음, 자신의 창조적인 통찰을 덧붙여 그 내용을 발표하는 과정이 포함되었다. 그 일은 역사학 논문을 준비하는 과정과 다르지 않았고, 역사학 전공자인 헤이즈에게는 버거운 일이 아니었다.

헤이즈는 리프트의 운영전략 팀에 합류했다. 이 팀은 기업의 사업 범위를 확장하는 업무를 담당했는데 확장 실험을 실제적인 사업으로 바꾸었다. 그의 첫 번째 과제는 리프트와 허츠Hertz의 동반자 관계를 구축하는 것이었다. 허츠는 자동차를 소유하지 않은 리프트의 운전자들이나, 리프트가 자동차를 소유하는 것이 적절하지 않다고 보는 운전자들과 함께 일했다. 그 다음에는 새로운 파트너인 제너럴 모터스 General Motors와 협력하는 임무가 주어졌다. 두 회사는 시카고에서 처음으로 공동 렌탈 사무소를 개장하는 준비를 했다. 헤이즈는 이 사무소의 세부적인 운영 내용을 만드는 그룹에서 일했다. 가령 신차를 렌탈 허브에 이동시키는 방법, 리프트의 경쟁사가 아니라 리프트를 위해 차량을 사용하는 운전자들에게 가장 많은 인센티브를 제공하도록 렌탈 계약서를 작성하는 법을 고안했다.

리프트는 계속 성장하고 있었다. 2016년 3월, 회사 직원 수는 약 800명이 되었고 헤이즈는 근무일마다 한 시간 가량 신입 지원자를 인터뷰했다. 대부분의 신입 직원들은 뛰어난 엘리트 학교 출신들이었다. 그들은 아주 다양한 분야의 전공자들이었다. 리프트가 폭넓은 전공자들을 선발하길 원했기 때문이 아니라 단순히 전공을 중요하게 여기지 않았기 때문이었다. 그들은 리프트가 충원하고자 하는 역할과 관련된 업무 경험을 가진 지원자들이었다. 헤이즈가 리프트에 채용될 때 그의 업무 경험이 중요했듯이 신입 직원 선발에서 일차적인 고려사항 역시 업무 경험이었다. 헤이즈는 요즘 채용 담당 관리자들이 흔히 듣는 표현을 인용했다. "우리는 새로운 일을 정말 의욕적으로 수행할 사람을 찾습니다." 그가 리프트에서 인터뷰한 대부분의 후배 지원자들은 대학 졸업 후 적어도 2~3년의 업무 경험을 갖고 있었다. 그는 이렇게 회고했다.

초기에 나에게 기회를 주고 오래 참으면서 일을 배우고 전문성을 개발할 수 있는 시간을 제공한 잉클링 같은 회사에 진심으로 감사드린다. 이런 일은 리프트에서는 당장 사업 영역으로 포함할 수 없는 일종의 사치재이기 때문이다.

대기업이 갓 졸업한 대학생을 해마다 대량으로 고용한 60년 전, 젊은 신입 직원들은 회사에서 훈련을 받고 처음 취직한 기업에서 일하면서 이직할 기회를 누렸다. 오늘날 모든 사람들은 직원들이 한 기업에서 다른 기업으로 이직하는 것을 당연하게 생각한다. 리프트 같이 실리콘밸리의 가장 눈에 띄는 다수의 스타트업 기업들은 다른 곳에서 경험을 쌓은 직원들을 고용하려고 기다린다. 그들은 잠시 한 걸음 물러서서 다른 기업들이 신입 직원을 훈련하게 하고, 젊은 직원들이 다른 곳에서 업무 경험을 쌓도록 기다린다. 스티븐 헤이즈는 TFA를 떠나 민간 영역에서 일자리를 찾을 때 '새로운 일을 의욕적으로 수행할' 준비가 되어 있지 않았다. 다행스럽게도, 그는 새로운 것을 빨리 배우는 능력을 제대로 인정한 스타트업에 입사할 수 있었다. 그러나 그는 지금의 기업에서 신규 직원을 고용할 때 그런 호의를 베풀 수 없다.

6장
성공을 설계하다

허버트 후버Herbert Hoover는 1895년에 입학한 스탠퍼드 개척자 학번이었다. 광산 엔지니어가 되기로 결심한 그는 꿈에 최대한 근접할 수 있는 전공인 지질학을 선택했다. 나는 후버가 가진 관심사와 그가 선택한 교육이 오늘날 우리 시대의 인문학 전공자들의 그것과 비슷하다고 생각한다. 스탠퍼드에서 후버가 선택한 교과과정은 인문학과 마찬가지로 그의 초기 직업에 딱히 쓸모가 없었다. 그러나 그가 받은 수업은 새로운 것을 빨리 습득하는 능력을 연마하는 데 도움을 주었고 그는 실제로 광산 엔지니어가 되었다. 그런 다음, 그는 광산 경영자가 되었으며 세계 곳곳에서 광산 컨설턴트로 일했고, 마지막으로 광산업계의 성공적인 투자자가 되었다. 1928년 미국 대통령으로 선출되었을 때

후버는 자신의 학부 전공과 직접적인 관련이 없는 영역에서 아마도 가장 높은 최고의 위치에 올랐다.[1]

새로운 것을 빨리 배우는 후버의 능력은 직장 생활 후반보다는 시작할 때 더 두드러졌다. 우리는 그가 대통령 재직 시절 경제적 대재앙에 직면했을 때 그다지 빨리 배우지 못했다고 말할 수 있다. 그의 행정부를 되돌아볼 때 1929년의 시장 붕괴, 고관세 보호무역주의, 대공황의 시작을 우리 또한 똑같은 시각으로 바라볼 수밖에 없다. 후버는 고관세 정책을 승인하고 실업률이 전례가 없을 정도로 치솟은 상황에서 연방 균형예산을 악명이 자자할 정도로 비타협적으로 옹호하였으며, 고용주들이 임금을 낮추지 못하도록 강요한 대통령이었다. 그러나 그의 경제정책들을 그가 스탠퍼드에서 배운 경제학 탓으로 돌릴 수는 없다. 그는 경제학을 수강하지 않았다.[2]

후버는 경제적 재앙에 형편없이 대처한 탓에 불운한 결말을 맞이했고, 그 이전에 빛났던 공학 출신 관리자로서의 강점이 빛을 바랬다. 그는 1927년 미시시피 주 대홍수 이후 수해 구제 활동과 그 이전인 1차 세계대전 때 유럽에서의 난민 구호활동으로 큰 찬사를 받았다. 그는 여러 가지 많은 일들을 처리하는 방법을 잘 알았다. 대공황 문제를 처리하는 일이 그런 일들 중 하나는 아니었지만 말이다.

---

1   지금까지 미국 역대 대통령 중 엔지니어 출신은 후버 대통령과 지미 카터 대통령뿐이었다. 두 사람은 재임 중에 예기치 못한 중대한 도전에 직면하여 연임에 실패했으며 퇴임할 때 여론의 지지도도 낮았다.

2   후버 대통령이 경제학 수업을 듣긴 했지만 거시경제학은 분명히 케인즈 경제학 이전 내용이었고(후버가 졸업할 때 케인즈는 아직 12세가 되지 않았다), 경기 침체 시 적자 재정 지출을 통한 경기 부양에 대해 알지 못했을 것이다. 후버는 공학, 순수 자연과학, 수학 분야 외의 다른 과목을 거의 듣지 않았고 1학년 때는 전무했다. 2학년 때 기초 프랑스어, 3학년 때 철학, 4학년 때 한 학기 동안 기초 독일어, 19세기 역사학, 윤리학, 개인위생학을 수강했다. 모든 수업은 합격/불합격 방식으로 성적 평가가 이루어졌고, 후버는 독일어 과목에서 낙제했다. Transcript in Herbert Hoover Subject Collection, Box 5, Stanford Diploma folder, Hoover Institution Archives.

난민 구호 활동 이전 그리고 광업 분야의 부유한 투자자가 되기 전, 그는 무일푼의 가난한 대학생이었다. 우리는 그의 대학 생활에 대해 제법 많이 알고 있다. 그가 중년의 나이에 세계적인 성공을 거둔 뒤 곧이어 생생한 내용이 포함된 두 권의 전기가 나왔기 때문이다.[3] 그 중 한 권은 그와 거의 동시대 사람인 언론인 윌 어윈Will Irwin이 썼다. 그는 후버가 상원의원일 때 스탠퍼드 1학년이었다. 두 전기 작가는 후버의 동기생들에게서 일화를 모으고 스탠퍼드 대학 초창기의 자세한 모습을 기록한 문서 자료를 수집했다. 그 자료에는 공학, 교양과목, 재학생들의 경제적 계층, 졸업생들의 졸업 이후 직업 탐색 등이 포함되었다. 다른 곳에서는 확인하기 어려운 세부적인 내용이었다.

허버트 후버는 어린 나이에 고아가 되었고(그의 아버지는 그가 6세 때 장티푸스로 죽었고 어머니는 그가 8세 때 폐렴으로 사망했다[4]) 친척들의 손에 의해 자랐다. 11세 때 아이오와에서 오레곤으로 이사한 그는 삼촌이 교장으로 있는 소규모 전학년 학교인 프렌즈 퍼시픽 아카데미 Friends Pacific Academy를 3년 동안 다녔다. 삼촌은 의사이자 선교사로서 자녀 4명과 고아 4명뿐만 아니라 후버의 형 테오도어Theodore도 양육했다. 그러나 삼촌이 학교를 떠나 살렘에서 부동산 개발 회사를 설립했을 때 후버는 그곳에서 정규직 잡역부인 '사환'이 되었다. 그는 타이핑을 배우고 그가 이미 배운 부기에 회계의 기초를 추가했으며, 캐피

---

3   Rose Wilder Lane, 《The Making of Herbert Hoover》 (New York: Century, 1920) and Will Irwin, 《Herbert Hoover: A Reminiscent Biography》 (New York: Century, 1928). 레인의 책은 후버가 46세 되던 해에 출간되었다. 후버의 비망록은 한참 뒤인 그의 나이 77세인 1951년에 출판되었고, 대학 시절 경험에 대한 그의 기억은 알려진 사실들과 일치하지 않는다. Herbert Hoover, 《The Memoirs of Herbert Hoover》 (New York: Macmillan, 1951).
4   Hoover, 《Memoirs》, 1:13쪽.

털 비즈니스 칼리지Capital Business College에서 수학 수업을 들었다.[5]

테오도어 후버는 퀘이커 대학Quaker college에 입학하라는 삼촌의 요구에 따라 아이오와로 돌아가 윌리엄 펜 대학William Penn College에 입학했고 허버트도 비슷한 경로를 따르도록 권유받았다. 1891년 봄, 허버트가 16세가 되자 친척들은 다른 퀘이커 대학인 인디애나 주 얼햄 Earlham에 장학금을 신청했다. 그러나 허버트는 광산 엔지니어가 되고 싶었고 얼햄에는 공학 과정이 없었다.[6] 그래서 그는 다른 길을 찾아야 했다. 그는 곧 개교할 예정인 스탠퍼드 대학이 수업료가 무료이고 대학 설립자들이 실용교육을 강조하며 순수 과학과 공학이 포함된다는 내용의 신입생 모집 광고를 보았다.[7] 곧이어 스탠퍼드는 첫 입학생을 선발하는 입학시험을 실시했다. 스탠퍼드 대학 수학 교수 조셉 스웨인 Joseph Swain이 오레곤 주 포틀랜드를 방문해 이 지역의 지원자를 대상으로 시험을 치렀고, 허버트 후버는 포틀랜드로 가서 시험을 치렀다.

스탠퍼드에서의 첫걸음

허버트 후버는 입학시험에 통과하지 못했다. 그러나 대학 당국은 첫 입학생 정원을 모두 채우기에 충분한 지원자를 모집할 수 있을지 확신하지 못했다. 그래서 당국은 학문적 잠재력이 있을 법한 일부 지원자들에게 두 번째(그리고 세 번째와 네 번째) 기회를 제공했다. 후버도 그런 학생 중 하나였다. 스웨인은 그에게 수학과 영어에 낙제했지만 '특별 학

---

5 George H. Nash, 《The Life of Herbert Hoover: The Engineer, 1874~1914》 (New York: W. W. Norton, 1983), 13~23쪽.

6 Hoover, 《Memoirs》, 1:14~15쪽.

7 Irwin, 《Herbert Hoover》, 33쪽.

생'이라는 조건으로 입학이 허락되었다고 말했다. 스웨인은 그가 학교가 시작되기 몇 주 전에 팰로앨토로 와서 강사를 고용해 공부한다면 9월에 새 학기가 시작되기 직전 치러지는 시험에서 두 과목을 통과할 수 있도록 충분히 준비할 수 있을 것이라고 말했다.[8]

막 17세가 되었을 때 후버는 스탠퍼드로 갔다. 그 무렵 첫 번째 대학 기숙사가 막 완공되었으며, 후버와 그의 룸메이트는 처음으로 방을 배정받았다. 그의 입학 재시험 준비는 부분적으로만 성공을 거두었다. 그는 수학은 통과했지만 영어는 불합격이었다. 대학은 그의 대학 등록을 허가했지만 졸업 전에 영어 시험을 통과해야 한다는 단서를 붙였다.[9] 영어 담당 교수는 모든 졸업생이 예외 없이 글의 형태로 자신의 생각을 능숙하게 표현할 수 있어야 한다고 단호하게 요구했다. 후버가 이런 요구 조건을 충족하기란 거의 불가능했다.

후버는 법원이 지명한 후견인이 관리하는 약간의 유산이 있어 스탠퍼드에 다닐 때 생활비로 사용할 수 있었다.[10] 그러나 생활비로 충분하지 않아 여름 방학뿐만 아니라 학기 중에도 파트타임으로 여러 가지 일을 했다(그럼에도 유산은 졸업 전에 모두 고갈되었다). 그의 첫 직장은 학교 교무처였다. 그는 임시 사무직원으로 대학 입학 등록일에도 근무했다.

대학에 등록한 학생들 중 일부는 후버처럼 빈곤층 출신이었다. 그들에게는 스탠퍼드의 등록금 무료 정책이 가장 큰 장점이었다. 그들은 릴랜드 스탠퍼드의 이상적인 학생에 가장 가까운 사람들, 즉 등록금이

---

8 같은 책., 33~35쪽.
9 Lane, 《Making of Herbert Hoover》, 105쪽.
10 2,500달러의 상속 재산은 후버와 다른 두 명의 자녀가 똑같이 나누었고, 군 당국이 임명한 후견인이 관리했다. Nash, 《Life of Herbert Hoover》, 10~11쪽.

무료가 아니라면 대학에 갈 수 없는 학생들이었다. 후버를 포함해 이들은 입학 전에 이미 상당한 직업 경력을 갖고 있었다. 그들 중 대부분은 후버보다 나이가 많은 20대였다.

그러나 일부 학생들은 돈 문제를 걱정할 필요가 없었다. 그들은 동부 해안 지역 출신자들로 캘리포니아 기후가 이 학교를 선택한 주된 이유라고 응답한 학생들이다. 한 학생이 말했다. "일석이조죠. 캘리포니아에 살면서 대학도 갈 수 있잖아요." 또 다른 학생이 말했다. "나는 진보적인 대학 교육을 원합니다. 정치에 좌우되는 대학교의 고리타분한 교수들에게 넌더리가 납니다. 서부 생활을 직접 겪어보고 싶습니다. 나는 낯선 땅에서 이방인이 되고 싶습니다. 스탠퍼드가 이것을 충족시켜주기 때문에 왔습니다."[11]

수업이 시작되기도 전에 현지 관찰자들은 젊은 신입생들 중에 부유한 학생들이 포함되었다는 것을 포착했다. 눈에 띄는 소비 성향이 그들의 특징이었다. 한 지역 신문은 이렇게 보도했다. "부유한 동부 지역 가문 출신의 쾌활한 학생들이 풀먼Pullman식 호화 침대차를 타고 스탠퍼드로 왔다. 그들은 릴랜드 스탠퍼드 주니어가 세운 대학에서 공부하기 위해 왔다. 그들은 다음 달 1일로 예정된 대학의 개교를 기다리면서 자동차로 캘리포니아 주를 여행하며 즐거운 시간을 보낼 것이다."[12]

입학 등록일 날, 학생들은 등록 사무소로 가서 출생일, 후견인, 학

---

11 David Starr Jordan, "Why Do Eastern Students Come to Stanford University?" 〈SFC〉, May 2, 1897. 일부 응답자는 입학비용이 상대적으로 낮다고 말했다. 한 예를 들면, "개인적으로 알아본 결과, 집에서 5,600km 떨어진 스탠퍼드 대학에 입학하는 비용이 교통비를 포함해도 프린스턴, 예일, 또는 하버드에 입학하는 비용만큼 저렴하다는 것을 알았다. 그래서 나는 교육뿐만 아니라 여행의 기쁨도 같이 누렸다."

12 "Waiting Students," 〈SFC〉, September 26, 1891.

업계획에 관한 세부 내용을 공식적으로 기록하여 제출했다.[13] 자신의 아버지와 함께 온 잘 차려입은 신사들이 돌봐주는 어른도 없이 값싼 정장을 입고 등록을 진행하는 어린 허버트 후버를 내려다보고는 당혹해했다. 그러나 후버는 무시당하고 싶지 않았다. 한 전기 작가는 그가 "나는 당신의 입학 등록을 도와주기 위해 여기에 있습니다. 성함이 뭐죠?"라고 말했다고 썼다.[14]

릴랜드 스탠퍼드는 후버 같은 학생들이 캠퍼스에서 부유한 가문 출신의 학생보다 못하다고 느끼지 않기를 원했다. 그는 경제적 지위로 학생들을 차별하지 않는 대학은 특별한 목적을 위한 기부가 아닌, 감사의 뜻을 전하는 부모들의 기부를 받아서는 안 된다고 생각했다. 1892년 후버의 동기생 에드먼드 도일의 아버지가 스탠퍼드 총장 데이비드 스타 조던에게 등록금을 대신하여 150달러짜리 수표를 기부금으로 보냈다. 조던이 릴랜드에게 그 기부금에 대해 말하자 그는 등록금을 대신하는 돈으로는 받을 수 없으며, 학생들이 직접 혜택을 받을 수 있는 도서관이나 학과에 배정되어야 한다고 말했다. 그는 조던에게 이렇게 썼다. "당신도 기억하겠지만 우리의 생각은 이렇습니다. 이 대학은 재산에 상관없이 모든 사람에게 개방되어야 하며 동시에 가난한 학생들에게 굴욕감을 주는 어떠한 일도 없어야 합니다."[15]

13 Irwin, 《Herbert Hoover》, 44~45쪽.
14 Lane, 《Making of Herbert Hoover》, 105쪽.
15 Leland Stanford to D. S. Jordan, August 30, 1892, 〈LSP〉.

스스로 일을 해결하는 능력

허버트 후버가 수강 과목을 선택할 때 광산 공학(대학은 최종적으로 '지질학과 광산학'이라고 명명했다) 전공 희망자로서의 출발점은 지질학이었다. 그러나 첫 학기인 1891년 가을, 새로 임명된 교수들이 한 명도 도착하지 않았고, 최초이자 유일한 지질학 교수인 존 C. 브래너도 부임하지 않았다. 후버는 기술공학 학생들의 필수 과목인 대수학, 기하학, 삼각법, 목공, 제도 관련 수업을 들으며 대학 생활을 시작했다.

봄이 되어 브래너 교수가 임명되어 지질학을 가르쳤다. 후버는 제도 과목 대신 지질학을 수강했다. 브래너 역시 후버를 파트타임 조교로 고용했다. 그는 나중에 스스로 일을 해결하는 법을 이해하는 후버의 능력을 칭찬했다. 브래너는 기억을 더듬으며 이런 재능을 구체적으로 보여준 이야기를 털어놓았다. 스탠퍼드에 오기 전 그는 새로운 학생 조교에게 그의 사무실에 여기저기 놓여 있는 독일어 정기간행물과 미국 지질학 조사 보고서를 제본해 오라고 요구했다. 그 조교는 매 단계마다 그의 도움이 필요했다.

"어디에요?"

"그 책자를 도시에 있는 제본업자에게 보내게." 브래너가 대답했다.

"어떻게요?"

"속달로."

"어떻게 포장을 해야 하죠?"

브래너는 매 질문마다 엄청나게 짜증이 났다. 그러나 그가 후버를 고용한 후 그 책자는 어떤 말썽도 없이 제본비와 운송비 청구서와 함

께 사무실 책장 선반에 놓였다.[16]

후버는 다른 일도 했다. 수업이 시작되기 전 그는 친구에게 "돈을 더 많이 벌 수 있는 수만 가지 계획"을 갖고 있다고 썼다.[17] 그는 1년 동안 샌프란시스코 신문사들의 캠퍼스 통신원이었으며 아침 식사 전에 신문을 배달했다. 나중에 그는 샌프란시스코 세탁 서비스의 직원이 되어 월요일에는 더러운 세탁물을 수거하고 토요일에는 깨끗한 세탁물을 배달했다.[18] 그는 대학 야구팀에 지원했지만 선수로 뛴 시간은 짧았다. 그는 팀의 재정과 일정을 관리하는 일에 더 적합해 선수 대신 야구팀 매니저가 되었다.

후버의 후배이자 나중에 은행장이 된 법학 전공자 잭슨 레이놀즈 Jackson Reynolds도 숙식비를 내기 위해 재학 내내 일을 했다. 그는 스탠퍼드에 다니는 동안 일을 해야만 했던 상황을 되돌아보며 다행이라고 여겼다.

내가 대학 생활에서 얻은 최대의 유익은 방과 후 시간에 집중적으로 일을 해야 할 필요성에서 비롯되었다. 내가 공부에 집중할 수 있는 시간은 다른 학생들의 절반에 지나지 않았다. 그래서 나는 동일한 시간 동안 두 배로 많은 일을 감당해야 했다. 그 훈련은 어떤 대학 활동보다 내게 더 유용했고, 대부분의 사람들이 낭비하는 자투리 시간에도 많은 것을 성취할 수 있다는 것을 가르쳐주었다.[19]

---

16 Irwin, 《Herbert Hoover》, 46쪽.
17 Herbert Hoover to Nell May Hill, August 30, 1892.
18 Irwin, 《Herbert Hoover》, 44~45쪽.
19 "College Man in the Business World," 《Stanford Illustrated Review》, April 1933, 214쪽.

허버트 후버가 1학년을 마친 뒤 브래너는 아칸서스 지질조사를 위한 여름 현장조사 활동을 수행하는 유급직을 주선해주었다. 이는 오늘날로 치면 유급 인턴에 해당하는 자리로 보통 수준의 급료와 아울러 직업적 경력을 쌓을 수 있는 자리였다. 3학년을 마친 여름에 그는 캘리포니아 주 시에라에서 미국 지질조사국을 위한 조사 작업을 수행했다.[20] 그는 조사 업무 때문에 가을 학기가 시작된 지 5주가 지난 후에 대학교로 돌아왔다.[21]

3학년을 마친 후 여름에 인턴직을 수행하는 요즘 스탠퍼드 학생들은 인턴 생활이 끝나는 시기에 졸업 후에 시작될 정규직을 제의받기를 바란다. 그런 제의를 받으면 4학년 동안 졸업 후에 다닐 직장을 찾을 필요가 없고 구직 활동을 하면서 겪는 불안감을 느끼지 않아도 되기 때문이다. 당시 후버도 4학년 때 미국 지질조사국에서 정규직을 얻을 수 있을 것이란 낙관적인 생각을 갖고 학교로 돌아왔다. 그는 11월에 한 친구에게 이렇게 썼다.

6개월 전보다 많이 배우고 도덕적 육체적, 재정적으로 더 나아졌어… 상사들을 기쁘게 해서 1895년 6월 1일에 미국 지질조사국으로 돌아갈 예정이야. 나의 자리가 정규직이 될 가능성은 아주 높아. 첫 연봉은 (정규직이 된다면) 1,200달러야.[22]

---

20 "Quad," 〈DPA〉, April 20, 1894.
21 Nash, 《Life of Herbert Hoover》, 35쪽.
22 Hoover to Nell May Hill, November 9, 1894.

그러나 후버는 '정규직'을 제의받기 전에 먼저 졸업을 해야 했고 그러기 위해서는 입학 후 1년에 두 번의 재시험을 보았지만 아직도 통과하지 못한 영어 시험에 주의를 기울어야 했다. 그는 학생 전체의 존경을 받는 재정 담당자[23]로 선출되었기 때문에 이 시험은 4학년 동안 그의 마음에 드리워진 유일한 먹구름이었다. 그는 스탠퍼드 초기 재학생들의 약 3분의 1이 영어 시험에 탈락하여 조건부로 입학했다는 사실을 떠올리며 다소 위안을 삼을 수 있었다. 이 탈락자 그룹에는 공학도들이 단연 많았다.[24]

이 문제에 관한 대학 정책을 주도하는 사람은 영문과 교수인 멜빌 앤더슨Melville Anderson이었다. 그는 모든 졸업생이 에세이를 쓸 수 있어야 한다는 요구 조건을 고수했다. 윌 어윈의 말에 따르면 "철자와 문법에 오류가 없고 수사가 정확해야 했다."[25] 릴랜드 스탠퍼드가 후버가 4학년이 될 때까지 생존했다면 아마 이런 요구 조건을 지지하지 않았을 것이다. 릴랜드는 데이비드 스타 조던이 '다른 사람이 작성해도 상관없는 문서'를 쓰면서 소중한 시간을 보내는 것을 책망한 적도 있다.[26]

후버는 영어 시험에 통과하지 못했다. 학위 수여식이 다가오자 고생물학 교수는 후버가 수업 때 제출한 보고서를 함께 다듬는 작업을 하면 영어 시험에 통과할 수 있도록 도와주겠다고 제의했다. 그런 뒤 교수는 그 보고서를 영문학과로 갖고 가서 그것이 기본적인 글쓰기 능력

---

23 "The Three H's Elected," 〈DPA〉, April 24, 1894.
24 Irwin, 《Herbert Hoover》, 38~39쪽.
25 같은 책.
26 Jordan, 《Days of a Man》, 1:490쪽.

의 증거라고 주장하며 특별 면제를 요청했다.[27] 그리고 이 요청이 받아들여졌다.

이러한 면제는 모든 학생이 명확하고 오류가 없는 영어 글쓰기 능력을 갖추어야 한다는 요구 조건을 철저히 준수하지 못한 증거일까? 아니면 공학도를 우호적으로 대우하려는 대학의 특혜였을까? 만약 후자인 경우라면 초기 몇 년 동안 공학도들이 전체 학생 중에서 소수였다는 사실에 유의해야 한다.[28]

아무리 하찮은 일이라도 최고의 일자리로 다가갈 수 있게 해준다

졸업 후 후버는 미국 지질조사국 현장 조사업무로 돌아갔다. 그러나 정규직에 필요한 재원이 마련되지 않았다. 그래서 그는 단기 업무가 10월에 끝나자 실직했다. 현금이 필요했던 그는 지하 광산에서 광석 운반차를 미는 힘든 일자리를 얻었다. 그는 이 일을 하려고 오전 4시 45분에 일어났다. 급료는 보통 수준이었지만 운영 중인 광산에 대해 알 수 있는 기회를 얻었다. 그는 실업자들이 많고 "이곳의 모든 사람이 대학생에 대해 편견을 갖고 있음에도 불구하고" 광산 일을 얻게 된 것을 다행스럽게 여겼다.[29]

---

27 Lane, 《Making of Herbert Hoover》, 161쪽.

28 후버가 속한 1895년 학번, 즉 자칭 개척자 학번 졸업자중 16%만이 공학 전공자였고 23%는 순수과학과 수학 전공자, 42%는 인문학 전공자였다. 나머지 졸업자들은 경제학, 법학, 위생학, 그리고 다른 여러 분야를 전공했다. Edwin E. Slosson, 《Great American Universities》(New York: Macmillan, 1910), 147쪽.

29 Lane, 《Making of Herbert Hoover》, 180. Initially, Hoover worked the night shift. E. B. Kimball to John Branner, November 13, 1895, John Casper Branner Papers, Series I (SC034), Box 26, Folder 104, SCUA. 후버의 동기이자 지질학 전공자인 킴볼도 다른 지하 광산에서 직장을 얻었다. 잠시 동안의 직장 생활을 마친 뒤 그는 브래너에게 그 경험에 대해 썼다. "30세 이하의 사람들이 50세 이상처럼 보입니다. 하지만 나는 그 시간에 대해 슬퍼하지 않았습니다. 나는 그 경험 없이는 좋은 현실적인 인간이 될 수 없다고 믿었기 때문에 그 일에 충실했습니다. 이를테면 나는 광부가 얼마나 일을 해야 하는지 알지 못하고, 광부들이 씨름하는 어려움에 대해 제대로 알지 못할 것이며, 자신이 시키고자 하는 일을 철저히 이해하지 못

그곳에서의 일은 기껏해야 단순히 견디는 것이었다. 광산에서 두 달 일한 뒤 후버는 낙담했다. "대학 교육을 받고도 생계를 위해 광물 운반차를 미는 것보다 더 나은 일을 얻지 못한다면 광업을 그만두는 것이 더 낫다." 전기 작가는 그가 경험이 많은 광산 엔지니어인 지인에게 이렇게 말했다고 썼다. 그 지인은 그에게 루이스 제닌Louis Janin이라는 광업 컨설팅 엔지니어의 도움을 받아 일자리를 알아보라고 제안했다. 루이스 제닌은 샌프란시스코에 사무실을 두고 있었는데, 후버가 시에라에서 현장 조사를 할 때 그를 감독했던 미국 지질조사국 소속 지질학자인 발데마르 린드그린Waldemar Lindgren이 후버를 제닌에게 간단히 소개한 적이 있었다. 후버는 그 제안대로 했다.[30]

후버는 제닌에게 전화해 "일단 일을 통해서 자신을 평가해보길 원한다"고 말했다. 제닌은 자신의 클럽에서 점심을 같이 하자고 초대한 뒤(후버는 나중에 제닌이 "그날 점심값으로 자신의 일주일치 생활비에 해당하는 돈을 사용했다"고 회상했다.) 필요한 직원들은 이미 모두 고용했다고 설명했다. 그가 할 수 있는 일은 타자수뿐이었다. 후버는 타이핑을 할 줄 알며 그 일도 좋다고 말했다.[31]

후버는 심지어 타자수와 같은 일자리도 더 많은 책임과 더 높은 급료를 받는 '최고의 일자리'로 더 다가갈 수 있게 해준다고 생각했다.[32]

한다면 광부들에게 일을 지시할 수 없을 것입니다. 나는 그런 일이 꼭 필요한 것이 아니라는 후버의 의견에 동의하지 않습니다. 대학생들이 수행한 업무는 많은 경우 그들을 고용한 사람들에게 비참한 결과를 안겨주었기 때문이다." E. B. Kimball to John Branner, April 1, 1896, John Casper Branner Papers, Series I (SC034), Box 26, Folder 104, SCUA.

30 Hoover, 《Memoirs》, 1:27쪽: Lane, 《Making of Herbert Hoover》, 183쪽.
31 Hoover, 《Memoirs》, 1:27쪽.
32 같은 책.

제닌은 추천서를 요구했고 후버는 그것을 준비해야 했다. 후버는 그 사무실의 가장 낮은 직급에서 일을 시작했다. 한 달에 30달러를 받았는데, 광산의 일반 노동자 일당인 2.5달러에도 미치지 않는 수준이었다. 후버는 타자 일을 하면서 자신을 유용한 사람으로 만들기 위한 다른 방법들을 찾았다.[33]

후버의 추천서를 써주는 일은 그의 교수들에게는 어려운 일이 아니었다. 최초의 입학생이 스탠퍼드를 졸업했을 때 교수진과 학생들의 친밀한 관계는 소규모 대학에서 볼 수 있는 것과 비슷했다. 후버는 나중에 그들의 관계를 '친밀한 유대로 맺어진 작은 공동체'로 묘사했다.[34] 1896년 학번의 또 다른 졸업생도 똑같이 그런 친밀함을 회상하며 학생과 교수 그리고 대학 총장의 '친밀한' 접촉을 언급했다. 이 학생은 나중에 "나는 조던 박사도 잘 알았습니다. 그는 이제껏 내가 알았던 어떤 사람보다도 내 인생에 큰 영향을 미쳤습니다"라고 말했다.[35] 후버도 조던을 잘 알았고, 더 중요한 점은 조던 역시 후버를 잘 알았다는 것이다. 그래서 조던은 브래너가 그랬듯이 후버를 위해 그를 극찬하는 내용의 추천서를 써 주었다.

제닌은 그 추천서를 받고 후버의 급료를 올려 주었고, 그가 한때 컨설턴트로 일한 적이 있는 민사 소송 중인 광산에 대한 기술 보고서를 준비해달라고 요구했다. 그 광산은 후버가 지질 현장 조사를 한 적이 있는 시에라에 있었기 때문에 신속하게 보고서를 작성하고 지도를 스

---

33 Lane, 《Making of Herbert Hoover》, 184~185; Irwin, Herbert Hoover, 71쪽.
34 Hoover, 《Memoirs》, 1:20쪽.
35 "College Man," 214쪽.

케치하고, 법정에 제출할 증거물을 준비할 수 있었다. 제닌은 감동을 받았고 회사의 고객은 소송에서 이겼다.[36] 그 후 후버는 콜로라도, 뉴멕시코, 네바다, 캘리포니아로 파견되어 업무를 수행했다. 1896년 3월, 그는 스탠퍼드 신문을 통해 자신이 몇 개월 동안 일해 왔던 샌프란시스코 회사의 정규직원으로 승진했다는 최근 근황을 알렸다. 이것은 그가 "최근 몇몇 광산에서 전문가로서 활동했음"을 인정하는 것이었다.[37]

타자수에서 세계 최고 연봉자로

후버가 뉴멕시코에 있을 때 미국 지질조사국은 마침내 그가 졸업 후 찾았던 정규직을 위한 재원이 마련됐다고 알렸다. 후버는 그 제안을 받아들였을까? 만약 그것이 그의 직업 초기에 단순히 최고의 연봉을 주는 직장을 선택하는 문제였다면 숙고할 여지가 전혀 없었다. 미국 지질조사국이 제안한 직책의 연봉은 1200달러였고, 후버가 제닌의 회사에서 받던 연봉은 2000달러였다. 그러나 후버는 다소 모호한 질문에 관심이 있었다. 계속 광산 공학의 길을 가야 할까? 지질학 분야의 직장으로 이직해야 할까? 그는 직업과 관련한 조언을 구하기 위해 편지를 썼다. 그의 지질학 교수이자 멘토인 브래너는 그에게 빠르게 승진할 수 있는 제닌의 회사에서 계속 일하라고 충고했다. 후버가 이미 여러 직무를 잘 수행했기 때문에 브래너는 "그가 일을 잘해왔기 때문에

---

36 Lane, 《The Making of Herbert Hoover》, 185~186쪽: Irwin, 《Herbert Hoover》, 72쪽. 레인은 보고서를 완성한 뒤 연봉을 인상했으며 그의 연대표는 어윈의 것보다 더 신뢰할 수 있는 것처럼 보인다. 어윈의 연대표에 따르면, 그 전에 연봉이 인상되었다.
37 "Quads," 〈DPA〉, March 17, 1896.

지속적인 승진이 보장된 것"으로 보았다. 하지만 그가 미국 지질조사국에 간다면 지속적인 재원 마련이 불확실하기 때문에 그의 직책도 불안정할 것이다. 브래너는 "그 직장이 언제 끝날지 알지 못한다. 그러니 지금 있는 곳에 머물기 바란다. 조던 박사도 나와 같은 생각이란다"라고 썼다.[38]

후버가 일했던 컨설팅 기업은 브래너가 생각하던 것처럼 승진 기회가 많은 큰 회사가 아니었다. 그러나 후버는 컨설팅 기업에 오래 머무르지 않았다. 1897년 초 전 세계에서 사업 활동을 벌이던 영국 광업 회사 비위크, 모링 앤 컴퍼니Bewick, Moreing and Company가 루이스 제닌에게 미국의 광산 채굴 기술을 호주 서부 지역의 금광에 소개할 광산 채굴 전문 기술자를 추천해달라고 요청했다. 비위크와 모링은 후보자의 경력이 최소 75년은 되어야 한다고 농담했고, 제닌은 "그곳 광산의 문제를 해결하려면 그런 사람이 필요하다"고 맞장구쳤다.[39] 연봉은 대략 5000달러였으며 후버에게는 엄청나게 많아 보였다. 하지만 후버는 고작 22세였다. 제닌은 후버가 원한다면 그 자리에 추천하겠다고 제안했다. 후버는 그것을 받아들였다. 그는 실제보다 나이도 더 들고 경력도 더 많아 보이기 위해 콧수염과 턱수염을 기르기 시작했다.

새로운 직장에서 이 젊은 미국인은 직원 관리자들을 교체하고 비효율적인 광산을 폐광했으며, 광부들의 항의에도 불구하고 두 사람으로

---

38 John C. Branner to Herbert Hoover, April 27, 1896, John Casper Branner Papers, Series I (SC034), Box 5, SCUA; Lane, 《Making of Herbert Hoover》, 195~196쪽.

39 Lane, 《Making of Herbert Hoover》, 198~199쪽. 레인의 말에 따르면, 비위크와 모링은 "30세 이상인 사람은 호주 기후와 생활 조건을 이겨낼 수 없기 때문에" 후보자들은 30세 미만이어야 한다고 말했다. 그러나 조지 내쉬는 배를 타고 호주로 갈 때 후버가 연령을 속인 점을 포함하여, 비위크와 모링이 실제로는 그 직책의 최소 연령을 35세로 정했음을 보여주는 설득력 있는 증거를 제시한다. Nash, 《Life of Herbert Hoover》, 605n97을 보라.

이루어진 굴착 팀을 1인 작업체제로 바꾸었다. 그리고 빠른 승진과 임금 인상을 시행했다.[40] 1898년 말 그는 비위크와 모링으로부터 중국 북부의 광산을 맡아달라는 제안을 받고 수락했다. 그는 더 큰 성공을 거두었고 동업자가 되었다. 데이비드 스타 조던 총장은 후버의 연봉(3만 3000달러)을 자랑스럽게 언급하며 1901년 대학을 졸업한 지 불과 6년 만에 그가 "전 세계에서 그 연령대 사람 중에서 가장 많은 연봉을 받는 사람"이 되었다고 말했다.[41]

졸업 9년 만에 광산 기술자의 신으로

1896년도 학번으로 법학 전공인 잭슨 레이놀즈는 스탠퍼드의 교육을 되돌아보며 폭넓은 교양 교육을 "육체를 훈련하듯이 정신을 훈련하는 것이며, 정신이 나중에 발견하는 모든 종류의 일을 할 수 있게 해주는 것"이라고 주장했다.[42] 그러나 후버는 광산 엔지니어 교육에 관한 조언을 할 때 다른 의견을 피력했다. 그는 '인문학이 교육의 기초'라는 점을 기꺼이 인정했다. 그러나 그것은 대학에 입학하기 전에 끝나야 했다. 그는 인문학에 의해 구애받지 않은(그리고 그가 말하지 않았지만 아마도 영어능력 시험이 없는) 기술 교육이 최소한 4년 동안 이루어져야 한다고 주장했다.[43]

기술 교육이 이론에 초점을 맞춘다면 가장 실용적일 것이다. 대학

---

40 Lane, 《Making of Herbert Hoover》, 212~213, 220~221쪽.

41 "Gold in China Is All a Myth," 〈SFC〉, October 24, 1901.

42 "College Man," 214쪽.

43 Herbert C. Hoover, "The Training of the Mining Engineer," 〈Science〉 20, no. 517 (November 25, 1904): 717쪽.

은 '이른바 실습 지도practical instruction'를 해서는 안 된다. 후버는 실습 지도가 단지 '소꿉놀이'에 불과하다고 생각했다. "약 9,000명의 백인"을 고용한 30개 광산을 감독하는 관리자로서 그는 그와 직원들이 "이 백인 광부들의 머리에서 이른바 기술학교의 실습에서 습득한 잘못된 것들을 제거할 시간도, 의향도 없다고 말했다."[44]

실용교육은 학위를 받고 난 뒤에 제공된다. 갓 졸업한 학생들은 스스로 주도하는 견습 교육을 통해 산업 내 다양한 분야에서 2년 더 일하며 보낸다. 안타깝게도, 후버는 "기술학교를 갓 졸업한 젊은 사람들에게 광산에서 일할 기회를 주었는데 열 명 중 아홉은 이 견습 기간을 만족스럽게 통과하지 못했다"라고 말했다.[45]

졸업할 당시 그는 미국 광산 기술자가 앞으로 얼마나 많이 필요하게 될지 몰랐다. 그러나 이 분야는 그의 형 테오도어를 끌어들일 정도로 전도유망하게 되었다. 테오도어는 윌리엄 펜 대학을 졸업하지 않은 채 몇 년간 일하다가 허버트 후버가 대학을 졸업한 후인 1898년에 스탠퍼드에 등록했다. 그는 1901년 학번으로 합류하여 지질학 학위를 받고 졸업했다. 테오도어는 전 세계의 여러 광산 기업에 일한 뒤 스탠퍼드로 돌아와 새로 만들어진 광산 및 금속공학과를 이끌었다.[46] 1895년에 졸업한 허버트 후버는 졸업 후 9년 만에 미국 광산 기술자들에게 당대의 신으로 여겨졌다. 당시 세계 금 생산량의 약 75%를 통제하던 영국

44 같은 글., 718쪽.
45 같은 글.
46 "Theodore Hoover, '01, to Organize New Mining Dept.," 〈SD〉, April 16, 1919; Jas. Perrin Smith, "The Stanford School of Mines," 〈Stanford Illustrated Review〉 20, no. 7 (April 1919): 332쪽.

광산 기업들은 광산 관리를 수백 명의 미국 기술자들에게 맡겼다.[47] 공학 분야를 전공한 스탠퍼드 학생들은 그들로부터 좋은 대우를 받았다.

허버트 후버의 교육과 직업 경력은 공학이 특별한 신분으로 여겨지지 않은 시기에 시작되어 당당한 지위를 얻게 된 시기까지 이어졌다. 그 발판을 확보하기 위해 후버는 대학 교육을 활용하지 못하는 내키지 않는 첫 직장에서 견디며 광석 운반차를 밀었다. 두 번째 직장인 제닌의 회사에서 그는 처음에는 상당히 낮은 급료를 받았지만 그 회사를 경력을 쌓는 도구로 활용했다. 그는 그곳에서 자신을 유용하게 만드는 법을 알게 되었다. 일반화시켜 말하자면, 후버가 견디며 감당한 모든 일은 다재다능한 기여자가 될 기회를 얻은 오늘날의 갓 졸업한 인문학 전공자들에게 익숙한 모습일 것이다. 후버의 초기 직업 경험 이야기는 자신을 테스트할 경험을 찾는 오늘날의 학생들에게 큰 용기를 줄 것이다.

---

47 Hoover, "Training," 719쪽.

7장
다른 관점

    스탠퍼드 2011학번인 제니퍼 오켈만Jennifer Ockelmann은 역사학과 심리학을 전공했다. 그녀는 자신이 얼마나 많은 입사 지원서를 작성했는지 꼼꼼하게 기록하지 않았다. "그렇게 했다면 낙심했을지도 모릅니다." 그녀는 그 당시의 일을 생각하면서 이렇게 회상한다. 그러나 친구들이 그녀에게 정확한 입사 지원 횟수를 묻자 그녀는 대략 계산해보니 최소한 300번은 될 것이라고 말했다. 이전 299번의 입사 지원은 실패였다.

직업 계획이 없었던 대학 생활
    직업 상담사의 관점에서 볼 때 오켈만의 문제는 그녀가 역사학을 좋아한다는 것이었다. 그녀는 스탠퍼드에서 수강한 모든 역사학 과목에서 A학점을 받았다. 〈신여성 그리고 근대성과 겸손 간의 투쟁〉[1]이라는 제목의 1920년대에 관한 그녀의 논문은 역사학과 저널 〈헤로도투스〉에 실렸다. 그녀가 바로 대학원으로 진학할 계획을 세웠다면 무리없이 진학했을 것이고 주변 사람들도 그녀의 선택에 당혹하거나 우려하며 눈살을 찌푸리지 않았을 것이다. 그러나 4학년 때 그녀는 다른 것을 하기로 결정했다. 직장을 찾기로 한 것이다.

친구들과 가족은 그녀가 역사학 학위로 무엇을 할 것인지 궁금했다. 첫 번째 직장을 준비할 때까지 그녀에게는 해답이 없었다.

그녀의 미래에 대해 걱정하는 사람들 중에 그녀의 아버지도 있었다. 그녀의 아버지는 스탠퍼드에서 경제학을 전공하고 아서 앤더슨Arthur Andersen에서 일한 뒤 하버드 경영대학원에 진학했다. 그는 딸에게 자신과 같은 길을 걸으라고 압박하지 않았지만 직업 전망이 밝은 전공을 선택했으면 좋겠다고 분명히 말했다.

앞으로 뭐할 거냐는 쉴 새 없는 질문 때문에 마지못해 오켈만은 막연히 교육 방면이나 로스쿨로 가고 싶다는 의사를 밝혔다. 하지만 이 것은 역사학 전공 친구들이 재빨리 취하던 제스처였다. 예술사를 전공한 그녀의 룸메이트는 예술사는 역사보다 더 쓸모없는 전공이라고 냉담하게 말했다. 두 사람은 컴퓨터과학, 경제학, 생물학을 전공한 친구들이 확실한 미래로 이어지는 분명한 경로에 대해 말했을 때 부러운 듯

---

1   Jennifer Ockelmann, "'Don't Fuss, Mother, This Isn't So Fast': Flappers and the Struggle Between Modernity and Modesty," 〈Herodotus: Stanford's Undergraduate Journal of History〉 20 (Spring 2010): 43~64쪽.

이 바라보았다. 이와 반대로 오켈만과 룸메이트는 미래가 어떻게 될지 전혀 몰랐다.

4학년 시작 즈음 오켈만은 대규모 취업박람회에 갔다. 수백 개의 기업이 채용 담당자를 행사장에 보냈지만 오켈만은 역사학 전공자나 인문학 공부를 통해 연마한 일반적인 능력(비판적 사고, 심도 깊은 분석, 명확한 글쓰기)에 관심을 갖는 척이라도 하는 기업조차 찾지 못했다. 취업박람회에서 고용주들이 관심 있다고 표명한 유일한 인문학은 편집자와 그와 유사한 직책에 가장 잘 어울리는 영문학이었다.

대학의 직업개발센터는 오켈만에게 아무 도움도 되지 못했다. 그녀는 2학년 때 센터에 가서 다음 여름 동안 다닐 인턴직을 찾아보았다. 직원은 센터가 4학년 대상의 인턴직만 관리한다고 말했다. 직원은 오히려 반문했다. "당신에게 일자리를 제공할 수 있는 사람을 알고 있나요?" 오켈만은 자신에게 이처럼 질문한 직원에게 대학이 월급을 지급할 필요가 있는가 하는 의문이 들었다.

물론 아는 사람은 없었다. 그녀의 가족은 그녀가 관심을 가질 만한 산업 분야에 인맥이 없었다. 그녀는 다음 해 직업개발센터를 다시 찾지 않았고 인턴직도 다시 찾아보지 않았다. 그녀는 3학년을 마친 뒤 작년 여름에 즐겼던 일을 하며 여름을 보냈다. 그녀는 스탠퍼드 영재 교육프로그램에서 상담자로 일했다. 그 업무 경력은 본래부터 졸업 후 정규직으로 이어지지 않는 것이었다.

299번의 실패

4학년 중반, 그녀는 미래의 직장을 간절한 마음으로 찾기 시작했다.

기업의 채용 관리자들이 특별히 스탠퍼드 학생과 졸업생을 찾는 스탠퍼드 온라인 구직 게시판을 방문했다. 또한 그녀는 많은 고용업체의 수백만 개의 일자리를 모아 놓은 구인 웹사이트 인디드닷컴Indeed.com에서 점점 더 많은 시간을 보냈다. 4학년 때의 구직 활동을 돌아보며 그녀는 실소를 금치 못했다. "나를 뽑아줄 것 같은 아주 많은 곳에 지원서를 냈습니다." 그녀의 유일한 제한 조건은 지역이었다(그녀는 베이 지역Bay Area에 있는 일자리를 찾고 있었다).

그녀는 관심 있는 기업들의 웹사이트에 방문하여 누가 받는지도 모른 채 지원서 양식을 작성해 '보내기' 버튼 누르는 대신, 이력서를 보낼 수 있는 담당자의 이메일 주소를 찾았다. 그녀는 말했다. "이제 반대편에 있어 보니 입사 지원서가 어디로 가는지 알겠더군요. 아무도 그것을 보지 않아요."

그가 인디드닷컴에서 찾은 목록은 기업들의 웹사이트보다 더 도움이 되었다. 그녀는 몇몇 회사에서 첫 번째 채용 절차인 전화 면접을 보았다. 그녀는 두 곳에서 직접 면접에 오라는 요청을 받았지만 면접 담당자는 그녀의 부전공인 심리학에 대해 대화를 나누고 싶어 했다. 아무도 그녀의 역사학 교육과정에 대해 묻지 않았고, 성적표에 기록된 그녀의 학점도 보지 않는 것 같았다. 그녀의 학점과 전공에 대한 무관심은 미래의 고용기업들이 스탠퍼드 입학을 일반적인 지성과 추진력(추정컨대 학생들이 스탠퍼드에 처음 입학할 때 보여주었던 자질)에 대한 대리지표로 간주한다는 것을 시사했다. 오켈만과 같은 인문학 전공자들이 입학 후 저명한 스탠퍼드 교수들로부터 전공 분야에서 배운 것은 대수롭지 않게 취급되었다.

오켈만이 첫 번째 또는 두 번째 면접을 보았을 때 면접 담당자가 주목한 것은 그녀의 성적표에 없는 컴퓨터과학 수업들이었다. 1학년 때 그녀는 컴퓨터과학 입문 강의인 〈프로그래밍 방법론 CS 106A〉을 어렵게 들었다. 그 강의는 250명이 듣는 수업이었고, 그들 중 약 절반은 컴퓨터과학 전공자였다. 가장 진지한 컴퓨터과학도들은 매우 빠른 속도로 진행되는 별도의 강의에 몰려들었지만, 그럼에도 전에 프로그래밍 수업을 들어본 적이 없는 오켈만은 강의 교재와 씨름해야 했다.

오켈만은 이 수업으로 공학 분야의 한 과목을 수강해야 한다는 요건을 채웠고, 그 후로는 프로그래밍 과목을 더 듣지 않았다. 그녀가 4학년 때 구직 문제로 스타트업 기업과 대화를 할 때 그녀는 컴퓨터과학 과목을 더 듣지 않은 것을 후회했다. 어떤 고용 기업은 그녀의 성적표를 훑어보며 말했다. "오. 프로그래밍 경험도 있다면 좋을 텐데요." 그들은 그녀에게 프로그래밍 정규직을 주지 않으려고 했다. 그러나 그녀가 컴퓨터과학 입문 수업 이상의 과정을 들었다면 그녀가 표현하듯이 '무엇이든 할 수 있는' 졸업생의 이상을 실현할 수 있었을 것이다.

봄이 빠르게 지나갔고 오켈만은 회피하기 위해 그렇게 열심히 노력했던 상황에 놓였다. 일할 직장 없이 졸업을 맞이하게 된 것이다. 학위 수여식 이후 직장을 구한 친구들은 새로 임대한 아파트로 이사할 준비를 했다. 다른 졸업생들은 의대나 석사 학위 과정으로 진학했다. 하지만 오켈만은 짐을 싸서 부모님의 차를 타고 남캘리포니아 레돈도 비치 Redondo Beach에 있는 부모님의 집, 예전 자기 방으로 돌아가야 했다.

그녀는 말했다. "매우 무서웠습니다. 정말 당황스럽기도 했고요. 공포보다 더 강한 느낌이 들었어요." 유일한 위안은 졸업반 중 그녀가 집으로 돌아간 유일한 사람이 아니라는 것이었다. 예술사를 전공한 그녀의 룸메이트도 똑같은 경험을 했다(그녀의 구직 활동은 예술사 박사 학위 과정에 입학하면서 끝났다). 함께 졸업한 같은 반 학생들도 같은 곤경을 겪었다.

집에 온 그녀는 인디드닷컴에서 더 열심히 구직 활동을 했다. 그녀는 키워드를 검색했다. 이를테면 '마케팅 직원', '판매 및 고객 관리자', '편집자', 또는 '홍보 직원'을 입력하여 검색했다. 그녀는 입사지원서를 제출할 때마다 기업에 맞추어 새로 자기소개서를 준비해야 했다.

졸업 후 처음 몇 개월 동안 그녀와 반 친구들은 계속 가깝게 연락하면서 서로의 근황을 주고받았다. 그러나 가장 가까운 친구들은 구직 활동을 계속하면서 실망스러운 소식을 듣고 낙심했다. 오켈만은 페이스북에 실제 벌어지는 상황을 올리지 않았고 점차 좌절감은 커졌다. 그녀는 한 주가 지날 때마다 자신의 이력서에 이렇게 삭막한 실업 기간이 영구적인 기록으로 남는 것을 두려워했다.

신입직이지만 경력을 요구하는 실리콘밸리

8월 오켈만은 다시 희망을 갖기로 했다. 샌프란시스코에서 직원 45명으로 새로 설립된 기업 로켓 로이어Locket Lawyer가 그녀와의 전화 면접을 인상 깊게 여기고 마케팅 직원 채용을 위한 직접 면접을 보자며 초청했다. 앞서 오켈만은 입사한다면 상사가 될 수도 있는 한 여성과 전화상으로 몇 차례 대화를 나누었다. 면접 장소로 가는 데 필요한 항공료와 여행 경비를 지급받지 못했지만, 그녀는 스타트업들이 신입직 지원자들에게 그런 경비를 제공하지 않는다는 것을 알고 있었다. 적어도 그녀가 찾고 있는 비공학 계열 직위 지원자들에게는 제공하지 않았다. 그녀는 면접 초대를 재빨리 받아들였고 면접도 잘 진행되었다. 그녀는 "당신은 이 직책에 안성맞춤이군요"라는 말을 들었다. 이제 단한 가지만 남았다. 최고경영자는 신입 직원 지원자들을 모두 만나보려고 했다. 하지만 그날 오켈만은 최고경영자를 만날 수 없었다. 오켈만은 "다시 올 수 있죠?"라는 질문을 받았다. '물론입니다!'

그녀는 여행 경비를 내고 다시 면접을 보러 갔다. 면접 시간은 6분이었다. 최고경영자는 직책과 관련된 이전 경험에 대해 물었다. 그녀는 그런 경험이 없었고, 이력서에 그런 사실을 숨기지도 않았다. 그녀는 그 직책에 필요한 것을 기꺼이 배우려는 의지를 전달하려고 노력했지만, 낙관적이라고 생각할 만한 어떤 신호도 느끼지 못했다.

사무실에서 나올 때 그녀가 주로 연락하며 편안하게 느꼈던 담당 여직원은 최고경영자가 그녀의 이력서를 그다지 좋게 보지 않았다는 사실을 모르는 것 같았다. 그녀는 오켈만에게 말했다. "매우 흥분되는군요. 최대한 빨리 연락드리겠습니다."

다음 날 회사가 보낸 이메일에는 '현재로서는' 이 직책에 새로운 인력을 선발하지 않기로 했다고 적혀 있었다.

참담한 소식이었다. 신입직에 경력을 요구한다면 어떻게 일을 시작할 수 있단 말인가? 8월 말, 그녀는 가장 가까운 친구에게 메시지를 보냈다.

일자리를 찾는 데 정말 질렸어. 일자리가 전혀 없어. 난 낙심하지 않고 정말, 정말로 잘 해왔다고 생각해. 하지만 최근 계속 실패를 겪다보니 그런 생각이 들어… 지원할 수 있는 일자리라도 있으면 좋으련만, 그런데 정말 없어.

다음 달, 그녀는 다른 기업에서 면접에 오라는 요청을 받고 다시 희망에 부풀었지만 이번에도 허사였다. 그녀는 친구에게 편지를 썼다.

이제 다시 최악의 상태로 떨어졌어. 마케팅 회사 관리직에 지원했어, 빨리 희망이 생기길 바라지만 아직은 아니야. 두 시간 동안 일자리를 찾아봤는데 네 곳밖에 지원하지 못했어. 난 거의 '낙담한 구직자'가 되었어. 이사비를 모으기 위해 뭐든 해야 해서 임시직 취업소개소에 등록할 생각이야.

그녀는 용기를 내서 인디드닷컴의 목록을 다시 살펴보았다. 그녀는 샌프란시스코에 소재한 또 다른 신생 기업 허들러Huddler에 지원해서 긍정적인 답변을 들었다. 이 기업은 값비싼 헤드폰에 열광하는 사람들의 Head-Fi.org와 같은 소수의 청중이 참여하는 온라인 토론 포럼 웹사이트를 관리하는 회사였다. 지원한 직책은 담당 업무가 모호한 '고객 코디네이터'였지만 그녀는 이 직책이 다른 여러 검색 결과에서 보였고, 마케팅 그룹 내에 꾸준히 포함되어 있다는 사실을 알고 있었다.

허들러는 먼저 그녀를 전화로 면접한 다음 직접 면접에 초대했다. 또 다시 그녀는 자비를 들여 샌프란시스코로 날아가 회사 직원 40여 명 중 7명과 면접을 했다. 그녀를 환영하는 듯한 인상을 받았지만 집으로 돌아온 뒤에도 연락 없는 몇 주를 보내야 했다.

다시 오라는 초청을 받았을 때(또 다시 최고경영자와의 마지막 면접을 예상했다) 그녀는 이전에 경험했던 로켓 로이어 최고경영자와의 불행한 만남을 기억하지 않을 수 없었다. 그러나 이번 면접은 다르게 진행되었다. 오켈만과 허들러의 최고경영자 댄 질Dan Gill은 중요한 경험을 공유했다(그는 스탠퍼드 동문이었다). 질은 그녀보다 불과 7년 먼저 졸업한 생물학 전공자였다. 오켈만이 그의 사무실로 들어갔을 때 두 사람은 빠르게 학부 시절에 관한 이야기를 서로 나누었다. 1학년 기숙사 배정에 대해 이야기를 나누고 그와 관련된 상투적인 내용에 대해 농담을 주고받았다.

비밀 악수는 없었고, 동문의 유대감에 기초한 일자리 제의도 없었다. 그런 유대감은 호의와 합격으로 저절로 이어지지 않는다. 회사의 다른 채용 담당자는 그녀가 학점을 꽉 채워 듣지 않은 한 학기에 대해 무자비하게 다그쳤다. 그 담당자는 그녀에게 "나도 스탠퍼드 출신이라서 어떻게 돌아가는지 알아요"라고 말했다. 허들러 최고경영자와 본 면접 이전에도 스탠퍼드 인맥이 하나씩 거쳐야 할 취업 관문을 면제해주지는 못했다. 스탠퍼드의 추억을 신나게 나누었다고 해서 그녀의 직업상의 경험 부재가 실격 사유가 되지 않는 것이 아니었다. 하지만 그녀는 간신히 채용되었고, 졸업한 지 6개월만인 2011년 12월에 일을 시작했다.

신입 직원의 자질

오켈만은 허들러의 45번째 직원이었다. 이 회사는 약 65명의 직원이 일하는 회사로 성장했고 일시 해고와 또 다른 직원 이탈도 있었다. 그 뒤 역시 포럼을 주최하는 훨씬 더 큰 회사인 위키아Wikia에 인수된 뒤 더 큰 규모의 해고가 있었다. 허들러의 본래 직원들 중 15명 정도만 남았는데 오켈만도 그 중 한 사람이었다. 그녀는 200명에 달하는 허들러의 고객을 관리하고 있었기 때문에 직장을 잃을까 봐 불안하지 않았다고 말했다.

오켈만이 보기에 회사의 신입 직원에 가장 적합한 자질은 대학에서 배운 것들이 아니라 개인적인 특성이었다. 고객 관리자로서 그녀가 담당하는 업무는 경영학 학위가 필요 없었고 경제학 전공이 도움이 되지도 않았다. 그 업무에 필요한 것은 고객들의 요구를 잘 처리하는 성격이었다. 세부적인 것을 꼼꼼하게 잘 정리하고, 공손하고 다정한 성격이 필요했다. 그녀는 화를 내지 않고 침착함을 유지하는 능력도 도움이 된다고 덧붙였다. 판매직에는 이와 다른 성격을 가진 사람이 필요하다. 이를테면 사교적이고 에너지와 열정이 넘쳐야 한다. 그녀는 이렇게 말했다. "이전에 무엇을 했는지는 중요하지 않아요. 회사가 지금 할 일을 가르쳐줄 의향이 있다면 말입니다. 허들러는 내게 그렇게 했어요."

오켈만은 채용 관리자가 아니지만 허들러에서 많은 입사 지원자를 상대로 면접을 했다. "나는 내가 경험한 것을 겪지 못한 사람들과는 확실히 다른 시각을 갖고 있습니다." 그녀는 직업 경력이 없고 현재 실직 중인 지원자들을 강력하게 옹호했다고 한다. 그녀는 면접을 할 때 지원자의 이전 경력이나 경험을 살펴보는 대신, "지원자들의 성격을 살펴보면서 그들이 능숙한지, 똑똑하고 유능하고 열정적인지 확인하려고" 노력했다. 그녀는 자신도 경력이 없었지만 능력을 입증할 기회를 제공받았기에, 다른 사람들에게도 똑같은 기회를 주고 싶다고 최고경영자에게 말했다.

역사학을 전공으로 선택한 것이 후회되느냐고 묻자, 그녀는 1학년으로 다시 돌아가더라도 다른 전공을 선택하지는 않을 것이라고 말했다. 컴퓨터과학 과목과 경제학 과목을 좀 더 많이 들었더라면 도움이 되었을 테지만 그것은 그녀가 그 수업에서 배운 것 때문이 아니라 채용 담당자에게 더 나은 인상을 줄 수 있기 때문이라고 말했다. 그녀는 또 이렇게 말했다. "지원자가 기술을 갖고 있지 않을 때 구직 시장에서 기술skills이 없는 졸업생은 겉으로 보이는 인상이 전부예요. 그런 불완전한 근거에 기초해 채용 담당자가 결론을 내릴 수도 있어요."

오켈만이 자신과 역사학을 전공한 친구들을 묘사할 때 사용한 '기술이 없는' 졸업생이라는 표현은 기술 분야technical fields나 계량 분야 중심의 학과들이 인문학을 조롱하는 표현이다. 이것은 잘못된 이분법을 설정한다. 즉 컴퓨터과학과 같은 기술적 지식 영역은 '기술skills'을 제공하고, 인문학과는 졸업생들에게 '기술skills'을 제공하지 않는다는 편견이다. 오켈만의 경험은 이런 이야기가 거짓임을 보여준다. 학부생 시절, 1920년대 신여성에 관한 논문 작업을 시작할 때 그녀는 스타 영화배우 클라라 보Clara Bow나 새로 발명된 여성 생리대에 관한 초기 광고 또는 그녀의 논문에 포함된 다른 주제에 대해 잘 몰랐다. 그래도 상관없었다. 그녀는 알 필요가 있는 내용을 배웠다. 마찬가지로 대학을 막 졸업하고 고객 코디네이터가 되었을 때 그녀는 고객관리에 대해 아무것도 몰랐다. 그것은 문제가 되지 않았다. 그녀는 알아야 할 내용을 배웠다. 어쩌면 신속한 학습능력이야말로 사람이 소유할 수 있는 가장 소중한 기술이 아닐까.

8장
일반적인 인식

1894년 봄 금요일 아침, 스탠퍼드 대학의 학생, 교수, 관리 직원, 제인 스탠퍼드, 신탁 관리자들, 그리고 다양한 내빈들이 1년 전에 숨진 릴랜드 스탠퍼드를 추모하기 위해 대학 체육관에 모였다. 그날 아침의 주요 연사인 호레이스 데이비스Horace Davis(기업가이자 초기부터 스탠퍼드 대학 신탁이사회의 일원이었다)는 릴랜드 스탠퍼드의 천재성은 말로 표현된 천재성이 아니라 대학 설립이라는 행동으로 나타난 '실용적인 천재성'이라고 말했다.[1]

다수의 일반인들은 여전히 대학을 본질적으로 실용교육에 적합하

---

1 "Program of Tomorrow's Exercises," 〈DPA〉, March 8, 1894; "Founder's Day," DPA, March 9, 1894.

지 않은 곳으로 생각한다. 데이비스는 이것을 대학이 그리스어, 라틴어, 수학만을 가르쳤던 이전 시대에서 물려받은 편견이라고 생각했다. 그러나 이 편견은 여전히 생생하게 살아 있다. 데이비스는 최근 앤드루 카네기가 대학 교육이 "실제 사회생활을 시작하려는 청년들에게 피해를 입힌다"고 주장하는 것을 들었다고 말했다. 하버드 졸업생인 데이비스는 전차에서 교통요금을 징수하는 하버드 졸업생을 본 적이 있다는 흔한 이야기에 대해 익히 알고 있었다. 그러나 데이비드는 순수과학이나 공학 이외의 대학 교육이 직업 영역에서 유용하다는 확신이 없었다. 그는 너무 성급하게 대학이 이른바 다양한 사업 영역에서 쓸모없다고 인정했다. 예를 들어, 주식 시장에서 투자자들은 가격이 낮을 때 사고 높을 때 파는 '직감'이 필요하다. 하지만 대학은 그런 본능을 주입할 수 없다.

데이비스에 따르면, 대학이 잘할 수 있는 것은 전문화된 기술 교육을 제공하는 것이다. '기술 교육의 힘'을 구체적으로 보여주기 위해 그는 청중들에게 "전쟁(미국 남북전쟁) 시기에 양측에서 최고위직으로 출세한 사람들의 배경을 생각해보라"고 요구했다. 그랜트, 셔먼, 리, 셰리던, 토머스(모두 웨스트포인트 졸업생이었다)는 "기술 교육이 최종적으로 승리한다"는 것을 보여준다. 그는 이 말의 진실성을 보여주는 또 다른 증거로 매사추세츠 공대MIT와 같은 학교의 업적을 보라고 말했다.

데이비스가 스탠퍼드와 다른 대학들을 고등교육의 실용적인 모델로 선택한 것은 부주의한 것이었다. 그가 모델로 선택한 교육기관은 일반교양 교육을 제공하지 않는 공학 중심의 군사 대학과 기능적인 과학 및 공과 대학이었다. 데이비드는 릴랜드와 제인 스탠퍼드가 대학 설립

문서에 '박물관, 미술 전시관, 문명과 정신의 확장에 기여하는 연구와 활동을 포함시킨' 것에 대해 찬사를 보내면서 최대한의 미사여구를 사용해 '인간 존재의 꽃이자 향기'라며 시, 미술, 종교를 극찬했다. 그러나 그는 그런 분야의 연구가 직업적인 유익이 있다고 주장하려고 시도하지 않았다. 그는 그런 연구는 일을 마친 뒤 여가 시간에만 필요한 것이라고 말했다. "일용할 빵을 위해 유용한 것을 육성하라. 그러나 여가 시간의 위안을 위해 아름다운 것을 소중하게 여기라."2

공학의 대학 교육 편입

스탠퍼드 대학교는 학생들이 연구의 주요 분야로 유용한 것뿐만 아니라 아름다운 것을 선택하는 것을 허용했다. 입학할 때 모든 학생들은 자신의 전공 분야를 선택해야 한다. 그들은 교수진이 제공하는 모든 분야를 선택할 수 있었다(초기에는 15명의 교수진밖에 없어 분명히 제한적이었다). 그들은 지질학자 존 C. 브래너가 최초로 부임했을 때 허버트 후버가 그랬듯이 나중에 전공을 바꿀 수 있었다. 그러나 입학할 때 전공을 선택해야 한다는 요구는 학생들이 교육을 통해 장차 무엇을 할지 생각하도록 대학이 강요하는 하나의 수단이었다. 제인 스탠퍼드의 말마따나 학생들에게 '특정한 직업'을 선택하도록 요구함으로써 "교육 비용을 절감하고, 아울러 단순한 장식용으로 대학 학위를 받으려는 게으르고 목적도 없는 학생과 유행을 좇아 교육적 겉치레를 얻으려는 학생들로 대학이 가득 차는 것"을 막는 데 기여했다.3

2   "Founder's Day."
3   Jane Lathrop Stanford, "Mrs. Stanford's Address of October 3, 1902," in 《Stanford University: The

19세기 후반, 최대의 전문직은 엔지니어, 의료인, 법률가였다. 공학, 의학, 법학은 이들을 양성하는 전문교육이었고, 이 중 가장 실용적인 공학이 최초로 대학 교육에 포함되었다. 웨스트포인트의 미국 육군사관학교(1802년)와 랜셀러 학교Rensselaer School(1824년)는 미국에서 전문적인 엔지니어 교육을 강의실과 실험실 안으로 포함시켰고, 법학과 의학은 한참 후까지도 멘토 아래서 공부하는 도제 교육 모델을 계속 유지했다. 미국에서 이런 전문직을 위한 교육이 표준화되고 제도화될 당시, 대학생들은 전문적인 직업 교육을 받기 전인 학부 때 교양교육을 한다는 생각이 받아들여졌기 때문에, 전문교육은 대부분 지역이나 대학원에서 이루어졌다(스탠퍼드는 간단히 말해 하나의 예외였다). 공학은 미국 고등교육에서 보수가 높은 유일한 전문 교육과정인데, 이것은 학부 기간에 전문교육을 하지 않는 일반적인 사례와는 분명히 다르다.

일반교양 교육을 더 많이 포함시키기 위해 학부 차원의 공학 교육을 4년에서 5년으로 확대하려는 사소한 조치(공학 교육자들이 종종 제시했던 제안이다)조차 실패했다. 인가받은 모든 공대가 같은 조치를 함께 시행해야 했기 때문이다. 하나의 학교가 일방적으로 교육과정을 연장하려고 시도하면 학생들은 비공학 과목 수강 요구 조건이 가벼운 4년제 과정을 유지하는 학교로 갈 것이다. 스탠퍼드 공대 교수 귀도 H. 마르크스Guido H. Marx는 1907년 부모의 바람 때문에 대학에 진학한 청년들에게서 "미숙하고 경솔한 '아이 같은 태도'가 종종 보이는데 공대생들에게 거의 볼 수 없는 '현상'"이라고 말했다. 그러나 마르크스가 보기

Founding Grant with Amendments, Legislation, and Court Decrees) (Stanford: Stanford University, 1987).

에 이러한 진지한 태도를 보이는 공대생들은 실용적인 것과 직접적으로 관련이 없어 보이는 것에 대해서는 짜증을 냈고, 학업의 범위를 넓히려는 의지가 없었다.[4]

법학의 대학 교육 편입

스탠퍼드가 막 개교했을 때 학부 수준에서 전문교육을 제공한 두 번째 분야는 법률이었다. 이것은 분명히 미국 고등교육의 표준적인 관행이 아니었다. 스탠퍼드는 학부생들의 또 다른 전공으로 법학을 제공했고, 다른 전공처럼 학사 학위를 취득하려면 4년의 공부가 필요했다.[5] 이러한 스탠퍼드의 실험 덕분에 대학 동문 잡지는 법대 졸업생들이 법률 지식과 '말 주변'은 물론 법학 외에 역사학, 영문학, 다른 분야의 수업을 통해 폭넓은 교양을 쌓는 '완전한 보충교육'을 받고 학교를 떠난다고 자랑했다.[6]

4년 동안의 완전한 법학 교육을 제공하면서 '보충교육'을 얼마나 '완전하게' 포함시켰는지는 의문이다. 그러나 학생의 관점에서 보면 가장 환영할만한 방식이었다. 법학은 재빠르게 대학에서 가장 인기 있는 전공이 되었다.

학생들은 졸업 때 법률 회사에 일자리를 얻기 위해 법학과의 추천서가 필요했다. '입증된 우수한 사람'만이 법학과의 공식적인 추천을

---

4 Guido H. Marx, "The Making of the Stanford Engineer," 〈Stanford Alumnus〉 9, no. 4 (December 1907): 130쪽.

5 George Elliott Howard, "The American University and the American Man," 《Second Commencement Address, Leland Stanford Junior University》 (Palo Alto, CA: 1893), 13~14쪽.

6 "What Stanford Lawyers Are Doing," 〈Stanford Alumnus〉 6, no. 8 (May 1905), 51쪽.

받았다. 법학과는 모든 졸업생을 추천하지 않는 것이 학과의 명성을 유지하는 데 도움이 된다고 보았다.

〈유에스 뉴스 앤 월드 리포트U. S. News & World Report〉가 대학 순위를 매기기 수십 년 전인 20세기 초에 단과대학과 종합대학의 순위는 매우 비슷했다. 1905년 스탠퍼드 출신의 한 저자는 스탠퍼드 대학교 법학 프로그램을 미국에서 세 번째로 우수하다고 평가한 불특정 '기관들'의 조사 결과와, 스탠퍼드 법학과가 미시시피 주 서부 지역에 있는 대학 중 최고이고, 미국 전역에서는 8위라는 또 다른 조사 결과를 자랑했다.[7] 그는 그 즈음 스탠퍼드 법학과 교수 2명이 더 많은 연봉에 매수되어 시카고 대학으로 이직한 것에 대해 크게 애석해 하지 않았다. 이 스탠퍼드 지지자가 보기에 그러한 갑작스러운 이직은 스탠퍼드의 높은 평판을 말해주는 것이었다.

법학과가 학부 수준에서 시행한 전문교육은 많은 학생들의 관심을 모았지만 법학과 교수진은 받아들일 수 없을 정도로 교양교육을 줄여야만 한다는 것을 인식했다. 1906년 법학과는 더 이상 법학 학사 학위를 수여하지 않았으며 사실상 전문교육을 대학원으로 옮겼다. 새로운 법학 박사 학위는 이미 문학사 학위를 받은 사람들에게만 주어졌다.

스탠퍼드는 법률계로 진출할 계획인 학부생을 위해 '예비 법학과정 학사 학위제'를 도입했다. 이전에는 학생들이 법학을 전공할 때 문학사 학위에 필요한 이수 학점의 4분의 3을 법학과에서 지정했다. 그러나 예비 법학과정 학사 학위 전공으로 바뀌면서 필요한 학점이 많이 줄었다.

---

7   같은 글. 최초로 개설된 7개 법학과의 랭킹 순위는 하버드, 컬럼비아, 시카고, 노스웨스턴, 펜실베이니아, 코넬, 미시건 대학 순이었다.

1학년과 2학년 때 학생들은 법학 이외의 수업을 들어야 하고, 3학년 때는 법학 과목 중 한 과목(계약)을 들었다. 4학년 때에야 비로소 수강 일정이 법학 과목으로 가득 찼다.[8]

법학과 교수진은 학부생들의 대학 생활이 전문적 연구를 추구하는 학생들에게 기대되는 진지함을 약화시킨다고 보았다. 법학과 학과장 찰스 헨리 휴버리치Charles Henry Huberich는 법학과(1908년 이 대학의 학과들 중 재학생 수가 가장 많았다)가 다른 학과들과 사무실을 함께 사용하는 쿼드Quad에서 "산만한 학부생들의 방해를 피하기 위해" 약간 멀리 떨어진 곳에 지어진 독자적인 건물로 이전하길 원했다.[9]

스탠퍼드 졸업생들이 법학을 전공하든, 다른 분야를 전공하든 졸업생들 중 현저하게 많은 학생이 법학대학원으로 진학했다. 포틀랜드에 살았던 한 스탠퍼드 졸업생은 1909년 "스탠퍼드 출신 변호사가 너무 많다"고 불평했다. 그는 '상업계에 종사하는' 졸업생이 거의 없다며 한탄했다. 그는 "기업가가 어느 때보다 최고인 요즘 시기에" 이런 현상을 창피하게 생각했다.[10]

경영학의 대학 교육 편입

스탠퍼드에는 법학과와 비교할 만한 경영학과가 없었다. 경영학과 부재는 그 당시 사립대학에서 일반적인 현상이었다(유일한 경영대학은 펜실베이니아 대학 와튼 스쿨Wharton School이었다). 하지만 스탠퍼드의 경

---

8   Charles Henry Huberich, "The Stanford Law Department, Its Aims and Needs," 〈Stanford Alumnus〉 9, no. 9 (May 1908): 327~328쪽.
9   같은 글. 1907~08학년 때 스탠퍼드 대학 법학과는 전체 재학생의 약 18%를 차지했다.
10   "From the Editor's Private Files," S〈tanford Alumnus〉 10, no. 9 (May 1909): 364쪽.

영학과 부재는 '실용교육'에 전념한 대학에서 놀라운 일처럼 보였을 수도 있다. 스탠퍼드 초기, 유일한 경영 교육과정은 스탠퍼드 총장 사무실에서 일하던 조지 클라크Gorge Clark가 가르친 속기 교육과정이었다. 클라크는 1891년 미네소타 대학교를 졸업하고 라틴어 전공 석사과정을 공부하려고 스탠퍼드로 왔다. 대학 당국은 클라크가 속기 전문가라는 사실을 우연히 알았고 그에게 속기사 정규직을 제안했다. 5년 뒤그는 조던 총장의 비서로 임명되었고, 나중에는 대학 행정 사무총장과 교무 사무총장으로 임명되었다.[11]

1892년 릴랜드 스탠퍼드는 그의 대학에서 속기, 타자, 부기, 전신에 대한 교육이 이루어지기를 바란다고 말했다. 이에 따라 조지 클라크는 1893년 봄에 속기 기초과정을, 이후에 고급과정을 개설하려고 했다.[12] 그러나 학생들을 모으기가 힘들었고 고급과정을 가르칠 수 있는 정도에도 이르지 못했다. 그는 2년 동안 속기 기초과정에 학생들을 등록시키려고 노력한 뒤[13] 잠시 동안 포기했다.

스탠퍼드 교수진은 그를 (그리고 릴랜드 스탠퍼드를) 지원하려고 나서지 않았다. 교수들의 관점에서 볼 때 "속기는 학문이 아니었고 대학 학위의 필수 요건 중 일부도 아니었다"고 클라크가 말했다.[14] 속기, 타자, 부기는 영리를 추구하는 경영대학이 제공하는 과목이었다. 경영대학은 대학이라는 단어를 사용한 덕분에 비영리 단과대학과 대학이 실

11 Barton Warren Evermann, "George Archibald Clark," 〈Science〉 48, no. 1235 (August 30, 1918): 213~214쪽.
12 "Stenography," 〈DPA〉, September 15, 1893.
13 "Shorthand," 〈DPA〉, September 19, 1895.
14 George A. Clark, "Education 19," 〈Stanford Alumnus〉 13, no. 5 (January 1912): 149쪽.

제로 느끼는 것보다 상대적으로 더 비영리 대학에 가까운 것처럼 보였다. 그러나 경영대학은 스탠퍼드 공과대학의 과목과 사실상 중복되는 강의를 많이 제공했다. 예를 들어 힐드 경영대학Heald Business School은 1900년에 약 40년 앞서 샌프란시스코에 설립되었으며 다음과 같은 학과가 있다고 광고했다. 부기, 경영실무, 속기와 타자, 서법, 현대 언어, 영문학 과목들, 전신, 도시공학, 광산학, 전기공학, 탐사, 시금법試金法. 이 경영대는 '세부적인 내용을 실용적으로' 가르쳤다. 릴랜드 스탠퍼드가 스탠퍼드 대학의 교육에 이것을 적용했다면 기뻐했을 것이다.[15]

스탠퍼드는 경영대를 추가하려고 신속하게 움직이지 않았지만 다른 지역의 사립 단과대학과 종합대학에 경영대학이 점차 확산되고 있다는 점을 분명히 알았다. 1898년 시카고 대학은 사립 연구 대학으로서는 두 번째로 경영대를 추가했다. 1900년 다트머스 대학이 처음으로 경영대학원을 추가하여 '3+2' 프로그램을 도입했다(3년 동안 학부에서 교양교육을 받고 그 뒤에 2년 동안 대학원 과정에서 경영학을 배웠다).[16]

경영학과가 적절한 것으로 받아들여지는 것을 본 조지 클라크는 스탠퍼드 설립 당시 시도했다가 실패한 경영학 과목들을 다시 도입하기 좋은 시기를 인내심 있게 기다렸다. 약 20년이 지난 1919년, 그는 교육학과의 지원을 받아 강의실에서 다시 새로운 속기 교육과정을 제공하기로 했다. 교무 사무총장이던 클라크는 공식적인 교수로 임명되지 못

---

15 "Heald's Business College [advertisement]," 《Stanford Chaparral》 2, no. 5 (November 7, 1900): 94쪽.

16 Rakesh Kurana, 《From Higher Aims to Hired Hands: The Social Transformation of American Business Schools and the Unfulfilled Promise of Management as a Profession》 (Princeton: Princeton University Press, 2007), 109~110쪽.

했다. 추가된 그의 직책명은 '상업 과목 강사'였다.[17] 그러나 그는 대학생들이 속기술을 습득하는 것이 중요하다고 굳게 확신했다. 그는 그 확신을 뒷받침하는 일화를 당장 제시할 수 있었다. 워싱턴의 중앙인사위원회 위원장이 조던 총장에게 능숙한 속기술을 갖춘 25명 이상의 스탠퍼드 졸업생을 보내달라고 요청했다. 인사위원장은 "일반교양 교육을 받지 못해 기회가 있더라도 책임자나 간부 직책으로 승진할 수 없는" 경영대 졸업자를 원하지 않았다. 적어도 클라크의 이야기로는 그랬다. 조던 총장은 애리조나 주에서 열차를 타고 가다가 우연히 영국인 광산 기업 임원과 대화를 나누었다. 그 임원은 광산학을 전공하고 아울러 속기와 부기를 배웠고 회계 계정을 관리하며, 자신이 하는 전문직인 일을 맡길 수 있는 스탠퍼드 졸업생을 고용하기를 바랐다. 그에게 두 명의 직원을 고용할 예산은 없었다. 그는 모든 일을 처리할 수 있는 한 명의 직원이 필요했다. 조던은 대학으로 돌아와 졸업생 중 가능성이 있는 후보자가 있는지 조사했지만 필요한 자격을 갖춘 졸업생을 한 명도 찾지 못했다. 클라크는 말했다. "광산학 전공 졸업자들이 있었지만 그들은 속기사가 아니었습니다. 속기사들이 있었지만 그들은 시금사가 아니었습니다."[18]

가장 중요한 이야기는 클라크가 1908년에 와튼을 방문했을 때 비롯되었다. 그는 그곳의 학장에게 와튼 스쿨의 교육과정에 왜 속기와 부기가 포함되지 않는지 물었다. 그가 들은 대답은 그런 과목은 대학생이 배우기에 충분히 학문적이지 않다는 것이었다. 그러나 그 뒤 클라

17 "Academic Secretary Will Talk to Women," 〈DPA〉, December 2, 1913.
18 Clark, "Education 19," 149~150쪽.

크가 피어스 스쿨Peirce School을 방문했을 때[19] 그곳에서 그는 12명의 와튼 스쿨 졸업생이 형편이 여의치 않은데도 추가로 시간과 돈을 들여 비학문적이고 기초적인 바로 그 과목들을 수강하는 것을 보았다. 그들은 사업 기회의 문을 여는 데 필요한 실제적인 열쇠가 필요하다는 것을 깨달은 이들이었다. 클라크는 비록 실용적인 과목이라 해도 대학들이 졸업생들에게 일자리를 찾는 데 필요한 과목을 제공하는 것을 부끄럽게 여기지 말아야 한다고 주장했다.[20]

클라크는 교육기관들이 상업 과목을 바라보는 시각이 '현저하게 바뀌는 것'을 보고 용기를 얻었다. 더 많은 공립 고등학교가 속기와 부기를 가르쳤고, 비록 이런 과목이 경영대학의 교육과정에 아직 포함되지는 않았지만, 그는 더 많은 단과대학과 종합대학에서 "상업 관련 학교나 학과들을 설치하는 것이 필수적이거나 적어도 유행하고" 있음을 확인하고 기뻐했다. 그는 시간이 지나면 "현장 실무(단조, 기계, 주형 등)가 엔지니어들의 교육과정이듯이 속기와 부기가 상업 교육과정의 필수 과목"이 될 것이라고 믿었다.[21]

45명의 학생이 교육학과 내에 클라크가 새로 개설한 강의에 등록했다. 그들 중 다수는 졸업 후 고등학교에서 속기를 가르치는 직장을 얻기를 기대했지만 클라크는 그 중 일부가 기업에서 직장을 얻기를 바랐다. 클라크는 경제학을 전공으로 선택한 스탠퍼드 재학생들에게 편지를 써서 추가로 속기를 배우면 특별한 장점이 될 것이며, 이 훈련은 "다

19 힐드 경영대(Heald Business College)와 달리 피어스(Peirce) 대학은 비영리 교육기관이었다.
20 Clark, "Education 19," 151~152쪽.
21 같은 글., 149쪽.

른 대학이 제공하는 것보다 앞서는 특별한 것"[22]이라고 주장했다.

클라크의 커다란 기대 속에 재탄생한 속기 과정은 오래 지속되지 못했다. 클라크가 6년 후에 53세로 사망했고,[23] 열정적인 속기 옹호론자인 그를 대신할 사람도 없었다. 그러나 속기와 타자 수업은 완전히 사라지지 않았다. 이 수업들은 1920년대 경제학과에서 개설했지만 1926년 예산 압박이 발생하자 폐강되었다.[24] 10년 뒤 학생들이 타자, 속기, 요리 수업을 요구하자 그 제안을 처리하던 교수위원회는 심리학과의 한 교수가 속기 과정을 제공하는 것을 알고 깜짝 놀랐다.[25] 타자와 속기 강의들은 다시 사라졌다가 진주만 공습 후 한 달 만에 대학에 다시 도입되어 '국가 방위 교육 프로그램'의 일환으로 제공되었다.[26]

20세기 초, 클라크를 그렇게 심란하게 했던 스탠퍼드 졸업생들의 속기 교육 부재가 그와 같은 시대를 살았던 기업가들에게는 신경 쓰이는 일이 아니었던 것 같다. 1907년 가을 〈스탠퍼드 대학 동문회보Stanford Alumnus〉는 해리스 웨인스톡Harris Weinstock의 〈기업가가 대학 교육을 바라보는 관점〉이라는 제목의 기사를 게재했다. 웨인스톡은 새크라멘토의 한 백화점인 바인스톡-루빈 회사Weinstock-Lubin Company의 공동 소유주이자 캘리포니아 대학의 신탁 관리자로서 그해 스탠퍼드 대학 학위 수여식에서 연설을 하기도 했다. 그가 제시한 '대학을 바라보는 기업인의 관점'은 스탠퍼드의 방침에 대해 매우 우호적이었고, 속기 교

22 같은 글., 151쪽.
23 "George A. Clark, Secretary Dies After Long Illness," 〈DPA〉, April 29, 1918.
24 "Typing, Shorthand to End," 〈DPA〉, July 30, 1926.
25 "Committee to Outline Three New Courses," 〈SD〉, May 19, 1937.
26 "New Courses Instituted for Defense," 〈SD〉, January 6, 1942.

육과정이나 심지어 경영대학의 존재 유무에 전혀 개의치 않았다. 웨인스톡은 '오늘날 미국 대학 졸업자', 특히 순수과학 분야에서 '생각하는 법과 일하는 법'을 배운 졸업자들에게 깊은 인상을 받았다. 인문학에 대한 그의 평가는 특별히 눈에 띄지 않는다. 지나가는 말로, 그는 "파리의 택시운전사 중 상당수가 신학을 전공한 실패한 학생들"이며 게다가 택시운전사로서도 형편없다는 이야기를 들었다고 했다. 그러나 그는 인문학이 제공하는 새로운 것을 신속하게 습득하는 다재다능한 민첩성을 통해 직업 세계로 들어가는 대학 졸업생은 "교육받지 못한 사람이 20년 걸려 습득할 것을 5년 안에 배울 수 있다"고 칭찬했다.27

스탠퍼드는 '기업에서 직장을 얻으려는 대학생'이 재학시절 습득해야 할 모든 것은 직업에 특화되지 않은 교육을 통해 학습법을 배우는 것이라는 웨인스톡의 주장에 궁극적으로 동의하지 않을 것이다. 그러나 이 대학은 조지 클라크가 옹호했던 속기와 타자 교육을 완전히 받아들이지 않았다. 그 대신 다트머스, 노스웨스턴, 하버드에 이어 1925년 경영대학원을 설립했다. 스탠퍼드는 펜실베이니아 대학이나 와튼 경영대처럼 학부생들에게 경영학 학사 학위를 수여하는 것을 거부함으로써 학부생(공학 전공자는 예외다)들은 일반교양 교육을 받아야 하며 전문교육은 그 뒤로 미뤄야 한다는 모델을 분명하게 보여주었다.

경제학을 전공하는 스탠퍼드 학생은 오랫동안 스탠퍼드 대학 당국

---

27 Harris Weinstock, "College and the World," 〈Stanford Alumnus〉 9, no. 1 (September 1907): 8쪽. 웨인스톡이 쓴 글의 원래 제목은 〈기업가가 대학 교육을 바라보는 관점〉이다. 이 글은 웨인스톡의 소유인 신문 〈Overland Monthly〉 1907년 9월호에 실렸다. 스탠퍼드 대학 동문회보는 이 글을 다시 게재하면서 제목을 〈대학과 세계〉로 붙였다..

에 경영대학을 설치해달라고 압력을 넣었다. 1917년 경제학을 전공한 1학년생 클렘 J. 랜도우Clem J. Randau는 경제학 전공자들('잠재적인 스탠퍼드 대학 출신 기업가들'이자 이 대학에서 두 번째로 큰 학과)이 '미래의 도시공학자'들처럼 '실무적인 대학원 공부'를 할 기회를 가질 자격이 있다고 주장하는 편지를 보냈다. 스탠퍼드는 졸업생들에게 법학 학위를 얻기 위해 미국 동부지역으로 가라고 강요하지 않았다. 랜도우는 경영학 학위는 왜 그렇게 해야 하는지 알고 싶었다. 그가 보기에 대학이 경영학 학위를 받을 기회를 제공하지 않는 것은 차별에 지나지 않았다.[28]

스탠퍼드가 마침내 경영대학원을 설치했을 때, 2년 동안의 교육과정에 6개월 동안 '실제 기업 현장'에서 관찰하거나 일하는 기간이 포함된다고 밝혔다. 그러나 경영대학원이 첫 번째 입학생을 받아들일 준비를 할 때 교수진들은 경제학 전공자('잠재적인 기업가')를 가장 바람직한 입학 지원자로 보지 않았다. 경영대학원은 학부생 때 실험 과학, 역사학, 문학, 사회과학, 수학 분야의 과목, 기본적으로 '너무 지나친 예비전문교육'에 해당되지 않는 모든 과목을 수강한 학생들을 찾았다. 통계학과 기초회계 과목은 예외였지만 이 과목들도 "일반적인 교육적 목표를 희생시키지 않는 한에서만 추천 대상이었다.[29]

다양성을 추구하는 경영대학원

경영대학원이 개교한 지 10년이 되었을 때, 대학원은 모집하고 싶지

---

28 C. J. Randau, "For Better Business Graduates," 〈Stanford Illustrated Review〉 2, no. 1 (April 18, 1917): 323쪽.

29 "Graduate School of Business Opens in Fall Quarter," 〈DPA〉, June 23, 1925.

않았던 학생들로 가득했다. 경제학 전공자들이 경영대학원 재학생 전체의 5분의 2, 공대생이 5분의 1를 각각 차지했다. 나머지 5분의 2는 인문학을 포함한 다양한 분야의 출신자였다. 인문학 출신자들은 경영대학원의 초대 학장인 J. 휴 잭슨J. Hugh Jackson이 '긴요한 것(즉 경영대학원 지원자들은 '철저한 영작문 기초'를 쌓아야 한다)'이라고 규정한 것을 이미 경험했을 가능성이 더 많았다.[30]

1935년 스탠퍼드 학생들과 나눈 대화에서 잭슨은 경제학 전공자들이 지배적인 다수를 차지하는 상황이 좋지 않다고 분명히 밝혔다. 그는 역사학, 철학, 정치학, 심리학 등 그가 '사회과학'이라고 일컫는 분야의 전공자들이 더 많이 입학하기를 바란다고 말했다. 이어진 질문과 답변 시간에 그는 "경영대학원을 준비할 때 경제학이 사회과학만큼 좋지 않은 이유"에 대해 질문을 받았다. 회계학을 전공한 잭슨은 몇 가지 이유를 언급했다(미래의 사업은 더욱 더 정부와 긴밀하게 협력해야 한다. 심리학과 공학은 경제학 못지않게 기업에 중요하다. 더 다양한 학과 출신이 입학할수록 경영대학원 재학생은 "사업에 대한 일반적인 지식"[31]을 더 많이 얻을 수 있다).

경영대학원의 모든 학생이 역사학, 철학 또는 영문학을 전공한다 해도, 스탠퍼드 경영대학원은 기업 임원 구성 순위에 중대한 영향을 미치지 않을 것이다. 스탠퍼드 경영대학원은 설립된 지 10년이 지나도록 규모가 작았기 때문이다. 1934~35년 이 대학원은 불과 36명(그 중

---

30 J. Hugh Jackson, "Business Administration," in 《University Training and Vocational Outlets》 (Stanford: Stanford University Committee on Vocational Guidance, 1935), 12, 31. Jackson, "Business Administration," 13~14쪽.

31 Jackson, "Business Administration," 13~14쪽.

3명이 여성이었다)에게 경영학 석사학위MBA를 수여했다. 2차 세계대전
이 끝난 뒤 1948년에 대학원 재학생이 급격히 증가했으며, 287명의 학
생이 MBA를 받았다. 그러나 재학생 수는 곧 낮아져 1955년과 1960년
에 각각 179명이 MBA를 받았다(여학생은 여전히 극소수였다. 1960년 학
번의 1%가 여성이었다). 대학원의 규모가 더 크게 확대되었을 때조차도
(2013~14년 MBA 수여자는 394명이었다) 졸업생은 많지 않았다(여성이 증
가했지만 재학생 중 35%에 지나지 않았다).[32]

그러던 중 스탠퍼드 경영대학원은 관심이 있는 학부생들에게 4주
간의 여름 프로그램 형태로 경영학 관련 과목에 입문할 수 있는 기회
를 주기로 결정했다. 이 프로그램은 경영학 전공자가 아닌 모든 단과대
학이나 종합대학 학생들에게 개방되었다. 첫 회는 2004년 학부생을 위
한 여름 강좌Summer Institute for Undergraduates라는 이름으로 운영되었
다.[33] 2006년, 이 프로그램은 경영 일반을 위한 여름 강좌로 명칭을 바
꾸고, 늘어나는 3학년생과 4학년생 그리고 최근 졸업자에게도 추가로
개방되었다. 첫 번째 교육에는 56명의 학생이 등록했다.[34] 2016년에는
125명이 등록했다. 참가자들은 학점을 인정받지 못했고, 나중에 스탠
퍼드 MBA 과정에 지원할 때 다른 사람들보다 유리하다는 암시도 없
었다. 그러나 그들은 "사업과 경영의 기본에 관한 탄탄한 기초와 자신
을 돋보이게 만들고 채용되는 데 필요한 도구"를 약속받았다.[35] 이 모든

32 전체 학위수여자 수는 온라인 조사를 통해 스탠퍼드 대학 졸업자 명단에서 얻었다.

33 "School Launches Undergrad Institute," 〈Stanford Business〉, February 2004, 5.

34 "Undergrads Brake for Summer Biz School," 〈Stanford Business〉, February 2005, 5.

35 Stanford Graduate School of Business, Summer Institute for General Management, https://www.gsb.
    stanford.edu/programs/summer-institute-general-management, accessed January 5, 2017.

것이 4주 동안 제공되었다.[36]

경영대학원은 이 교육 프로그램을 마케팅할 때 학생들의 걱정을 이용했다. 경영대학원의 웹사이트는 이렇게 경고했다. "기업은 직장에 즉시 영향을 미칠 수 있는 젊은 전문인을 고용합니다."[37] 이런 능력을 얻기 위해 4주의 시간과 11,125달러(2017년 게시된 수업료와 숙박비용)의 투자가 필요했다.

놀랍게도, 이 대학원은 학생들을 엄하게 다루고 실용의 길로 이끌 필요가 있다는 듯이 미래의 대학생 학부모들을 대상으로 직접 프로그램 마케팅을 벌였다. 2006년 경영대학원 동문 잡지의 독자들은 "자신의 아들이 사업 계획서를 작성하는 방법을 배우고 자신의 딸이 세계 곳곳에 분포된 팀을 관리하는 방법을 배우는 걸 상상해보라"는 요청을 받았다. 이 여름 강좌는 "자녀의 전공이 경영학이 아니고 학부생이거나 (온정주의가 놀랄 정도로 확산된 상태에서) 심지어 대학원생이라도 자녀들이 기업에 일자리를 얻을 수 있도록 준비해주겠다"고 약속했다.[38]

스탠퍼드 문리대는 하계 일반 경영 강좌에 참가하기 위해 재정적 지원이 필요한 모든 인문대 재학생들에게 비용을 지원했다. 2013년, 한

---

36 2017년 여름 강좌 교육과정(교육 목록은 프로그램에 참석하는 시간만큼이나 길었다)에는 금융, 회계, 통계, 경제학, 영업, 전략, 인력 관리, 마케팅이 포함되었다. 또한 추가로 협상, 윤리학, 조직 행동, 리더십도 포함되었다. Stanford Graduate School of Business, Summer Institute for General Management, Academic Experience, https://www.gsb.stanford.edu/programs/summer-institute-general-management/academic-experience, accessed January 5, 2017.

37 같은 글.

38 "Prepare Your Son or Daughter for a Career in Business" [하계 일반 경영 강좌 및 하계 기업가정신 강좌 홍보], 〈Stanford Business〉, November 2005, 15. 경영대학원은 2016년에도 계속 학부모에게 홍보했다. "Parents, Help Your College Students Launch Their Careers" [하계 일반경영 강좌 홍보], 〈Stanford Business〉, Autumn 2016, 60쪽.

학교 당국자는 이 자금 지원이 "경영학에 좀 더 초점을 둔 무언가를 전공할 필요가 있다고 느끼는" 학생들을 지원하기 위한 것이라고 말했다.[39] 그러나 이러한 유인책에도 불구하고 여름 강좌가 인문학 전공자에게 주는 매력은 여전히 제한적이었다. 2016년 여름 강좌 참가자들 중에는 공학 전공자(30%)가 인문학 전공자(28%)보다 더 많았다.[40]

경영대학원은 강좌 참가자들이 강좌에 참석하지 않은 학생들과 비교해 실제로 얼마나 '직장에 즉시 영향을 미치는지'를 보여주는 자료를 제공하지 않았다. 그러나 경영대학원이 시행하는 여름 강좌와 같은 프로그램은 다른 분야에서는 찾아볼 수 없다(문리대는 비인문학 전공자들을 위한 4주간의 인문학 강좌를 제공하지 않았다)는 단순한 사실만으로도 경영학에 대한 평판 상승과 그에 따른 인문학의 쇠퇴를 알 수 있다.

[39] "Humanities Career Resources Expand," 〈SD〉, December 4, 2013. 인용된 대학 당국자는 케이티 맥도허(Katie McDonough)로 문리대학 인문 및 예술 계획 조정자였다. 스탠퍼드 대학은 재정 지원을 '인문학과 예술 분야'(나는 '예술'이 '인문학'에 포함되지 않음을 암시하는 표현을 결코 이해하지 못하겠다)와 다음과 같은 일부 다학제 학문 분야로 확대했다(아시아인-미국인 연구, 아프리카인-아프리카계 미국인 연구, 미국인 연구, 멕시코계 미국 여성/라틴계 여성 연구, 인종 및 민족 비교 연구, 유대인 연구, 미국 원주민 연구, 페미니스트와 성별과 성관련 연구). Stanford University, Undergrad, Summer Institute for General Management (SIGM) Funding, https://undergrad.stanford.edu/opportunities-research/humanities/summer-institute-general-management-sigm-funding, accessed January 6, 2017.

[40] "Class Profile," Stanford Graduate School of Business, Summer Institute for General Management, https://www.gsb.stanford.edu/programs/summer-institute-general-management/academic-experience/class-profile, accessed January 6, 2017. 이 학번의 나머지 전공 분야 비율은 사회과학 21%, 자연 및 생명과학 15%, 법학 2%, 그리고 (놀랍게도) 경영학이 4%였다. 스탠퍼드 대학 인문학 전공자 수는 구체적으로 말할 수 없지만 많지 않을 것이다. 2016년 여름 강좌 참가자 125명은 82개 이상의 학부 과정 출신이었다.

9장
아직 두각을 드러내지 않은 사람들

제시카 무어Jessica Moore의 부모는 스탠퍼드 대학교에서 만났다. 그녀의 엄마는 화학공학을 전공한 학부생이었고, 아버지는 컴퓨터과학을 전공한 대학원생이었다. 결혼 후 그들은 대가족이 되었다. 무어와 그녀의 쌍둥이가 가장 먼저 태어났고 3명의 형제가 그 뒤를 이었다. 부모는 스탠퍼드에서 멀지 않은 팰로앨토 동부에 정착했고 무어는 멘로파크 근처에 있는 초등학교와 중학교에 다녔다. 그녀의 가족은 종교적인 가정으로 팰로앨토 동부의 한 교회를 중심으로 생활을 꾸려갔다.

그녀가 13세 때 비자Visa에서 일하던 아버지가 덴버로 전근을 가서 가족은 덴버 근교로 이사했다. 가족은 팰로앨토 동부의 교회 목사와 긴밀히 연락했고 매년 교회 집회에 참가하러 갔다. 무어는 스탠퍼드 입학 허가를 받고 정말 기뻤다. 그것은 아직도 집처럼 여겨지는 곳으로 돌아갈 수 있다는 의미였다.

자신의 길을 찾아서

2008년 가을 스탠퍼드 캠퍼스에 들어갔을 때 무어는 두 가지 의미에서 소수자였다. 그녀는 스탠퍼드 학부생의 약 10%를 차지하는 아프리카계 미국인이었다.[1] 그리고 그녀는 가족 중에서 역사학을 좋아하는 유일한 사람이었다. 그녀의 부모 모두 엔지니어였고, 두 명의 고모도 그랬다. 그중 한 사람은 화학공학 박사였다. 무어는 자기 역시 공학 분야로 진로를 정해야 한다는 가족의 기대에 압박을 느낄 수밖에 없었다.

그녀는 세 번째 의미에서도 소수자였다. 그녀는 교회에 다니는 대다수 또래 친구들이 가지 않는 대학에 갔다. 많은 친구가 자녀를 두었고 결혼도 하지 않았다. 무어의 표현대로 그들은 "매우 다른 선택을 했고 다른 길을 갔다." 무어가 스탠퍼드 대학에 다니려고 고향으로 돌아가 교회 공동체에 다시 나갔을 때 교회의 어떤 여자가 그녀에게 말했다. "넌 대학에 가기에는 너무 어려!" 무어는 18세가 어린 나이가 아니라 표준적인 나이라고 설명하려다가 그만두었다. 그녀의 세계가 교구민들의 세계와 매우 다르다는 느낌을 받았다.

1학년 시절 무어는 곧장 공학 분야 수업을 듣지 않았다. 그녀는 가

---

1 "Stanford University Common Data Set 2008~2009," Stanford University Communications, https://ucomm.stanford.edu/cds/cds_2008. 스탠퍼드 대학 전체 학부 재학생 중 아프리카계 미국인 비율은 2008년 10%에서 무어가 입학한 2016년 6.4%로 급격히 감소했다. "Stanford University Common Data Set 2016~2017," Stanford University Communications, https://ucomm.stanford .edu/cds/pdf/stanford_cds_2016.pdf. 이 비율은 "흑인 또는 아프리카계 미국인, 비히스패닉" 수치를 이용해 계산했으며, 2016년 자료 범주에서 "두 개 이상의 인종과 비히스패닉"이 제외되었으나 2008년 자료에서는 포함되었다.

족의 간섭을 피해 역사학 과목을 몇 개 들었다. 그녀는 특히 아프리카계 미국인의 역사와 여성사에 끌렸다. 이 두 가지 관심사는 그녀의 마음을 사로잡은 한 세미나에서 하나로 통합되었다. 세미나 주제는 1866~1955년까지의 아프리카계 미국인 여성에 관한 것이었는데 앨리슨 홉스Alyson Hobbs가 가르쳤다.

워싱턴 D. C에서 성장한 무어의 어머니는 역사학을 전공한 딸이 취직하는 데 필요한 역량을 갖추지 못할까 봐 두려웠다. 어머니는 딸이 대학에 있을 때, 워싱턴과 베이 지역을 오갈 때마다 그런 걱정에 대해 계속 이야기했다. 무어는 공항에서 택시에 올라탔을 때 아프리카계 미국인 운전사와 짧은 대화를 나누게 되었다. 운전사는 그녀가 스탠퍼드 학생인 줄 알고 나서 자기도 스탠퍼드를 졸업했다고 말했다. 그는 역사학 전공자였다. 무어의 어머니는 딸이 나중에 택시 운전으로 생계비를 벌지 않기를 바랐다. 이 이야기는 어머니가 원하는 결과를 낳았다. 무어는 역사학에 대한 애정을 지속하는 것이 두려웠다.

2학년 때 무어는 스탠퍼드에서 다학제 전공으로 제공하는 공공정책이 자기에게 맞는 전공이라고 생각했다. 공공정책은 인문학에 대한 그녀의 관심과 기술 분야를 전공하기를 원하는 가족들의 바람을 통합하는 중간 지점이었다. 그녀는 사회학 수업에 등록하고 나머지 수업 일정을 수학, 컴퓨터과학, 경제학으로 채웠다.

무어는 그 학기가 재앙이었다고 회고했다. 그녀는 1학년을 역사학 수업 과제로 내준 집중적인 독서와 글쓰기로 보냈기 때문에 계량적인 내용을 다루는 많은 과목들에 대한 준비가 매우 부족했다. 그녀는 수학 과목을 중도에 포기해야 했고, 컴퓨터 수업은 평가방식을 합격/실격으로 선택하여 겨우 끝냈다. 이런 일을 겪고 난 뒤 그녀는 공공정책을 전공하려는 계획을 포기했다.

무어는 최근 속성 미적분학 수업과 힘들게 씨름한 뒤 자신의 강점이 빛나는 역사학으로 다시 돌아와 안도감을 느꼈다. 그녀는 멜론 메이스 연구 장학생Mellon Mays Fellow이었는데, 그것은 멜론 재단이 인문학이 포함된 특정 분야에서 박사 학위를 고려하는 소수 민족 출신 학생들에게 지원하는 연구 장학금이었다. 어떤 연구 장학생은 5,000달러의 연구 지원금을 이용해 호주의 고고학 현장 연구에 참여했다. 그러나 무어의 연구에는 여행이 필요 없었다. 그녀의 연구 주제에 필요한 신문들은 온라인으로 이용할 수 있었기 때문에 그녀는 지원금을 새 컴퓨터와 프린터, 소프트웨어를 구입하는 데 사용했다.

무어의 논문 주제는 1920~1945년 동안 미국 언론에 보도된 성폭력 기사에 관한 것이었다. 그녀는 백인을 독자로 둔 신문과 흑인을 독자로 둔 신문에 나타난 성폭력 기사의 차이점을 비교했다. 그녀의 논문 지도교수인 에스텔 프리드먼Estelle Freedman은 무어의 논문을 자신의 책에 인용했고[2] 논문 요약문은 〈헤로도투스〉에 게재하기로 결정되었다.[3]

그러나 무어는 역사학 박사 학위 과정에 대해 진지하게 고려하지 않았다.[4] 그녀는 비영리단체 '내일을 위한 경영 리더십Management

---

2   Estelle B. Freedman, 《Redefining Rape: Sexual Violence in the Era of Suffrage and Segregation》 (Cambridge: Harvard University Press, 2013), 355n12.

3   Jessica Moore, "'[Rape's] Seriousness Ought Not Be Affected If Both Are Colored': Intraracial Rape Cases in the 〈Baltimore Afro-American〉, 1920~1929," 〈Herodotus: The Stanford University Undergraduate History Journal〉 21 (Spring 2011): 18~27쪽.

4   분명히 다수의 대학원생들은 박사 학위를 얻으려고 하지 않는다. 이 프로그램의 웹사이트에는 이렇게 씌어 있다. "2016년 현재, 약 5,000명의 대학원생들이 선발되었다. 이 중 580명 이상이 박사 학위를 받았고 100명 이상이 정교수가 되었다." Mellow Mays Undergraduate Fellowship Program, About page, http://www.mmuf.org/about, accessed January 2, 2017.

Leadership for Tomorrow, MLT'이 제공하는, 흑인, 남미계 미국인, 인디언 원주민 출신 학생을 위한 경영학 중심 멘토링 프로그램에 지원하여 이미 입학 허가를 받았기 때문이었다.[5] 3학년 초 무어는 참가자들에게 매월 주어지는 과제물을 감독하는 취업 코치와 함께 공부했다. 과제물에는 '핵심적인 자기소개서'를 준비하는 것도 포함되었고, MLT 졸업생들을 찾아가서 학생의 현재 이력서에 대한 피드백을 받아오는 것도 있었다. 이런 과제물은 참가자들이 3학년을 마치고 여름 시기에 인턴직을 얻을 수 있도록 준비하는 활동이었는데, 인턴 활동은 최종적으로 졸업 후 취직으로 이어질 수 있었다.

MLT 프로그램은 학생 참가자들에게 이 프로그램의 기업 후원자들과 깊이 만날 수 있는 기회를 제공했다. 기업 후원자들은 자사의 간부직원 그룹에서 소수자의 비율을 늘리기를 간절히 원했다. MLT는 명문대에 다니는 소수 민족 출신 학생들뿐만 아니라 또 다른 선발 과정을 통과한 학생들을 구글, 딜로이트, 시티와 같은 기업들에 보냈다. 이 프로그램의 지원 요건은 대단했다(성적표, SAT 또는 ACT 점수, 과외활동 목록과 각 활동별 '결과에 대한 설명', 우등상과 기타 수상경력, '취업 목표'와 '리더십 잠재력'에 관한 보고서, 최소한 한 장의 추천서).

이를 통해 기업 후원자들은 직접 학생들을 선발하는 과정을 하지 않아도 되었다. 무어는 자신의 학년에 속하는 전국 MLT 학생 집단이 모두 120명 정도이며, 10명 중 1명이 스탠퍼드 출신일 것으로 추정했다.

무어는 그녀의 MLT 멘토로부터 이력서 수정에 필요한 조언을 받았

---

5   내일을 위한 경영 리더십은 2002년에 설립되었고 워싱턴 D.C.에 있다.

다. 아울러 3학년 때 그녀는 스탠퍼드 직업개발센터의 학생 구직자로서 이력서 수정에 관한 조언을 제공하고 있었다. 그러나 그녀는 자신이 하고 싶은 일의 종류가 무엇인지에 대한 분명한 그림을 갖고 있지 않았다. 그녀는 하고 싶지 않은 분야가 무엇인지에 대해서만 알았다. 컨설팅과 금융이었다. 그녀는 여름에는 구글 인턴직에 지원했고, 인문학 전공자를 위한 취업박람회를 포함한 여러 대학 취업박람회에 참석하여 다른 가능성도 살펴보았지만 그녀의 관심을 끄는 것은 아무것도 없었다.

인문학을 전공한 무어의 친구들은 취업박람회에서 실망스러웠던 구직 활동 이야기를 서로 나누었다. 무어가 말했다. "공학에 집중한 학생이 아니라면 취업박람회에 갈 필요조차 없어요." 그녀가 보기에 스탠퍼드 캠퍼스의 구역들은 공학 전공자와 비공학 전공자들 사이의 기회의 불균형을 보여주었다. 기술 분야 구역에는 IT 대기업과 창업자들의 풍부한 기부가 확연히 드러났다. 그녀는 이런 '느낌'의 차이가 '기술 전문가/비기술 전문가의 구분'으로 정의된 세계를 보여주는 또 다른 사례라고 말했다.

구글에 취업하다

무어는 당당하게 자신을 비기술 전문가로 분류했다. 그러나 구글은 그녀의 전공이 무엇인지 상관하지 않았다. 그녀는 이 회사의 인턴 프로그램인 〈리더십과 개발 기회 구축Build Opportunities for Leadership & Development, BOLD〉에 지원했다. 이 프로그램은 IT 산업에서 두각을 나타내지 못한 집단 즉 흑인, 남미계 미국인, 인디언 원주민, 장애인 학생, 퇴역군인을 위한 것이었으며, 모든 전공자들이 환영을 받았다. 구글은 지원자들이 인터넷과 구글의 첨단 기술 사업에 흥미를 갖고 있는지 묻지 않았다. 구글이 원하는 유일한 바람직한 자질은 "인간관계 능력과 조직 능력, 불확실한 환경을 헤쳐 나가는 능력, 그리고 분석 능력과 사업문제 해결에 대한 관심"이었다.[6]

무어는 2학년 무렵 "자신의 길을 찾기 위해 시도할 때" 받은 낮은 성적의 오점에도 불구하고 인턴으로 뽑혔다. 그녀는 인턴이 된 것이 특별한 행운이라고 느꼈다. 그녀와 똑같이 역사학을 전공하고 무어처럼 멜론 메이스 연구 장학생으로 선정된 훌륭한 스탠퍼드 친구가 수십 통의 지원서를 보냈지만 인턴직을 얻지 못했기 때문이었다. 아마도 무어가 구글에서 인턴직을 얻은 이유는 MLT 프로그램에 선발되었기 때문일 것이다. 그러나 그것만으로 충분한 이유가 아닐지도 모른다. 무어는 개인적인 인맥을 이용해 구글 고위직 인사의 추천서도 받았다.

무어는 실리콘밸리에 좋은 인맥을 갖고 있었다. 이것은 직업개발센터나 가족의 인맥, 또는 스탠퍼드 룸메이트나 친구들의 도움을 받은 것이 아니었다. 그녀의 인맥은 베이비시터 같은 그녀의 파트타임 일자리에서 비롯되었다. 그녀는 스탠퍼드에 왔던 초기에 도서관 체크아웃 데스크에서 일했다. 이 일은 매순간 주의를 집중할 필요는 없었지만 이용자 응대 때문에 방해받지 않고 장시간 공부를 할 수는 없었다. 그래서 2학년 때 자동차를 갖게 된 그녀는 고등학생 시절 콜로라도에서 했던 베이비시터 일을 하게 되었다. 스탠퍼드 캠퍼스 주변에는 주택이 많

---

6 2017년 여름 BOLD 인턴직에 필요한 조건들. https://www.google.com/about/careers/jobs#!t=jo&jid=/google/bold-intern-summer-2017-1600-amphitheatre-pkwy-mountain-view-ca-1749620159&, accessed January 1, 2017.

았다. 베이비시터 급료는 캠퍼스 내의 일자리 급료보다 훨씬 더 많았다. 그녀는 아이들과 노는 것을 즐겼다. 아이들을 재우고 난 뒤에는 공부를 포함한 다른 원하는 일을 하더라도 급료를 받았다.

그녀는 아기 돌보는 일을 하면서 아기의 부모와 대화를 나누었고, 이를 통해 다양한 직장 경험을 가진 비공식적인 직업 상담 네트워크를 갖게 되었다. 그녀가 요청하지 않았는데도 그들은 아직 불투명한 그녀의 취업 계획에 대한 고민을 함께 나누었다. 특히 반도체 대기업에 임원으로 근무하는 한 여성은 "무엇을 하고 싶니?"라며 그녀를 다그쳤다. 무어는 그 질문에 만족할 만한 대답을 갖고 있지 않았다. 그녀는 고용주가 아니라 친구처럼 행동하면서 3학년을 마친 뒤에는 인턴직을 찾는 데 더 집중하라고 조언했다. 무어가 구글의 BOLD 인턴 프로그램에 지원할 것이라고 말하자 그녀는 구글에서 일하는 그녀의 친한 친구에게 연락해서 무어를 위한 좋은 조언을 받을 수 있게 해주었다.

무어는 구글 인턴으로 선발되자 자신의 장래 직업에 대해 걱정하던 어머니를 달랠 수 있었다. 그녀의 아버지는 뒤로 물러나 무어가 스스로 결정하도록 맡겼지만 그녀의 어머니는 무어가 원하는 것보다 무어의 계획에 더 적극적인 역할을 해야 한다는 유혹을 뿌리치지 못했다. 인턴직을 얻었을 때 그녀는 어머니가 "이번 인턴직이 정규직으로 이어진다면 좋을 텐데"라고 기대할 것이라고 생각했다. 무어 자신은 인턴이 끝난 뒤 정규직이 될 것이라고 감히 기대하지 않았다. 그러나 그녀의 이력서에 구글 인턴 경력이 항상 포함될 것이기 때문에 인턴직이 미래의 직장을 찾는 데 도움이 될 것이라고 생각했다.

무어는 구글 인사부서의 다양성 팀에 인턴으로 배치되었다. 그녀는 퇴역 군인, 여성, 소수 인종과 민족, 장애인을 위한 구글 프로그램을 설명하는 회사 내부 교육 프로그램에서 사용할 모듈을 만들었다. 그녀와 그녀의 팀은 외부의 지원 단체들을 캠퍼스로 초대했고 그녀가 행사계획을 만들었다. 여름이 지난 뒤 구글은 그녀에게 졸업 후 인사부서정규직을 제안했다.

구글은 무어가 경영학 학위도 없고, 단기 인턴 경력 외에 업무 경력도 없다는 것을 알았다. 그럼에도 구글은 무어와 인문학 전공자들이가진 새로운 주제를 빠르게 습득하는 능력을 인정하며 그들을 환영했다. 구글은 환영과 함께 인사부서의 신입 직원 20명에게 27개월 동안진행되는 광범위한 순환식 교육훈련 프로그램을 제공했다.

무어는 이 교육 프로그램에 참여한 20명 가운데 4명의 스탠퍼드 졸업자 중 한 사람이었다. 다른 세 명의 전공은 정치학과 드라마, 심리학, 커뮤니케이션이었으며 아무도 경영학이나 기술을 전공하지 않았다. 구글에서 교육을 받는 동안 무어는 스탠퍼드 출신의 익숙한 얼굴을많이 알게 되었다. 그들은 구글의 공식적인 직원, 즉 구글러가 아니라임시 직원, 판매 직원, 계약 직원이었으며, 그들이 착용한 신분증을 통해 알 수 있었다(이것은 스티븐 헤이즈가 잉클링으로 이직하기 전 구글에서근무할 때의 신분이었다). 계약 직원들은 이 제도를 '무한 경쟁' 모델이라고 조롱하듯 말했다. 그들은 6개월 또는 1년 동안 최대한 열심히 일하며 서로 경쟁해서 정규직 구글 직원으로 '전환'되는 운 좋은 소수 중 한명이 될 수 있는 기회를 제공받았다. 그러나 대부분의 사람들은 버려졌고 새로운 인턴 직원은 다시 1년 동안 똑같은 경쟁을 되풀이했다.

무어는 구글의 마케팅 그룹에 속한 또 다른 스탠퍼드 출신 학생 집단을 보았다. 그들 중 일부는 무어의 교육 프로그램과 비슷한 순환식 교육 프로그램에 참여했다. 마케팅 프로그램에는 매 기수마다 40명이 참가했고, 매년 두 기수의 새로운 집단이 교육 프로그램을 시작했다. 구글에서 처음 실시된 또 다른 교육 프로그램은 2002년 마리사 메이어Marissa Mayer[7]에 의해 시작되었는데, 제품 관리 업무를 위해 최근 대학 졸업생들을 훈련시켰다. 구글 교육훈련 프로그램은 제너럴일렉트릭 같은 대기업들이 교육훈련 전성기 때 실시했던 경영 교육훈련처럼 규모가 크지 않았다.[8]

구글 교육훈련 프로그램의 한정된 자리를 차지하기 위한 경쟁은 치열했다. 그러나 참가 허락을 받은 사람들은 경영대학의 수업이 제공하는 내용보다 훨씬 더 광범위한 분야를 배울 수 있는 기회를 얻었고 사기 진작을 위한 정식 급료도 받았다.

인생을 위한 준비로 인문학보다 더 나은 것은 없다

무어가 받은 훈련은 구글 인사부서 책임자 라즐로 보크Laszlo Bock가 가르쳤다. 그는 2006년 GE 캐피털을 떠나 구글에 들어왔다.[9] 보크는 인문학 전공자들이 할 수 있는 기여를 높이 평가했다. 이를테면 그

---

7   Steven Levy, "Marissa Mayer Has a Secret Weapon," 〈Wired〉, July 23, 2012.
8   혹자는 빈번한 이직이 일반적인 표준이 된 실리콘밸리에서 구글이 한 직장에서 계속 일해야 한다는 문화적 통념에 얽매이지 않은 관리자들의 역량 개발에 왜 투자하는지 그 이유가 궁금할지도 모른다. 부프로그램 관리자를 위한 교육 프로그램을 만든 구글 고위 임원인 마리사 메이어는 교육 참가자들이 구글에 머물지 않을 것이라고 예상하고 그들의 이직이 구글에 이롭다고 단언했다. 왜냐하면 "그들 속에 구글 DNA가 들어 있을 것"이기 때문이다. Steven Levy, 《In the Plex: How Google Thinks, Works, and Shapes Our Lives》(New York: Simon & Schuster, 2011), 5쪽.
9   "Laszlo Bock '99, VP People Operations, Google," Yale School of Management, News, February 20, 2008. 보크가 구글에 입사한 직후 그의 부서가 심사한 구직자 수가 급격히 증가했다. 2006년 120만 장의 이력서가 처리되었고, 2007년 그 수가 200만 장 이상으로 급증했다.

자신이 포모나 대학에서 국제관계학을 전공했고, 나중에 그가 말했듯이 "내가 무얼 하길 원하는지 전혀 감도 잡지 못하고 졸업했다." 그는 대학생들과 말할 때마다 인문학 공부를 추천한다. 2014년 그는 얼시너스 대학Ursinus College에서 나눈 간담회에서 한 학생에게 이렇게 말했다. "인생을 위한 준비로 인문학보다 더 나은 것은 없습니다. 인문학은 당신에게 통찰력과 인맥을 만드는 능력을 줍니다."[10]

보크는 적어도 소프트웨어 엔지니어링을 제외하고 구글의 두 개 중 하나에 해당하는 직책에 모든 분야의 전공자들이 지원할 수 있도록 구글에 다양한 변화를 일으켰다. 보크는 대학 학점이나 SAT, ACT 점수가 지원자의 향후 업무 성과를 보여주는 좋은 지표가 아님을 보여주는 자료를 모았다. 보크는 그 이유를 부분적으로는 교수들이 특정한 답을 찾는 방식으로 학습 환경을 인위적으로 만들어서 학생들이 교수가 원하는 것을 찾는 데 능숙하게 되기 때문이라고 말했다. 구글에서 그는 '명확한 해답이 없는 상황에서' 문제를 해결할 수 있는 사람을 찾았다.[11] 또 다른 시기에 보크가 구글이 "상황에 맞추어 일을 진행할 수 있는 능력, 그리고 이질적인 정보 조각을 통합하는 능력"[12]을 가진 사람을 찾는다고 말할 때, 그는 역사학 전공자가 역사 연구를 수행할 때 사용하는 능력을 묘사하는 것처럼 말했다. 그는 자신이 예일대에서 MBA를 마치고 처음 지원한 기업들로부터 단 한 통의 답장도 받지 못했을 때 '자신의 이야기를 잘 풀어내는 능력(인생 전체에서 우리가 가져

---

10 "Google VP Says Liberal Arts Leads to Lifetime Success," 〈Ursinus College, News〉, April 1, 2014.

11 "In Head-Hunting, Big Data May Not Be Such a Big Deal," 〈NYT〉, June 19, 2013.

12 Thomas L. Friedman, "How to Get a Job at Google," 〈NYT〉, February 22, 2014.

야 할 가장 중요한 능력 중 하나)'의 필요성을 깊이 깨달았다고 후회하며 말했다.[13] 역사학을 전공하고 우수 논문을 쓴 무어는 이야기를 기술하는 능력을 철저하게 훈련받았다.

보크가 직접 무어의 지원서와 그녀가 '오점'이라며 염려했던 성적표를 살펴보았다면 아마 2학년 성적은 크게 개의치 않았을 것이다. 보크는 배움의 전제조건인 '지적인 겸손'의 중요성을 옹호했다. 2014년 인터뷰에서 그는 많은 명문 경영대 졸업자들의 경력은 어떤 지점을 넘어서지 못한다고 했다. 그 이유는 그들이 "거의 실패를 경험하지 않았고, 그래서 실패로부터 배우는 법을 알지 못하기 때문"[14]이라고 말했다.

보크가 만든 구글 인사부 신입 직원 교육 프로그램은 9개월 단위로 세 차례 순환하는 방식으로 이루어진다. 제너럴리스트 역할을 배우기 위해서 무어는 구글의 법무 책임자 데이비드 드루먼드David Drummond를 지원하는 팀에 소속되었다. 스페셜리스트 역할을 익히기 위해 그녀는 복지팀에 배치되었는데, 그곳에서 건강과 만족에 대해 많은 것을 배웠다. 마지막으로, 분석가 역할을 위해서는 아직 알려지지 않은 곳에서 엔지니어 인재를 찾는 프로젝트를 수행했다(내가 그녀와 대화를 나눌 때 그녀는 이 역할을 수행하고 있었다).

엔지니어와의 차이점

교육을 통해 초급 분석가가 된 무어는 스프레드시트에 익숙해졌고 구글이 미래의 후보자를 찾거나 현재 직원의 성과를 관리하는 데이터

---

13 "Google VP Says."
14 Friedman, "How to Get a Job at Google."

베이스를 검색할 때 사용하는 프로그래밍 언어인 SQL의 기초를 배웠다. 그녀는 대규모 데이터를 편안하게 다루는 자신을 보고 놀랐다. 새롭게 습득한 계량 기법들은 글쓰기를 집중적으로 훈련하는 역사학 수업을 통해 연마했던 작문 기술과 결합되었다. 그녀는 말했다. "결국 자료를 이용해 사업상의 결정을 내릴 수 있는 이야기를 만들어야 합니다." 그녀는 많은 엔지니어가 이야기를 구성하는 요령이 부족하다는 것을 알게 되었다. 그녀는 엔지니어 동료에게 말했다. "언어 능력은 항상 즉각적으로 습득되는 것이 아닙니다." 그녀는 이렇게 덧붙였다. "그들은 다른 부류의 사람들입니다. 그들은 사물을 다룹니다!"

엔지니어와 그녀를 구분하는 한 가지 차이점에 대해 그녀는, 반드시 나쁜 것은 아니지만, 고집스러운 엔지니어들은 자신이 다른 사람에게 어떻게 비치는지 고려하지 않는다고 말했다. "나의 감정지수EQ가 훨씬 더 높다고 생각합니다. 나는 다른 사람을 불쾌하게 하고 싶지 않습니다. 하지만 엔지니어들은 오로지 해결책을 찾는 것에만 관심을 갖습니다." 그녀는 구글의 주말 모임에 참석했던 일을 떠올렸다. 그곳에서 엔지니어들은 구글의 공동창업자 래리 페이지Larry Page를 너무 심하게 다그쳐 옆에서 대화를 지켜보던 그녀도 편하지 않았다. 주말 모임은 금요일 오후 늦게 마운틴 뷰에서 열리는데 다과가 제공되며 고위 임원들이 몇 가지 내용을 발표하고 즉석에서 직원들의 질문을 받았다. 그날 주말 모임에서 페이지는 '모바일 우선주의' 전략이 회사에 갖는 중요성에 대해 말했다. 어떤 엔지니어(부모가 모두 엔지니어인 무어는 그 사람을 보자마자 그가 엔지니어인 것을 알았다)가 페이지에게 물었다. "'모바일 우선주의'는 무슨 뜻입니까?" 페이지는 장황하게 대답했다. 그 엔지니어는 만족하지 못했다. "무슨 말인지 이해를 못하겠습니다." 페이지는 다시 대답했고 엔지니어는 다시 명확한 설명을 요구했다. 무어는 그 질문자에게 이렇게 말하고 싶었다. "젠장. 제발 그만해요! 그는 최고 경영자예요!"

무어는 인사부 분석팀에서 일할 때 인적자원 관리 분야의 편견과 관련된 문제를 다룰 기회가 있었다. 한 프로젝트에서 그녀는 구글이 1998년 회사 창립 때부터 아프리카계 미국인 소프트웨어 엔지니어를 고용한 자료를 조사했다. 그녀는 구글이 유명 단과대학과 종합대학 졸업자를 선호하는 바람에 두각을 나타내지 않은 소수 민족에 속한 엔지니어를 더 많이 고용하지 못한다는 것을 알게 되었다. 소수의 명문 대학을 졸업한 입사 지원자의 규모는 작았다. 구글은 이러한 지원자 선발 방식을 다시 검토하고 있었다. 인사부서는 〈무의식적인 편견〉이라는 내부 교육 프로그램을 시작했다. 이 프로그램은 순간적으로 이루어지는 의사결정에 영향을 미치는 무의식적인 편견의 형태에 주목했다. 무어는 자신의 경험에서 비롯된 사례를 제공했다.

어떤 사람이 사우스웨스트 비행기를 탔어요. 좌석을 찾으러 중앙 통로를 걸어갑니다. 사람들을 둘러보고 순간적으로 그들 옆에 앉을지 말지 결정합니다. 나 같은 경우 "덩치가 크고 건장한 남자 옆에는 앉고 싶지 않아요." 그래서 옆에 앉아 편안하게 함께 여행을 할 수 있는 여성을 찾습니다. 나는 의식적으로, 그리고 무의식적으로 어느 학교에 다녔고, 전에 어떤 곳에서 일했는지에 따라 사람을 판단합니다. 그래서 애플이나 야후에서 일한 사람들을 좋아합니다. 나는 무작정 그들을 신뢰합니다. 그들은 무슨 일을 할지 안다고 생각합니다.

몇 년 전 수행된 구글의 내부 연구는, 무어의 표현에 따르면, "이류 대학 컴퓨터과학과의 1등 학생이 스탠퍼드, 캘리포니아 공대, 또는 MIT의 50등 학생과 같은 수준이거나 더 낫다"는 결론을 내렸다. 그녀는 구글의 많은 사람들이 회사가 "작은 연못에서 대어"를 더 적극적으로 찾아야 한다는 개념을 받아들이게 되었다고 말했다.

구글은 후보자를 끌어들이는 그물을 더 확대하면서 소수의 유명 단과대나 종합대의 이름이나 첨단 기술 대기업의 이름을 보는 것이 아니라 후보자의 이력서를 더 정교한 방법으로 검토하는 방법을 개발하고 있었다. 〈포브스〉가 미드웨스트의 벤처 캐피털 펀딩에 관한 기사를 실었을 때 구글 인사부서 분석팀 직원들은 미드웨스트의 신생 기업에서 일하는 소프트웨어 엔지니어에 대해 궁금했다. "그곳에 우리가 찾아야 할 인재가 있을까?" 물론 대답은 '그렇다'였다.

내가 제시카 무어와 대화를 나눌 당시 인사부서와 금융부서는 마운틴 뷰에 있는 본사 사무실에서 약 5km 떨어진 서니베일Sunnyvale에 있는 새로운 사무실로 곧 이전할 예정이었다. 새 업무시설은 아름다웠고, 본사에 없는 수영장도 있었다. 그녀가 웃으며 말했다. "여기에서 쫓겨나면 사람들은 이곳을 멋지게 만들 겁니다."

그러나 구글이 제시카 무어에게 제공한 최고의 것은 빛나는 새 업무시설이나 만지거나 보거나 계량화할 수 있는 것이 아니었다. 그보다 구글은 이 역사학 전공자에게 직장 내 교육을 제공해 엔지니어가 설립하고 운영하는 엔지니어로 가득한 회사에 그녀가 기여할 수 있게 도운

것이었다. 구글은 최고 학위인 박사 학위를 선호하지만, 사내 교육을
실시할 경우에는 인문학 교육이 많은 직책에 적절하다는 것을 놀라울
정도로 충실하게 보여주었다.

10장
지능 검사

1910년에 스탠퍼드 대학교의 심리학 교수가 된 루이스 터먼Lewis Terman은 지능 검사법의 개발과 직장 내 보급에 아주 큰 역할을 했다. 그는 스탠퍼드 교수 중 처음으로 전국적으로 유명한 학자가 되었다. 그는 '지능지수IQ'라는 용어를 만들었고 초기 산업심리학을 개척하고 인간의 잠재력을 지능지수를 중심으로 평가하는 환원주의적 모델을 보급했다. 이 모델은 아직도 엄청난 영향력을 갖고 있지만, 다행스럽게도 개인의 잠재력을 평가하는 독보적인 수단은 아니다.

터먼은 간혹 인문학에 마지못해 관심을 가질 때도 인문학을 이해하지 못하겠다는 듯이 바라보았다. 그가 보기에 인문학은 비실용적인 학문이었다. 하지만 터먼의 연구는 가장 간접적인 방식으로 인문학을 전공한 미래의 스탠퍼드 졸업생이 직업을 찾는 데 큰 도움을 주었다. 미래의 고용주들은 특정 교육기관이 수여한 학위가 특정 수준의 지식과 정신적 다재다능함의 지표로 해석될 수 있는지, 적어도 특정 개인의 직무 적합성을 조사하는 데 시간과 관심을 쏟을만한지에 대한 확신이 필요했다. 터먼은 스탠퍼드 입학시험에서 중요한 역할을 했다. 입학생들에게 그가 설계한 시험을 요구한 덕분에 전공에 상관없이 모든 학생의 수준이 높아진 것으로 추정되었다.

루이스 터먼의 꿈

터먼의 어린 시절, 아무도 그에게 학문 분야의 직업을 가지라고 요구하지 않았다. 그는 인디애나 주 존슨 카운티의 한 농가에서 열세 명의 자녀 중 열두 번째 아이로 성장했다.[1] 그는 교실이 하나뿐인 학교에 다녔는데 이 학교에는 1학년에서 8학년까지 30명의 학생이 있었다. 주변 농장에 노동력이 필요했기 때문에 10월부터 이듬해 3월까지 6개월 동안만 학기가 운영되었다. 그 학교의 상근 교사는 모두 공식 교육을 8학년까지만 받은 사람이었다.[2]

학교에는 도서관도 없었고 보충 독서 자료도 제공되지 않았다. 터먼은 수업 시간 내내 교과서 전체를 암기하며 보냈다. 그는 53세 때 쓴 짧은 자서전에서 무미건조하게 이렇게 말했다. "수업 시간은 길었다. 어

---

1 나중에 터먼이 J. 맥퀸 케텔의 1921년 판 《American Men of Science》을 보았을 때 그의 가족이 "12명 이상"의 자녀를 둔 1,000개의 사례 중 하나에 불과하다는 것을 알았다. Lewis M. Terman, "Trails to Psychology," in 《A History of Psychology in Autobiography》, ed. Carl A. Murchison, (Worcester, MA: Clark University, 1930), 299, 331쪽.

2 Terman, "Trails to Psychology," 301쪽.

떻게 하든 그 시간을 때워야 했다."[3]

11세가 되었을 때 그는 매년 4월부터 9월까지 하루 종일 농장 일터로 가서 쟁기와 농기구를 끄는 동물과 마차를 이용해 일을 해야 했다. 일하는 날에는 흔히 오전 5시부터 오후 7시 또는 8시까지 노동을 했다. 그는 "한 해 중 이 시기 동안 일어난 정신적 발전은 지적 자극보다는 그저 육체적 성장 탓이었을 것이다"라고 간단히 썼다.[4]

집에서 걸어갈 수 있는 거리에는 고등학교가 없었다. 그래서 터먼이 8학년을 마친 12세 때 마땅한 대안이 점점 줄어들었다. 그는 겨울 동안 학교에 머물렀다. 다음 겨울에 그는 또 다른 교실 하나짜리 초등학교에서 (그가 나중에 농담으로 말했듯이) '졸업 후 공부'를 시작했다. 대학을 나온 그의 형제 중 한 명이 그곳에서 아이들을 가르쳤다.

터먼이 농장을 떠나 대학 교육을 받을 수 있는 유일한 길은 많지는 않지만 급료를 주는 시골 학교의 교사가 되어 대학 등록금을 마련하는 것이었다. 터먼이 15세 때 그의 부모는 그를 인디애나 주 댄빌에 있는 센트럴 노멀 대학Central Normal College에 보냈다. 이 학교는 '대학'이라는 명칭을 사용했지만 사실은 기숙형 사립 고등학교로 볼 수 있는 곳이었다. 인구가 적은 지역에는 고등학교가 드물었기에 센트럴 노멀 대학 같은 학교는 "중학교를 갓 졸업한 시골 소년을 입학시켜 몇 학기 (한 학기는 10주였다) 동안 공부시켜 교사로 양성했다"라고 그는 썼다.[5]

터먼은 통신 강좌로 독일어와 교육사 분야의 몇 과목을 들었고 센

---

3   같은 책.
4   같은 책., 302쪽.
5   같은 책., 302, 305, 306쪽.

트럴 노멀 대학에서 세 개의 학위를 받았다. 터먼은 이 학교가 학생들에게 '아낌없이' 학위를 수여했다고 말했다(BS는 '과학 과정'의 학사 학위, BPd는 교육학 학사 학위, 그다음 AB는 '고전 과정'의 학사 학위다). 이 학위 덕분에 그는 자신의 첫 번째 정규직에 채용될 자격을 얻어 고향 마을에 있는 재학생 약 40명 규모의 작은 고등학교에서 교장 겸 상근 교사가 되었다. 그는 4년간의 교육과정에 포함된 모든 과목을 가르쳤다. 이 때,그의 나이는 21세였다.[6]

그는 교사로 근무할 때 댄빌에서 만난 교사와 결혼했다. 1900년 그들은 첫 아이 프레더릭을 낳았다. 터먼은 힘든 농사일에서 벗어나는 데 성공했다. 그러나 그는 사범대학이나 정규 대학의 심리학 또는 교육학 교수가 되려는 꿈을 아직 이루지 못했다. 이를 위해서 그는 '정규 대학'이 수여하는 학사 학위가 필요했다. 그리고 그는 석사 학위도 꿈꾸었다.

인디애나 대학에서 심리학을 공부하려고 교직을 사임한 터먼은 돈을 빌려 가족과 함께 블루밍턴으로 갔다. 인디애나 대학 교무처장은 센트럴 노멀 대학 성적표에 기록된 과목들을 평가한 뒤 터먼에게 2년간의 학점을 인정하고 3학년으로 입학시켜 주었다. 블루밍턴에서 2년을 보내는 동안 그는 다양한 분야에 관심을 갖고 최대한 많은 수업을 들었다. 대학이 제공하는 모든 심리학 과목, 1년 과정의 신경학, 다수의 철학과 교육학, 독일어, 프랑스어, 사회학, 경제학을 들었다. 그 결과 그는 AB 학위와 AM 학위를 새로 받았다. 심리학과 교수들인 윌리엄 로

---

6 같은 책., 305~306쪽.

위 브라이언William Lowe Bryan[7], 존 A. 벅스트롬John A. Bergstrom, 어네스트 H. 린들리Ernest H. Lindley의 가르침에 영향을 받은 그는 심리학 교수가 되고 싶다는 새로운 꿈을 갖게 되었다. 그가 적절한 교육을 받을 수 있는 곳은 스탠리 홀Stanley Hall 교수가 있는 매사추세츠 주 워체스터 소재 클라크Clark 대학이었다. 홀 교수는 미국에서 최초로 심리학 박사 학위를 받고 미국 심리학회 초대 회장을 역임한 선구적인 심리학자였다. 터먼이 가장 좋아했던 교수(브라이언, 벅스트롬, 린들리)들은 모두 클라크 대학의 홀 교수 밑에서 박사 학위를 받았다.[8] 그러나 아들에 이어 딸까지 두고 이미 많은 빚을 진 터먼은 박사 학위 과정을 밟을 돈이 없어 사범대학의 교수직이나 교장직을 찾아야 했다.

일반지능 연구

그가 처음으로 제의받은 직장은 센트럴 노멀 대학의 교수직이었다. 그러나 연봉이 너무 작아 빚을 갚고 차후 학업에 필요한 저축을 할 수 없어 거절했다. 그 뒤 뜻밖의 일이 벌어졌다. 클라크 대학이 그에게 장학금을 제의했다. 그 장학금으로는 모든 비용을 충당할 수 없어 가족에게서 돈을 더 빌려야 했지만 박사 학위 공부를 할 수 있는 가장 현실

---

7 학사 학위만 있는 브라이언은 추문으로 사임한 어떤 교수의 후임으로 영어와 그리스어 강사로 임명되었다. 그는 곧 인디애나 대학의 신임 총장(다름 아닌 데이비드 스타 조던)에 의해 "철학교수 대리"로 승진하여 인디애나에서 석사 학위 공부를 시작하고, 그 다음 클라크 대학에서 박사 학위를 받았다. 스탠퍼드 대학 총장으로 임명된 조던이 상당한 연봉 인상을 제의하여 브라이언을 청빙하는데 성공했다면 터먼은 브라이언 밑에서 공부할 기회를 갖지 못했을 것이다. James H. Capshaw, "The Legacy of the Laboratory (1888~1988): A History of the Department of Psychology at Indiana University," 《Psychology at Indiana University: A Centennial Review and Compendium》, ed. Eliot Hearst and James H. Capshaw, 1~83 (Bloomington, IN: Indiana University Department of Psychology, 1988), 9, 13쪽.

8 인디애나 대학은 브라이언뿐만 아니라 많은 학생을 클라크 대학에 보내 박사 학위를 받게 했다. 1905년 터먼과 제임스 P. 포터는 이 대학에서 심리학 박사 학위를 받은 열 번째와 열한 번째 인디애나 졸업생이 되었다. "Indiana Students at Clark University" in Capshaw, "Legacy," 21쪽을 보라.

적인 대안이었다. 그는 아내의 도움으로 그 제의를 받아들이기로 결정했다.[9]

클라크 대학에서 터먼은 원하는 것은 무엇이든지 연구할 수 있는 엄청난 자유를 누렸다. 소수의 학생들(약 50명 정도)은 교수진과 비공식이고 긴밀한 관계를 맺었다. 교수들은 원하는 주제를 언제든지 강의할 수 있는 자유를 누렸다. 월요일 저녁이면 스탠리 홀은 흥미진진하고 즐거운 주간 세미나를 개최했다. 그 세미나에서 두 명의 학생이 자신들의 연구 주제를 발표하고 홀이 그룹 비평을 인도했다. 토론이 끝날 때마다 홀은 토론 내용을 통찰력 있게 요약하여 참가자들을 아주 황홀하게 했다. 집으로 갈 때 터먼은 "아찔하고 도취된 상태가 되었고, 몇 시간 동안 자지 않고 극적인 토론 내용을 다시 재현하며 내가 말했어야 하는 것과 하지 말았어야 하는 내용을 정리했다."[10]

홀은 가령 연구대상의 자극에 대한 반응시간을 측정하는 도구와 같은 것을 이용한 정밀한 측정에 관심을 갖고 심리학에 접근하는 젊은 사람들을 클라크 대학 교수로 모집했다. 그들은 심리학을 그 뿌리인 철학에서 분리시켜 과학의 한 분야로서의 정체성을 확립하려고 했다. 그러나 터먼은 새로운 심리학 실험실의 '실험 도구'를 사용하는 데 관심이 없었다. 그는 심리학의 주변 분야인 '정신 검사'에 끌렸다. 터먼은 홀에게 이것을 말하기가 두려웠다. 그는 자신을 클라크 대학에 다시 올 수 있게 해준 홀에게 매우 고마웠기 때문에 박사 학위 논문 주제로 정신 검사를 선택하는 데 "큰 정신적 고통을 느꼈다." 그는 홀을 만났을

---

9 Terman, "Trails to Psychology," 312쪽.
10 같은 책., 315~316쪽.

때를 이렇게 회상한다. "그는 정신 검사에 동의하지 않는다는 점을 매우 단호하게 밝혔지만 내가 마음을 굳혔다는 것을 알고 마침내 나를 축복해주고 계량적 방법의 유사 정확성quasi-exactness이 초래할 수 있는 위험에 대해 조언을 해주었다."[11]

터먼은 박사 학위 논문을 위해 나중에 '일반지능general intelligence'이라고 일컫는 것의 구성 요소를 보여주는 시험을 고안했다. 그는 14명의 학생을 모집해 3개월 이상, 일주일에 36시간 동안 함께 보내면서 그들을 테스트하고 면접을 했다. 그는 "나는 클라크 대학에서 멀지 않은 곳에 있는 공립학교에 가서 가장 똑똑한 학생이나 가장 아둔한 학생 중에서 피실험자들을 특별히 선발했다"라고 기록했다.[12] 그는 실험 결과를 평가하면서 이렇게 결론을 맺었다. "내 연구는 피실험자들 중 지적 순위의 결정 요인이 후천적 교육보다는 타고난 재능이 상대적으로 더 중요하다는 내 느낌을 강화했다."[13] 그는 논문 제목을 〈천재성과 아둔함〉이라고 지었다. (터먼과 그의 동료 심리학자들, 사람에 대한 열정적인 우생학자들은 '아둔함'뿐만 아니라 '정신이 박약한' 그리고 '바보'를 포함한 지능의 분류 범주를 이용했다.)

그는 1905년 박사 학위를 받은 뒤 곧장 대학 교수가 되지 못했다. 결핵에 걸리는 바람에 햇볕이 좋은 지역으로 가야 했기 때문에 그는 캘리포니아 남부 샌 버너디노의 한 고등학교 교장직을 받아들였다. 교육의 최전선 현장에서 1년을 보낸 그는 1906년 로스앤젤레스 스테이트

---

11 같은 책., 318쪽.
12 Lewis M. Terman, "Genius and Stupidity: A Study of Some of the Intellectual Processes of Seven 'Bright' and Seven 'Stupid' Boys," 〈Pedagogical Seminary〉 13 (September 1906): 314쪽.
13 같은 글., 372쪽.

노멀 스쿨(Los Angeles State Normal School, 나중에 UCLA가 되었다)의 아동 연구와 교육학 교수로 초빙되었다.[14]

스탠퍼드로 가다

1909년 터먼은 〈스크라이버스 매거진Scriber's Magazine〉에 고교 교육과정을 고용주의 요구에 더 적합하게 만들도록 하는 외부 압력에 관한 글을 발표했다. 터먼은 '상업주의'의 침해를 매도하는 대신 상업주의가 전혀 나쁜 것이 아니라고 말했다. 터먼은 자신의 미래에 쓸모없을 것 같은 과목을 공부해야 하는 이유를 알 수 없는 고등학생이 '지적인' 교육과정을 싫어하는 것을 옹호했다. 30세 때 교육학회지 〈더 스쿨 리뷰The School Review〉에 쓴 글에서 터먼은 점점 더 많은 학생들이 "라틴어가 앞으로 무슨 필요가 있습니까?" 또는 "그리스 역사가 생활비를 버는 데 무슨 도움이 됩니까?"와 같은 질문에 대한 대답을 요구한다는 말을 듣고 당혹감에 빠진 성인들을 조롱했다. '실질적인 열매'를 주지 못하는 과목은 제외되어야 한다고 믿는 터먼은 위의 질문에 대한 대답을 더듬거리는 교사와, '이른바 젊은이들이 품은 이상의 점진적 퇴보'에 대해 걱정하는 성인 사회가 아니라 학생들을 지지했다.[15]

터먼이 보기에 독일은 경고성 교훈을 제공했다. '실제 삶의 문제를 무시하는' 교육으로 인해, 수천 명의 전통적인 김나지움 졸업생(독일의 인문계 중등교육기관 — 옮긴이)이 나태하거나 충분히 일하지 않는 부적

---

14 Terman, "Trails to Psychology," 322쪽.
15 Lewis M. Terman, "Commercialism: The Educator's Bugbear," 〈School Review〉 17, no. 3 (March 1909): 193쪽.

응자가 되어 독일 사회주의자로 전락하고 있었다. 터먼은 "미국은 보다 실용적인 정신 덕분에 중등학교에서 분별없이 모든 사람에게 정규 교육을 제공하지 않는다"라고 썼다. 하지만 그는 고등학교가 '바쁜 실제 생활'에 적합한 교육을 제공하기 위해 더 많은 일을 해야 한다고 주장했다. 그는 미래에는 학교가 도제교육을 일반적으로 제공하게 될 것이며 "지금 시행되는 미국 인디언과 흑인을 위한 최고의 산업학교"를 모델로 삼을 것이라고 생각했다.[16]

이듬해 스탠퍼드 대학 교육학과장 E. P. 커벌리E. P. Cubberley는 교육학과에서 일할 심리학자를 구했다(특히 훌륭한 스탠리 홀에게 교육을 받은 심리학자를 찾았다). 그는 터먼을 가르쳤던 인디애나 주의 존 A. 벅스트롬을 초빙했지만 벅스트롬은 부임한 직후 뇌종양으로 사망했다.[17] 커벌리는 클라크 대학 박사 출신이자 터먼의 친구인 에드먼드 B. 휴이 Edmond B. Huey에게 교수직을 제의했다. 휴이는 교수직보다는 임상심리학에 더 관심을 두었기에 터먼을 그 자리에 추천했다.[18] 터먼은 교육심리학 조교수 제의를 받아들였다.[19]

슬로슨 보고서

터먼은 오랜 뒤에 쓴 자서전에서 교수직 제의에 대해 설명하면서 자신이 "세상 어느 대학보다 먼저 선택하고 싶었던" 스탠퍼드에 부임하

---

16 같은 글., 195쪽.
17 "Professor Dies After Long Illness," 〈SD〉, February 28, 1910.
18 휴이 역시 3년 뒤 33세의 젊은 나이에 죽었다. "News and Comment," 〈Psychological Clinic〉 7, no. 9 (February 15, 1914): 264쪽.
19 Terman, "Trails to Psychology," 323쪽.

게 된 뜻밖의 일화들을 소개했다.[20] 스탠퍼드는 1909~1910년 동안 미국의 상위 14개 대학에 일주일간 체류하면서 수업을 참관하고 많은 학생과 교수진과 대화를 나눈 결과를 비교한 보고서를 작성한 과학 언론인 에드윈 E. 슬로슨Edwin E. Slosson의 여행 일정표에 포함되어 있었다. 시카고 대학에서 화학 분야 박사 학위를 받은 슬로슨은 각 대학의 관찰 내용과 인상을 처음에는 〈더 인디펜던트The Independent〉에서 자세히 비교했고, 나중에 《위대한 미국 대학들Great American Universities》이라는 책으로 묶었다. 14개 대학을 선택할 때 그는 카네기교육발전재단Carnegie Foundation for the Advancement of Teaching이 교수진에 대한 연간 지출액을 기준으로 대학 순위를 매긴 목록을 사용했다. 컬럼비아가 1위, 스탠퍼드는 11위였다.[21]

스탠퍼드 학생 전체의 수준을 판단할 때 슬로슨은 이 대학이 최고의 학생을 찾고 있지만 다른 대학에 비해 지원서에 특정 요건을 엄격하게 요구하지 않는다고 말했다. 그는 이런 접근방식을 프린스턴과 비교했다. 그는 프린스턴이 라틴어를 공부하지 않았거나 생활비로 사용할 150달러의 현금이 없거나, 과목 시험의 정답률이 정해진 비율을 넘지 못하거나, 슬로슨이 점잖게 표현했듯이 '특정한 인종이나 성에 속하지 않는' 지원자를 사실상 배제했다고 말했다. 스탠퍼드의 입학 기준은 훨씬 더 느슨했으며, 오로지 '평범한 능력'을 가진 사람이나 '신중하지' 않은 사람(또는 '술'을 마시는 사람)을 배제하려고 했다." 슬로슨은 스탠퍼

---

20 같은 책.

21 Edwin E. Slosson, 《Great American Universities》(New York: Macmillan, 1910), vii–x. 상위 3위는 컬럼비아, 하버드, 시카고 대학이 차지했다.

드 대학 당국의 태도를 이렇게 묘사했다. "이 대학은 좋아하는 클럽 활동을 즐기려고 오는 남자들이나 낮 12시에 가장 예쁜 옷을 입고 그림을 그리려고 캠퍼스를 거니는 여자들에게는 어울리지 않는다."[22]

스탠퍼드 교무처장은 입학 지원자들이 대학이 원하는 신중함을 갖추고 있는지 판단할 수 있는 근거를 충분히 알지 못했다. 그래서 대학은 일단 많은 학생을 입학시킨 다음 학점이 형편없는 경우 가차 없이 정학시켰다. 이것이 스탠퍼드 학생들이 '성적불량 퇴출시스템'이라고 부른 제도다. 슬로슨은 이것을 웨스트포인트에서 이루어진 결혼식에 비유했다. 1907~08학년, 스탠퍼드 남학생 전체의 28%가 낙제 점수 때문에 정학을 당했다(여학생은 3.2%가 정학을 당했다).[23]

대체로 슬로슨은 스탠퍼드 학생들에게 그다지 깊은 인상을 받지 못했다. 그는 대학 대항 운동경기에서 스탠퍼드가 승리하는 바람에 대학에 불운이 닥쳤다는 이야기를 들었다. 운동경기 승리로 "공부보다는 운동과 다른 오락거리에 더 많은 관심을 둔 젊은 학생, 즉 스탠퍼드에 전혀 어울리지 않은 학생들이 학교로 몰려들었던 것이다. 대학 당국과의 충돌, 음주 단속이 이어졌고 학생들은 휴학 파업으로 위협했다. 대학 당국은 대량 정학 처분으로 소요 사태를 잠재워야 했다."[24]

슬로슨은 기본적으로 교육 목적을 위해 스탠퍼드에 입학하는 학생들이 줄고 있다는 불평을 교수진들로부터 많이 들었다. 그는 데이비드 스타 조던 총장에 관한 불만도 들었다. 그중 특히 외부 일을 하면서 수

---

22 같은 책., 122~123, 125쪽.

23 같은 책., 127쪽.

24 슬로슨은 이렇게 야단쳤다. "스탠퍼드 학생들은 예일과 프린스턴 대학의 단체 정신을 획득했지만 이런 대학의 학생들만큼 그것을 적절히 잘 활용하는 법을 배우지 못했다." 같은 책., 144~145쪽.

입을 보충하는 것을 금지한 것에 교수들의 불만이 높았다. 이 정책은 교육이 부실하지 않도록 하기 위한 것이었다. 그러나 슬로슨은 교수들의 편을 들었다. "전문적인 유급 업무를 할 수 있도록 허용해도 일류 공학 교수를 확보하기 힘들다. 이것[외부 컨설팅]은 대부분의 학교에서 장점으로 간주된다. 왜냐하면 그런 일을 통해 교수들이 실력을 쌓고 최신 정보를 접하기 때문이다"라고 그는 말했다.[25]

1910년을 돌아보면 흥미롭다. 그해 루이스 터먼이 조교수로 부임하고 슬로슨의 보고서가 발표되었다. 그 당시 아무도 1차 세계대전 이후 터먼이 스탠퍼드 지원 과정에서 과목별 시험을 도입함으로써 스탠퍼드 학생 전체의 학문적 자질을 비약적으로 발전시키는 데 영향을 미치리라는 것을 몰랐다.[26] 터먼은 지능 검사 방법을 개발하여 로열티로 부자가 되었고, 그의 지능 검사 방법은 널리 판매되어 표준적인 지능 검사로 간주되었다. 그의 전기 작가 중 한 사람의 말에 따르면, 루이스 터먼은 생전에 "미국이 지능 검사에 민감해지는 것을 보았다."[27]

에드윈 슬로슨은 1910년 보고서에서 외부의 일에 관한 스탠퍼드 교수들의 불만에 공감했지만, 그럼에도 스탠퍼드 교수들의 학문적 성취를 강력하게 비판했다. 그는 비슷한 대학의 교수에 비해 스탠퍼드 교수진이 누리던 이점을 열거했다. 스탠퍼드 교수의 연봉은 컬럼비아와 하

25 같은 책., 114쪽.
26 터먼과 그의 가족이 스탠퍼드에 부임할 때 예상하지 못했던 또 다른 일은 그의 아들 프레더릭(1910년도에 10세에 불과했다)이 훗날 교수들의 학교 외 유급 업무를 금지한 데이비드 스타 조던의 방침에 완전히 반기를 든 것이었다. 프레드릭 터먼은 실리콘밸리의 뚜렷한 특징이 된 대학과 주변 기업 사이의 긴밀한 유대 관계를 만들었다. 프레더릭은 스탠퍼드 대학에 입학하여 1920년도 화학 분야 학사 학위, 1922년 전기공학 분야에서 석사 학위, 그 뒤 MIT에서 전기공학으로 박사 학위를 받고, 1925년 스탠퍼드 공학 교수로 되돌아왔다. 이어 그는 공대 학장, 교무처장, 대학 부총장을 역임했다.
27 Edwin G. Boring, 《Lewis Madison Terman, 1877~1956: A Biographical Memoir》 (Washington, DC: National Academy of Sciences, 1959), 437쪽.

버드를 제외한 다른 모든 대학보다 더 많았다. 그들은 "학생 수로 인한 부담도 과도하지 않았다." 대학은 외부의 컨설팅 때문에 교수들의 관심사가 흩어지는 것을 금지했다. 도서관과 실험실이 잘 갖추어져 있었고, 재원을 관리하는 주 의회의 '비위를 맞출' 필요도 없었다. 그들은 "대도시에 쉽게 접근할 수 있는 조용한 시골 지역에 살아서 도시의 소음, 주의 산만, 의무 때문에 골치를 썩지 않아도 되었다." 슬로슨은 윌리엄 제임스William James가 "꾸준한 정신적 작업에 적합한 장소의 이점은 비교할 수 없이 대단하다"라고 말했던 사실을 회상했다. 그러나 슬로슨은 탁월한 연구 환경이 스탠퍼드의 학문적 성취로 이어지는 증거를 볼 수 없었다.[28]

스탠퍼드-비네 지능 검사법

새로 부임한 조교수가 슬로슨과 다른 사람들이 스탠퍼드의 특권적인 교수진에 가졌던 학문적 기대를 모범적으로 충족시켰다면 그것은 바로 루이스 터먼이었을 것이다. 그는 스탠퍼드에 부임한 뒤 천국 같은 연구 환경 중 어느 것도 당연한 것으로 여기지 않았으며, 곧장 많은 논문을 발표했고 교과서 집필을 시작해 3년 만에 출간했다. 이들 논문 중 세 가지는 그 당시 교육학자들이 많이 고민했던 학교 위생문제를 다루었다. 특히 그는 학생으로부터 전염되었을 것으로 보이는 결핵으로

---

28 Slosson, 《Great American Universities》, 114~115쪽. 일리노이 대학 학생 편집자들은 분명히 기쁜 마음으로 스탠퍼드 대학 교수진에 대한 슬로슨의 비판을 강조했다. 〈데일리 일리니(Daily Illini)〉는 "Conditions at Far Western University Are Hardly in Keeping with Its Remarkable Advantages."라는 부제목 아래 슬로슨의 스탠퍼드 대학 보고서 발췌문을 다시 실었다. "Unfavorable Remarks on Leland Stanford," 〈Daily Illini〉, April 3, 1909를 보라.

고통을 당했기 때문에 더 절실했다.[29] 그는 천재성에 관한 심리학과 함께 박사 학위 논문에서 다루었던 지능 측정 분야도 연구했다. 그는 이 분야를 평생 연구했다. (그는 수십 년 동안 자신의 전문적인 연구 관심사의 변함없는 특성에 대해 언급하면서 57세 때 후회하듯이 새뮤얼 존슨Samuel Johnson의 말을 인용했다. "지금 내가 아는 것을 18세 때 거의 다 알았다는 것을 회고하는 일은 슬프지만 사실이다.")[30]

그 당시 미국 심리학자들의 '정신 검사'에 대한 관심은 프랑스 심리학자 알프레드 비네Alfred Binet와 그의 조수 테오도어 시몬Theodore Simon의 연구에 집중되어 있었다. 두 사람은 아동의 지능을 평가하는 시험지를 개발하여 1905년에 처음 출판했으며, 그 뒤 1908년에 개정했다. 비네-시몬 측정법은 즉시 영어로 번역되었고 많은 미국 심리학자들은 아동 피실험자를 대상으로 테스트해 다양한 연령대의 '정상' 지능을 정의한 척도가 타당한지 확인했다.[31]

터먼은 스탠퍼드에 도착하자마자 비네-시몬 측정법으로 아동들을 테스트하기 시작했다. 대학원 조교의 도움으로 그는 첫해에 400명을

29 Lewis M. Terman, 《The Teacher's Health: A Study in the Hygiene of an Occupation》 (Boston: Houghton Mifflin, 1913)은 짧게 요약된 논문이었다. Lewis M. Terman, 《The Hygiene of the School Child》 (Boston: Houghton Mifflin, 1914)은 사범대에서 사용하기 위한 400페이지 이상 되는 교과서였다. Ernest Bryant Hoag and Lewis M. Terman, Health Work in the Schools (Boston: Houghton Mifflin, 1914). 터먼의 공저자 어니스트 호그는 의학 박사이며 미네소타주 보건위원회 학교보건 책임자였다.

30 Terman, "Trails to Psychology," 321쪽.

31 비네-시몬 측정법에 대한 관심이 대단해서 버몬트의 한 의사가 실시한 한 명의 "보통" 아이를 대상으로 한 타당성 연구는 학문적으로 출판할 가치가 있는 것으로 간주되었다. 아서 더몬트 부시(Arthur Dermont Bush), "Binet-Simon Tests of a Thirty-Nine Months Old Child," 《Psychological Clinic》 7, no. 9 (February 15, 1914), 250. 부시는 비네와 시몬이 자료를 수집하기 위해 사용한 방법들을 비판했다. "비네와 시몬은 더 빈곤한 파리 지역의 여러 초등학교 학생을 대상으로 모든 기준을 결정했다고 말한다. 그런 기준은 틀림없이 일반적인 평균 이하일 것으로 보인다(비네와 시몬도 암묵적으로 이것을 인정한다. 또한 최초의 검사는 단 한 번 그것도 낯선 사람을 대상으로 이루어졌다). 이 모든 조건들로 인해 평균이 불가피하게 합리적인 평균보다 더 낮아졌을 것이다. 틀림없이, 피실험자 아동들이 잘 아는 조사자들이 생활 여건이 더 좋은 아이들을 대상으로 조사할 경우 이런 점이 계속 드러날 것이다."

테스트하고 둘째 해에 추가로 300명을 검사했다. 그는 비네-시몬 측정법에다 언어 테스트와 같은 새로운 요소를 추가하고 피실험자가 긴 숫자를 뒤에서부터 기억하도록 했다. 그는 각 연령별 실험대상자 집단의 점수 분포가 종형bell-curve을 이루도록 점수 기준을 조정했다. 1916년 그는 《지능 측정The Measurement of Intelligence》을 출간했다. 이 책은 비네-시몬 검사방법을 자신의 방식으로 수정한 것으로 터먼은 이것을 비네-시몬 지능 측정법의 스탠퍼드 개정확장판이라고 불렀다(간단하게 '스탠퍼드-비네'[32]로 더 잘 알려졌다). 이것은 1,700명의 '보통' 아동과 200명의 '결함이 있거나 우수한' 아동, 150명의 사춘기 범죄자, 30명의 사업가, 150명의 노숙자를 대상으로 시험한 결과에 기초했다.[33] 그를 고용한 대학에 대한 감사한 마음 때문인지, 아니면 자기를 내세우지 않는 성향 때문인지, 혹은 둘 다인지 모르지만 새로운 지능 검사법의 이름에 자신의 성이 아니라 '스탠퍼드'를 사용하기로 한 터먼의 결정은 특이했다. 그 당시 널리 퍼져 있던 수십 개의 심리학 검사 명칭에는 주요 연구자로 참여한 심리학자의 성이 붙어 있었다. 터먼은 자신이 개발한 스탠퍼드 성취도 검사법으로 스탠퍼드 대학교를 주목받게 했다. 이런 검사법이 널리 통용되면서 대학의 공적인 위치가 크게 향상되었다.

비네가 검사법을 개발하기 전 적어도 20년 동안 다른 심리학자들도 여러 지능 검사를 이용해 실험했었다. 터먼은 1911년에 사망한 비네가 세 가지 중요한 성취를 이루었다고 밝혔다. 이를 테면, 비네는 지능을 연령으로 나누어 측정했고, 더 복잡한 정신적 과정을 테스트했다. 아

---

32 Lewis M. Terman, 《The Measurement of Intelligence》 (Boston: Houghton Mifflin, 1916).
33 같은 책., 49~50쪽.

울러 낡은 '능력 심리학'을 포기하고 '일반지능'[34]에 초점을 맞추었다. 능력 심리학은 지능의 특별한 측면, 가령 기억, 주의력, 분별력을 측정 하려고 시도했는데, 이것은 비네 자신이 연구를 시작했던 분야였다. 그 러나 그는 수년 간 좌절한 뒤 포기하고 터먼이 동의한 것 즉 "각각의 능 력이 전체 결과에 기여하는 정도를 정확히 측정하려는 입장을 버리고 통합적인 기능적 역량"을 시험했다.[35]

터먼은 비네의 '연령 점수' 방법을 받아들여 특정 피실험자의 지능 점수와 같은 연령의 '정상' 피실험자의 중위 점수와 비교하는 점수 체 계를 만들었다. 이것이 일치할 경우 지능지수는 100이 되며, 연령 관련 표준 점수의 100%를 나타낸다. 터먼은 각 아동의 지능에 첨부된 라벨 에서 연령을 제거하면 그 지능지수에 절대적인 불변성이라는 아우라 를 부여한다는 점을 인정했다. 그는 연령은 중요하지 않다고 말했다. 개인의 지능지수는 바뀌지 않는다. 그는 또 이렇게 말했다. "탁월한 지 능을 가진 아이는 나이가 들어도 지능이 퇴보하지 않는다. 아둔한 아 이들의 지능은 평균 수준으로 발전하지 않는다."[36]

《지능 측정》이 출간된 지 14년 뒤 터먼은 책 출간 이후 벌어진 믿기 어려운 순간을 회고했다. 그는 비네 측정법을 개정한 자신의 측정방법 이 그 당시 이용할 수 있었던 다른 방법보다 더 우수하다는 것을 알았 다고 말했다. "그러나 그것이 유행하게 될지 알 수 없었고 수년 내로 훨

---

34 터먼은 《지능 측정(The Measurement of Intelligence)》을 다음과 같은 말과 함께 비네에게 헌정했다. "지 칠 줄 모르는 연구자, 창의적인 사상가, 겸손한 학자, 귀납적이고 역동적인 심리학에 대한 고무적이고 생 산적인 주창자."

35 Terman, 《Measurement of Intelligence》, 40~43쪽.

36 같은 책., 68쪽.

씬 더 나은 것으로 대체될 것이라고 생각했다."**37** 그는 '정신 검사'가 그렇게 빨리 수용되는 것을 보고 깜짝 놀랐다.

잠시 후 우리는 12장에서 터먼의 이야기를 다시 언급할 때 지능 검사가 어떻게 군대와 직장에서 새롭게 수정되었는지 살펴볼 것이다. 학업적성검사Scholastic Aptitude Test, SAT 역시 터먼이 수행했던 연구에서 나왔다. SAT로 조사하는 다양한 정신 능력이란 개념은 구직 활동을 하는 인문학 전공자들에게 매우 중요하다.

---

37 Terman, "Trails to Psychology," 324쪽.

11장
흥미로운 일이 생기다

신입생을 위한 인문학 세미나는 직업의 길에 완전히 몰두한 세상에서는 결코 존재할 수 없다. 인문학 세미나는 비실용적인 주제를 다룰 뿐만 아니라 비효율적이며 소수의 학생에게 교수가 관심을 갖는 분야의 일부를 소개할 뿐이다. 그러나 잘 가르치면 학생들은 교수의 열정에 감화되어 그 주제에 푹 빠져 직업적인 고려사항을 신경 쓰지 않고 더 많은 것을 열심히 배우려고 한다. 이를 통해 학생들은 해당 학문의 다른 수업을 들을 것이고 지적 호기심이 계속 이어질 것이다. 인문 교양 교육의 중심은 학생들이 자신의 관심사에 따라 무엇이든지 탐구하는 것이다. 토머스 제퍼슨의 '무제한적인 선택'과 신입생 인문학 세미나는 학생들이 입학하자마자 시작된다.

열정과 비극

앤드루 필립스Andrew Phillips는 2006년 가을 스탠퍼드에서 한 고전학 교수의 전염성이 강한 열정을 접했다. 그가 들었던 첫 수업은 〈많은 우여곡절을 겪은 오디세우스〉였다. 이 세미나 참가자는 단 12명으로 제한되었고 학생들은 3,000년에 걸쳐 오디세우스를 추적하면서 《오딧세이》는 물론 소포클레스의 《아약스》와 《필로크테테스》, 셰익스피어의 《트로일로스와 크레시다》, 데렉 월콧Derek Walcott의 《오메로스》도 읽고, 다른 과제도 수행했다. 필립스는 리처드 마틴Richard Martin 교수와 독서, 수업 시간의 토론에 완전히 매료되었다.

필립스는 고대 그리스 운동 경기에 관한 과목을 수강했고 이어서 고대 그리스 예술 과목을 들었다. 그 다음에 스토아학파와 에피쿠로스학파에 관한 수업과 그리스 예술의 문화 도용Cultural Appropriation 수업도 들었다. 고대 도시화 그리고 이와 별개로 고대 세계 도시의 지속가능성에 관한 수업을 들었고, 마야 신화에 대해서도 배웠다. 그는 고등학교에 다닐 때 조지타운 예비학교에서 2년 동안 라틴어를 배웠고, 스탠퍼드에서 2년 더 라틴어 수업을 들었다. 또한 그리스어 공부도 시작했다. 그는 이렇게 회상한다. "전공을 결정하기 전에 나는 상당히 많은 전공 학점을 이수했습니다. 당시 나는 그 수업들을 정말 재미있게 즐겨서 전공 선택은 어렵지 않았어요."

필립스는 전공을 결정할 때 변호사가 되려고 계획했다. 워싱턴 D.C.에서 변호사로 활동하는 그의 아버지는 그에게 고전을 전공하도록 권유했다. 아버지는 많은 독서와 그것을 짧게 요약하는 훈련이 법조인이 되기 위한 좋은 준비 방법이라고 말했다. 세 번의 여름 동안 필립스

는 법률회사에서 인턴으로 일했다.[1]

방과 후 필립스는 미식축구를 하며 많은 시간을 보냈다. 그는 스탠퍼드에서 3년 동안 오펜시브 라인맨offensive lineman으로 뛰었다. 그가 지켰던 쿼터백 앤드루 룩Andrew Luck은 많은 기록을 세웠고 대학 미식축구에서 뛰어난 활약을 보인 선수에게 주는 하이스먼 트로피Heisman Trophy 투표에서 두 번이나 2위를 차지했다. (필립스는 4학년 때 그의 팀이 2011년 오렌지 볼Orange Bowl(매년 미국 마이애미 오렌지 볼 스타디움에 특별히 초청된 팀끼리 경기하는 포스트시즌 대학 풋볼 게임 — 옮긴이)에 '진출했다'고 내게 말했다. 겸손하게도 그는 그 경기의 결과를 언급하지 않았다(스탠퍼드는 버지니아 공대를 상대로 압도적인 경기를 펼쳐 40-12로 이겼다).

그러나 마지막 시즌을 앞두고 훈련 캠프가 시작되었을 때 필립스와 그의 가족은 비극을 맞이했다. 알래스카에서 일어난 경비행기 사고로 아버지가 사망하고 당시 13세이던 동생이 부상을 당했다.[2] 아버지의 사고 후에 필립스는 변호사가 되려는 계획을 다시 검토했다. 그는 아버지와 다른 가족 구성원들을 따라 법조계로 진출하는 것을 당연하게 생각했었다. 4학년 가을 그는 운동선수들을 대상으로 하는 몇몇 취업

1 앤드루 필립스가 법률 기업에서 여름을 보내기 전, 그가 1학년을 마칠 무렵, 가족의 친구 한 사람이 그에게 자기가 아는 사람이 운영하는 실리콘밸리 소재 스타트업 기업들을 주요 대상으로 하는 블로그에서 여름 동안 인턴을 해보지 않겠느냐고 물었다. 필립스는 스타트업 분야에 대해 전혀 몰랐지만 일을 배우고 싶어 그렇게 하기로 약속했다. 출근 보고를 하기로 한 첫날 그는 받은 주소로 차를 몰고 갔지만 혼란스러웠다. 그곳은 업무 빌딩이 아니라 상류층 근교 주거지인 에서턴의 한 주택이었다. 그 당시 그는 그곳이 실리콘밸리에서 차지하는 중요성을 알지 못한 채 마이클 애링턴의 집으로 들어갔다. 블로그 이름은 테크크런치(TechCrunch)였는데, 비록 애링턴의 집에서 운영되고 있었지만 실리콘밸리 스타트업 기업들이 탄생하던 시기에 가장 영향력이 큰 역사 기록자였다.
2 "Former Senator Ted Stevens Killed in Plane Crash," NYT, August 10, 2010; "K Street Mourns Loss of Colleague Bill Phillips," 〈Roll Call〉, August 20, 2010.

박람회에 갔지만 별로 흥미를 느끼지 못했다.

오렌지 볼 경기 이후 그는 전미 미식축구리그 진출을 목표로 4개월 동안 하루 종일 훈련을 했다. 그러나 그는 드래프트에 뽑히지 못했다. 그는 팀이 자유계약선수Free Agent로 자신을 선택해주기를 바라면서 계속 훈련할 수도 있었지만 전망은 밝지 못했다. 그가 선택된다고 해도 6개월 동안 한 팀에서 경기를 한 뒤 다시 새로운 도시로 이동하여 단기간 활동하는 방식으로 돌아다니는 생활을 할 가능성이 아주 높았다. 그는 이렇게 말했다. "난 그런 생활을 할 생각이 없었어요. 마음속으로 미식축구에서 떠날 준비가 되어 있었어요."

새로운 도전

미식축구와 변호사를 포기한다면 고전을 전공한 그는 무엇을 할 수 있을까? 버지니아 대학에 다니는 그의 동생 역시 미식축구 선수였다. 동생은 동료 선수들 중 몇몇이 버지니아 대학 맥킨타이어 경영대Virginia's McIntire School of Commerce 석사학위 과정을 이수하는 것을 보았다. 학부 교육과정에 경영대가 없어 인문학, 자연과학, 공학 전공자들을 대상으로 설치된 이 경영대는 학생들에게 전통적인 2년간의 MBA 과정 대신 경영학 MS 학위를 받을 수 있는 1년 과정을 제공했다.

앤드루 필립스는 이 교육과정에 등록한 뒤 1년 동안 어머니와 형제들 가까이에서 지냈다. 필립스와 가족들은 서로에게 위안이 되었다. 그곳에 갔을 때 그는 자신과 비슷한 학생들이 있어 기뻤다. 그들은 경영학을 전공하지 않았고 사업 경험도 전혀 없었다. 학생들은 다양한 경로를 거쳐 버지니아 대학에 입학했고 필립스 역시도 마찬가지였다. 약

100명의 학급에서 필립스는 3명뿐인 고전 전공자 중 한 명이었다.

필립스가 버지니아 대학 캠퍼스에서 여러 수업을 듣는 동안[3] 학교 당국은 수업에 대한 학생들의 소감을 비디오로 찍어 대학 웹사이트에 올렸다. 필립스도 촬영에 자발적으로 참여했다.

나는 고대 역사 및 고전학 전공자였습니다. 여기에 와서 전략, 회계, 금융, 브랜드 관리, 프로젝트 관리 분야의 수업을 들은 뒤 내가 기존에 배운 것이 정말 중요하다는 것을 알게 되었어요. 나의 고대 역사학 학위가 경영학에서 쓸모없다고 생각했듯이 건축, 예술사, 바이오 기계 공학을 공부한 사람들도 자신의 전공에 대해 똑같이 생각했어요. 그러나 우리가 한 곳에 모이면 흥미로운 일이 벌어집니다. 내가 고전학에서 배운 것에서 화제를 꺼내면 다른 사람은 건축학에서 배운 내용을 제시합니다. 무엇이 되었든지 이 모든 배경은 중요하고 결국 우리의 대화에서 영향력을 발휘합니다.[4]

맥킨타이어 경영대 졸업생 네트워크는 금융과 컨설팅 분야와 가장 밀접하게 연결되어 있다. 맥킨타이어 경영대 프로그램에 참여하는 학생들은 졸업생을 만나고, 동부 해안 지역에 있는 투자 은행과 컨설팅 회사와의 면접 기회를 확실히 얻을 수 있다. 필립스는 이 프로그램을

---

3   경영학 석사 학위 프로그램은 40학점이 필요했다. 기본 핵심 과목 17학점, 세 가지 과정 중 하나를 선택해 15학점을 들어야 했다. 필립스는 경영 및 마케팅 과정을 선택했다. 나머지 학점은 "글로벌 몰입 경험"이었다. 이를 위해 필립스는 약 6주간 중국에서 보냈는데 그의 첫 아시아 여행이었다.

4   "Andrew Phillips, M.S. 2012 in Commerce," https://www.youtube.com/watch?v=vTgBi-uh7AU. The video was embedded on the web page of the University of Virginia, McIntire School of Commerce, MS in Commerce, in February 2016 but not in January 2017.

시작한 지 얼마 되지 않은 가을 학기 초에 컨설팅 회사의 워싱턴 사무실을 방문했다. 그는 인터뷰에서 드라이브 인drive-in 방식과 드라이브 스루drive-through 방식을 놓고 저울질하는 가상의 패스트푸드 체인점에 대해 생각나는 대로 의견을 말했다. 그는 면접을 하는 동안 온몸이 마비될 정도로 불안했다. 이것으로 컨설팅에 대한 필립스의 탐색은 끝나버렸다.

필립스는 직업에 관한 조언을 구하려고 만난 졸업생과 대화를 마친 뒤 동기생 대부분이 찾고 있는 컨설팅, 금융 분야의 기업을 포기하고 베이 지역의 IT 기업을 찾아보기로 했다. 이 지역에는 스탠퍼드 친구들이 많이 일하고 있었다. 미식축구 시즌 동안 그는 스탠퍼드 홈경기에 맞춰 두 번의 주말 동안 베이 지역으로 날아가 옛 친구들을 다시 만나 스탠퍼드 네트워크를 만들고 사람들과 커피를 마시며 일자리를 알아보았다. 곧 공식적인 면접 요청이 뒤따랐다.

필립스가 맞닥뜨린 취업 장애물, 경력과 외모

필립스는 24세 때 처음으로 직업을 찾았다. 그가 면접을 보면서 만난 한 가지 장애물은 신입 모집에 지원한 다른 후보자들보다 더 나이들어 보인다는 것이었다. 다음 해 그가 받을 석사 학위는 그가 찾고 있는 자리에 비해 '과도한 자격'처럼 보였다. 그가 다른 사람들보다 더 나이가 많은 이유는 그가 5년 만에 스탠퍼드를 졸업했기 때문이었다. 대학에 입학한 첫해, 필립스는 미식축구팀의 후보 선수였기에 연습은 했지만 경기에는 뛰지 못했다. 2년째부터 비로소 경기에 나설 수 있는 자격을 얻어 4년 동안 뛰었다. 그 뒤 그는 5년째 되는 해를 훈련으로 마무리하고 대학원 공부를 시작했다.

면접 담당자들은 필립스에게 "이 신입직에 당신은 너무 비싼 인력이고 더 높은 직책을 맡기자니 경력이 너무 없어서 염려가 됩니다"라고 말했다. 그는 이런 말을 들을 때마다 서둘러 그런 우려를 없애려고 했다. "잠시만요! 경험이 없다는 건 압니다. 그래서 경영학 학위를 받으려고 하는 것입니다! 그게 내가 교육을 더 받는 이유입니다. 난 경험이 없으니까요!"

벤처 캐피털 회사의 신입 자리를 찾다가 필립스가 만난 또 다른 장애물은 자신의 교육이나 업무 경험과 전혀 상관없는 그의 체격이었다. "당신은 키가 192cm, 체중이 135kg입니다. 기술 전문직 업종에서는 채용되지 못할 겁니다." 두 사람이 각각 그에게 이런 말을 했다. 그것은 그를 인터뷰한 담당자들이 속으로 갖고 있던 생각이었다. 그는 그들의 노골적인 말을 듣고 깜짝 놀랐다. 그것은 "당신은 직책에 필요한 역량이 부족해요, 우리는 더 계량적인 기술을 가진 사람을 찾고 있습니다."와 같이 에둘러 표현한 말이 아니었다. 그것은 이런 말이었다. "우리는 당신 같이 생긴 사람들을 채용하지 않습니다."

다른 사람들과 함께 창업을 하는 것도 하나의 대안이었지만 필립스는 아직 너무 초보라서 공동창업자가 될 수 없다고 생각했다. 그는 벤처자금을 확보하여 탄탄하게 성장하는 스타트업 기업에 취업해 현직에서 어느 정도 경험을 쌓고 싶었다. 이전의 팀 동료는 소프트웨어 마케팅 기업인 와일드파이어 인터렉티브Wildfire Interactive에서 일하고 있었다. 이 회사는 고객 기업들이 (약간의 기술이 필요한) 콘테스트나 (기술이 필요 없는) 내기 또는 페이스북의 자사 팬 페이지에 다른 캠페인을 할 수 있도록 지원했다. 예를 들어 일렉트로닉 아트Electronic Arts는 초현대적인 공포 비디오 게임 〈데드 스페이스Dead Space〉의 신작을 출시하기 전날 경연대회를 열었다. 일렉트로닉 아트는 와일드파이어의 소프트웨어를 통해 방문자들이 이 회사의 페이스북 페이지에 와서 사진이나 비디오를 통해 창의적인 '살해' 기술을 제시하도록 초대했다. 결승전 진출자들이 선정되었고, 가장 좋아하는 것에 투표하도록 페이지 방문자들을 초대했다. 경연대회는 온라인 소셜 네트워크의 자체 추진력을 통해 엄청난 반응을 불러일으켰다.[5]

와일드파이어는 필립스가 보기에 급속하게 성장하는 스타트업의 전형이었다. 3년 전 이 기업은 페이스북 플랫폼을 사용하는 소프트웨어 스타트업을 대상으로 페이스북이 개최한 경연대회에서 22만 5,000달러의 지원금을 받은 5개 스타트업 중 하나였다.[6] 페이스북은 이어서 이 회사에 10만 달러의 자본을 투자했고, 와일드파이어는 18개월 만에 직원을 7명에서 120명으로 늘렸다. 그리고 벤처 자본가와 엔젤 투자자로부터 총 410만 달러를 투자받았다. 필립스가 지원서를 냈을 때 이 회사는 상당히 탄탄했고 펩시, AT&T, 유니레버가 주요 고객사에 포함되었다.[7] 회사의 매출액과 직원은 매달 10%씩 늘었다.

필립스는 와일드파이어에 관심이 있었지만, 와일드파이어가 고전을 전공한 단기 MBA 석사과정 입학생이며 업무 경험이 없는 필립스에

5   일렉트로닉 아트도 자사의 웹사이트에 "엄마는 〈Dead Space 2〉를 싫어할 것"이라고 장담하는 재미있는 짧은 영상을 통해 같은 게임을 홍보했다. "곧 출시된 게임의 일부 영상을 본 엄마의 실제 반응을 보라." Electronic Arts, "Dead Space 2: Your Mom Hates," January 20, 2011, http://www.ea.com/dead-space-2/videos/your-mom-hates, accessed January 7, 2017.

6   "Facebook's fbFund Names Winners of $225,000 Grants," 〈TechCrunch〉, December 9, 2008.

7   "The Spark That Fuels Wildfire Interactive," 〈TechCrunch〉, June 29, 2011.

관심을 보일 이유가 있을까?[8] 필립스는 와일드파이어가 갓 졸업한 학생들을 전공 제한 없이 판매 부서에서 수습직원으로 채용하는 데 우호적이라는 사실을 알았다. 와일드파이어는 규모가 너무 작고 보수도 안정적이지 않아 다른 회사에서 좋은 대우를 받은 경력직이 선뜻 입사하지 않았다. 이런 사정 때문에 와일드파이어는 대학 졸업자들을 고용하여 매출 전망을 세우고 경험을 쌓도록 해 거래처 담당 임원의 자리까지 승진할 수 있게 했다. 필립스를 채용한 와일드파이어 경영자 대니얼 데이비스Daniel Davis는 판매 직원에게 자신이 가장 중요하다고 생각하는 세 가지 자질(강한 직장 윤리, 평균 이상의 지능, 조직 역량)을 요구했다.[9] 확실히 판매직원들은 논리정연해야 하지만 진지한 판매직 지원자들은 모두 자신의 생각을 정확하게 전달했다. 그래서 그것은 특별한 자질이 아니었다.

고전학 전공자가 첨단기술 기업에서 일하고 싶은 이유

데이비스는 스탠퍼드나 아이비리그 졸업생을 고용할 생각을 하지

---

8 와일드파이어의 공동 설립자 알랭 추아드(Alain Chuard)와 빅토리아 랜섬(Victoria Ransom)이 나중에 MBA 학위를 받긴 했지만(추아드는 스탠퍼드, 랜섬은 하버드에서 학위를 받았다) 두 사람은 특별히 모험적이었다. 경영대학원에 진학하기도 전에 그들이 시작하여 성공시킨 첫 스타트업 기업은 모험적인 여행사였다. 이 회사는 고객들에게 서핑, 스노보딩, 산악자전거 타기를 가르쳐 주었다. 추아드는 고등학교를 마친 후 2년 동안 프로 스노보더 선수로 활동했다. "Spark That Fuels Wildfire": "The Winding Road to Wildfire," 〈Macalester Today〉, Winter 2013.

9 데이비스의 판매직 경력은 피셔 인베스트먼트(Fisher Investments)에서 시작되었다. 이 회사에는 많은 영업 담당 임원이 있었고 그 아래에는 더 많은 수의 '판매직원'이 있었다. 초보 직원들은 예비 고객들에게 불쑥 전화를 걸어 영업 담당 임원들과의 약속을 잡았다. 데이비스는 판매직원이 성공하려면 엄청나게 힘든 노력이 필요하다는 것을 알았다. 그는 매일 200명의 사람들과 대화를 나누어야 했고, 응답이 없는 전화는 계산에서 제외되었다. 이렇게 하려면 하루에 10시간, 한 시간에 20명의 사람들과 연결되어야 했다. 보통 20명 중 10명이 화를 내며 전화를 끊었다. 그 중 4명은 한가한 은퇴자늘로 긴 내화를 나누는 것을 너무나 좋아했다. 데이비스는 매시간 연결된 20명 중 2명과 약속을 잡으면 기뻤다. 이 약속들 중 60%는 실제로 이루어졌다. 이루어진 약속 중 25%는 판매로 이어졌다. 이 경험은 한 가지 교훈을 가르쳐 주었다. 다른 무엇보다도, 판매직은 거절을 계속 경험하는 엄청나게 힘든 일이라는 것이다.

않았다. 그는 가장 근면하고 똑똑한 사람을 채용할 생각이었다. 그가 발견한 두 사람은 애리조나 주립대 졸업생과 치코 주립대 졸업생이었다. 앤드루 필립스가 지원했을 때 그의 스탠퍼드 동창생들은 성실한 직원이라는 전통을 확립하지 못했다. 그러나 그가 최상위 수준의 대학 미식축구팀 선발 선수였고, 그에 따라 스포츠에 많은 시간을 들였음에도 고전학과에서 힘든 수업을 찾아 수강한 점은 그의 태도가 와일드파이어가 찾고 있는 인재상과 잘 어울린다는 사실을 확실히 보여주었다. 면접을 보러 갔을 때 그는 고전학 전공자가 첨단기술 기업에서 일하고 싶은 이유에 대해 질문 받았다. 그 질문은 면접 담당자의 의심이 아니라 호기심에서 비롯된 것이었다. 필립스는 애초에 변호사가 되려고 했었고, 언어 공부를 좋아해 이탈리아어, 그리스어, 라틴어를 배웠으며, 스탠퍼드에서 처음 들은 수업과 그 이후 이어진 작은 세미나를 좋아했고, 고전학 교수들과의 대화를 즐겼다는 이야기를 풀어놓았다. 그는 어떻게 해서 버지니아 대학 경영대 프로그램이 제공하는 분석적인 지식으로 고전학을 보충해야겠다고 생각하게 되었는지도 자세히 말했다. 와일드파이어는 그에게 영업직을 제의했다. 그때는 2012년 1월이었고 회사는 그가 석사 학위 과정을 마칠 때까지 입사를 연기하는 것에 동의했다. 그는 버지니아로 돌아갔고 더 이상 첫 직장을 찾아야 한다는 마음의 부담을 갖지 않게 되었다. 그는 이제 자리를 잡았다.

그의 학업 프로그램은 끝났고 결혼도 했다. 필립스는 와일드파이어에서 첫 출근 신고를 하기 전에 아내와 함께 서부 지역 나파Napa로 신혼여행을 떠났다. 한 친구는 부부에게 결혼 선물로 특별한 와인 관광을 제공했다. 필립스가 사방이 포도밭으로 둘러싸인 명소를 즐기고 있을 때 버지니아 대학의 친구로부터 문자 메시지가 왔다. 와일드파이어가 3억 5000만 달러에 구글에 인수되었다는 내용이었다.[10] 그는 놀라침을 꿀꺽 삼키며 생각했다. "난 이제 일자리를 잃었구나." 간호사인 그의 아내가 스탠퍼드 대학병원에서 일했기 때문에 수입이 없는 것은 아니었다. 그러나 그들은 그때 도저히 나파의 전원 풍경을 즐길 수 없었다. 그는 새로 인수된 와일드파이어에서 일을 시작할 기회가 있는지 알아보려면 누구에게 연락해야할지 자문했다. 몇 분 뒤 그는 와일드파이어 인사 담당자로부터 전화를 받았다. 필립스는 전화기에서 시끌벅적한 파티 소리를 들을 수 있었다. 인사 담당자는 그에게 자신 있게 말했다. "걱정하지 말아요. 당신의 일자리를 무사해요. 회사가 구글에 인수될 거예요. 다음 주에 만나요." 그는 새로운 IT 회사에 첫 출근도 못했는데 벌써 기업 인수를 경험했다.

처음에 구글은 와일드파이어 그룹을 분리한 상태로 유지했다. 필립스가 첫 출근했을 때 많은 신입 직원 동료들이 첨단 기술과 거리가 먼 전공과 직업 출신이라는 것을 알았다. 그때 회사는 직원이 약 350명이었고 필립스는 약 30명의 신입 판매직원 중의 한 사람이었다. 몇 년 뒤 데이비스는 필립스의 동기생들이 오리엔테이션을 마쳤을 때 수석 교육 강사가 그를 가장 뛰어난 사람으로 소개했던 기억을 떠올렸다. "앤드루 필립스가 단연 탁월합니다."

데이비스는 필립스가 판매부서에서 가장 헌신적인 학생이라는 것을 직접 확인했다. 데이비스는 매주 근무 시간에 약 45명의 판매직원

---

10 "Google Acquires Wildfire, Will Now Sell Facebook and Twitter Marketing Services [Update: $350M Price]," 〈TechCrunch〉, July 31, 2012.

들을 초대했다. 그는 질문을 받았고 아무도 질문을 하지 않으면 자신의 영업 경험과 현장에서 배운 교훈을 나누었다. 보통 3~4명이 찾아왔는데 단 한 사람 필립스를 제외하고는 매주 다른 직원이었다. 필립스는 한 주도 빠지지 않고 찾아왔다.

필립스가 참여한 판매직원 교육프로그램은 수준이 상당히 높았다. 신입 직원이 3단계 교육을 성공적으로 마치면 자리가 비었을 경우 판매 담당 관리자로 임명될 수 있는 자격이 주어졌다. 와일드파이어가 성장하는 속도에 비해 판매직원 프로그램의 성장 속도가 훨씬 더 빨라 공석인 자리보다 훨씬 더 많은 예비 판매 담당 관리자가 배출되었다. 구글 직원으로서 회사가 주는 특권을 누렸지만 필립스는 판매직원으로 채용되고 난 후 1년 동안 실제 판매직원의 약속을 잡는 지루한 보조 업무를 해야 했다. 그는 승진 기회를 얻으려면 훨씬 더 많은 시간을 투자해야 한다는 것을 알았다.

중요한 것은 학위가 아니라 전공 선택을 통해 발현된 개인의 특성

필립스는 판매에 성공하는 법을 다룬 책을 직접 쓰고 싶었다. 그는 실리콘밸리를 돌아다니며 새로운 기회를 찾기 시작했다. 그는 와일드파이어와 같은 회사를 찾았다. 빠르게 성장하고, 벤처 자금의 지원을 받고, 강한 팀과 좋아하고 존경받은 창업자들이 있는 회사를 찾았다. 그는 비조Bizo라는 자신이 찾고 있던 회사를 발견했다. 이 회사는 벤처 자금의 지원을 받는 소프트웨어 스타트업으로, 소비자가 아니라 사업가와 전문가들을 상대하는 광고주에게 목표 설정 및 측정 도구를 제공하는 기업이었다.

필립스는 2013년 10월에 비조에 출근했다. 불과 10개월 뒤 비조는 링크드인LinkedIn에 인수되었다. 인수될 당시 그는 150명이 일하는 스타트업의 직원으로서 링크드인의 관심을 끌었던 성공에 기여했다고 느낄 만큼 오래 일한 상태였다. 그는 짧은 직장 생활을 하는 동안 두 가지 직업을 가졌고, 실리콘밸리의 유력 기업들에게 회사가 두 번 인수되는 경험을 했다. 얼마 전 창업한 그의 친구가 농담조로 말했다. "너를 채용하고 싶어. 그런데 너는 아무 일도 할 필요가 없어. 그냥 내 앞에 앉아서 하루 종일 맥주만 마시면 돼. 그리고 사람들이 들어올 때 너의 배를 쓰다듬고 행운을 얻게 해주면 돼."

와일드파이어가 필립스를 채용했을 때 이 회사는 굳이 경영학 학위를 받은 학생을 찾고 있지 않았다. 그 직책은 모든 학교의 모든 졸업생에게 열려 있었다. 이 회사는 학생의 졸업장에 새겨진 내용과 상관없는 수많은 방식으로 입증할 수 있는 어떤 자질을 가진 후보자를 구했다. 몇 년 뒤 필립스의 경영학 석사 학위 과정이 와일드파이어 입사에 더 유리했는지 질문을 받았을 때 데이비스는 아니라고 말했다. 아무런 차이도 없었다는 것이다. 그는 작은 자격증을 제시했다. 설령 그것이 중요했다 해도 그것은 필립스의 업무 능력, 조직력, 흔들림 없이 목표를 추구하는 능력을 부차적으로 입증해주었을 뿐이다. 학위과정의 내용은 와일드파이어와 관련이 없었다. 중요한 것은 필립스의 전공 선택을 통해 발현된 개인의 특성이었다.

　　루이스 터먼이 대부분 아동인 피실험자의 '일반지능general intelligence'
을 검사하면서 스탠퍼드-비네 지능 검사법을 개선하고 있을 때 산업계
는 신입 직원을 선발하는 방법을 다시 숙고하고 있었다. 많은 대기업에
인사부가 새로 생겼는데, 인사 관리자들은 직속 상사의 직감 대신에
'과학적' 방법을 이용해야 한다고 주장했다.

　　'과학적'이라는 기준은 지적 유행에 따라 결정되었다. 인사부서가
새로 만들어졌지만 관상과 골상에 따라 인사 문제를 결정하는 19세
기의 방식(얼굴 형태, 머리카락 색깔, 코의 형태, 두상)이 계속 사용되었
다. 1차 세계대전 직전인 1916년, 그 당시 필라델피아에서 〈새터데이
이브닝 포스트Saturday Evening Post〉와 〈레이디스 홈 저널Ladies' Home

Journal〉을 발행하던 거대 미디어 기업 커티스출판사Curtis Publishing Company의 채용 담당 관리자 로버트 C. 클로시어Robert C. Clothier는 골상학 검사를 통해 많은 것을 얻을 수 있으며, 또한 골상학의 유용성이 제한적인 유일한 이유는 골상학이 '여전히 초기 단계의 학문'이기 때문이라고 공언했다.[1] 커티스의 또 다른 인사 관리자 캐서린 휴이Katharine Huey는 입사 지원자의 옷을 면밀히 조사하고 첫 만남 때의 '악수의 강도'를 판단하여 핵심적인 정보를 얻었다고 말했다.[2]

기업, 정신 검사를 인사에 도입

커티스의 인사부서는 면접을 이용해 각 입사 지원자가 다섯 가지 '정신 유형(매우 기민, 기민, 평균, 느림, 또는 아둔함)' 중 어느 유형에 해당하는지 판단했다. 지원자들은 매우 기민한 부류로 평가받으면 탈락된다는 것을 알지 못했을 것이다. 커티스의 직원은 "그와 같이 너무 활동적인 정신 유형에 해당하는 명칭을 만들었다. 거의 열광하는 유형으로, 이들에게서는 대부분의 직책에 필수적인 안정성과 분별력을 거의 찾아볼 수 없다."[3]

두 명의 인사 관리자는 입사 지원 과정의 일반적인 중심 요소인 면접에서 받는 느낌을 반드시 똑같은 방식으로 해석하지 않는다. 학계 전문가들은 직원의 능력을 평가하는 명확한 도구 없이 개인이 자의적으

1   Robert C. Clothier, "Employment Work of the Curtis Publishing Company," 〈Annals of the American Academy of Political and Social Science〉 65 (May 1916): 98쪽.

2   Katharine Huey, "Problems Arising and Methods Used in Interviewing and Selecting Employees[sic]," 〈Annals of the American Academy of Political and Social Science〉 65 (May 1916): 213쪽.

3   Clothier, "Employment Work," 98~99쪽.

로 판단하는 기업의 현실에 짜증이 났다. 일리노이 대학 교육학 교수 가이 몬트로스 위플Guy Montrose Whipple은 스탠퍼드-비네 검사법과 같은 일반지능 검사법은 10세 또는 11세 미만의 피실험자를 위한 것이므로 인사부서에서 사용할 수 없다고 말했다. 성인을 위한 일반지능 검사는 아직 개발되지 않았다. 그래서 위플 교수는 특정 직업에 필요한 특정 능력을 측정하는 좁은 범위의 검사를 권고했다. 그는 이런 검사법이 아직 개발되지 않았다는 점을 인정했을 뿐, 해군이나 상선에서 일할 사람들을 위한 색맹 검사법을 언급하는 것 이외의 다른 방법을 제시하지 못했다. 그는 대학의 검사 실험실과 같이 인위적인 상황을 이용한 학문적 연구를 비판했다. 한 연구에서는 어떤 '여학생'이 선장 직책에 적합한 사람을 판단하는 검사에서 최고 점수를 받는 터무니없이 불합리한 결과가 나타났다.[4]

노스웨스턴 대학의 심리학자 월터 딜 스콧Walter Dill Scott은 실제 기업과 함께 입사 지원자를 위한 새로운 검사법을 개발하여 적용한 선구자였다.[5] 1914년 그는 전국사립대학협회 회원들에게 직원 채용 방식에 관한 정보를 보내주면 자신을 포함한 노스웨스턴의 동료 교수들이 건설적인 평가 서비스를 제공하겠다고 제안했다. "심리학자들이 지난 몇 년 동안 정신 검사에서 뚜렷한 발전을 이루었기 때문에" 그는 자신과 같은 심리학자들이 채용 업무 개선을 도울 수 있는 "때가 무르익었

4   Guy Montrose Whipple, "The Use of Mental Tests in Vocational Guidance," 〈Annals of the American Academy of Political and Social Science〉 65 (May 1916): 195~197쪽.

5   Scott's first consulting engagement, for Butterick Publishers, led to his first book: 《The Theory and Practice of Advertising: A Simple Exposition of the Principles of Psychology in Their Relation to Successful Advertising》 (Boston: Small, Maynard, 1903). 잡지 기사들 덕분에 그의 이름이 널리 알려졌고 그 이후 컨설팅 업무가 더 늘었다.

다"고 말했다.[6] 이 요청은 인사 컨설팅으로 이어졌고, 또한 그의 연구를 발전시킬 기회를 제공했다. 예를 들어 미국담배회사American Tabacco Company는 그에게 영업직원 선발에 심리학을 이용하는 방법을 연구해 달라고 요청했다.[7] 1916년 스콧은 후천적으로 학습될 수 없는 것으로 여겨지는 '선천적인 지적 능력'의 수준을 판단하기 위해 자신이 개발한 검사 방법을 설명하는 책을 출판했다.[8]

그의 검사법 중 하나는 지원자에게 주어진 상품을 구입하도록 권유하는 상술을 보여주도록 요구했다.[9] 또 다른 검사법에서 지원자들은 영어 속담과 아프리카 속담을 연결해야 했다.[10] 그는 또한 후보자들의 서체를 분석했는데 특이한 방식이 아니라 에어레스Ayres 서체 평가 방식에 따라 평가하기 때문에 이 방법이 탄탄한 과학적 기초에 근거해 있다고 확신했다.[11]

검사법과는 별도로 스콧은 지원자들에게 이전에 다녔던 3개 기업의 고용주들에게 매우 자세한 설문지를 배포하게 했다.[12] 그러나 그

---

6 "Executive Committee Meets," 〈National Association of Corporation Schools Bulletin〉 no. 1 (March 1914): 48쪽. 이 연합회가 밝힌 조직의 과제는 "개별 노동자의 효율성을 향상하고, 산업의 효율성을 증대하고, 기존 교육기관의 교육과정을 수정하여 산업의 요구에 더욱 부합하게 만드는 것"이었다.

7 Edmund C. Lynch, "Walter Dill Scott: Pioneer Industrial Psychologist," 〈Business History Review〉 42, no. 2 (Summer 1968): 156쪽.

8 Walter Dill Scott, "Selection of Employees by Means of Quantitative Determinations," 〈Annals of the American Academy of Political and Social Science〉 65 (May 1916): 183쪽.

9 지원자에게 5분을 주고 가상의 도매상에게 스포츠 상품을 구입하도록 권유하게 했다. 그 다음 5분 동안 사무용품, 생명보험 또는 만년필을 팔게 했다. '구매자들'은 각 영업행위에 대해 점수를 주었다. 그런 다음 각 점수를 더해 평균을 산출했다. 스콧(Scott)은 평균 점수를 "지원자의 특성을 나타내 주는 것"으로 보았다. 같은 글., 191~192쪽.

10 이 속담들의 영어 번역은 시종일관 명확하지 않았다. 피실험자는 다음과 같은 문장을 어떻게 이해해야 할까? "한 소년이 물을 끈으로 묶고 싶다고 말하면, 그에게 그 물이 솥단지의 물인지, 연못의 물인지 물어보라." 같은 글., 187쪽.

11 같은 글., 188쪽.

12 스콧은 각 고용주에게 판매직의 적임자로 임명할 10명을 염두에 두고, 이전 판매직원이 10명 중 몇 등인지 순위를 매기라고 요구했다. 같은 글., 183~184쪽.

의 방법은 동시대의 설문지에 비해 상대적으로 관대한 것처럼 보였다.《정신 및 신체검사에 의한 직원 선발Choosing Employees by Mental and Physical Tests》(1917년)의 저자 윌리엄 프레즈 켐블William Fretz Kemble은 고용주들에게 지원자의 가장 민감한 개인사와 정치적 견해를 조사하는 샘플용 고용 검사 설문지를 태연하게 제공했다. 다음은 지원자가 표시해야 하는 일부 항목이다. 지원자는 자신이 신뢰하지 않는 항목은 선을 그어 지우고 신뢰하는 내용은 밑줄을 쳤다.

> 나는 다음과 같은 항목을 믿는다. 민주당, 공화당, 독립당, 진보당, 노동당, 금주법, 사회주의, 무정부주의, 발의권, 국민투표, 재판관 소환, 높은 관세, 낮은 관세, 자유무역, 여성참정권, 보통선거에 의한 상원의원 선출, 평화주의, 강력한 이민 제한, 국유화, 의무교육, 노인 연금, 자녀가 없는 가정의 이혼 수당, 손쉬운 이혼, 부패한 십자군, 일요일에 적용되는 엄격한 법률Sunday blue laws, 사형 판결, 법률 확대, 법률 축소, 우생학, 윤회, 크리스천 사이언스 교파, 기독교, 지옥, 천국, 사탄, 요나와 고래: 부적, 손금보기, 생체 해부, 노동조합, 트러스트, 그리고 민간인의 임금·신문·놀이·결혼·오락에 대한 정부 규제.[13]

켐벨은 자신의 '개인적인 의견 검사'가 개인들을 '정신적 역량에 따라 매우 분명하게' 분류하는 데 중요하다고 믿었다. 구직 지원자들의

---

13 William Fretz Kemble, 《Choosing Employees by Mental and Physical Tests》 (New York: The Engineering Magazine Company, 1917), 61쪽.

응답은 '10명의 고위층 임원들'의 응답과 비교했다.[14]

군, 직책 배치를 위한 정신 검사 도입

'정신 검사자들'의 전문 지식이 갑자기 이런저런 다양한 컨설팅 고객들이 아니라 미국 군대에서 필요하게 되었다. 미국은 1917년 4월 6일 독일에 선전포고를 하고, 다음 달 의회는 21~30세까지의 모든 남성(곧 연령 범위가 확대되었다)을 대상으로 강제징집 법안을 통과시켰다.[15] 어떤 사람을 어떤 직책에 배치할 것인지 판단하는 문제가 긴급한 행정 과제로 대두되었다. 심리학 교수들, 곧 '정신 검사자들'이 해결책을 강구하기 위해 즉시 워싱턴으로 소집되었다. 루이스 터먼은 1917년 여름 대규모 검사 계획을 시작하기 위해 구성된 7인 위원회의 한 사람이었다.[16] 그것은 '정신 능력'에 따라 사람을 분류하는 것이었다. 즉 '정신적으로 무능력한 사람'을 선별하고 '책임 있는 직책'을 맡기에 가장 적합한 자질을 갖춘 사람을 찾아내는 것이었다.[17] 나중에 군을 위한 민간 실무그룹(학계의 심리학자와 인사 관리자)이 확대 설치되었다. 이 인사 분류 위원회에는 처음에는 터먼, 컬럼비아 대학의 에드워드 L. 손다이크 Edward L. Thorndike, 하버드 대학의 로버트 여키스Robert Yerkes, 네슈빌의 조지 피바디 사범대학의 에드워드 K. 스트롱Edward K. Strong(전쟁 후

---

14 같은 책,, 33쪽.

15 "H.R. 3595, An Act to Authorize the President to Increase Temporarily the Military Establishment of the United States," Sixty-Fifth Congress, Session I, Ch. 15, 1917, 80쪽, http://www.legisworks.org/congress/65/publaw-12.pdf.

16 〈Army Mental Tests〉, ed. Clarence S. Yoakum and Robert M. Yerkes (New York: Henry Holt, 1920), x-xi, 2. 위원회 의장은 Robert M. Yerkes이며 터먼을 제외한 다른 위원은 W. V. Bingham, H. H. Goddard, T. H. Haines, G. M. Whipple, and F. L. Wells였다.

17 같은 글., xi.

에 스탠퍼드로 옮겼다)이 포함되었다. 월터 딜 스콧은 이 위원회의 책임자였다.[18]

전쟁 전, 터먼은 '정신 검사'를 의심의 눈길로 보는 '보수적인 심리학자들'이 자신을 경멸한다고 느꼈다. 그는 심지어 미국심리학회에도 가입하지 않았다. 그러나 그가 1916년 여름 학기에 뉴욕 대학에서 가르칠 때 그는 비슷한 생각을 가진 다른 심리학자들과 공유할 것이 많다는 점을 인정하기 시작했다. 다음 해 선전포고가 있은 뒤 그는 그해 여름 컬럼비아에서 가르쳤고 다른 심리학자들과 대규모 검사 계획 작업을 수행했다. 그는 이렇게 썼다. "나는 더 이상 고립되었다고 느끼지 않았다. 나는 장기적으로 정신 검사 분야에 대한 나의 공헌이 제대로 인정을 받을 것이라는 더 큰 확신을 갖고 다시 나의 일에 착수할 수 있었다."[19]

조언자들은 비네 지능 검사와 스탠퍼드-비네 검사와 같은 다양한 수정된 검사법이 검사에 너무 많은 시간이 든다고 생각했다. 미군은 많은 피조사자를 검사하고 신속하게 결과를 알 수 있는 지능 검사법이 필요했다. 터먼의 스탠퍼드 박사과정생 중 한 사람인 아서 S. 오티스 Arthur S. Otis[20]는 조언자들이 찾고 있던 것과 비슷한 지능 검사법을 초안 형태로 갖고 있었다. 미군은 가을에 이 검사법을 기초로 4개 지역에

18 Edward Strong, "Work of the Committee on Classification of Personnel in the Army," 〈Journal of Applied Psychology〉 2, no. 2 (June 1, 1918): 137~138쪽.

19 Lewis M. Terman, "Trails to Psychology," in 《A History of Psychology in Autobiography》, 297~331쪽, ed. Carl A. Murchison (Worcester, MA: Clark University, 1930), 325~326쪽.

20 오티스는 스탠퍼드에서 모든 학위를 받았다. 1910년에 심리학 전공으로 학사 학위, 1915년 교육학으로 석사 학위, 1920년에 교육학으로 박사 학위를 각각 받았다.

서 시범 검사를 실시했다.[21]

심리학자들은 이 검사가 "최대한 학교 교육과 교육적인 혜택으로부터 완전히 독립적이기를" 원했다.[22] 그러나 이런 요구는 미군의 검사법을 계승하여 가장 널리 사용되는 학업적성검사SAT에서도 해결되지 않고 있다. 이것은 결코 달성할 수 없는 목표일 것이다. 단 몇 주라는 짧은 기간에 검사와 자료 처리를 끝내는 것은 분명히 불가능했다. 그래서 이 검사는 산술 문제, 아무렇게 나열된 단어들을 논리적 순서로 배열하는 문제, 일련의 숫자를 확장하는 문제, 유비, 동의어–반의어 문제, '실무적인 판단'이라고 부르는 범주 문제, 마지막으로 교육과 긴밀한 상관이 없는 범주인 '일반 정보' 문제로 구성되었다.[23]

다음은 이 검사법의 최종판에 사용된 몇 가지 질문 사례다.

30명의 남자와 7명의 남자는 모두 몇 명입니까?

고양이가 유용한 동물인 까닭은 쥐를 잡기 때문입니까? 혹은 온순하기 때문입니까? 혹은 개를 두려워하기 때문입니까?

가죽을 신발 제작에 사용하는 이유는 가죽이 모든 국가에서 생산되기 때문입니까? 혹은 내구성이 좋기 때문입니까? 혹은 동물 제품이기 때문입니까?

---

21 〈Army Mental Tests〉, 2쪽.
22 같은 글., 3쪽.
23 같은 글., 16쪽.

다음 두 단어는 같은 뜻입니까 아니면 반대의 뜻입니까? : 젖은-마른

다음 두 단어는 같은 뜻입니까 아니면 반대의 뜻입니까? : 안에-밖에

다음 두 단어는 같은 뜻입니까 아니면 반대의 뜻입니까? : 언덕-계곡

다음 단어들을 문장으로 만들고 그 문장이 참인지, 거짓인지 말하시오.

　사자는 동물이다 강한lion strong are.

　집에 사람들은 산다house people in live.

　한 주는 이다 8일days there in are week eight a.

다음의 일련의 숫자에 이어지는 두 숫자를 쓰시오: 3, 4, 5, 6, 7, 8.

다음의 일련의 숫자에 이어지는 두 숫자를 쓰시오: 15, 20, 25, 30, 35.

다음의 일련의 숫자에 이어지는 두 숫자를 쓰시오: 8, 7, 6, 5, 4, 3.[24]

　각 문제의 정답을 맞추면 1점이 주어졌다. 검사자들은 이 문제들이 확실한 정체를 알 수 없는 일반지능을 나타내 준다고 믿었다. 그들은 피검사자가 획득한 총점에만 관심이 있었다. '능력 지능faculty intelligence'에는 전혀 관심을 두지 않았다. 아무도 문제의 종류에 따른

24　Henry Herbert Goddard, 《Human Efficiency and Levels of Intelligence》 (Princeton: Princeton University Press, 1920), 31~32쪽.

획득 점수의 차이와 같은 세부사항에는 주의를 기울이지 않았다. 사람들은 한 번에 500명씩 대규모 단위로 검사를 받았다. 그들이 검사지를 채우면 검사 직원들이 스탠실 오버레이stencil overlay를 이용해 신속하게 채점했다. 글자를 이용한 이 필기 검사는 처음에는 알파 검사 Examination Alpha라고 불렸다. 컨설팅 심리학자들은 스탠퍼드-비네 검사법과 알파 검사의 상관관계가 0.80~0.90라고 주장했다. (장교들이 자기 부하를 평가한 점수와 알파 검사의 상관관계는 단지 0.50~0.70이었다.)**25**

검사자들은 많은 사람이 질문을 이해할 정도로 영어를 잘 하지 못하거나, 영어를 모국어로 사용하는 사람이라도 글자를 읽을 줄 모른다는 것을 알았다. 그래서 알파 검사에서 점수가 낮은 사람들에게 미로 검사, 그림 완성 문제, 설명이 따로 필요 없는 활동으로 이루어진 베타 검사지를 제공했다. 약 30%의 사람들에게 베타 검사가 필요했다.**26**

오직 총점을 기준으로 피검사자에게 A부터 E까지 문자 점수를 부여했다. A점수와 높은 B점수를 받은 사람들은 장교 훈련 학교로 보내졌다. B점수와 높은 C점수를 받은 사람은 행정직에 적합한 사람으로 간주되었다. 일반적인 사병의 점수는 C점수대였다. D점수와 F점수를 받은 사람은 지능이 부족하여 군에서 쓸모가 없었다(하지만 이 프로그램에 관한 미군의 공식 표현에 따르면, 이 사람들은 '정신박약자를 위한 교육 기관 입소 대상자'는 아니었다).**27**

미군의 지능 검사는 역사적으로 보면 아주 짧은 기간 동안 170만

25 〈Army Mental Tests〉, 16, 20쪽.
26 같은 글., 12, 16쪽.
27 같은 글., 8~9, 16쪽.

명 이상에게 시행되었다. 이 검사 때문에 지능 검사는 인사 관리의 주요 도구가 되었을 뿐 아니라 단어 문제나 미로, 그리고 이와 유사한 것이 불변하는 지능을 하나의 숫자로 나타낼 수 있다는 개념이 허용되었다.[28] 한 군사 기지에서 발행하는 신문 〈캠프라이프 치카마우가 Camplife Chickamauga〉에 실린 엉터리 시는 지능 검사가 비록 일반 사병은 아니라고 해도 군대 지휘관들의 판단에 중요한 영향을 미치고 있음을 잘 보여준다.

'정신 검사자들의 행진'
(곡조: 쇼팽의 장송 행진곡)

우리는 안경을 쓴 용맹한 정신 검사자
모든 군인에게 점수를 매길 준비를 한다네
장병에게 군에서 가장 적합한 자리를 정해준다네
이것이 정신 검사자의 일이지
빌 카이저가 우리의 효율성이 일으킨 지진을 느끼고
바다 저편 왕좌에서 떨리라
어깨 펜! 앞으로 가!
군대 정신 검사자들의
위대한 승리를 향해[29]

---

28 같은 글., 12쪽.
29 〈Camplife Chickamauga〉, clipping, Yerkes Papers, Box 94, file 1782. Reproduced in 《Joanne Brown, The Definition of a Profession: The Authority of Metaphor in the History of Intelligence Testing, 1890~1930》(Princeton: Princeton University Press, 1992), 113~114쪽.

전쟁이 끝난 뒤, 새롭게 등장한 탁월한 전문가인 심리학자들은 학생이나 직원을 선발하는 방법을 제공했다. 이 방법은 후보자가 배운 내용이 아니라, 본질적으로 모든 종류의 학교나 직장에 유용한 것으로 추정되는 지능을 보여주려고 시도했다. 지능 검사는 아주 폭넓게 확산될 준비를 갖추었다.

지능 검사의 발전

1919년 컬럼비아 대학은 손다이크 지능 검사를 지원자의 필수요건으로 만들었다.[30] 이 대학의 에드워드 L. 손다이크가 만든 이 검사법은 미군의 알파 검사의 하위 검사 항목(SAT의 검사항목을 예고했다)을 대부분 포함했다(독해, 문장 배열, 산술 문제, 동의어-반의어, 삼단논법, 그림과 숫자 기억하기, 진술문의 참과 거짓 판별, 정밀하게 측정하기 어려운 것처럼 보이는 범주인 '판단').[31] 손다이크 검사에는 모순점이 내포되어 있었다. 손다이크는 자신의 검사법을 지능 검사라고 불렀다. 여기서 지능은 교육에 의해 영향을 받지 않지만, 검사지의 질문은 손다이크가 직접 인정했듯이 '훌륭한 교육적 혜택'을 받은 고등학교 학생에 맞게 설계되었다. 1921년 그는 대학 입학부서를 위해 준비한 안내 자료에서 이렇게 썼다. "동등한 지능을 가졌다 해도 시설이 나쁜 고교의 졸업생과 외국인 학생들의 기대 점수는 낮을 것이다."[32]

30 M. C. S. Noble, Jr., "Standardized Group Intelligence Tests as a Basis of Selection of Students for Admission to Colleges and Universities," 〈High School Journal〉 9, no. 2/3 (February/March 1926): 32쪽.

31 《The Thorndike College Entrance Tests in the University of California》, comp. J. V. Breitwieser (Berkeley: University of California Press, 1922), 3쪽.

32 Edward L. Thorndike, 《Thorndike Intelligence Examination for High School Graduates: Instructions

컬럼비아 대학이 손다이크 검사법을 채택한 것은 기존 관행을 포기한다는 뜻이었다. 기존에는 1900년대에 만들어진 대학 입학시험위원회가 출제한 과목 시험을 주로 이용했다.**33** 손다이크 검사법으로 변경함으로써 컬럼비아 대학의 입학부서는 고등학교에서 평균 이상의 노력 덕분에 '타고난 지능'을 능가하는 탁월한 학점을 받은 '공부벌레' 또는 '과잉성취자'로 간주되는 유대인 지원자들을 걸러낼 수 있었다.**34** 컬럼비아에 이어 다른 대학들도 입학생 선발에 손다이크 검사법을 채택했다. 캘리포니아 대학은 1921년 1월 처음으로 이 검사를 시행하면서 다른 대학들보다 고등학교 과목과 더 밀접한 관련이 있는 질문을 포함시켰다. 이 검사를 감독하던 교수위원회는 고교 졸업자를 위한 손다이크 지능 검사에서 '지능'이라는 단어를 빼고 자체적으로 정한 명칭인 '손다이크 대학 입학시험'이라고 불렀다.**35**

스탠퍼드, 입학을 위한 지능 검사 도입

스탠퍼드는 캘리포니아 대학이 손다이크 검사법을 채택했다는 것을 알고**36** 루이스 터먼에게 지능 검사를 채택한 다른 단과대학과 종합대학의 경험을 소개해달라고 초청했다. 당연한 일이지만, 터먼은 스탠

for Giving and Scoring, Series of 1919, 1920, 1921 and 1922》 (New York: Teachers College, Columbia University, 1921), 12쪽.

33 Nicholas Lemann, 《The Big Test: The Secret History of the American Meritocracy》 (New York: Farrar, Straus and Giroux, 2000), 28~29쪽.

34 Robert A. McCaughey, 《Stand, Columbia: A History of Columbia University in the City of New York, 1754~2004》 (New York: Columbia University Press, 2003), 268~269쪽. Columbia discarded the Thorndike exam in 1934.

35 〈Thorndike College Entrance Tests〉.

36 "U.C. Faculty Asks to Take Intelligence Tests with Students," 〈SD〉, January 24, 1921.

퍼드가 입학을 위한 지능 검사를 채택해야 한다고 강력하게 주장했다. 아울러 입학했다가 낮은 학점 때문에 퇴학당하는 지원자의 입학을 막아야 한다고 충고했다. 그의 계산에 따르면, 스탠퍼드가 정학당한 학생을 가르치는 데 든 비용과 퇴학당한 학생들을 가르치는 데 든 비용을 합하면, '공식적으로 불만족스럽거나 의심스러운' 학생들에게 투자된 총 비용은 대학 교육예산의 약 3분의 1에 해당했다.[37]

몇 달 뒤 스탠퍼드 교무위원회는 모든 학부생에게 손다이크 검사를 요구하는 안건을 투표에 부쳤다. 처음에는 검사 점수를 입학 여부를 결정하는 데 사용하지 않고 실험적으로 시행해보고, 그 뒤 그 결과에 기초해 손다이크 검사를 입학에 필요한 최소 점수의 근거로 사용하기로 결론을 내렸다.[38] 이후 터먼은 "이 필수 요건은 그렇지 않을 경우 입학했을 멍청이들을 쫓아버리고 높은 점수를 얻는 지원자를 많이 끌어들이는 바람직한 결과를 낳았다"며 기뻐했다. 2년 뒤 입학생의 평균 점수는 10점이 상승했다. 그는 대학 당국에 학교가 "우수한 두뇌 유치에 관심 있다"는 점을 공표하라고 촉구했다. 그리고 대학이 지원자를 평가할 때 '지능 점수'에 더 많은 가중치를 줄 경우 학생 전체의 평균 점수가 이전의 학생집단 전체에서 상위 10% 학생들의 점수와 같아질 것이라고 예상했다.[39]

검사 점수와 함께 폭넓은 일반화가 이루어졌다. 스탠퍼드 학생들의 점수 자료가 수집되자마자 하위 집단에 관한 일반화가 이루어졌다. 대

---

37 Lewis M. Terman and Karl M. Cowdery, "Stanford's Program of University Personnel Research," 〈Journal of Personnel Research〉 4, no. 7 and 8 (November/December 1925): 263쪽.

38 같은 글., 263~264쪽.

39 같은 글., 264쪽.

학은 평균점수를 받은 학생 중에 수영 선수, 토론자Debaters, 배우가 포함된다고 발표했다. 그리고 교수진과 졸업생 딸들의 점수는 평균 이하였다.[40]

스탠퍼드에 지능 검사를 채택하라고 압박하자마자 터먼은 캘리포니아 주에서 지능지수가 높은 1,000명의 아동에 관한 연구를 시작하는데 필요한 재원을 확보했다. 이 연구는 시계열 추적 연구로써 그가 쓴 네 권의 책 주제가 되었다. 그는 여생을 이 연구에 바쳤고, 그의 후계자들도 역시 그랬다.[41] 터먼은 '영재gifted children'라는 표현을 만들었지만 영재 연구에만 매달리지 않았다. 1922년 그는 〈아둔함의 모험: 대학생의 지적 열등함에 대한 부분 분석Adventures in Stupidity: A Partial Analysis of the Intellectual Inferiority of a College Student〉이라는 제목의 학술 논문을 발표했다.[42] 미술을 가르치던 동료 교수가 똑똑하지 않은 스탠퍼드 학생('K'라고 지칭했다)을 터먼에게 데려와서는 단순한 사물을 그리는데 이렇게 실수를 하는 아둔한 학생을 지금껏 본 적이 없다고 말했다. 터먼이 지능 검사를 시행하기 전에 K에게 스탠퍼드-비네 검사를 실시한 결과, 12세에 해당하는 '정신연령' 점수가 나왔다. K는 첫 학기

---

40 "Fall Students Brightest," 〈SD〉, April 1, 1924쪽.

41 이 연구의 피실험자는 모두 1,528명이었다. Edwin G. Boring, 《Lewis Madison Terman, 1877~1956: A Biographical Memoir》 (Washington, DC: National Academy of Sciences, 1959), 429쪽. 1956년 터먼이 사망하자 이 연구는 스탠퍼드 심리학 교수 로버트 시어스에게 넘어갔다. 그 역시 이른바 '터마이트(Termite)'라고 불리는 피실험자 중 한 사람이었다. 시어스의 말년 무렵인 1987년 또다른 스탠퍼드 심리학자 알버트 하스토프가 연구를 인계받아 프로젝트 연구 자료를 관리하였고 2000년 이 연구가 마지막 터마이트가 죽을 때까지 계속될 것이라고 약속했다. 하스토프는 2011년에 죽었다. Mitchell Leslie, "The Vexing Legacy of Lewis Terman," 〈Stanford Magazine〉, July/August 2000; "75 Years Later, Study Still Tracking Geniuses," 〈NYT〉, March 7, 1995; "Albert Hastorf, Professor Emeritus of Psychology, Former Vice President and Provost, and Former Dean of the School of Humanities & Sciences, Dead at 90," 〈Stanford Report〉, September 27, 2011.

42 Lewis M. Terman, "Adventures in Stupidity: A Partial Analysis of the Intellectual Inferiority of a College Student," 〈Scientific Monthly〉 14, no. 1 (January 1922): 24~40쪽.

에 모든 과목에서 낙제했고, 그럼에도 대학은 터먼이 제공한 다른 많은 검사를 시행한 뒤 그를 퇴학시켰다. 터먼은 이른바 '아둔함의 심리학'에 매혹되어 그것을 정확하게 측정하려고 노력했다.

K의 아버지는 잡화점을 소유하고 있고, 캘리포니아의 소도시에 있는 은행의 책임자였다. K는 스탠퍼드에서 짧은 시간을 보낸 뒤 그곳으로 돌아가 아버지의 가게에서 점원으로 일했다. "그가 상당히 중요한 사업체를 경영할 가능성은 없을 것"이라고 터먼은 예상했다. 스탠퍼드-비네 검사가 보여준 K의 지능은 그의 직업 진로를 결정할 것이다. 그는 제빵사, 이발사, 벽돌공, 도축업자가 될 수 있을 것이다(터먼은 알파벳 순서로 가능한 30개의 직업을 나열했다). 터먼은 K가 성공적인 사업가가 되는 유일한 방법은 다른 사람, 즉 보좌관이나 아내의 능력에 의존하는 것이라고 말했다.[43]

터먼은 표면적으로는 K라는 단 한 사람의 백인에 대한 일반지능 측정 연구에서 지능 검사 점수에 근거해 백인의 직업을 판별하는 과학적인 결정을 내렸고, 비앵글로색슨족을 앵글로색슨족 백인이 차지한 직업보다 더 열등한 직업에 할당했다.

우리는 여기서 주목하는 아둔함의 정도가 극단적이지 않다는 점에 유의하는 것이 좋을 것이다. 약 200만 명의 군인들이 획득한 지능 점수로 판단할 때 K는 사실 인간의 평균 수준에서 약간 더 낮을 뿐이다. 그의 지능은 백인 유권자의 약 70%, 반半 숙련 노동자의 약 50~60%,

---

43 같은 글., 39~40쪽.

비숙련 노동자의 약 20~30%와 비슷하거나 낮다. 아마도 그의 지능은 남이탈리아인의 약 30~40%, 멕시코인 이민자의 약 20~30%와 같거나 낮을 것이다. 평균적인 미국 흑인과 비교할 때 K는 지적으로 뛰어나며 미국 흑인의 10~15%와 같을 것이다. **44**

지능 검사에 대한 비판

과학적 진리라는 아우라가 터먼과 '정신 검사자'들에게 이의를 제기하지 못하게 막았다. 1922년 월터 리프먼Walter Lippmann이 〈뉴 리퍼블릭New Republic〉에 발표한 일련의 글을 통해 터먼과 지능 검사 운동에 이의를 제기했을 때 그는 혼자가 아니었다. 그는 최고 학위가 없는 언론인이었지만 이 검사와 이것이 사용되는 방식의 중요한 결함을 폭로할 수 있었다.

리퍼먼은 먼저 알프레드 비네를 비판했다. 리퍼먼은 비네가 지능을 정의하려는 야심을 갖고 시작했으며 그 뒤 해결책을 찾지 못했고 프로젝트를 포기해야 했다고 언급했다. 비네는 이 연구에서 질문과 퍼즐, 그리고 리퍼먼의 표현에 따르면 '교묘한 방법stunts'를 고안하여 지능에 관한 무언가를 나타낼 수 있기를 바랐다. 그리고 비네는 파리의 학교 아동을 검사했다. 특정 연령의 아동 약 65%가 검사를 통과한 경우, 바로 그 사실 때문에 그것은 해당 연령의 지능을 보여주는 것으로 간주되었다. 그러나 심리학자는 지능이 무엇인지 모른다.

루이스 터먼이 비네의 질문들을 캘리포니아로 가져와 학교 아동을

---

44 같은 글., 34쪽.

검사했을 때 그 질문들은 프랑스에서의 검사와 다른 결과를 나타냈다. 그런데도 비네의 검사의 토대가 된 가정에 의문을 제기하는 대신, 터먼은 비네의 검사와 같이 연령 집단의 65%가 통과할 때까지 질문을 단순히 바꾸었다.[45] 리퍼먼은 아무것도 객관적으로 측정되지 않았고, 일부 학생이 다른 학생과 다르게 질문에 대답했을 뿐이라고 지적했다. 옳은 것으로 간주된 대답은 우스울 정도로 임의적이었다(리퍼먼은 터먼이 '정의'에 대한 올바른 정의를 '우리가 법원에서 얻을 수 있는 것'으로 간주하고 '정직한 것'은 틀린 정의로 간주했다고 지적했다). 그러나 이런 임의성은 아주 정확하게 설정된 질문 분포에 의해 은폐되었다(그는 피실험자의 65%가 항상 터먼이 인정한 대답에 동의하도록 질문을 설계했다).[46]

리퍼먼은 "일요일 신문의 퍼즐을 풀거나 체스를 두는 데 아주 능숙한 정신 유형이 특히 이런 검사에 유리할 수 있다"고 지적했다. 그러나 그것은 이런 개인들이 반드시 지적이라는 의미는 아니다. 그것은 단지 그들이 퍼즐이나 게임을 잘한다는 의미일 뿐이다. 그는 타고난 지능은 '삶을 다루는 능력'이며 터먼 같은 심리학자를 포함하여 어떤 사람도 높은 지능지수가 지능에 관한 리퍼먼의 실용적인 정의와 밀접하게 상관관계가 있다는 경험적인 증거를 갖고 있지 않다고 믿었다.[47]

리퍼먼은 상관성을 찾으려면 오랜 시간이 걸릴 것이라고 말했다. 그는 '유전적인 지능' 검사가 '골상학과 손금 보기' 그리고 '의지력을 통신 강좌로 가르치는 것'보다 더 과학적인 근거가 없는 것으로 드러날 것이

45 Walter Lippmann, "The Mental Age of Americans," 〈New Republic〉, October 25, 1922, 213~214쪽.
46 Walter Lippmann, "The Mystery of the 'A' Men," 〈New Republic〉, November 1, 1922, 246~247쪽.
47 Walter Lippmann, "The Reliability of Intelligence Tests," 〈New Republic〉, November 8, 1922, 276쪽.

라고 예상했다.**48** 한편, 그는 교육자들이 이 검사가 아이들의 '숙명적인 능력'을 과학적으로 나타내준다고 믿고, 그에 따라 교육자 중 '더 심각한 편견을 가진 사람들'이 검사 결과에 따라 학생들을 구분하고 '자신의 의무인 교육을 망각할까봐' 심각하게 우려했다.**49**

〈뉴 리퍼블릭〉은 터먼에게 해명할 기회를 주었다. 그는 냉정하고 분석적이고 학문적인 목소리가 아니라 자신을 지지하는 군중들 앞에서 연설하는 혈기왕성한 정치 후보자의 목소리로 대답했다. 그는 "인류 중 일부는 다른 사람들보다 상당히 더 아둔하다" 또는 "대학 교수는 수위보다, 건축가는 벽돌을 나르는 사람보다, 철도회사 사장은 선로변환기 관리자보다 더 지성적이다"라고 말한 정신 검사자들을 은연 중에 비판했다며 리퍼먼을 상당히 편파적으로 조롱했다. 터먼은 또한 리퍼먼이 직업적으로 성공한 부모의 자녀들이 천한 직업을 가진 자녀보다 "더 나은 자질을 갖고 있다"는 검사자들의 연구 결과에 의문을 제기한 것에 대해 정조준했다.**50** 터먼은 자신의 글 여러 곳에서 더 높은 점수는 '더 나은 자질'을 반영하며 계층과 인종 간의 차이는 본질적으로 주로 유전적이라고 추정했다.

직업흥미 검사

리퍼먼의 반대는 '정신 검사'의 발전을 막지 못했다. 손다이크 지능 검사는 대학 입학을 원하는 고등학생들을 걸러냈지만 그들이 입학 관

---

48 Walter Lippmann, "A Future for the Tests," 〈New Republic〉, November 29, 1922, 10쪽.

49 Walter Lippmann, "The Abuse of the Tests," 〈New Republic〉, November 15, 1922, 297쪽.

50 Lewis M. Terman, "The Great Conspiracy, or the Impulse Imperiouis [sic] of Intelligence Testers, Psychoanalyzed and Exposed by Mr. Lippmann," 〈New Republic〉, December 27, 1922, 116쪽.

문을 통과하고 대학 공부를 시작하면 논리적으로 다음 단계를 완결하기 위해 다른 검사(직업진로 검사)가 필요했다. 전국적으로 가장 널리 이용하는 검사는 스트롱 직업흥미 검사Strong Vocational Interest Blank(오늘날에는 Strong Interest Inventory라고 한다)였다. 이 명칭에서 '스트롱'은 '흥미'라는 단어의 수식어구가 아니다(스트롱은 이 검사법을 개발한 에드워드 K. 스트롱Edward K. Strong, Jr.의 성이다). 1922년 스탠퍼드 대학 당국은 루이스 터먼에게 교육학과 교수에서 심리학과장으로 자리를 옮기고 심리학을 확장해달라고 요청했다. 전쟁 기간 중에 스트롱과 함께 일했던 터먼은 카네기 공대에 있던 그를 심리학과 교수로 초빙했다.[51]

비네와 터먼이 지능의 구성요소를 결정하는 시도를 포기하고 다수의 피실험자로부터 획득한 응답을 이용하여 기준을 설정하는 것에 만족할 때, 에드워드 스트롱도 특정 직업에 대한 적성의 구성요소를 결정하려는 시도를 포기했다. 그 대신 스트롱은 직업적 그리고 비직업적 흥미에 관한 현장의 전문직 종사자 표본을 조사하여 그들의 대답을 기준점으로 사용했다. 이 조사의 한 버전에는 400개의 질문이 있었는데 무작위로 선택한 것처럼 보이는 것에 대한 피실험자의 흥미를 조사했다("당신은 연설하는 것을 좋아합니까? 당신은 윈도 쇼핑을 좋아합니까? 당신은 껌을 씹는 사람을 좋아합니까?").[52] 스트롱은 이 질문들이 같은 직업 분야의 전문가들이 서로 비슷한 대답을 하고, 다른 직업 분야의 전문가들은 서로 다른 대답을 하도록 선택되었다고 말했다.

51 스트롱은 1919~1923년까지 카네기 공과대학에서 가르친 뒤 스탠퍼드로 이직했다. John G. Darley, "Edward Kellogg Strong, Jr." 〈Journal of Applied Psychology〉 48, no. 2 (April 1964): 73쪽.

52 "Looking for Right Job? Strong Test Reveals All," 〈SD〉, March 30, 1948.

그는 그 질문을 의사, 변호사, 엔지니어에게 배포하여 조사를 시작했다. 그런 다음 그는 남학생들에게(여학생용은 10년 뒤에 만들어졌다[53]) 관심사에 대해 똑같은 질문을 했다. 학생들의 대답이 전문가 집단의 대답과 얼마나 상관관계가 높은지에 따라 학생과 장래의 직업 간의 조화를 나타내는 문자를 부여했다(A, B, C는 전체 집단을 나타내며, 가장 비슷한 흥미를 가진 집단에서부터 다른 직업을 찾아야 하는 집단까지 보여준다).

가령, 의사가 되고 싶은 단과대 대학생은 스트롱 검사를 받을 필요가 있을까? 루이스 터먼은 가장 강력하게 '그렇다'라고 믿었다. 그는 직업적 흥미는 "내면 성찰과 자기 관찰로는 쉽게 찾을 수 없다"고 말했다. 그 대신 학생의 흥미와 특정 직업에서 성공을 거둔 사람들의 흥미 간의 밀접한 유사성을 이용해 찾을 수 있다. 검사를 이용하면 학생들이 "부모에 의한 편차, 가장 좋아하는 교사의 개인적 영향, 직업에 관한 불완전하거나 정확하지 않은 지식" 또는 터먼이 열거하지 않는 다른 요인들에 의해 오도되는 것을 막을 수 있다.[54]

스트롱과 부교무처장 칼 M. 카우더리Karl M. Cowdery가 이 검사를 스탠퍼드 1927년 학번 모든 남학생에게 시행하려고 했을 때, 그들은 '심리학 과목에 대해' 거의 모르는 다수와 이 검사를 그다지 진지하게 대하지 않은 소수의 '무감각한 학생'을 발견했다.[55] 그들은 그 학생들에게

---

53 "Test '1,000' for Vocation," 〈SD〉, October 23, 1934. 그 당시 사용된 스트롱 검사 버전은 8페이지의 "직업적 관심도를 평가할 수 있는 적절하고도 다양한 질문으로 구성된다. 이 자료는 사람들의 직업, 오락, 활동, 특이한 성격에 대한 선호도 그리고 현재의 능력과 특징에 대한 자기 평가 자료가 포함된다.

54 Terman and Cowdery, "Stanford's Program," 266쪽.

55 설문지에 응답한 사람은 287명으로, 그 학년의 3분의 2에 해당했다. Edward K. Strong, Jr., "Predictive Value of the Vocational Interest Test," 〈Journal of Educational Psychology〉 26, no. 5 (May 1935): 331, 332쪽.

이 검사를 '대학생다운 유머를 과시하는' 기회로 삼지 말라고 요구했다. 가령, 교수가 역사 수업 시간에 한 재치 있는 학생에게 덜루스에서 뉴욕까지 가는 배의 경로를 말해보라고 하자 그는 그 배가 덜루스 항구를 떠나자마자 침몰했다고 썼다. "이 대답은 아주 재미있지만 직업흥미 검사에는 아무런 가치도 없다"고 그들은 말했다.[56]

학생들이 스트롱 검사지를 진득하게 채웠음에도 검사 결과는 거의 우스꽝스러울 정도였다. 스트롱은 1927년 〈교육심리학 저널Journal of Educational Psychology〉에서 "자격을 갖춘 공인회계사들의 점수는 임원, 은행가, 간부 직원, 생명보험 영업직원과 가장 비슷하고, 예술가, 목사, 의사, 작가, 변호사와 매우 다르다"고 말했다. 그 자신도 혼란스러웠다. "이 모든 설명은 명확하지 않다."[57]

1927년도 남자 입학생들에게서 설문지를 수집한 뒤(스트롱은 여학생은 무시했다), 스트롱은 1928년, 1929년, 그리고 1932년에 추적 설문지를 발송해 직업흥미 검사의 예측력을 알아보려고 했다. 졸업생의 절반이 자신의 원래 직업 계획을 그대로 따랐고, 4분의 1은 완전히 계획을 바꾸었으며, 나머지는 졸업 후 그들이 무엇을 할지 전혀 몰랐다.[58] 스트롱은 1930년 스탠퍼드 1학년생을 검사하고 1931년, 1939년, 1949년에 추적 검사지를 보내고 전혀 특별한 내용이 없는 결과를 발표했다. 77%는 1학년 때의 조사 이후 9년 동안 동일한 직업적 흥미를 가

56 "Check Your Preference," 〈SD〉, April 19, 1927.

57 Edward K. Strong, Jr., "Differentiation of Certified Public Accountants from Other Occupational Groups," 〈Journal of Educational Psychology〉 18, no. 4 (April 1927): 235쪽.

58 Strong, "Predictive Value," 331~333, 343쪽.

졌고, 76%는 19년 뒤에도 동일한 직업적 흥미를 보였다.[59]

스탠퍼드 대학 출판부는 오랫동안 스트롱의 직업흥미도 검사지를 발간하다가 마이어스-브릭스 성격유형검사MBTI 발행업체인 CPP에 사용권을 팔았고, 나중에는 완전히 매각했다.[60] 이 검사는 오늘날 계속 사용되고 있지만 스탠퍼드 학생의 졸업 후 계획에는 더 이상 활용되지 않는다.

스탠퍼드 대학 학생은 미군의 알파 검사를 계승한 SAT에 의해 영향을 받는다(적어도 입학하기 전에 영향을 받는다). SAT는 기본적으로 더 어려운 질문이 포함된 알파 검사다.[61] 또한 이것은 알파 검사의 기초가 되는 전제, 즉 질문은 교육이나 코칭으로 개선될 수 없는 일반지능을 보여준다는 전제에 기초한다. 이 전제는 이제 오류로 밝혀졌다. 그러나 미군은 많은 징집 장병을 신속하게 처리해야 했고 그에 따라 개발된 검사법도 대규모 단위로 사용할 수 있도록 만들어졌다. 마찬가지로 SAT 역시 수백만 명을 검사할 수 있도록 만들어졌다. 편의성이 과학을 짓뭉갠 것이다. 그러나 이 검사가 광범위하게 사용되면서 적성 또는 학과 성향 검사를 가로막는 강력한 방어막 역할을 했다. 이로 인해 학생들은 조기에 좁은 진로를 선택하도록 강요받았고 인문교육의 혜택을 받지 못했다.

59 "Strong Vocational Results Prove Valid After 19 Years," 〈SD〉, September 26, 1952.

60 스탠퍼드 대학 출판부는 2004년 판권을 판매했다. "CPP, Inc., Purchases Strong Interest Inventory Assessment from Stanford University Press," 〈PR Newswire〉, September 8, 2004.

61 Lemann, 〈The Big Test〉, 30~31쪽.

13장
약한 연결의 힘

엘리세 그랜가드Elise Grangaard는 1940년대에 도입된 이후 널리 확산된 많은 다학제 전공 중 가장 초기 전공 중 하나인 미국학을 전공했다.[1] 2012년 다학제 전공은 스탠퍼드 학부생 중 3분의 1이 선택했다.[2] 그러나 그랜가드는 졸업하고 직장을 찾을 때 자신의 전공을 그다지 고려하지 않았다. 그녀는 심각한 경기 침체 시기인 2009년에 처음 졸업하는 학번이기 때문이었다. 새로운 대학 졸업자들에 대한 시장 수요는 적었고, 그녀는 졸업 후 암울한 시기에 많은 고생을 했다. 하지만 그녀

---

1   "European–American Relations to Be Studied in New Course," 〈SD〉, March 4, 1943.
2   Stanford University, 《Study of Undergraduate Education, The Study of Undergraduate Education at Stanford University (SUES)》 (Stanford: The Office of the Vice Provost for Undergraduate Education, Stanford University, 2012), 17쪽.

는 탈출구를 찾았다.

그랜가드는 미니애폴리스 근교 미네소타 에디나Edina에서 스탠퍼드로 왔다. 그녀는 고향에서 프랑스어를 집중적으로 가르치는 학교에 다녔다. 부모님은 둘 다 스탠퍼드 출신이었다. 그녀의 어머니는 영문학을, 아버지는 경제학을 전공했다.[3] 고등학교에 다닐 때 그녀는 역사학과 영문학을 가장 좋아했고, 이 두 과목이 결합되어 하나의 역사적 시간 안에서 다학제적 관점을 제공하는 미국학이 즉시 그녀의 관심을 끌었다. 그녀는 '1960년대의 비전'이라는 매력적인 입문 세미나를 들었다. 이 세미나에서는 특별히 《말콤 X 자서전The Autobiography of Malcolm X》, 《전기 쿨에이드 산 테스트The Electric Kool-Aid Acid Test》를 읽고, 영화 〈졸업〉을 보고 토론했다. 방과 후 그녀는 학생이 운영하는 스탠퍼드 최대 연극단체 '램스 헤드'Ram's Head에서 활동했다. 또한 밴드(릴랜드 스탠퍼드 주니어 대학 행진 악대)에서 트럼펫도 연주했으며, 이 밴드의 핵심 멤버로서 원정 농구경기에서 연주하기도 했다.[4]

1학년을 마친 뒤 여름 방학 때 그랜가드는 에디나로 돌아갔다. 그녀는 인턴직을 알아보지 않고 아이를 돌보는 일을 하거나 고교 친구들과 시간을 보냈다. 그해 여름 그녀는 직업 측면에서 진전이 없었고, 2학년을 마친 뒤 여름에 트윈 시티에서 인턴직을 찾기로 결심했다. 신발 제조기업 최고경영자인 그녀의 아버지는 그녀를 위해 미니애폴리스에

---

3 그랜가드의 아버지는 시카고 대학 경영학 석사 학위를 받았다.

4 밴드의 몇 가지 대형과 현장 공연 주제는 상대 운동팀을 조롱하거나 괴롭혔고, 프리(Free)의 〈All Right Now〉을 개사한 노래는 대학의 비공식 응원가로서 대학의 상징 중 하나이였다. 밴드는 스스로를 "학생 자치, 로큰롤 음악, 나쁜 패션 감각을 무기로" 장착한 팀으로 묘사했다. History page, LSJUMB website, http://lsjumb.stanford.edu/history.html, accessed January 3, 2017.

본사를 둔 타깃 코퍼레이션Target Corporation에서 일하는 그의 친구에게 연락했다. 그 친구의 연락을 받은 인사부서는 인사 업무 분야의 인턴직에 관해 그녀와 이야기를 나누었다. 그랜가드는 이 회사 전체에 100명 이상이던 여름 인턴 중 한 사람이 되었다.

판매직 정규직을 거부하고 꿈을 좇은 그랜가드

2007년 여름, 타깃 코퍼레이션은 경영 분야의 직원을 채용할 때 인터넷을 그다지 많이 활용하지 않았다. 이 회사는 자사 웹사이트에 구인 공고문을 올렸을 뿐 다른 곳에는 거의 광고하지 않았다. 그랜가드는 회사가 홍보하기 원하는 대학의 학생들에게 웹을 더 효과적으로 이용해 광고를 전달하는 방법을 찾는 과제를 자신의 여름 인턴 프로젝트로 배정받았다. 타깃 코퍼레이션과 마찬가지로 구글이나 페이스북 같은 실리콘밸리의 최고 기업조차도 소수의 대학에서만 직원을 모집했다. 사실, 타깃 코퍼레이션이 20개 또는 25개의 선호하는 단과대학이나 종합대학을 지칭하기 위해 사용하는 용어는 목표 대학target schools이었다(소문자 t를 사용했다). 주요 목표 대학 중 한 곳은 그 지역에 있는 미네소타 대학의 칼슨 경영대Carlson School of Management였다. 대부분의 다른 목표 대학은 중서부 지역에 있었고, 소수 대학은 멀리 떨어져 있었다. 스탠퍼드도 목표 대학 중 하나였다.

그랜가드는 이 프로젝트를 즐겁게 수행했다. 그녀는 목표 대학의 온라인 졸업생 구직 게시판을 열심히 조사하고 인사부서가 회사의 구인 광고를 목표 대학의 일자리 게시판에 올리는 업무 절차를 개발했다. 그녀는 과제를 잘 수행했고 그 결과, 다음 여름에 다른 부서에서 다른 인턴직으로 일해 달라는 요청을 받았다.

그녀는 3학년 봄 학기 동안 파리에서 공부했다. 그녀는 스스로에게 계속 반복해서 매순간의 경험을 충분히 즐기라고 말했다. 심지어 밥 먹는 시간까지도 말이다. 다시는 파리에 올 기회가 없을지도 몰랐기 때문이었다.

파리 생활이 끝난 뒤 그녀는 두 번째 여름 인턴을 위해 미네소타의 타깃 코퍼레이션 본사로 돌아갔다. 판매부서에 배정된 그녀는 유아 및 아동 상품의 '재고 처분 세일 가격'을 책정하는 일을 했다. 가격과 판매 자료를 연구해 이를테면 공식 가격에서 50% 할인, 그 다음 70% 할인, 그 다음 90% 할인과 같은 방식으로 점진적으로 가격을 낮추는 일정을 최적화하는 것이었다.

그랜가드는 판매부서에 배치된 5명의 인턴 중 한 사람이었다. 다른 인턴들의 전공은 경영학과 경제학이었다. 그러나 어떤 사람도 그녀의 분석 방법 습득 능력에 이의를 제기하지 않았다. 미국학을 전공하면서 프랑스어를 부전공으로 배우는 3학년 학생이 대량의 자료를 처리하고, 상황이 요구하는 필요한 것을 습득할 수 있다는 것은 인문학 전공자에 대한 좋은 인상을 심어주었다. 회사는 그녀의 업무 능력에 만족했다. 4학년 가을, 회사는 그녀가 다음해 6월에 졸업하면 판매부서 정규직으로 채용하겠다고 제의했다.

그녀가 제의를 수락한다면 졸업 후 진로에 대한 큰 고민을 덜 수 있을 것이다. 그녀는 졸업을 향한 카운트다운이 진행됨에 따라 걱정이 기하급수적으로 증가한다는 것을 알고 있었다. 2008년 11월이었다. 리먼 브러더스사가 9월에 파산했고, 비상경제안정화법(2008년)이

의회를 신속하게 통과해 10월에 발효되었다. 스탠퍼드 4학년생들은 2009년 취업 시장이 정상적이지 않을 것임을 알 수 있었다. 보통 가을이 되면 캠퍼스 곳곳에서 볼 수 있었던 투자 은행들도 보이지 않았다. 컨설팅 회사들 역시 직원 채용 규모를 대폭 줄었다. 구글조차도 적어도 비기술직 분야에서는 직원을 채용하지 않으려는 것 같았다. 머리 위의 구름이 불길했지만 그랜가드는 타깃 코퍼레이션의 제의에 흥분할 수 없었다. 그녀는 연극과 음악을 좋아했고 자신이 좋아하지 않는 일을 하는 판매부서로 돌아가고 싶지 않았다. 눈에 보이는 어떤 대안도 없이 그녀는 타깃 코퍼레이션의 제의를 거절했다.

마침내 예술 분야로 가다

그랜가드는 어떤 종류의 일이든 예술 분야의 일자리를 간절히 원했다. 책이나 잡지 출판사의 일자리도 좋았다. 4학년 때 그녀는 뉴욕, 보스턴, 로스앤젤레스, 미니애폴리스의 편집직 모집에 지원했다. 그녀는 그때의 경험을 돌아보며 단순히 온라인으로 이력서를 보내는 것은 '일자리를 얻는 방법이 아니라는 것'을 몰랐다고 말한다.

그녀는 1학년 때 7명의 친구와 깊은 우정을 쌓았다. 그 친구들 중 한 사람도 졸업할 때까지 전문직에 취직하지 못했다. 그랜가드는 고향 에디나로 돌아가서 동생들, 고교 친구와 함께 지내고 싶은 마음이 간절했지만 그런 유혹을 뿌리쳤다. 그녀는 팰로앨토에서 여름을 보내면서 예술 분야에서 일자리를 찾을 수 있는지 알아보기로 결정했다. 그러나 첫 번째 과제는 생계를 유지할 일자리를 얻는 것이었다. 졸업 2주 전, 그녀는 팰로앨토 중심가에 있는 레스토랑 겸 주점인 고든 비어쉬

Gordon Biersch에서 파트타임 안내원 일자리를 얻었다.

그녀는 임대료를 낼 필요가 없는 친구의 할머니 집으로 이사했다. 그래서 그녀의 파트타임 일자리(안내하는 일은 곧 음식을 나르는 일로 바뀌었다)는 생활비를 충당하기에 충분했다. 그녀는 낮 시간에 이력서를 보내거나 달리기를 하거나 밴드에서 트럼펫을 계속 연주했다(밴드는 특별한 행사 때뿐만 아니라 여름철이면 매주 리허설을 했다).

여름이 끝날 때까지 그녀는 약 200군데에 입사 지원서를 넣었지만 아무런 소득이 없었다. 그녀는 계속 일자리를 찾기로 결심했다. 그녀는 무료로 이용하던 집에서 나와야만 했고 결국 팰로앨토에 있는 젊은 여자 4명이 임대해 사는 방 4개짜리 집에서 방 한 개를 임대했다. 그랜가드의 방은 부동산업자들이 완곡하게 '보너스 룸'이라고 부르는 세탁실이었다. 그것이 공평하지 않다고 인정한 세입자들은 그녀에게 집 전체 임대료의 5분의 1보다 적은 돈을 내도록 했다. 그녀는 저녁 일정 시간 이후에는 추가로 세탁을 하지 않는다는 기본 규칙을 정한 뒤에는 상황이 그다지 나쁘지 않았다고 말한다.

세입자들 중 한 사람은 레드우드 시티Redwood City의 의료기기 스타트업 오토노믹 테크놀로지Autonomic Technologies의 직원이었는데, 모든 스타트업에서처럼 장시간 일했다. 마침 오토노믹은 2주 동안 임시 사무실 관리자가 필요했고 그랜가드가 그 자리에 고용되었다. 근무 시간은 낮이었고 그녀의 저녁 시간 레스토랑 일에 방해가 되지 않았다. 그랜가드는 회사가 대체할 정규직원을 찾기까지 3개월 동안 그곳에서 일했다. 그녀는 구매 주문과 배송 요청을 관리했고 사무실의 회계를 관리하는 공인회계사와 함께 일했다. 비록 그 업무가 그녀가 정규직으로 하고 싶은 일은 아니었지만 그녀의 자신감을 끌어올리는 데 도움을 주었다.

임시 사무실 관리자의 일이 끝났을 때 그랜가드는 생활비를 충당하기 위해 레스토랑의 일을 늘려야 했다. 그녀는 한 주에 3~4일은 밤에 일했고 주말에는 2교대로 일했다. 그녀의 운동 시간은 사라졌다. 그녀는 스트레스 탓에 수척해졌지만 달리 다른 방법을 찾지 못했다.

그녀의 부모는 그녀가 캘리포니아에 머물기로 한 결정을 지지하면서 최선의 결과가 나오길 바랐다. 그러나 여름이 가을로 바뀔 무렵, 그들은 태평한 표정을 지을 수 없었다. 그랜가드가 전화를 걸어 부모와 대화를 나눌 때 그녀는 종종 참았던 울음을 터뜨렸다.

그녀의 아버지는 그녀가 서빙 일을 계속하는 것이 구직 활동을 위한 최선책이 아니라고 생각했다. 그는 딸을 압박하거나 잔소리를 늘어놓고 싶지 않았다. 그래서 그는 아내를 통해 간접적으로 조언을 전달했다(아빠는 네가 정규 근무시간이 9~5시인 사무직 일자리를 가졌으면 더 나을 거라고 생각해, 비록 그 일이 치과병원 안내직원이라고 해도 말이다). 그랜가드는 동의하지 않았다. 그녀는 취업 면접을 위해 낮 시간을 비워두고 싶었다. 레스토랑에서 일하는 밤과 주말 근무는 그녀에게 그런 시간적 여유를 제공했다. 그녀는 아버지의 제안을 받아들이지 않았다.

그녀의 아버지는 그녀를 위해 스탠퍼드 동문회 회장을 만날 수 있게 해주었다. 동문회장은 그녀의 아버지가 스탠퍼드에 다닐 때 같은 반이었고, 부모의 욕망에 오염되지 않은 직업 관련 조언을 제공할 수 있는 사람이었다. 그녀는 그에게 지금까지 지원한 일자리에 대해 말하면서 의기소침해 있다고 고백했다. 그는 그녀의 부모에게 그녀가 자신이 좋아하는 일에 초점을 맞추지 않고 다른 일자리를 찾는 이유를 이해하지 못하겠다고 말했다. 아울러 그녀에게 열정이 없는 것 같다고 말했다. 그녀의 부모가 이런 말을 그녀에게 전하자 그녀는 충격을 받았다. 그녀는 자신이 활기차고 정력적이며 열정이 가득하다고 생각했다. 그녀는 그 말을 받아들이기 힘들었지만, 그 때문에 예술 분야의 일자리를 더 열심히 찾게 되었다. 그녀는 개인 네트워크를 만들고 관심 분야에 종사하는 사람과 만나서 정보를 모았다. 마침내 졸업한 지 1년 만에 발판을 마련할 수 있었다. 음악 연주회와 무용 공연을 개최하는 샌프란시스코 공연단 사무실에서 무급 인턴으로 일하게 된 것이다. 7개월 뒤 인턴이 끝나자 같이 일했던 동료가 사이프레스 현악 사중주단 Cypress String Quartet이 일주일에 이틀 일할 수 있는 코디네이터를 찾고 있다고 말했다. 그녀는 그 자리를 얻었고 이 직장도 역시 샌프란시스코에 있었다.

그랜가드는 '예술계에서 일하고' 있었지만 창의적인 일이 아니라 사무직이었다. 보수도 매우 적어 그녀는 돈을 보충하려고 레스토랑에서 거의 풀타임으로 일을 계속해야 했다. 그녀가 두 가지 일 중 하나를 하지 못하게 되자 예술계에서 풀타임 직장을 찾았다.

사이프레스 현악 사중주단의 코디네이터직 업무에 자금 모금, 홍보, 마케팅도 포함되었고, 곧 일주일에 4일을 일하게 되었다. 그래서 그녀는 때로는 한 직장에서 때로는 두 직장에서 일주일에 7일을 일하게 되었다. 샌프란시스코의 사무직과 팰로앨토의 레스토랑 일 사이를 오가는 상황은 그녀를 녹초로 만들었다. 5개월 동안 주말도 없이 매일 장거리를 통근한 뒤 그녀는 이 생활을 지속할 수 없다고 판단하고 레스토랑에 알렸다. 그녀는 그곳에서 2년 7개월 동안 일했지만 그것은 그녀의 대학 교육을 유용하게 활용할 수 있는 일자리로 이어지지 않는 경험이었다.

사직 통보를 한 직후 그녀는 사이프레스 현악 사중주단으로부터 정규직을 제의받았다. 그랜가드가 그곳에서 일을 시작했을 때 그녀는 사이프레스 공연예술협회의 직원 3명 중 한 명이었다. 그러나 최고책임자가 죽고 부책임자가 떠나자 그녀만 남게 되었다. 그런데 문제가 발생했다. 정규직으로 승진했어도 보수나 위상이 크게 나아지지 않았던 것이다. 사중주단 때문에 그녀의 업무 시간이 더 늘어났지만 시간당 최저임금은 그대로 유지되었다. 그녀는 크게 놀랐다. 그녀는 베이비시터보다 수입이 적어 그것으로는 생활하기에 부족했다.

그녀를 지탱시켜준 것은 그 일자리가 더 나은 것(실제적으로 최저 생활을 보장하는 보수를 주는 일자리)으로 이어질 수 있는 예술계의 인맥을 제공할 것이라는 믿음이었다. 모든 사람이 말했다. "일단 발을 들어놓았어."(그러나 그녀의 발은 1년 넘게 사중주단에 묶여 있었고 실제적인 일자리는 나타나지 않았다.)

그녀가 원하는 직장과 가장 근접하거나 엇비슷하게 보이는 직장, 곧 꿈의 직장은 픽사Pixar였다. 그녀는 사이프레스를 통해서 픽사 면접 기회를 얻지 못했다. 그녀는 아버지의 이전 동료 중 한 사람을 만나면서 시작된 네트워킹을 만들었는데, 그 사람을 통해 픽사에서 일하는 어떤 사람과 연결되었다. 그는 전화상으로 그녀에게 픽사 취업에 대해 여러 가지 정보를 제공했다. 이를 통해 픽사에서 실질적으로 직원 채용 권한을 가진 관리자와 연결되어 그녀와 전화 면접을 갖게 되었다. 전화 면접은 잘 진행된 것 같았다. 그랜가드는 현장 면접을 위해 픽사에 초대받았다. 이제 그녀의 꿈이 실현될 날이 다가왔다. 그녀는 말한다. "난 정말 그 직장을 원했어요. 지금이라도 당장 픽사에서 일하고 싶습니다. 하지만 픽사에서 당장이라도 일하고 싶은 사람은 아주 많아요." 그녀는 픽사에서 일자리를 얻지 못했다.

그녀가 구직 역사를 돌아보니 픽사 면접을 한 지 벌써 4년이 지났다. 그녀는 그 당시 자신이 생각한 것보다 훨씬 더 구직에 성공할 가능성이 많지 않았다고 말했다. 그녀는 자신이 현장 면접 기회를 얻게 된 것이 "자신이 젊고, 열정적이며 똑똑하고 스탠퍼드 졸업생이기 때문"이라고 생각했다(아마 40%는 그럴 것이다). 하지만 다른 60%는 그녀가 취업 정보를 얻기 위해 만났던 그 관리자의 소개 때문이었을 것이다. 어떤 직책에 안성맞춤인 지원자라면 타인의 소개가 도움이 된다. 그러나 어떤 직책에 완벽한 사람이 아니라면 "자신이 생각한 것만큼 취업에 성공할 가능성이 크지 않을 것이다"라고 그녀는 말했다.

새로운 미래를 찾아서

졸업한 지 3년 이상 지난 2012년 여름, 그랜가드는 예술계가 아닌 다른 분야에서 직장을 찾아야 할 때가 되었다는 것을 깨달았다. 어느 날 밤 그녀는 옛 스탠퍼드 친구와 저녁을 먹으러 그의 아파트로 갔다. 그날 저녁, 그와 그의 여자 친구와 나눈 대화는 그랜가드에게 인생의 전환점이 되었다. 그 친구는 그랜가드의 1년 선배인 2008년 학번으로 건축 설계를 전공한 공학도였다. 그녀는 음악 밴드가 없었다면 스탠퍼드에서 그를 결코 만나지 못했을 것이라고 말했다. 그는 드럼 연주자로 원정 농구경기에 같이 따라갔던 밴드의 일원이었다. 그랜가드는 자정에

멕시코를 향해 출발해 다음 날 저녁까지 계속 이어졌던 밴드 여행을 함께하면서 공유한 경험을 몇 년 뒤에도 기억했다. 그녀는 차 안에서 나누었던 긴 대화가 서로 유대감을 갖는 시간이었다고 말했다. 그는 졸업하자마자 건축 회사에 취업했지만 그곳을 떠나기로 결심했다. 사직한 뒤 그는 잠시 여행한 뒤 일자리를 구하지 못하고 있다가 그랜가드가 임대해 살고 있던 집으로 이사했다. 두 사람은 일자리를 찾았다. 그들은 일상생활을 함께 했다. 그들은 운동 친구가 되어 6일 동안 운동했다. 아침에 눈을 뜨면 운동을 함께하고 점심을 먹고 각자 노트북을 켜고 5시간 동안 일자리를 찾았다. 2011년 그들은 각자의 길을 갔다.

2012년 그랜가드가 여자 친구와 함께 사는 그의 아파트로 갔을 때 그는 더 이상 실업자가 아니었다. 그는 상호 연결된 핫스팟을 이용해 넓은 지역을 커버할 수 있는 와이파이 시스템을 판매하는 작은 스타트업 머라키Meraki에 취업해 있었다. 머라키 네트웍스는 원격으로 클라우드를 통해 관리되었는데 그 당시로서는 새로운 방식이었다.[5] 그는 이미 머라키에서 일하고 있었던 옛 밴드 친구의 도움을 받아 일자리를 얻었다. 그랜가드의 친구는 이제 관리자가 되어 기술 지원 엔지니어팀을 감독하고 있었다.

그랜가드는 그날 저녁 저녁식사 자리에 갔을 때 머라키에서 직장을 구할 생각이 없었다. 그러나 그녀의 친구들이 사이프레스 공연예술협

---

5 머라키의 기술을 소개받고 싶다면 Randall Stross, "Wireless Internet for All, Without the Towers," 〈NYT〉, February 4, 2007을 보라. 머라키의 최고경영자 산짓 비스워스는 2012년 11월에 회사의 직원이 1년 전의 120명에서 330명으로 늘었다고 언급했다. 따라서 그랜가드의 친구가 입사한 2011년 1월에는 직원수가 100명 이하, 또는 그보다 훨씬 더 적었을 것으로 추정하는 것이 합리적이다. "Letter to Employees from Meraki CEO, Sanjit Biswas," [November 12, 2012], Cisco Meraki blog, https://www.meraki.com/company/cisco-acquisition-faq#ceo-letter.

회 코디네이터 일이 어떤지 물어보았을 때 여러 이유 때문에 절망스러워 최근 예술계가 아닌 분야에서 새로운 일자리를 찾기로 했다고 말했다. 이때 뜻밖의 기쁨이 찾아왔다. 또는 노동경제학자들이 말하듯이 그녀는 비공식적인 방식으로 빈 일자리에 대해 알게 되었다. 머라키에서 그녀의 친구가 일하던 팀이 빠르게 성장했고 그는 직속상사가 팀의 인력 채용을 도와줄 코디네이터가 필요한 시점이 되었다고 말하는 걸 들었다. 그녀의 친구는 상사에게 말해 그 자리가 아직 남아 있는지 물어봐주겠다고 제안했다.

함께 식사를 한 날은 일요일 저녁이었다. 화요일 그녀의 친구가 그랜가드에게 일자리 안내서를 이메일로 보냈다. 그랜가드는 이력서와 함께 이메일로 보낸 자기소개서에서 그 일자리에 관심이 있다고 했다. 목요일, 그녀는 다음 날 면접을 보러 오라는 요청을 받았다. 그녀는 면접을 보고 즉석에서 채용 제안을 받았다. 그녀는 다음 월요일 채용 제안서를 직접 받고 즉시 일을 시작했다. 이것은 스타트업에서 채용 과정이 얼마나 빨리 이루어지는지를 보여준다. 신규 채용자에게는 마치 순식간의 회오리바람 같다. 유일한 결점은 '순식간'이 말 그대로 순식간을 의미한다는 것이다. 그랜가드는 사이프레스에 2주 뒤에 사직하겠다고 말했고 그곳에서 마지막 근무한 날 바로 그 다음 날에 머라키에서 일을 시작해야 했다.

2012년 8월, 그랜가드는 머라키의 286번째 직원이 되었다.[6] 그녀의 직함은 이용자가 머라키 와이파이 네트워크를 사용하다가 문제가 생

---

6 직원 수는 현재 근무 중인 인원수가 아니라 그때까지 회사에 일한 직원 수를 반영하기 때문에 그 당시 실제 직원 수는 286명보다 적었을 것이다.

겼을 때 전화로 기술을 지원하는 기술지원팀 코디네이터였다.

그녀가 채용되었을 때 그녀의 상사인 기술지원팀장은 이 팀의 신규 인력 채용을 담당하고 있었지만 그는 그 업무에 필요한 만큼 신경을 쓸 수 없었다. 코디네이터인 그랜가드는 신규 인력 채용 업무 절차를 만들고, 그 다음에는 그것을 감독하는 일도 맡았다. 그녀는 기시 현상을 경험했다. 그녀는 엄선한 대학 구직 게시판에 구인 광고를 올리는 절차를 만들었다(정확히 4년 전 그녀가 여름 인턴일 때 타깃 코퍼레이션에서 했던 일이었다). 지금은 분명히 실제로 책임져야 할 업무가 되었다.

그녀가 소속된 기술지원팀은 머라키가 무료로 제공하는 시험 서비스를 사용하는 일반 고객들의 전화를 처리했다. 일반 시민들과 접촉하지 않는 머라키의 네트워크 기술자들과 달리, 지원팀의 무료 시험 서비스 기술지원 엔지니어들은 고객을 위해 네트워킹 어휘를 이해하기 쉬운 언어로 바꾸어 표현해야 했다. 팀은 네트워크 기술자보다, 그랜가드가 표현했듯이, 더욱 '판매지향적'이어야 했다. 그녀의 팀은 무료 사용자가 유료 고객으로 전환되기를 기대했기 때문이다. 유료 전환률은 팀의 업무 성과를 측정하는 일차적인 기준이었다.

그랜가드는 기술지원 엔지니어와 잘 협력했다. 그녀는 자신이 언어에 타고난 재능이 있다는 것을 알았지만 자신이 단어를 잘 떠올리는 재주를 갖게 된 것과 기술지원팀이 비기술 분야 직원과 일하는 방식을 개선하는데 기여한 것이 스탠퍼드 인문학 교육과정 덕분이라고 믿는다. "내 경험으로 엔지니어들은 그렇지 못합니다. (잠시 말을 멈춘 뒤) 이것은 아주 일반적인 현상입니다. 그들의 의사소통 방식은 약간 다릅니다. 그들은 의사소통 방식이나 단어 사용 방식에 대해 나와 생각이 다릅니다."

그랜가드가 일을 시작한 지 4개월 뒤 네트워킹 분야 거대 기업 시스코Cisco가 머라키를 12억 달러에 인수한다고 발표했다.[7] 그러나 그녀의 직장 생활은 인수 후 달라지지 않았다. 몇 개월 뒤 그녀는 신규 인력 채용 업무 외에 업무 능력을 확장할 수 있는 직책을 찾던 중에 프로그램 관리자 직책에 지원했다. 이 직책은 시스코 머라키 재판매업자들을 위한 기술 훈련 프로그램을 관리하는 것이었다. 그 다음에는 더 높은 직책들을 맡았다.

그녀는 머라키가 지속적으로 성장하면서 신속한 승진 기회가 있는 초기에 입사한 것을 다행으로 여겼다. 입사 후 2년 반 동안 회사는 엄청나게 빨리 성장해서 그녀가 아주 오래 근무한 종신 직원이라고 느껴질 정도였다.

그랜가드는 대학 때 같은 밴드에서 활동한 친구를 우연히 방문했고, 그 시기에 머라키에 일자리가 난 것도 행운이었다고 느꼈다. 그녀는 IT 계통에 자신을 위한 일자리가 있을 것이라고 상상하지 않았기 때문에 그를 만나 일자리를 알아보려고 하지 않았을 것이라고 말했다. 그녀가 머라키에 신입 직원으로 채용된 이야기는 궁극적으로 몇 년 전 스탠퍼드 밴드부에서 맺었던 우정에서 시작되었다.

그랜가드의 이야기는 사회학자 마크 그래노베터Mark Granovetter가 수십 년 전에 발견한 연구 결과가 지금도 여전히 중요하다는 점을 잘 보여준다. 그는 개인적인 인맥이 개인이 새로 전문직, 기술직, 또는 관

---

7   "Cisco Announces Intent to Acquire Meraki," ⟨Cisco press release⟩, November 18, 2012; "Cisco Completes Acquisition of Meraki," ⟨Cisco press release⟩, December 20, 2012.

리직에 취업하는 데 도움이 되는지 여부를 심층 조사했다.[8] 1969년 수행한 연구에서 그래노베터(1995년에 스탠퍼드 교수가 되었다)는 피실험자들의 사회적 인맥(친척, 친구, 지인)이 전문직 분야에서 다수의 새로운 일자리를 찾는 방법임을 발견했다.[9] 그러나 더 놀랍게도, 구직 활동에서 가장 유용한 사람은 가장 가까운 친구가 아니라 지인들이었다. 지인들은 "우리 자신의 기존 분야를 넘어 다른 분야에서 활동 가능성이 가장 많은" 사람들이기 때문이었다.[10] 그는 그런 현상을 '약한 연결의 힘'이라고 불렀다.[11]

　엘리세 그랜가드는 가장 가까운 친구나 구인 광고 게시판이 아니라 도움을 받을 가능성이 없을 것 같은 사람(그녀가 한동안 보지도 못했던 친구)의 도움으로 일자리를 찾았다. 자신의 전공에 분명한 관심을 보이지 않는 시장에서 일자리를 찾는 인문학 전공자들에게 지인과의 연결은 강력할 뿐만 아니라 하늘이 준 선물이 될 수 있다. 그러나 신입 직원이 된다는 것은 성공할 수 있는 기회를 얻는 것에 지나지 않는다. 진정한 성공을 거두려면 일단 직장을 잡은 다음 신속하게 배울 수 있는 능력이 필요하다. 이것은 인문학 전공을 이수하는 과정에서 강화되는 능력이다.

8　마크 그래노베터는 하버드 대학교 박사 학위 논문 작성을 위해 1969년 매사추세츠 주 뉴턴 거주자 중 이전 연도에 직장을 바꾼 100명을 인터뷰했다. 100명의 인터뷰와 아울러, 187명의 다른 사람에게서 완벽한 설문지를 조사하여 수집했다. 그 결과로 나온 논문 제목은 "Changing Jobs: Channels of Mobility Information in a Suburban Population" 이며 1970년에 제출되었다. 이 논문의 이론적 체계는 "The Strength of Weak Ties,"〈American Journal of Sociology〉 78 (May 1973): 1360∼1380쪽에 발표되었다.

9　그래노베터는 직업 범주로 볼 때 피실험자의 56.1%가 개인적인 접촉으로 직장을 얻었고, 기술직은 43.5% 관리직은 65.4%였다., 〈Getting a Job〉, 2nd ed., 19쪽.

10　〈Getting a Job〉, 2nd ed., 148쪽.

11　그래노베터의 논문 "약한 연결고리의 힘(The Strength of Weak Ties)"은 사회과학 분야에서 가장 많이 인용된 논문 중 하나가 되었다. 구글 북스(Google Books)에서는 2017년 1월 7일 현재 4만 1,000번 이상 인용되었다.

14장
빛나고 새로운 것

    최근 컴퓨터과학의 부상은 '실용교육'의 완성을 예고하는 것처럼 보인다. 그러나 이 학과는 스탠퍼드에서 갑자기 탁월한 위상(이제 가장 인기 있는 학부 전공이다)을 갖게 되었다. 2009년, 컴퓨터과학을 전공한 졸업생은 불과 75명이었고, 다학제 전공인 인간 생물학이 가장 인기 있는 학과로 227명이 전공했다. 그러나 2012년 컴퓨터과학 전공자가 인간 생물학 전공자를 앞질렀고, 2014년에는 214명의 졸업생이 컴퓨터과학을 전공하여 5년 전보다 약 3배가 되었다.[1] 그 이후부터 등록자 수가 계속 늘어나자 컴퓨터과학과는 깜짝 놀랐고 교수진들도 수요에 맞

---

1   졸업생 총계는 스탠퍼드 동문회가 관리하는 데이터베이스를 전공별로 조사한 결과에 기초한 것이다.

쳐 교육과정을 재빨리 제공할 수밖에 없었다.[2]

이런 상황은 이 대학이 컴퓨터과학과가 없는 상황에서 처음 컴퓨터 기기를 확보하던 시절과 극명하게 대조된다. 스탠퍼드는 1953년 처음으로 IBM 카드 프로그램식 전자계산기를 구입하고 '컴퓨터 센터'를 설립해 대학의 모든 사람이 이 기계를 사용할 수 있게 했다. 프로그래밍을 할 때는 물리적으로 이 기계의 전선을 다시 설치하고 짧은 패치 코드를 플러그 보드의 소켓에 연결했다.[3]

컴퓨터 센터는 1956년 두 번째 기계를 도입했고, 다음 해 수학과는 조지 포시스George Forsythe를 교수로 임명했다. 그는 응용수학 박사로서 보잉과 국가표준국에서 컴퓨터를 폭넓게 다룬 경험이 있었다. 포시스 교수가 다룬 컴퓨터는 명령어 처리 능력이 256개 단어에 불과하고 신뢰도가 너무 낮아 모든 프로그램을 두 번 돌려야 하는 기계였다(두 번 돌려서 결과가 같을 경우에만 그 결과를 받아들였다).[4] 그러나 포시스는 컴퓨터의 미래 가능성을 내다 본 열정적인 컴퓨터 전도사였다.

포시스는 1961년 미국과학발전협회 모임에서 행한 연설에서 이렇게 말했다.

자동 디지털 컴퓨터로 일하는 우리 중 일부는 약간 과대망상을 합니다. 우리는 우리가 단순히 아주 중요한 분야에서 일하고 있다고만 생

---

2 2015년 컴퓨터과학과 교수 에릭 로버츠는 〈스탠퍼드 데일리〉에서 자원 부족에 대해 불평했다. "우리는 6년 전보다 3배나 많은 학생을 가르치고 있는데도 인력과 재원이 이전보다 늘지 않았다." "A Look at Stanford Computer Science, Part II: Challenges of a Growing Field," 〈SD〉, April 16, 2015.

3 "John Herriot—Stanford Math Pioneer," 〈SFC〉, April 14, 2003.

4 Alexandra I. Forsythe, oral history, May 16, 1976, Charles Babbage Institute, University of Minnesota, Minneapolis.

각하지 않습니다. 우리는 우리가 혁명(컴퓨터 혁명)의 도구라고 주장합니다. 우리는 이 혁명이 산업혁명보다 확실히 더 크고, 훨씬 더 빠르게 영향을 미칠 것이라고 생각합니다.[5]

포시스는 단순한 정보 수집이나 일상적인 의사결정만 하면 되는 직업들은 컴퓨터가 그런 역할을 떠맡게 되면 사라질 것이라고 내다보았다. 그는 고등교육이 자동화에 영향을 받지 않은 전문적인 교육을 제공해야 한다고 주장했다. 또한 '컴퓨터를 제대로 이해할 수 있는' 교육과정을 개발하여 오늘날의 세계에서 비기술 분야 학생들이 컴퓨터의 의미를 잘 알 수 있어야 한다고 제안했다.[6]

스탠퍼드 컴퓨터과학과 신설

컴퓨터를 제대로 이해하는 교육과정은 실현되지 않았지만 수학과는 새로운 분야를 교육과정에 포함시켰다.[7] 1961년 수학과는 별도로 컴퓨터과학 전공과정을 신설했으며 포시스가 초대 학과장을 맡아 새

---

5 George E. Forsythe, "Educational Implications of the Computer Revolution," talk given at the American Association for the Advancement of Science meeting, Denver, Colorado, December 1961, transcript, 1~2쪽, in H&SR, Box 8, Computer Science Division 1962~69, SCUA. 포시스는 1945년 사람이 작동시키는 탁상용 계산기가 약 10초마다 하나의 곱셈 연산을 수행할 수 있다고 말했다. 그러나 1962년 컴퓨터는 동일한 연산을 0.000025초 만에 수행할 수 있었는데 연산속도가 약 50만 배 개선되었다. 그는 그런 개선이 필연적으로 획기적인 변화를 일으킬 것이라고 추론했다. 그는 이것을 제트 추진식 비행기의 출현에 따른 변화에 비유했다. 제트기 속도는 도보 속도보다 약 100배 더 빨랐다. 그가 말했다. "제트기는 상업, 직업, 산업 경영, 국제 체제에 완전히 새로운 접근 방식을 초래했다. 제트기는 새로운 산업, 새로운 종류의 직업, 새로운 문제, 새로운 사고방식, 새로운 두려움을 발생시켰다. 이 모든 것은 속도가 단지 100배 증가한 데서 비롯된 것이다⋯ 인간의 연산 속도가 약 100만 배 증가한다면 어떤 일이 벌어질까?"

6 같은 글., 14쪽.

7 1959년 조지 포시스는 미국이 3,000대의 자동 디지털 컴퓨터를 미국 전역에 설치했다고 언급했다. 그리고 그는 각 컴퓨터를 운영하기 위해서는 프로그래머, 분석자, 감독자 역할을 수행할 10명의 대학 교육을 받은 수학자가 필요할 것으로 추정했다. George E. Forsythe, "The Role of Numerical Analysis in an Undergraduate Program," 〈American Mathematical Monthly〉 66, no. 8 (October 1959): 651쪽.

로운 교수진을 자율적으로 선발했다.[8]

포시스를 포함한 초기 컴퓨터과학과의 교수진은 인문학 교육의 고향인 대학에서 컴퓨터과학을 유지하려면 좋은 사례를 만들어야 한다고 믿었다. 포시스는 1961년 강연에서 "컴퓨터과학의 '추상적인 특성' 덕분에 수학, 물리학, 철학을 좋아하는 학생들이 이 학과를 매력적으로 여긴다"고 말했다.[9]

포시스는 문리대 학장 로버트 R. 시어스Robert R. Sears에게 자신의 강연 원고를 보내면서 컴퓨팅은 "순수과학, 사회과학과 인문학을 통합하는 데" 도움이 될 것이라고 말했다. 그는 이런 가능성이 아직 실현되지 않았고, 특히 인문학에 대한 컴퓨터의 영향은 아직 미약하다고 말했다. 포시스는 언어학과 음악에 컴퓨터를 활용할 기회가 있다고 보았지만 스탠퍼드 동료 교수였던 근대 유럽 언어학 교수는 그에게 대부분의 인문학 교수가 "'석기 시대 도구'를 더 좋아한다"고 말했다.[10]

1962년 포시스는 비과학 분야 학생들을 위한 컴퓨팅 교육과정 〈Computer Science 139〉을 제안했다. 그는 문리대 학장에게 편지를 썼다. "인문학부와 사회과학부의 너무 많은 학생들, 그리고 특히

---

8 컴퓨팅에 관심을 둔 응용수학자들이 더 많이 학과에 합류하면서 그들과 동료들 사이에 간격이 생겼다. 그 당시 수학과 학과장이었던 데이비드 길바그(David Gilbarg)는 컴퓨터과학의 '기술적 특성'과 문리대에 그런 분야를 두는 것의 적절성에 대해 불편해 했다. David Gilbarg to Philip H. Rhinelander [dean, H&S], memo, January 9, 1960, H&SR, Box 8, Computer Science Division 1962~69, SCUA.

9 Forsythe, 'Educational Implications," 16쪽. 포시스는 컴퓨터과학을 공학 분야에 포함시키는 이유를 알았지만 문리대에 계속 유지시키려고 했다. 그는 컴퓨터과학의 소속보다는 이 분야에 피해를 주는 '인력 부족'에 대해 더 걱정했다. 산업계에서 일하도록 유혹을 받지 않은 컴퓨터과학자들은 적었다. 포시스는 이렇게 썼다. "이러한 상업적 컴퓨터 설치 요구 때문에 대학 캠퍼스에서 컴퓨팅 분야의 지식을 개발해야 할 많은 사람들이 산업계로 빨려 들어갔다. 그 결과, 대학에서 컴퓨터를 전공하는 자격을 갖춘 사람을 찾기가 놀라울 정도로 어렵다. 컴퓨터 전공 교수들은 전통적인 학문을 전공한 교수들보다 훨씬 더 많은 연봉을 요구한다.

10 G. E. Forsythe to R. R. Sears, January 15, 1962, H&SR, Box 8, Computer Science Division 1962~69, SCUA.

〈Computer Science 136[자동 디지털 컴퓨터의 이용]〉을 수강하는 이과계 학생들은 컴퓨터를 무서워합니다. 비과학 분야 학생들이 컴퓨터를 이용하게 할 별도의 방법이 필요합니다."[11] 스탠퍼드는 그 당시 컴퓨터과학을 문리대 영역에 속하지 않는 '직업'교육의 한 형태로 보았기 때문에 컴퓨터과학 학사 학위를 제공할 계획을 서두르지 않았다.[12]

컴퓨터과학이 수학과의 하부 단위로 계속 남아 있는 동안은 수학 박사 학위만 줄 수 있었다. 포시스는 컴퓨터과학을 하나의 학과로 승격시키려고 대학 당국에 로비를 벌였다. 그는 대학 당국이 다른 대학에 뒤처지는 것을 원하지 않는다는 것을 알고 청문회에 참석한 모든 사람에게 어느 대학이 컴퓨터과학과를 새로 설치했는지, 어느 대학이 컴퓨터과학과를 설치하려 하는지 알려주었다.[13] 마침내 1965년 대학 당국은 포시스의 제안을 받아들여 컴퓨터과학을 별도의 학과로 독립시켰다.[14] 컴퓨터과학과는 지금도 수학과와 마찬가지로 문리대에 속해

11 George Forsythe to Dean Sears, "Preliminary Budget Planning for 1963~64," memo, October 10, 1962, H&SR, Box 8, Computer Science Division 1963~64, SCUA.

12 George Forsythe to Robert R. Sears, August 21, 1963, H&SR, Box 8, Computer Science Division 1963~64, SCUA.

13 컴퓨터의 확산에 관한 포시스의 여러 보고서 중 하나는 그가 1963년 5월 자기소개서와 함께 동봉한 콜로라도 대학의 새로운 컴퓨터과학 프로그램에 관한 상세한 보고서다. 그는 카네기 공대, 펜실베이니아 대학, 매사추세츠 공대가 아직도 기존 학과들 안에 컴퓨터과학과를 유지하고 있지만 위스콘신 대학과 퍼듀 대학은 새로운 학과를 설립했다고 언급했다. George E. Forsythe to Professors Bowker, Gilbarg, Herriot, Lederberg, McCarthy, Parter, Royden, and Sears, "University of Colorado Institute for Computing Science," n.d. [stamped "Received May 17 1963, Dean of H&S"], H&SR, Box 8, Computer Science Division 1962~69, SCUA.

14 스탠퍼드가 컴퓨터과학과를 설립하던 해, 다른 많은 대학들도 같은 학과를 설립했다. 1965년 6월 조지 포시스는 다른 대학들이 서둘러 새로운 학과들에 필요한 교수들을 초빙하는 것을 우려하며 스탠퍼드 컴퓨터과학과 교수진을 붙잡아두려고 노력했다. "상위 15개 대학 중 10개 대학은 이미 컴퓨터과학과를 설립했거나, 아니면 지난 수개월 동안 나에게 직접(예일대와 코넬대) 전화해 조직과 인력 문제에 대해 조언을 요청했다! 하지만 불과 2~3년 전만 해도 그런 대학이 전혀 없었다." 포시스는 다음과 같이 예상했다. "이런 경쟁 상황에서 다른 대학들은 스탠퍼드 컴퓨터과학과 교수들을 서둘러 빼앗아가기 위해 치열하게 노력할 것이다. 우리는 교수들을 붙잡아두기 위해 연봉을 대폭 인상해야 할 것이다." G. E. Forsythe to H. L. Royden, June 7, 1965, H&SR, Box 8, Computer Science 1965~66, SCUA.

있다.[15]

초창기 시절 컴퓨터과학은 공학 분야에서 인정받지 못했다. 전공 선택에서도 다른 학문에 비해 경쟁력이 없었다. 스탠퍼드가 컴퓨터과학과를 신설했을 때 석사 학위와 박사 학위만 수여할 수 있었고 컴퓨터과학 전공도 없었다. 컴퓨터과학은 곧장 직업으로 연결되는 통로가 아니었다(그것은 다른 모든 학문을 도와주는 분야였다).[16]

그러던 중 스탠퍼드 학생들이 초기 컴퓨터 교육과정으로 모였다. 하지만 이 과정은 전문적인 과정이 아니었다.[17] 1965년 포시스가 개설한 컴퓨터과학 입문과정은 "스탠퍼드에서 가장 인기 있는 교육과정 중 하나"로 성장했다.[18] 이것은 컴퓨터과학 전공이 없었다는 점을 고려할 때 더욱 놀라운 일이다. 1969년 포시스는 스탠퍼드 학부생의 40%가 컴퓨터과학 교육과정 중 적어도 한 과목을 수강했다고 추정하고, 나머지

---

15 Robert R. Sears to Donald W. Taylor, February 1, 1965, H&SR, Box 8, Computer Science 1964~65, SCUA.

16 포시스는 1965년 인문학 연구에 대한 컴퓨터의 잠재적 유용성에 대해 언급했다. 예일대는 IBM의 지원금을 활용하여 그해 "인문학을 위한 컴퓨터"라는 주제로 콘퍼런스를 이틀간 개최했다. 전 스탠퍼드 교수인 던 테일러가 이 프로그램 자료를 스탠퍼드에 보냈고 학장에서부터 교수진들까지 이 자료를 회람했다. 포시스는 이것을 다음과 같은 쪽지와 함께 전달했다. "1년 전 프린스턴 대학 컴퓨팅 센터 책임자가 내게 5년 내 인문학 연구자들로부터 컴퓨팅에 대한 요구가 엄청나게 증가할 것으로 예상한다고 말했습니다. 그는 인문학을 [컴퓨팅을 위한] '잠자는 거인'이라고 말했습니다. 나는 최근 상황이 어떤지는 확인하지 않았습니다." Robert R. Sears to Professor George Forsythe, January 28, 1965, and George E. Forsythe to Virgil K. Whitaker, February 4, 1965, George E. Forsythe Papers (SC98), Box 6, Folder 6, SCUA.

17 1967년 2학년생 잉 류(Ying Y. Lew)가 대학 당국에 "컴퓨터과학"이라고 이름붙인 개인 맞춤식 전공을 만드는 것을 허용해달라고 요청하면서 수학, 전기공학, 철학, 물리학 과목들을 이용할 것을 제안했다. "Interdepartment Majors Proposed By H-S Deans," 〈SD〉, December 1, 1967. 다음 해 류는 자신이 제안한 학제적 전공을 수정한 형태인 "컴퓨터 방법과 디자인"을 전공으로 승인받았다. "15 Students Receive Approval for Interdepartmental Study," 〈SD〉, May 8, 1968. 그러나 류가 1970년에 졸업할 때 그의 전공은 이것이 아니라 영문학이었다.

18 George E. Forsythe to Julian W. Hill, February 3, 1965, H&SR, Box 8, Computer Science, 1964~65, SCUA. 컴퓨터과학이 아직 수학과의 한 분야일 때 수학과 교수들은 학부생에 대한 그들의 컴퓨터 관련 수업을 자랑스러워하며 1963~64학년도에 입문 수준의 강의를 2,475명의 학생에게 가르쳤다. Halsey Royden to Frederick E. Terman, October 26, 1964, H&SR, Box 8, Computer Science Division 1964~65, SCUA. 포시스가 책임자로 일한 컴퓨터 센터는 빠른 속도로 성장했다. 1962년, 43개 강의를 수강하는 1,600명의 대학생이 이 센터를 이용했다. "Eichler Awarded Building Contract," 〈SD〉, August 2, 1962를 보라.

절반의 학부생들이 컴퓨터에 익숙해지게 할 방법에 대해 궁리했다.[19]

컴퓨터의 등장이 스탠퍼드의 대학 생활에 무슨 의미였는지는 그 당시 학장의 생각을 보면 분명히 알 수 있다. 학장 산하의 컴퓨터위원회는 향후 3~5년 동안 인문학부의 컴퓨팅 필요성을 조사하고 있었는데, 조사 활동의 하나로 인문학부 교수들에게 설문지를 배포했다. 역사학과 조교수 리먼 반 슬라이크Lyman Van Slyke는 그 설문지를 받고 동료 교수들이 설문지에 응답하도록 설득하려고 노력했다.[20] (반 슬라이크는 그들에게 보낸 안내문에서 이렇게 설명했다. "최근 학과 회의에서 무분별하게 발언한 탓에 내 손에 설문지를 받게 되었습니다.")[21]

반 슬라이크가 말했다. "대부분의 인문학 교수들은 1984년의 용어로 컴퓨터에 반응한다." 또는 계산 또는 연산 활동을 하는 기계라서 역사학자에게 쓸모가 없다고 말한다. 그는 컴퓨터가 범용 정보처리 기계로 3×5사이즈의 메모지 대신 연구 기록을 저장하는 등 많은 일을 할 수 있다고 설명했다. 이 기계를 이용하면 전에는 할 수 없었던 연구도 가능하다. 또한 단순히 학생을 훈련시키는 것을 넘어서 언어, 수학, 그

---

19 George E. Forsythe to Provost's Computer Committee, "Meeting of 7 July 1969," memo, July 8, 1969. George E. Forsythe Papers (SC98), Box 11, Folder 20, SCUA. 포시스는 1968~69년에 약 675명의 학부생이 4개의 입문 과목 중 1개 과목을 수강했다고 말했다. 그 당시 그는 약 2,000명의 학부 재학생(40%)이 네 과목 중 한 과목을 수강했다고 추정했다. 그와 별도로 그는 10%의 학생이 이미 컴퓨터에 대한 약간의 경험을 갖고 있는 것으로 추정했다. 따라서 "우리는 학부생의 50%가 컴퓨터에 접촉했다고 생각한다." 대학 당국의 완전한 재정 지원 없이 컴퓨터 관련 강의가 확대되었다. 이 시기의 구술 역사에서 존 해리엇(John Harriot)은 대학이 교수 연봉의 절반 이하를 지원했다고 말했다. 나머지는 보조금, 협약, 그리고 컴퓨터 센터에 배정된 재원에서 나왔다. 그는 말했다. "우리는 모두 15명이었는데, 정규직 또는 그와 비슷한 직책은 6개 밖에 되지 않았다. 그래서 우리가 더 많은 돈이 필요하다고 항상 학장을 설득하는 것이 포시스의 중대한 일 중의 하나였다. 이것은 힘든 일이었다." Herriot, oral history, 23~24쪽.

20 공개: 리먼 반 슬라이크는 스탠퍼드에 다닐 때 나의 주요 졸업생 조언자 두 명중 한 사람이었다.

21 L. P. Van Slyke to All Colleagues, "Interest in Computer Applications in the History Department," memo, January 20, 1969, Richard W. Lyman, provost of SU, Papers (SC0099), Box 14, History Department, SCUA.

리고 다른 학문의 입문 과정을 제공할 때 도움을 줄 수 있다.

반 슬라이크는 비록 같은 학과 대부분의 교수들보다 컴퓨터의 능력에 대해 더 많이 알았지만, 컴퓨터과학과와 컴퓨터 센터의 동료 교수들과 비교할 때 여전히 미약했다. 그는 말했다. "그들에게는 열등한 부류를 향한 일종의 선교 열정이 있었다. 신념을 전파하려는 그들의 노력에 찬성하지 않았지만, 내가 보기에 분명히 정보 관리(어떤 정보이든)에 문제가 있다면 컴퓨터가 도와줄 수 있을 것 같았다."[22]

조지 포시스가 1979년 55세로 죽자 스탠퍼드는 컴퓨터과학 교육에 대해 강력한 목소리를 내던 전국적인 선구자를 잃었다. 그러나 포시스 사후 예기치 않은 곳에서 스탠퍼드 컴퓨터과학 전공을 지원했다. 그곳은 바로 입학사무처였다. 1983년 입학처장 프레드 하가던Fred Hargadon은 문리대 학장에게 보낸 내부 메모에서 스탠퍼드가 컴퓨터과학 학부전공을 신설해 그 분야에 흥미를 가진 열렬한 지원자들을 놓치지 않아야 한다고 제안했다. "가장 똑똑한 많은 지원자들(그리고 전반적으로 특별한 능력을 가진 지원자라는 의미에서)이 컴퓨터과학에 '중대한' 관심을 보인다… 추정컨대, 이 지원자들은 우리가 컴퓨터과학 학부 전공을 제공하지 않는다는 사실을 알고 있지만, 이 분야에 대한 스탠퍼드의 평판을 고려할 때 그들은 ⓐ 그들이 입학할 경우 이 분야에 속한 과목을 듣거나 ⓑ 스탠퍼드를 그들이 지원한 다른 대학(컴퓨터과학을 전공으로 제공한다) 다음의 두 번째 대안으로 생각하고 있을지도 모른다."[23]

22 같은 글.
23 Fred Hargadon to Norman Wessells, "Undergraduate Major in Computer Science," memo, March 10, 1983, H&SR, Box 9, Computer Science 1982~83, SCUA.

하가던은 컴퓨터과학과를 문리대 밖으로 옮길 생각은 없었다. 그는 이렇게 썼다. "우리의 컴퓨터과학은 적어도 부분적으로는 그것이 인문대에 속해 있다는 이유 때문에 지금과 같은 인기를 끌고 있다고 생각한다. 컴퓨터과학 학부 전공도 같은 이유로 비슷한 인기를 모을 것이라고 본다."[24] 하가던은 곧 그의 희망을 이루었다(컴퓨터과학 학부 전공은 1985년에 도입되었다). 하지만 직후 이 학과는 공대로 이전했다.

새로운 전공은 즉시 많은 학생을 끌어 모으지 못했다. 공대로 이전한 지 10년 뒤인 1995년 컴퓨터과학 전공자는 51명에 불과했는데 이는 역사학 전공자와 비슷하고 영문학 전공자의 절반 수준이었다. 1990년대 말, 닷컴 버블과 함께 이 학과의 등록자(2001년 학번은 두 배 이상 증가하여 127명이 되었다)가 증가했지만 기술주 버블이 터지자 다시 감소했다.

학부생들이 컴퓨터과학을 전공해야 한다는 생각이 널리 퍼진 것은 최근인 2008년 금융 위기 이후의 일이다. 금융에 대한 환상이 사라지자 그 수혜자는 컴퓨터과학이 되었다. 그러나 이런 변화는 사회과학 전공자들의 장기적인 감소에 따른 것이라고 말할 수 있다. 30년에 걸쳐 스탠퍼드 사회과학 전공자는 1986년 전체 학사학위자의 약 37%에서 2016년 14%로 줄었다. 같은 기간 공학 전공자는 1986년 약 28%에서 2016년 37%로 늘었다. (남자들만 보면 2016년 비율은 놀라운 정도인 48%에 달했다.)[25] 공대 중심 대학인 MIT(60%)와 캘리포니아 공대(54%)를

---

24 같은 글.

25 Russell Berman and Brian Cook, representing the Policy & Planning Board, "Changes in the Academic Interests of Stanford Undergraduates," 〈SU〉, Forty-Ninth Senate Report No. 1, October 13, 2016, 11. 1986년의 두 개의 % 숫자 앞에 한정 수식어 "약"을 사용한 것은 내가 직선 그래프에서 이 수치를

제외하면, 이것은 스탠퍼드가 경쟁 상대로 보는 아이비리그 대학과 그 밖의 대학의 2014년 공학 전공자 평균 비율인 10%보다 훨씬 높다.[26] 하가던이 2016년 스탠퍼드 교수협의회에서 이 자료를 제시했을 때 독일어 및 비교문학 교수 러셀 버먼Russell Berman은 37%에 대해 이렇게 말했다. "지금 우리는 사실상 프린스턴에서 캘리포니아 공대로 가는 중간 지점에 있습니다. 지금 상황이 그렇다는 생각이 듭니다." 동료 교수들이 그에게 지금이 '가장 좋은 상황'이라고 설명했지만, 그는 찬성도 반대도 하지 않고 이렇게 지적했다. "지금 상황은 대학을 바라보는 관점의 변화를 암시한다고 봅니다."[27]

공학 전공자들의 증가는 주로 컴퓨터과학 전공자의 증가 탓이다.[28] 컴퓨터과학의 인기는 컴퓨터과학 전공자의 뚜렷한 증가뿐만 아니라 1986년 설립된 규모가 더 작은 다학제 전공자의 증가로도 나타났다. 이 다학제 전공의 명칭은 상징체계Symbolic Systems다. 학생들이 심시스 SymSys라고도 부르는 이 전공은 인간-컴퓨터 관계와 인공지능을 주로 공부하며, 다수의 컴퓨터과학 수업을 비롯해 언어학, 철학, 심리학, 커뮤니케이션학, 통계학, 교육학 수업도 전공에 포함된다. 2016년 학번의 경우 컴퓨터과학 전공자는 277명(2015년에는 215명, 1995년에는 51명이었다), 심시스 전공자는 65명이었다(2015년에는 38명, 1995년에는 16명이었다).[29]

끌어낼 때 실제 수치가 없는 상태에서 해당 그래프의 시작점을 추정했기 때문이다.

26 같은 글., 13쪽.

27 같은 글., 17쪽.

28 같은 글., 12쪽.

29 이 숫자는 온라인 동문회 명부에 기초한다.

비록 사회과학 전공자의 감소만큼 심각하지 않았지만, 지난 20년 동안 인문학 분야도 비슷하게 감소했다는 점을 유의해야 균형 감각을 가질 수 있을 것이다. 2016년 영문학 전공자는 46명(1995년 104명), 역사학 전공자는 37명이었다(1995년 50명).

스탠퍼드 학생 90%가 수강하는 컴퓨터과학 입문 과정

컴퓨터과학 전공자 수보다 훨씬 더 극적으로 증가한 것은 컴퓨터과학 입문 과정을 수강하는 학생들의 수였다. 〈프로그래밍 방법론 CS 106〉은 〈CS 106A〉로 명칭이 바뀐 후 스탠퍼드에서 가장 많은 학생이 수강하는 과목이 되었다. 학부생의 약 90%가 이 과목을 수강했다.[30] 2013년 대학신문이 이 강의를 들은 1학년 학생을 인터뷰했는데 그는 이렇게 말했다. "아주 큰 무언가의 일부가 된다는 게 정말 좋았다." 그는 수업 첫날을 기억했다. 캠퍼스에서 두 번째로 큰 강의실이 꽉 찼고, 좌석을 확보하지 못한 학생들은 벽을 따라 기대어 섰고, 어떤 학생들은 통로에 앉았다. 소방국장이 와서는 좌석이 없는 사람은 나가라고 지시했다.[31] 2012년 가을 학기처럼 〈CS 106A〉 수업에 650명이 등록한 학기에는 컴퓨터과학과에서 강의를 보완하려고 65개의 소그룹을 짜야 했다.[32] 대학원생만으로는 수업에 필요한 많은 인력을 충당할 수 없어 컴퓨터과학과 학부 전공자들도 고용되었다. 거의 비슷하게 인

---

30 "Tech Culture Yields Opportunities and Challenges for Stanford," 〈SD〉, January 29, 2016.

31 "CS'[s] Rise in Popularity Poses Pressing Questions," 〈SD〉, June 5, 2013. [이 이야기의 온라인 버전은 약간 다른 제목을 사용한다. "CS's Rising Popularity Poses Pressing Questions," 그리고 출간 날짜는 2013년 6월 4일로 되어 있다.]

32 "For Stanford Programming Class, the Bigger the Better," 〈SU〉, School of Engineering, press release, December 13, 2012.

기가 있는 두 번째 컴퓨터과학 과목인 〈프로그래밍 추상Programming Abstractions CS 106B〉에서도 대규모 강의를 위한 소그룹을 만들어야 했다.[33]

컴퓨터과학 교수 미란 사하미Mehran Sahami[34]는 컴퓨터과학과가 매 학기 끌어 모은 스탠퍼드 학생들이 강의에 대해 좋게 평가했다고 말했다. 2013년 그는 다음과 같이 말했다. "컴퓨터 교육이 인문학 교육이 아니라고 말하는 것은 다소 부적절 표현이다. 오늘날 모든 사람이 컴퓨터에 대해 알아야 할 필요가 있다는 사실은 그들을 균형 잡힌 사람으로 만든다고 생각한다. 21세기에 컴퓨터에 대해 아무것도 모르는게 오히려 이상할 것이다."[35]

2015년 스탠퍼드 동문회 잡지는 상징체계와 프랑스어를 복수 전공하고 막 졸업한 스탠퍼드 학생 마리사 메시나Marisa Messina의 에세이를 실었다. 이 에세이의 제목은 "코딩할 콘텐츠? 기술전문가–비기술전문가로 갈라진 실리콘밸리에 양다리를 걸치다"였다. 메시나는 프로그래밍 경험이 전혀 없이 스탠퍼드에 들어왔다. 신입생 오리엔테이션에서 동료학생들이 'CS'에 대해 쉴새없이 말하는 걸 들었을 때 그녀는 'CSComputer Science'라는 글자가 무엇을 나타내는지 몰라 결국 물어보았다. 그녀는 상징체계 전공을 위해 많은 컴퓨터과학의 과목을 들었

33 고교에서 AP 컴퓨터과학을 수강했거나 이미 프로그래밍 경험이 있는 학생들은 프로그래밍 방법론을 생략하고, 아울러 〈프로그래밍 추상 CS 106B〉 대신 속성 강의인 〈CS 106X〉를 수강했다. 이 강의는 〈CS 106B〉와 같은 주제를 포함하지만 강의를 더 빠른 속도로 진행하고 더 어려운 프로젝트에 도전했다. 이 강의는 매 학기마다 75~100명의 학생만 수강할 수 있었고, 이 강의에서 우수한 성적을 받은 학생은 컴퓨터과학과의 학부생을 가르치는 예비 조교가 되었다.
34 미란 사하미는 스탠퍼드에서 컴퓨터과학으로 학사, 석사, 박사 학위를 받았다.
35 "CS'[s] Rise in Popularity,"

다. 하지만 그녀는 "난 그 경험이 특별히 즐거웠다고 말할 수는 없어요" 라고 말한다. 그녀는 자신이 전문 프로그래머가 된다고 생각하지 않았다. 그러나 그녀는 문제를 다룰 수 있는 더 작은 하위 문제로 분해하는 능력을 갖게 된 것은 그 수업 덕분이라고 말한다. 그것은 '기술적인 것을 넘어선 무한히 응용할 수 있는 능력'이었다. 컴퓨터과학은 그녀에게 까다로운 문제를 해결할 때 명확하게 사고하는 법을 가르쳐주었다. 그녀는 말했다. "상황이 힘들 땐 종종 문제를 다시 설정하면 해결책을 찾을 수 있습니다."[36]

그러나 메시나는 스탠퍼드와 샌프란시스코 베이 지역에서 만나는 사람들이 그녀의 기술 분야 전공인 상징체계는 높이 평가하지만 그녀의 비기술 전공인 프랑스어는 낮게 평가하는 것이 불편했다. 그녀는 이렇게 썼다. "내가 동료 학생들이나 현지 직장인들에게 나를 '상징체계 전공자'로 소개하면 프랑스어 학위만 말할 때보다 더 따스한 미소를 지으면서 더 정중하게 대화를 합니다." "기술에 능통한 사람이 가치 있는 사람과 동의어가 된 것인가요?"[37] 2015년에 졸업한 영문학 전공자 딜런 스위트우드Dylan Sweetwood는 컴퓨터과학 중심의 대학을 더 강하게 비판했다.

누구나 〈CS 106A〉을 수강하고, 최소한 어떻게 코딩하는지 압니다. 하지만 "모든 사람이 〈철학 100〉을 수강하지 않고, 모든 사람이 〈페미니

36 Marisa Messina, "Content to Code? Straddling Silicon Valley's Techie–Fuzzie Divide," 〈Stanford Magazine〉, September/October 2015, 40쪽.
37 Messina, "Content to Code?"

즘 연구 101〉를 듣지 않습니다." 모든 사람이 이런 과목을 들어야 합니다. 이 과목들은 품위 있는 인간으로 살아가기 위한 정말 중요하고 기본적인 개념을 가르쳐 주는 중요한 수업입니다.[38]

스위트우드는 공학 분야 필수 이수과목 하나를 채우기 위해 비프로그래밍 컴퓨터과학 수업인 컴퓨터 입문 과정인 〈CS 105〉을 듣기로 했다. 그는 졸업 후 그가 기대하는 일자리를 위해 자바 프로그래밍 언어를 배울 필요가 있는지 회의적이었다. 그가 〈CS 106A〉를 듣는다 해도 미래의 고용주가 그를 소프트웨어 개발자로 보지는 않을 것이다. 컴퓨터과학과는 〈프로그래밍 방법론 CS 106A〉가 아주 초보적인 내용이어서 전공자에게 필요한 모든 필요조건을 채워주지 않는다고 본다. 필요조건을 채우려면 후속 과목인 〈프로그래밍 추상 CS 106B〉를 들어야 한다. '요즘 컴퓨터에 대해 어느 정도' 아는 것이 교양 교육의 필수적인 요소라고 한다면, 스위트우드가 수강한 컴퓨팅 입문에 포함된 단순한 웹페이지 설계 정도면 그 '어느 정도'로 충분할까? 아니면 프로그래밍이 꼭 필요할까? 프로그래밍이 필수적이라면 얼마나 많은 개념을 배우고 프로그래밍 문제를 얼마나 풀어야 마리사 메시나가 말한 큰 문제를 분해하여 다루기 쉬운 더 작은 문제로 만들 수 있는 능력을 얻을 수 있을까?

2015년 뉴욕시장 빌 더블라지오Bill de Blasio는 웹 디자인과 로봇공학은 물론 컴퓨터 코딩을 포함한 컴퓨터과학을 모든 초중등 교육과

---

38 Dylan Sweetwood, interview, May 8, 2015. 2015년 6월 졸업한 뒤 스위트우드는 곧장 옥스퍼드 대학에 진학하여 영문학 분야 석사 학위를 받았다.

정에 포함해야 한다는 정책에 시장직을 걸었다. 그는 뉴욕시의 학생 110만 명에게 '컴퓨터과학 교육'을 제공하겠다고 약속하며 새로운 계획을 발표했다.[39]

프로그래머 제프 앳우드의 인문학 강조

프로그래머들을 위한 질문과 답변 웹사이트인 스택 오버플로우 Stack Overflow의 공동 설립자로 소프트웨어 프로그래머들에게 유명한 전문 프로그래머 제프 앳우드Jeff Atwood는 이 발표에 대해 조롱 섞인 말로 비판했다. 더블라지오의 발표 직후 내놓은 의견에서 그는 모든 사람을 위한 컴퓨터과학의 근거가 된 기본 전제를 표적으로 삼았다. 그는 더블라지오의 초중등 교육 계획을 주로 비판했지만, 프로그래밍을 대학 교육의 필수 요소로 삼아야 한다는 주장도 비판했다.

만약 어떤 사람이 "코딩은 새로운 문자 교육입니다. 오늘날 컴퓨터가 어디에나 있으니까요"라고 말한다면, 그에게 연료분사가 어떻게 작동하는지 물어보라. 나는 낮은 수준의 코딩을 가르치느라 우리가 아이들에게 자동차 정비기술을 제대로 가르치고 있는지 걱정된다. 자동차 정비는 가치 있는 기술이지만 자동차 제조업자들과 엔지니어들이 일을 올바르게 하고 있다면 보통 사람들은 큰 관심을 갖지 않는다. 변속기 재생이나 심지어 오일 교환에 대해서도 전혀 걱정하지 않고 일

---

39 "Equity and Excellence: Mayor de Blasio Announces Reforms to Raise Achievement Across All Public Schools," Office of the Mayor, 〈NYC〉, press release, September 16, 2015.

을 수행하는 도구로 자동차를 즐겁게 이용한다.[40]

앳우드는 학생들이 어느 정도 컴퓨터과학을 접하는 것에 대해 반대하지 않지만, 기본적인 기술에 대한 관심을 줄이면서까지 노출 기회를 주어야 한다는 주장을 지지할 수 없다고 말했다. "나는 더 나은 작가, 더 나은 비판적인 사고자, 더 나은 평가자였다면 훨씬 더 성공적인 프로그래머가 되었을 사람들을 많이 알고 있다"라고 그는 썼다. 그는 인문학이라는 단어를 사용하지 않았다. 그러나 대학생이 더 나은 작가와 사고자, 평가자, 의사소통자가 될 수 있는 가장 직접적인 방법은 더 많은 시간을 인문학 공부에 투자하는 것이라고 생각했다.

스탠퍼드 인문학 분야의 학장들과 교수들은 스탠퍼드 학생들이 둘 중 하나를 선택할 필요가 없다고 말한다. 2014년 스탠퍼드 컴퓨터과학과는 인문학과 손을 잡고 2014년 'CS+X' 프로그램을 시작했다. 이것은 학생들에게 컴퓨터과학과 인문학 과목을 함께 전공할 수 있는 옵션을 제공한다. 이를 위해 두 전공의 졸업학점을 약간씩 줄였다. 이 계획의 지지자들은 2012~2013년 컴퓨터과학과가 시행한 조사 결과를 언급했다. 이 조사는 각 전공이 요구하는 수업을 두 과목씩 줄이면 학생들이 복수 전공을 할 가능성을 높여준다는 것을 보여주었다.[41] CS+X

---

40 Jeff Atwood, "Learning to Code Is Overrated," 〈New York Daily News〉, September 27, 2015.

41 "New Joint Program to Be Offered in Fall," 〈SD〉, April 3, 2014. 이 조사는 컴퓨터과학을 전공하거나 2012~13학년도에 〈CS 106A〉를 수강한 약 2,000명의 학생을 상대로 이루어졌으며, 603명이 응답했다. 응답자의 63%가 각 전공의 수업 수를 두 과목씩 줄일 경우, 즉 전체 4과목을 줄이면 복수 전공을 선택할 의향이 더 있음을 보여주었다. 이 이야기에 포함된 파이차트의 여러 부분의 명칭은 정확하지 않다. 저자는 2015년 12월 16일 미란 사하미에게 이메일을 보냈다. 사하미 역시 이와 같은 조사에서 복수전공을 선택하고 싶다고 밝힌 많은 학생들이 그대로 이행하지 않았다고 말했다. 첫 CS+X 프로그램에 참가한 학생 수는 예상보다 적었다. 2016년 2월에도 대학은 CS+X를 전공으로 선택한 학생 수를 공개하기를 거부했다. 2학년 재학 중인 한 스탠퍼드 학생은 이 프로그램에 대해 〈고등교육 역사(Chronicle of Higher

이전 인문학과 컴퓨터과학에 모두 흥미를 가진 학생들은 컴퓨터과학 대신에 상징체계를 전공했다. 상징체계는 컴퓨터과학보다 필요 학점이 더 적어 복수 전공을 하기 더 쉬웠다.[42]

CS+X 이전, 인문학과 컴퓨터과학에 관심을 둔 학생들을 위한 또 다른 대안은 스탠퍼드 '공동학기Coterming'로 5학년을 보내는 것이다. 이 학기에 학생은 학사 학위와 석사 학위에 필요한 학점을 동시에 취득할 수 있었다. 2013년 학번인 제스 피터슨Jess Peterson은 역사학을 전공하고 또 공동학기에 컴퓨터과학을 공부했다. 서류상으로 그는 CS+X 공동 학위 프로그램에 관심을 가질 만한 이상적인 학생 지원자처럼 보인다. 그러나 피터슨은 컴퓨터과학과 인문학을 함께 결합해야 한다는 이 프로그램의 전제를 싫어했다. 피터슨에게 역사학과 컴퓨터과학은 세계에 대해 사고하는 방식이 다른 학문이었다. CS+X의 핵심 교육과정은 역사학의 독특한 점, 곧 비구조화된 실제 세계의 정보 영역을 그의 주목을 확실하게 끄는 부분으로 축소하는 인위적인 종합을 강요했을 것이다. 그는 CS+X 프로그램이 이질적인 것의 혼합이 아니라 더 많은 학생들로 하여금 정규 인문학 수업을 듣게 했다면 이 프로그램을 환영했을 것이다. 또한 그는 이 프로그램이 자녀의 인문학 전공에 대한 부모의 반대를 완화시키는 데 도움이 될 수 있다는 점을 인정했지만 그

Education〉〉와의 인터뷰에서 자신이 다른 대학이 아닌 스탠퍼드를 선택한 이유는 스탠퍼드가 자신처럼 음악과 기술에 관심을 가진 학생을 환영해주었기 때문이라고 밝혔다. 그러나 그녀는 컴퓨터와 음악을 복수 전공할지 확신하지 못하며 이렇게 말했다. "마치 전공이 세 가지인 것 같습니다. 집중하기가 어렵습니다." "Computer Science, Meet Humanities: In New Majors, Opposites Attract," 〈Chronicle of Higher Education〉, February 5, 2016.

42   Liam Kinney, "CS+X-traordinary," 〈SD〉, May 15, 2014. (키니는 17장의 주요 논의 대상이 될 것이다.)

것은 가장 미약한 칭찬이었다.[43]

컴퓨터과학과는 학생들이 CS+X 공동학위의 필수 학점이 단일 학위의 필수 학점보다 적다고 잘못 생각하기를 원하지 않았다. 즉, 컴퓨터과학 과정 필수 학점의 절반과 인문학 과정 필수 학점의 절반만 이수하면 된다고 기대하지 않기를 원했다. 학과장 제니퍼 위덤Jennifer Widom은 2014년 이렇게 말했다. "이 프로그램은 한 학과의 90%와 다른 학과의 90%를 이수하는 것과 비슷합니다."[44] CS+X 과정은 학생이 두 영역에서 각각의 전공을 복수 선택할 때 필요한 학점보다 크게 줄지 않았다. CS+X는 컴퓨터과학과 인문학 전공이 포함된 복수 전공에 다른 더 큰 장애물을 두지는 않았다. 두 가지 이질적인 분야의 공부를 즐기고 부담스러운 요구를 잘 해낼 수 있는 학생들은 매우 드물기 때문이다. 이에 반해 공동학기는 완전히 다른 도구를 이용해 동떨어진 두 갱도를 동시에 뚫는 것이 아니라 순차적으로 뚫는 과정이다.

2014년 학번에서 영문학을 전공한 55명의 학생 중 11명, 즉 5명 중 1명이 복수 전공자였다. 이것은 학습량이 아주 힘들 정도로 부담스럽지 않다는 사실을 시사한다. 그러나 복수전공자 11명 중 6명이 인문학을 포함시켰다(예술사, 예술 창작art practice, 프랑스어, 드라마, 역사학, 미국학을 각각 전공으로 택했다). 4명은 사회과학을 전공했고(각각 사회학, 경제학, 국제관계학, 심리학), 1명은 이과를 전공했다(생물학). 아무도 컴퓨터과학이나 다양한 종류의 공학을 전공하지 않았다. 그해 45명의 역사학 전공자들은 비슷한 패턴을 보였다. 12명은 복수 전공을 했는데

43 Liam Kinney, "CS+X—traordinary," 〈SD〉, May 15, 2014.
44 "Not So Different," Inside Higher Ed blog, March 7, 2014.

대다수가 인문학을 전공했고 컴퓨터과학이나 공학을 전공한 학생은 없었다.**45**

영문학과는 인문학과 컴퓨터과학이라는 이중 언어를 편안하게 구사하는 학생이 거의 없다는 사실을 숙고하지 않았다. 이 학과의 웹사이트는 미래의 '컴퓨터과학+영문학' 전공 학생에게 다른 영역이라는 바로 그 개념을 진기한 것처럼 보이게 만드는 노골적인 내용이 실려 있다. "좌뇌, 우뇌, 기술 전문가, 비기술 전문가, 이것들은 세계나 삶에서 점점 사라지는 용어다. 스탠퍼드가 분리된 것을 통합적으로 생각하고 과학과 인문학을 융합하는 프로젝트를 만들기 원하는 학생들을 위해 새로운 컴퓨터과학+영문학 복수전공 과정을 개설하게 되어 기쁘다."**46**

문제는 분리된 것을 통합적으로 생각하길 원하는 학생이 있는가가 아니라 그들이 대학에 입학하기 전 처음부터 계속 그렇게 사고하지 않았다면 과연 그렇게 할 수 있는 학생이 있겠는가이다. 학생들이 두 영역에서 고급 교육과정을 이수할 수 없는 게 생각하는 것만큼 불행할까? CS+X 지지자들이 아무리 좋은 의도를 갖고 있다 해도, 그들의 주장에는 인문학 분야만 전공하는 학생들에 대한 비판이 은연 중에 포함되어 있다. 컴퓨터과학 주창자들은 컴퓨터과학 분야의 재능이 대학 졸업자들에게 반드시 필요한 것, 곧 '21세기'를 대비하는 것이라고 확신한다. 그러나 피상적으로 실용적인 것과 비실용적인 것으로 나누고 부당하게 비교하는 것은 전혀 새로운 것이 아니다. 1890년대와 1900년

---

45 2014년 학번의 복수전공자 총수는 스탠퍼드 동문회가 관리하는 데이터베이스를 전공별로 조사한 자료에 기초한 것이다.

46 Department of English, 〈SU〉, CS+English web page, https://english.stanford.edu /csenglish, accessed January 2, 2017.

대 초, 사람들은 공학이 아니라 영문학, 역사학, 철학, 언어, 다른 인문학 문야를 전공으로 선택한 스탠퍼드 학생들은 20세기를 잘못 준비하고 있다고 말했다. 그 당시와 지금의 차이는 컴퓨터과학의 극적인 부상으로 이른바 일반교양 교육, 특히 인문학이 자신감을 잃고 있다는 것이다.

15장
첫 세대

마이크 산체스Mike Sanchez는 노스캐롤라이나 잭슨빌에서 성장했다. 이곳은 해안가에 위치한 인구 7만 명이 사는 작은 도시다. 그의 부모는 대학에 다니지 않았고 산체스는 부모가 자신이 가야 할 학교에 대해 조언했을 때 정중히 무시했다. 그가 스탠퍼드 입학허가서를 받았을 때 그의 부모는 이 대학의 평판에 대해 전혀 몰랐지만 산체스는 주저 없이 받아들였다. 동아시아학을 전공하고 2012년 졸업한 뒤 그는 몇 가지 직업을 전전했다. 그의 부모가 지금 있는 직장에서 계속 일하라고 조언했지만 그는 매번 자신이 흥미를 느끼는 직장으로 계속 옮겼다.

산체스는 스탠퍼드에 입학할 때 장래에 의학 분야에서 일할 생각이었다. 1학년 봄 방학 때 그는 국제 보건 프로젝트에 참여하기 위해 과테

말라로 갔다. 그해 여름 그는 인도에서 5주 동안 응급 의학전문가들과 함께 리더십 훈련 프로젝트를 수행했다. 2학년을 마치고 여름 방학 때 스탠퍼드 MBA 사무실에서 일하면서도 그는 이곳에서의 관리 경험이 의학대학 지원에 도움이 될 것이라고 생각했다. 그러나 그의 계획이 완전히 틀어진 것은 그해 여름이었다. 자신이 의대 진학을 원하지 않는다는 사실을 깨달았던 것이다. 의학이 그의 미래가 아니라면 그럼 무엇인가? 그는 전혀 몰랐다. 그리고 앞으로 미래를 준비할 시간이 2년밖에 남지 않았다. 그는 무얼 할지 생각해보려고 3학년 가을 학기에 휴학을 했다.

산체스는 새로운 계획을 위해 자신이 '결정적인' 언어라고 부른 아랍어나 중국어를 공부하기로 결정했다. 결국 그는 공무원이 되거나 또는 사업 기회가 있을 것으로 판단하고 중국어를 선택했다. 중국어를 수박겉핥기식으로 공부해서는 어떤 사업 기회도 열리지 않을 것이라는 이야기를 아무도 그에게 해주지 않았다. 중국과 미국의 비즈니스 관계에 대해 아는 사람이라면 누구나 그가 중국어를 유창하게 구사해야만 이중 언어를 유창하게 구사하는 사람들로 가득한 노동 시장에서 경쟁력이 있을 것이라고 말해주었을 것이다. 물론 사람들이 항상 완벽한 정보를 갖고 직업 진로를 결정하는 것은 아니다. 산체스 또한 단 한 학기도 중국어를 수강하지 않고 이런 계획을 세웠다. 그의 부모가 생각하기에 그 계획은 이상했다. 그의 아버지는 스페인어를 하지만 산체스는 그렇지 못했다. 그의 부모는 스페인어를 공부해보라고 제안했다. 그러나 산체스는 자신의 계획을 단념하지 않고 계속 밀고 나갔다. 그는 중국어를 전공하고 싶었지만 그러려면 3년 동안 공부를 해야 했는데 그가 스탠퍼드에서 공부할 수 있는 기간은 2년이 채 되지 않았다. 그래서 그는 동아시아학을 전공으로 선택했다. 이 전공은 2년간의 어학 공부를 요구했는데, 다음 여름 방학 때 집중 교육과정으로 중국어를 배우면 가능했다. 이 과정은 스탠퍼드에서 5주, 베이징에서 4주 동안 언어를 배웠다. 4학년 때 그는 계속 중국어를 배웠고, 마지막 학기에는 이전 방문 때 채우지 못한 해외 유학 경험을 위해 베이징으로 돌아갔다.

동아시아학은 학생들이 많이 지원하지 않는 다학제 전공이었다. 그래서 학생들은 중국, 일본, 한국과 관련된 수업을 섞어서 들을 수 있었지만 큰 깊이는 없었다. 산체스와 함께 졸업한 학생 중 단 6명만이 동아시아학을 선택했다.

산체스는 베이징에 있을 때 졸업 후에 다닐 직장을 찾았었다. 그는 먼저 번역 일자리를 지원했지만 자신의 언어 실력이 필요한 수준에 한참 미치지 못한다는 것을 곧 깨달았다. 그의 위치는 다른 취업 기회를 얻기에도 유리하지 않았다. 그가 스카이프를 이용해 취업 면접을 볼 수 있다 해도 베이징에 살면서 미국에 직장을 구하는 것은 그다지 좋지 않았다. 그에게는 도움이 될 만한 개인적인 인맥이나 가족 인맥도 없었다. 그는 남학생 사교클럽 회원도 아니어서 그 인맥도 활용할 수 없었다. 그가 전에 했던 인턴직도 취업할 직장에 도움이 되지 않았다. 그는 구직 웹사이트 인디드닷컴과 스탠퍼드의 구직 게시판을 이용하는 수밖에 없었다. 그는 두 회사에서 일자리 제안을 받았다. 하나는 워싱턴 D. C에 있는 비영리기관의 프로그램을 보조하는 자리였고, 다른 하나는 스탠퍼드의 정부 및 지역사회 교류 사무실Office of Government and Community Relations의 사무 보조직이었다. 비영리기관 일자리는 스탠퍼드 일자리보다 보수가 적었고 이사 비용도 전적으로 그가 부담해야 할 것 같아서 스탠퍼드 일자리를 선택했다. 그 소식을 들은 그의 부모는 매우 기뻐했다. "스탠퍼드에 취직했구나!" 산체스는 부모님이 생각하는 근사한 직장이 아니라는 점을 최선을 다해 설명했다. 그 일자리는 하급 행정직에 불과했다.

에어비앤비 단기 인턴직

산체스는 샌프란시스코에 아파트를 얻은 뒤, 팰로앨토로 가는 기차를 타고 가서 힘들지 않은 사무직 업무를 담당하면서 파워포인트 발표 자료를 만지작거리거나 문서를 출력했다. 세 달 뒤 그는 다른 일을 찾기로 결심했다. 베이 지역에 살았기 때문에 그는 IT 분야에 취업하는 방법을 찾는 수밖에 없었다. 스탠퍼드에 다닐 동안 그는 프로그래밍 입문 수업인 〈프로그래밍 방법론 CS 106A〉를 수강하지 않고, 그 대신 〈컴퓨터 입문 CS 105〉를 들었다. 이 수업이 '최소한의 수학 실력'을 요구했기 때문이다. 그는 IT 기업에도 비기술직이 있다는 것을 알았고 그런 일자리를 얻기 바랐다. 그는 먼저 휴대폰을 꺼내 자신이 가장 많이 사용하는 앱들이 무엇인지 자문해 보았다. 그는 그런 앱을 만드는 회사인 구글, 페이스북, 쿼라Quora가 신입 직원을 모집하는지 검색했다. 또한 교육 스타트업의 '채용 담당자 코디네이터직'에 지원했다. 이 직책은 실제로 예비 지원자와 접촉하는 채용 담당자들의 일정을 관리하고 다른 잡무를 처리하는 자리였다. 그는 직원 채용에 대해 전혀 몰랐고 일자리를 얻지 못했다. 그러나 그 뒤 채용 담당자가 그에게 이메일을 보내 그가 면접에서 보여준 열정에 대해 칭찬하면서 자신의 휴가

기간에 일할 의향이 있다면 '후보 대상자'를 찾는 방법을 가르쳐주겠다고 제의했다. 이에 관심이 있었던 산체스는 약 90분 동안 그녀와 마주 앉아 후보 대상자 탐색에 관한 기초인, 채용 담당자가 접촉할 후보자를 찾는 법과 복잡한 단어로 구성된 온라인 검색을 조합하는 방법을 배웠다.

산체스는 결국 다른 곳에서 일자리를 찾았기 때문에 그녀의 회사에서 일하지 않게 되었다. 그는 에어비앤비Airbnb 숙소를 이용한 적이 있어 이 기업을 취업 후보기업 목록에 추가했었다. 그는 에어비엔비 웹사이트를 방문한 뒤 이 기업에 3개월짜리 인턴 프로그램이 있다는 것을 알고 지원하여 곧장 면접을 보았다. 그는 스탠퍼드 여름 언어교육 프로그램을 마치고 중국을 여행한 것을 포함해 자신의 국제여행 경험에 대해 말했다. 그리고 학생 호스텔 대신 에어비앤비를 이용할 수 있기를 바랐다고 말했다. 그는 인턴직을 얻었고 한참 지난 뒤 관리자로부터 그가 인턴으로 선발된 이유를 들었다. "당신은 노스캐롤라이나 출신이고 당신 가족 중에서 처음으로 대학에 진학했고, 중국어를 배웠다. 그리고 스탠퍼드 대학에 갔으니 분명히 똑똑할 것이다. 당신은 인턴직에 필요한 기술을 습득할 수 있을 것이다."

산체스의 부모는 인턴직을 선택한 그의 결정을 좋아하지 않았다. 그들은 그에게 괜찮은 월급과 대학이 제공하는 건강보험을 비롯한 복지 혜택을 누릴 수 있는 스탠퍼드에서 계속 일하라고 설득했다. 왜 그는 보수도 적고 복지혜택도 없는 단기 인턴직을 위해 안정적인 직장을 포기했을까? 산체스는 부모님에게 말했다. "때로 한 발 더 나아가기 위해 한 발 더 물러서야 합니다." 그는 스스로 이 격언을 되새기며 그대로 따랐다.

그는 에어비앤비 사이트에 등록된 숙박집의 수를 늘리는 판매부서에 배정되었다. 산체스는 예비 숙박집을 온라인에서 검색하여 소유자의 연락 정보를 찾아서 그 정보를 전화를 걸 판매 직원에게 전달하는 일을 맡았다. 이것은 사람에 대한 평가가 포함되지 않은 일종의 후보 숙박집을 탐색하는 일이었고 숙달하는 데 그다지 많은 시간이 필요 없었다. 그래서 기본적으로 재미있는 일은 아니었다. 그러나 다행스럽게도, 이 일은 산체스에게 이 회사의 정규직에 대한 정보를 얻고 취업할 수 있는 기회를 주었다.

에어비앤비를 떠나다

3개월간의 인턴을 마칠 시간이 다가오자 그는 점점 불안해지면서 정규직으로 '전환'될 수 있는지 궁금했다. 그는 어떻게 해야 직장 생활을 바꿀 기회가 올지 예상할 수 없었다. 어느 토요일, 그는 레스토랑에서 식사를 하는 중 이메일 메시지를 받았다. 그것은 회사의 모든 사람에게 보낸 것이었는데 에어비앤비가 그날 저녁에 다른 첨단 기술회사들과 함께 참여하는 성 소수자LGBT 학부생을 위한 인력 채용 행사에 자유롭게 참석해달라는 요청이었다.[1] 에어비앤비 자원봉사자 중 한 사람이 갑자기 아파서 대체 인력이 필요했다. 산체스는 담당자에게 즉시 문자를 보냈다. "저런, 돕고 싶습니다!" 이런 행사에 참여하는 기업들

---

1   이것은 두 번째 "Out for Undergraduate Technology Conference"였다. 이 콘퍼런스는 페이스북 본사에서 개최되었고 170개 슬롯에 400명의 학생 지원자가 참여했다. "Silicon Valley Meets at Facebook Campus to Recruit LGBT Students," Xconomy.com, February 1, 2013을 보라.

은 공학 전공자를 모집하고 있었고, 산체스는 에어비앤비가 채용하고자 하는 직무의 기술 자격에 대해 전혀 몰랐다. 그러나 그는 성 소수자 문제와 직원들이 자신의 진정한 자아를 표출할 수 있는 직장으로서 에어비앤비에 대해 토론할 것을 제안했다. 그는 참석해달라는 요청을 받았다.

에어비앤비팀이 테이블을 설치하고 산체스가 간단하게 인사말을 했다. "나는 우리에게 필요한 공학이 무엇인지 모릅니다. 하지만 에어비앤비의 문화에 대해 여러분과 대화를 나눌 수 있습니다." 그는 그때를 회고하며 자신이 함께 이야기한 학생들이 수용적인 것 같았다고 말했다. 행사가 끝나고 과거 구글에서 인력 채용을 담당한 적이 있던 에어비앤비 인력 채용 팀장은 산체스가 예비 지원자들을 잘 대해주었다며 칭찬했다. 그녀가 그에게 물었다. "전에 직원 모집 일을 해본 적 있나요?" 그는 적절한 취직자리를 탐색하는 일을 매우 좋아한다고 대답했다. 그는 집으로 가서 에어비앤비의 구인 웹사이트에서 채용 담당자와 후보 대상자 탐색자 자리가 공석인 것을 확인하고 새로운 후원자가 된 인력 채용 팀장에게 자신이 어느 쪽에 더 적합한지 물었다. 그녀는 그에게 후보 대상자 탐색이 가장 적합하다며 조만간에 후보 대상자 탐색에 관한 기초를 가르쳐주겠다고 말했다. 산체스가 "전에 후보 대상자 탐색에 대해 조금 배웠다"고 말하며 자신이 찾은 후보자 10명의 프로필을 제시했다. "이 사람들이 마음에 드나요?" 깊은 인상을 받은 그녀는 그를 후보 대상 탐색자로 채용했다. 그녀는 3개월의 수습기간 동안 산체스가 후보 탐색을 통해 찾은 사람 중 최소한 한 명이 채용되는지를 보고 정규직 여부를 판단하겠다고 말했다. 그의 후보 대상자 탐색은 실제로 한 명의 신입 직원 채용으로 이어졌고 그는 정규직으로 채용되었다. 산체스는 에어비앤비에서 기술직 인력 채용을 담당하는 6명의 채용 담당자와 함께 일하는 3명의 후보 대상 탐색자 중 한 명이 되었다.

이 팀은 소프트웨어 엔지니어를 채용했지만 후보 대상 탐색자 중 아무도 컴퓨터과학 학위가 없었다. 이것은 실리콘밸리 기업들의 전형적인 모습이었다. 직원 채용팀에서 가장 경력이 많은 직원의 직업적 배경은 다른 IT 기업이나 이런 기업들을 고객으로 둔 대행기관의 인력 채용 경험이 고작이었다. 산체스는 기업들이 채용 담당자를 고용할 때 찾는 사람에 대해 이렇게 설명한다. "민첩하게 움직이고 자질이 좋고 후보자와 잘 대화할 수 있는 사람들입니다."

산체스가 2013년 봄 에어비앤비에 입사했을 때 직원은 200명이 되지 않았고 서로 친밀감을 느낄 수 있는 규모였다. 에어비앤비는 아직 잘 알려지지 않았고, 공학도들에게 이 스타트업에 입사하도록 설득하거나, 전화로 에어비앤비에서 얻을 수 있는 기회에 대해 설명할 수 있는 몇 분의 시간을 내달라고 부탁하는 것은 힘든 일이었다. 그 당시 산체스는 에어비앤비가 가장 원하는 소프트웨어 엔지니어를 고용할 수 있는 유일한 방법은 채용 담당자가 기업의 연락책 역할을 할 수 있는 에어비앤비의 엔지니어를 찾는 것이었다고 말한다. 연락책은 자신의 직업적 관심과 후보자의 관심이 완전히 일치하고 후보자를 편안하게 만드는 자질을 갖고 있어야 했다. 시간이 지나 에어비앤비의 기업 가치가 올라가자 예비 후보자들을 설득할 필요가 없어졌다. 그들은 엄청난 돈을 벌 수 있는 스톡옵션을 생각했기에 에어비앤비와 아주 간절히 대화하고 싶어 했다. 그들은 자신의 기술과 업무의 적합성보다는 개인적인 부를 늘리는 데 관심을 두고 있었다.

에어비앤비에서 산체스는 말단 후보 대상 탐색자였기 때문에 후보자를 직접 만나지도 못했고, 후보자 면접에 참여하지도 못했기에 낙심했다. 이 마지막 면접 단계 때문에 인력 채용 업무가 후보 대상자 탐색업무보다 업무 만족도가 더 높았다. 2014년 가을, 에어비앤비의 직원이약 1,200명이 되자 산체스는 더 이상 이전의 친밀감을 느끼지 못했다. 어느 작은 스타트업이 '채용 업무의 모든 과정', 즉 후보 대상자 탐색부터 채용 결정, 채용 제안서 발송까지 할 수 있는 직책을 제안하자 그는이직했다. 그의 어머니는 말했다. "실수야! 뉴스에서 에어비앤비에 관한 이야기를 들었어, 그곳에 계속 있었어야 해!"

넥스트빗에서 구글로

그도 나중에 지난날을 회고하면서 에어비앤비에 머물렀어야 했다고 생각했다. 그가 들어간 스타트업은 넥스트빗Nextbit으로 직원이16명에 불과한 작은 소프트웨어 회사였다. 이 회사는 안드로이드 운영체계를 만드는 데 참여한 엔지니어들에 의해 설립되었고, 공개 설명을 거부한 '모바일' 소프트웨어의 구상 단계였지만 엄청난 금액인1,800만 달러를 투자받았다.[2] 산체스는 이 회사 최초의 그리고 유일한채용 담당자로 고용되었다. 그는 모든 채용 과정을 직접 수행하려는 자신의 희망을 이루었다. 졸업 후 불과 1년 반 만에, 동아시아학을 전공한 그가 지원자 추적 시스템을 만들고, 면접 업무 과정을 확립하고, 스

---

2   "Early Android Veterans Raise $18M from Accel, Google Ventures for Stealth Company, NextBit,"
〈TechCrunch〉, January 14, 2014.

타트업의 일상 활동에서 제기되는 모든 과제를 떠맡게 되었다. 이런 업무 중 어느 것도 이전에 해볼 기회가 없었던 것들이었다. 그러나 그는 회사의 방향성이 분명하지 않아 점차 혼란스러워졌다. 그가 보기에 아무도 회사가 무엇을 하고 있는지 모르는 것 같았다. 그가 공들여 만든 채용 업무 과정은 대량 인력 채용에는 적합했지만 넥스트빗은 신규 인력이 많이 필요하지 않았다. 8개월 동안 회사의 직원은 16명에서 21명으로 늘었다. 산체스는 일치감치 새로운 직장을 알아보러 다니기 시작했다.

그가 지겨워하며 안절부절못할 때 마침 구글과 페이스북이 그를 노련한 채용 담당자로 간주하고 그에게 연락하여 채용 담당직에 관심이 있는지 물었다. 그는 이 회사들이 링크드인LinkedIn에서 간단한 검색을 통해 자신을 찾았을 것이라고 생각했다. 그들은 후보 대상자 탐색 경험이 있는 스탠퍼드 출신자를 찾았다.

구글의 채용 과정은 악명이 높을 정도로 시간이 오래 걸렸다. 산체스는 첫 전화 면접을 한 다음 두 달에 걸쳐 추가 전화 면접과 현장 면접, 여러 번의 대기를 통과한 뒤에 채용 제의를 받았다. 그는 처음에는 후보 대상자 탐색팀의 계약직 자리를 제의받았는데 이것은 구글의 규칙이었다. 그러나 산체스는 이의를 제기했다. 일주일 뒤 구글은 그에게 다시 연락해 지금 정규직 자리가 하나 비어 있으니 지원하면 계약직이 아니라 정직원이 될 수 있다고 말했다. 그가 그 팀에 합류해보니 그는 수습 기간을 거치지 않은 유일한 계약직 직원이었다. 그는 이렇게 말했다. "팀에 합류했을 때 약간 어색했습니다." 출근한 지 몇 주 후 "여전히 약간 어색하더군요. 나의 관리자가 이틀 전 내게 이렇게 말했습니다.

'사람들이 당신을 주시하고 있으니 한두 달 안에 자신의 능력을 입증해야 하네.'" 그는 웃으며 말했다. "알겠습니다!"

산체스는 자신의 후보 대상자 탐색 경력이 일반적인 순서와 달리, 중간 규모의 기술회사(에어비앤비)에서 시작한 뒤 잠시 동안 소규모 스타트업(넥스트빗)에서 일하다가 거대 기업(구글)으로 도약하게 되었다고 말했다. 드디어 그의 부모는 기뻐했다. 그는 어머니에게 이렇게 말하며 놀렸다. "'내 아들은 구글맨', 혹은 '내 아들은 에어비앤비맨' 둘 중 어느 것이 좋으세요?" 그녀는 "물론 구글이지!"라고 대답했다.

산체스는 구글 직원들이 회사가 너무 커서 변화를 잘 받아들이지 못한다고 생각하는 이유를 알게 되었다. 그는 "일을 완수하기 위해 필요한 일이면 뭐든 수행하며" 업무 개선을 위한 제안은 환영하는 업무 환경에 익숙했다. 구글에서는 다른 사람을 돕겠다는 제안이나 이전과 다르게 일을 하자는 제안이 눈살을 찌푸릴 일처럼 느껴졌다. 그가 구글에 적응하려고 노력할 때 그는 향수에 젖어 에어비앤비에서 일하던 때를 회상하다가 그 당시 에어비앤비의 큰 규모(1,200명의 직원)에 대해 품었던 불만은 정말 큰 기업에 대한 경험이 없었기 때문이라는 것을 깨달았다.

구글에서 산체스는 더 이상 스타트업에서 일할 때처럼 채용 업무 '전 과정'을 수행하지 않았다. 또 다시 그는 후보 대상자를 탐색하여 전도유망한 예비 지원자를 채용 담당자에게 전달했다. 그는 샌프란시스코에 살았기 때문에 에어비앤비와 넥스트빗에서 일할 때는 남쪽으로 통근할 필요가 없었다. 구글에 들어가서는 구글 버스를 타고 매일 마운틴 뷰로 통근하는 일이 고역이었다. 이른 아침에 55분 동안 버스를 타고 출근하고, 집으로 돌아올 때는 종잡을 수 없는 고속도로 정체 때문에 2~3시간이 걸릴 때도 있었다. 그가 구글에서 가장 좋아했던 것은 구글이 제공한 인력 채용팀을 위한 기술 입문 세미나였다. 한 시간 동안 진행된 클라우드 컴퓨팅에 관한 발표 자료 덕분에 인력 채용팀은 지원자의 이력서에 무엇이 들어 있을지 예상할 수 있게 되었고, 산체스는 공학 출신 예비 지원자들과 대화할 때 더 나은 질문을 할 수 있었다.

그가 구글에서 일을 시작할 때 산체스는 언제라도 구글을 떠나면 실리콘밸리에서 가장 빨리 성장하는 스타트업에 지원하겠다고 스스로 다짐했다. 넥스트빗에 있을 때 그는, 자신의 직업 경력에 구글을 추가하기 전에, 우버Uber에 지원했었지만 취업에 실패했다. 가장 빠르게 성장하는 신생 기업인 우버, 드롭박스Dropboxes, 핀터레스트Pinterests(산체스의 친구는 핀터레스트에서 일했다)는 구글이나 페이스북에 일한 경험이 있는 사람들만 후보자로 고려함으로써 인력 채용팀에서 일할 직원의 탐색 과정을 단순화했다. 에어비앤비도 역시 마찬가지였다. 산체스는 그곳에서 경력이 없는 예외적인 경우였다. 인력 채용팀의 다른 직원들은 구글 출신이었다. 샌프란시스코에서 주목받는 스타트업들은 주식상장 전에 스톡옵션을 제공할 뿐만 아니라, 샌프란시스코에 사는 많은 직원들이 페이스북 업무단지나 훨씬 더 남쪽에 있는 구글 업무단지까지 장시간 통근하지 않아도 됐다.

구글에 들어가자마자 그는 스탠퍼드 출신 지인들로부터 연락을 받았다. 그들은 직업 경로를 따르다보니 자신이 원하지 않은 곳에서 근무하게 되어 직업에 관한 조언을 찾고 있었다. 1학년 때 만난 한 지인은 '나를 기억할지 모르지만'라는 말로 시작하는 이메일을 그에게 보냈다. 스타트업에서 일하고 있던 그는 회사가 파산했다. 그가 만나서 이야기를 나눌 수 있는지 물었고, 산체스는 그와 계속 연락하면서 그가 취업 면접을 할 때 조언을 해주었다.

구글에서 일한 지 8주가 지난 뒤 산체스는 에어비앤비에서 함께 근무했고, 공교롭게도 그 전에 구글에서 일한 적이 있는 오랜 친구와 저녁을 먹었다. 그녀는 산체스에게 왜 에어비앤비에서 일했던 시절을 좋게 보는지 물었다. "그곳으로 돌아가지 그래?" 그녀가 그렇게 말하자마자 그는 자신이 무의식적으로 느끼고 있는 것을 그녀가 말했다고 느꼈다. 그 뒤 그는 예전에 에어비앤비의 채용 담당팀에서 팀장으로 함께 일했던 사람과 커피를 마시기로 약속했다. 그 다음, 그 팀장의 상사와 만났다. 그는 곧바로 채용 제안을 받았고 그것을 받아들였다. 그에게 부모님이 유감스러워했느냐고 묻자 그랬다고 대답했다. 그의 부모는 처음에는 "너는 구글에 있어야 해! 왜 떠나려고 하니?"라고 말했다. 그러나 그 뒤 그가 연봉 차이를 말해주었더니 그들은 "좋아, 신경 쓰지 마라"라고 말했다.

다시 에어비앤비로

산체스가 2015년 3월 에어비앤비에 다시 입사했을 때 그는 구글에서 그랬던 것처럼 후보 대상 탐색자였지만 부가적인 프로젝트를 수행할 수 있었다. 예를 들어, 그는 신입 직원을 위한 교육 프로그램을 개발하고 기술 인력의 다양성을 더 확대하기 위한 새로운 프로그램을 만들었다. 얼마 후 그는 채용 업무 전반을 수행하는 채용 담당 책임자가 되었다. 약 1년 뒤 그는 에어비앤비가 직원들에게 자신의 핵심 역할로 배정된 책무를 확실하게 수행할 것을 요구하는 것을 보았다. 이와 같은 '기업화'는 그가 이미 구글에서 겪은 것이었다. 처음에는 그것이 그에게 제약처럼 느껴졌다. 그러나 그는 업무수행 방식에 대한 자신의 요구가 적절하지 않다는 점을 이해하게 되었고, 자신의 기대를 바꾸었다.

산체스는 스탠퍼드 인문학 전공자로서 IT 기술 기업에서 민첩하게 직업을 찾았다. 그는 중간 규모 회사에서 시작한 다음 10개월 동안 소규모 회사와 대규모 회사를 경험해보고 다시 중간 규모의 회사로 돌아왔다. 그는 그가 일했던 인력 채용팀에서 유일한 동아시아학 전공자였다. 산체스는 대학에서 중국어 집중교육 과정을 이수했다. 대학 졸업후 그는 자기 주도적으로 소프트웨어 공학 전문용어에 관한 집중 교육과정을 들었고, 엔지니어들을 만나 프런트-엔드front-end와 백-엔드 back-end 시스템, 자바Java, C++에 대해 질문하는 법을 배웠다. 그는 어느 쪽도 능숙한 수준에 도달하지 못했다. 그러나 그는 기술 분야의 어휘를 충분히 배워 능숙한 사람들을 전문적으로 찾아내는 일을 할 수 있었다.

16장
삶의 기술

스탠퍼드에서 인문학의 황금 시기는 1960년대였다. 이 시기에는 학부생의 3분의 1 이상이 인문학 분야에서 전공을 선택했다. 2011년, 이 비율은 전성기의 절반인 17%로 떨어졌다.[1] 그때 인문학 교수들은 가장 불행한 사건이 다가오는 것을 바라보았다. 즉 역사학과 영문학이 전공 선택 목록 상위 10위권에서 탈락한 것이다. 전통적인 인문학 과목이 상위권에서 빠진 것은 이 대학의 역사 이래 처음 있는 일이었다.[2]

---

1 "Saving the 'Fuzzy,'" 〈SD〉, October 20, 2011.

2 SU, 《Study of Undergraduate Education, The Study of Undergraduate Education at Stanford University》 (SUES) (Stanford: The Office of the Vice Provost for Undergraduate Education, SU, 2012), 17~18쪽. 스탠퍼드는 현재 상위 10위에 해당하는 전공 목록을 발표하지 않고 상위 5위까지만 발표한다. 2014~15학년도 학사 학위를 받은 전공자 수 기준 순위는 (1) 컴퓨터과학, (2) 인간생물학, (3) 공학, (4) 자연과학, 기술 및 사회, (5) 경제학이었다. http://facts.stanford.edu/academics/undergraduate-facts, accessed January 7, 2017.

여러 학과의 교수진들은 학생들의 관심을 다시 붙잡기 위한 아이디어를 강구했다. 역사학과는 새로운 교육과정인 〈국제 문제와 세계사 Global Affairs and World History〉를 개설하여, 기업, 정부, 비정부기구에서 직업 경력을 쌓으려고 계획하는 학생들에게 유익하다고 홍보하며 관련 수업을 제공했다. 몇몇 유럽 및 라틴아메리카 언어들[3]과 비교문학을 위한 스탠퍼드의 통합 학과인 '문학, 문화, 언어학과'는 학생들에게 연구 자금을 제공하고, 하위 학과를 전공하는 모든 학생에게 해외 유학과 연구를 재정적으로 지원하겠다고 제안했다. 이 학과들 중 한 가지 학과만을 전공하는 학생들에게까지 제안을 확대할 정도로 필사적이었다.[4]

역사학 교수 필리페 벅Philippe Buc은 스탠퍼드가 '북부의 캘리포니아 공대'가 되길 원하는지 아니면, 인문학 전공자가 많은 하버드, 예일, 프린스턴과 같은 '동부 지역의 경쟁 대학들'과 같이 되기를 원하는지 공개적으로 물었다. 2011년 〈스탠퍼드 데일리Stanford Daily〉에 발표한 글에서 벅 교수는 스탠퍼드의 인문학과들은 '등록생 감소에 침울해하지 말고' 예비 전공자를 위한 오픈 하우스 개최와 같은 비효과적인 활동으로 등록생을 늘리려는 시도를 그만두어야 한다고 썼다. 그는 인문학에 관심을 가진 입학생을 늘려야 한다고 말했다. 그는 이 대학의 지원자들 중 불과 15%만이 인문학을 전공할 생각이 있다는 말을 들었다. 이 수치는 최악의 저조한 수준으로 '등록자 수 증가를 가로막는 철

---

3 언어 관련 학과는 프랑스어, 이탈리아어, 독일학, 이베리아 및 라틴아메리카 문화, 슬라브어 및 문학이 포함된다.
4 "Saving the 'Fuzzy,'"

벽'이었다. 벅 교수는 대학 입학처가 입학생의 15%가 아닌 40%가 인문학과를 전공할 수 있도록 학생 선발 기준을 조정할 것을 제안했다.[5] 스탠퍼드 동료 교수들 중 일부는 스탠퍼드가 인문학에 관심을 가진 학생이 더 많을 것으로 예상되는 동부 지역에서 더 공격적으로 학생을 모집하기만 해도 더 많은 입학생들이 인문학에 더 많은 관심을 가질 것으로 생각했다.[6]

인문학의 위기

스탠퍼드 인문학 교수들은 그들의 학과가 다른 대학들처럼 어떤 힘에 포위되어 있다는 것을 알았다. 그 힘은 직업과 연결된 전공만이 성공할 수 있는 유일한 선택이라는 학생들과 학부모들의 확신이었다. 그런데 왜 한때 널리 퍼져 있던 인문학 교육의 유용성에 대한 인식이 사라졌을까? 이것은 경기 침체와 느린 경기 회복에 따른 예상된 반응이라는 말로는 충분히 설명할 수 없다. 인문학 전공자의 감소는 경기 침체 시기보다 앞서 발생했고 인문학 황금 시기 이후 심란할 정도로 수십 년 동안 계속된 현상이다. 스탠퍼드 인문학 전공자 비율은 1960년대 33% 이상에서 1989년 24%로 계속 감소했다.[7] 이 시기 동안 학생 수가 늘어난 분야는 공학 분야, 특히 컴퓨터과학이었다. 1983년 스탠퍼드 학생들을 위한 컴퓨터 시설 책임자 랄프 고린Ralph Gorin은 이러한 변화가 영구적이라는 주장에도 대학의 자원을 더 투자하여 컴퓨터과학

5   Philippe Buc, "Op-Ed: The Humanities at Stanford," 〈SD〉, April 26, 2011.

6   "Faculty Senate Addresses Humanities, Hears from Trustees," 〈SD〉, March 4, 2011.

7   SU, 《Study of Undergraduate Education》, 17쪽.

을 확대해야 한다고 말하기를 주저했다. 고린은 말했다. "우리는 이런 변화가 장기적인 것인지, 아니면 내일 버블이 터지고 모든 학생이 역사학을 전공하고 싶어 하게 될지 모릅니다. 대학은 유행에 돈을 낭비하고 싶어하지 않습니다."[8]

그러나 컴퓨터과학에 대한 관심은 한때의 유행이 아니었고, 역사학과 다른 인문학 전공자는 지속적으로 감소했다. 1994년 졸업생의 21%만이 인문학 전공자였으며, 2012년에는 17%로 줄었다.[9]

일부 인문학 교수들은 학생들의 관심이 바뀌는 것을 우려했다. 1997년 역사 분야 퓰리처상을 받은 역사학자 잭 라코브Jack Rakove는 2013년에 이렇게 말했다. "당신이 인문주의자라면, 책을 읽는 방법을 모르고 현재와 과거의 관계에 대해 역사적으로 무지한 사람들이 쏟아져 나오는 것을 정말 우려할 것입니다." 그는 "문제들을 프로그래밍하고 푸는 데 엄청난 시간을 보내고 마땅히 알아야 할 것에 대해 근본적인 의미에서 무지한" 학생들을 보면서 기쁘지 않았다.[10] 프랑스어 교수이자 스탠퍼드 인문학 하우스 상임 연구원인 댄 에델스타인Dan

---

8 "Computerizing the Farm: Dorm, Class Use Foreseen," 〈SD〉, May 20, 1983. 학생들은 고린이 운영 책임을 맡은 LOTS(Low Overhead Time-Sharing System, 시분할 방식을 통해 컴퓨터를 공동으로 이용하는 시스템)을 이용해 DEC 미니컴퓨터에 연결된 단말기를 사용할 수 있었다. 컴퓨터 이용 최우선권은 컴퓨터 과목을 수강하는 학생들에게 주어졌지만, 나를 포함해 역사학 전공 대학원생과 같은 다른 학생들도 꼭두새벽 시간에 단말기를 제한적으로 이용할 수 있었다. 주중 아무 요일이나 새벽 3시에 컴퓨터실에 가면 대부분의 단말기 앞에 논문을 입력하는 학생들이 앉아 있는 것을 볼 수 있었다. (규모가 큰 문서 파일은 자기테이프에 입력하여 캠퍼스를 가로질러 다른 시설에 가서 인쇄를 해야 했다). 1982년 컴퓨터과학과 등록생이 늘어나 컴퓨터과학과 학생이 컴퓨터 단말기를 이용할 수 없다고 불평하자 고린은 컴퓨터를 문서편집기로 사용할 수 없다고 발표했다. 불만에 찬 학생들은 고린에게 컴퓨터를 이용해 학교 관련 일을 처리하는 모든 학생은 사용 분야에 상관없이 컴퓨터를 사용할 수 있어야 한다고 거세게 주장했다. 고린은 다음과 같은 수사적 질문으로 반대 논리를 주장했다. "대학이 모든 학생에게 전용 타자기를 제공해야 합니까?" 나는 그의 질문에 대답을 하지 못했다.

9 SU, 〈Study of Undergraduate Education〉, 17쪽.

10 "CS'[s] Rise in Popularity Poses Pressing Questions," 〈SD〉, June 5, 2013.

Edelstein도 말했다. "나는 특히 1학년들에게서 같은 학년의 다른 모든 학생들이 〈CS 106A〉 강의에 흥분하거나 컴퓨터과학 전공이라고 밝힐 때마다 그들이 인문학에 관심을 갖는 것이 얼마나 어려운지에 대해 들었습니다."[11]

일부 스탠퍼드 컴퓨터과학과 교수들도 대학의 관심이 인문학에서 떠나고 있는 것에 대해 역시 불안해했다. 학과장 제니퍼 위덤은 컴퓨터과학과 등록생의 증가에 대해 라코브의 생각과 거의 구분하기 어려울 정도의 우려를 표명하였다.

주요 문제는 스탠퍼드가 어떤 학교를 지향하는가 하는 것이다. 스탠퍼드는 공학 전공 학생 40%와 컴퓨터과학과 학생 50%로 이루어진 대학이 되길 원하는가? 그렇게 되기를 바란다면 그것도 좋겠지만 스탠퍼드는 항상 학문의 폭이 넓은 대학이었다. 만약 학생의 절반 또는 더 많은 비율이 공학을 전공한다면 대학의 특성이 약간 바뀔 것이다. 나는 그것이 좋은 것이라고 보지 않는다.[12]

CS+X의 주요 주창자였던 에릭 로버츠Eric Roberts 역시 학생들이 컴퓨터과학 수업으로 몰려드는 현상의 결과에 대해 우려했다.[13] "우리는 종합대학인 스탠퍼드가 모든 사람이 기술 분야 전공, 이과와 공학만을

11 "Tech Culture Yields Opportunities and Challenges for Stanford," 〈SD〉, January 29, 2016.
12 "CS'[s] Rise in Popularity."
13 에릭 로버츠는 자바(Java)와 C++에 관한 교과서를 집필했음에도 그가 가르치는 과목은 컴퓨터과학 경계 너머로 인문학으로 확장되었다. 여기에는 두 가지 문화, 유토피아에 대한 기술적 비전, 그리고 컴퓨터, 윤리, 공공정책과 같은 과목도 포함되었다.

접하는 대학이 되기를 원하지 않는다. 그런데 점차 이런 현상이 일어나고 있는 것 같다." 그는 2015년에 말했다. "스탠퍼드가 종합적인 지적 환경을 제공하는 것이 중요합니다. 그런 일이 중단될 위험에 처해 있다고 생각합니다."[14]

인문학 교수들은 예비 대학생들에게 다양한 방식으로 호소했다. 그 중 하나의 주장은 학사 학위를 최종 학위로 보아서는 안 된다는 것이었다. 인문대학과 예술대학의 선임 부학장이자 철학과 교수였던 데브라 사츠Debra Satz는 학생들에게 "여러분은 프랑스어를 전공하고도 완전히 다른 직업을 가질 수 있습니다"라고 말했다.[15]

또 다른 방식은 심층적인 인문학 공부를 통해 습득되는 능력의 다양한 유용성을 설명하는 것이었다. 역사학과 카렌 위겐Karen Wigen 학과장이 학생들에게 역사학과에서 새로 개설한 〈국제 문제와 세계사〉 과정을 살펴보라고 요구했을 때 이것은 다른 인문학 과목들도 새롭게 적용할 수 있는 내용이었다. "세계의 여러 지역에 관한 깊은 지식을 얻는 것, 주도면밀한 질문을 던지고 논리를 펼치는 법을 배우는 것, 증거를 평가하고 효과적으로 쓰고 말하는 법은 세계화되는 세계에서 항상 필요한 역량이다."[16]

이런 이유는 타당하지만 이는 학생들과 학부모들이 묻고 싶었던 질문에 대한 대답이 아니었다. "고용주들도 그런 것을 소중하게 여기나요?" 교수들은 고용주가 그렇기를 바라고 그렇다는 것을 보여줌으로

---

14 "A Look at Stanford Computer Science, Part II: Challenges of a Growing Field," 〈SD〉, April 16, 2015.
15 "Saving the 'Fuzzy.'"
16 같은 글.

써 다양한 성공을 거두었다. 2011년 앤드루 필립스의 1학년 세미나를 가르쳤던 고전학 교수 리처드 마틴은 〈스탠퍼드 데일리〉에 기고한 글에서 인문학을 전공한 학생들에게 이렇게 말했다. "인문학 학사 학위를 받고도 직장을 얻을 수 있다. 도서관에서 일하거나 대학원에 진학해 인생의 5년을 낭비하라는 뜻이 아니다." 의도는 좋았지만 이 말은 세부 내용을 구체적으로 보여주지 못했다. 마틴이 "교수들은 자신의 분야를 판매해야 한다는 생각을 좋아하지 않는다"라고 말할 때 그것은 자신에게도 해당되는 말이었다. 하지만 그들은 어쩔 수 없이 그런 불편한 위치로 몰렸다. 그는 이렇게 설명했다. "우리는 반지성적, 직업적 사고방식과 싸우고 있습니다."[17]

인문학은 공부의 최종 목적지가 아니라 출발점

인문학 전공에 대한 학생들의 관심을 파괴하는 직업주의에 대한 가장 잘 준비된, 그리고 철학적으로 도발적인 대응은 프랑스어와 비교문학 교수인 조슈아 랜디Joshua Landy에 의해 2010년 12월 그의 〈삶의 기술〉이라는 수업의 마지막 강의 때 제시되었다. 비록 명목상으로는 수강생들에게 말한 것이었지만, 이 대단히 흥미롭지만 작은 강의는 비디오로 녹화되었다.[18]

랜디는 이렇게 서두를 꺼냈다. "여러분에게 마음에서 우러나는 작

---

17 같은 글.
18 대학은 "인문학을 옹호하며"라는 상영시간이 6분이 조금 넘는 영상을 유튜브https://www.youtube.com/watch?v=L8VssKBCQ4A에 올렸다. 대학 뉴스 서비스는 인문학에 관한 기사와 직원이 랜디와 인터뷰한 내용을 실었다. "Lit Classes Under Attack? Stanford's Joshua Landy to the Rescue," 〈Stanford Report〉, December 7, 2010.

은 조언을 드리고 싶습니다. 경제학을 전공하지 마십시오." 학생들이 어색하게 웃을 동안 그는 잠시 멈추었다가 말했다. "다시 말하겠습니다. 여러분이 경제학을 좋아한다면 경제학을 꼭 전공하십시오. 그러나 부모님이 여러분에게 경제학을 전공하라고 말했거나, 경제학을 전공하지 않으면 좋은 직장을 얻지 못한다고 생각하기 때문이라면 경제학을 전공하지 마십시오." 이어서 말했다. "경제학 교수들도 나의 말에 동의합니다. 이것이 의심스럽다면 그들에게 가서 물어보세요."

랜디는 말했다. "나의 수업을 들은 사람들은 모두 좋은 직장을 얻을 것입니다. 역사학, 심리학, 프랑스어를 전공하는 학생들도 그럴 것입니다. 특정 분야의 경우 인문학적 배경은 긍정적인 장점으로 밝혀졌습니다. 옳든 그르든, 외부 사람들은 인문학 전공자들이 좋은 소통 능력, 풍부한 상상력, 지적 민첩성, 융통성을 갖고 있다고 생각합니다."

그는 MIT 미디어 랩 설립자 니콜라스 네그로폰테Nicholas Negroponte에 관한 슬라이드를 보여주며 네그로폰테의 말을 인용했다. "많은 엔지니어의 한계는 엔지니어가 아닌 사람들에 의해 극복되었다. 사고를 크게 도약하는 능력은 보통 매우 폭넓은 배경과 다학제적 사고, 다양한 경험을 가진 사람들이 갖고 있다." 랜디는 웃는 모습의 이모티콘과 함께 다음과 같이 덧붙였다. "주의: 우리는 엔지니어를 좋아한다. 특히 복수 전공자를 더 좋아한다."

랜디는 학생들에게 인문학 전공자가 되어야 한다고 말하지 않았고, 다만 인문학에 관심이 있다면 그렇게 할 수 있다고 말했다는 점에 유의하라고 했다. 그는 말했다. "경제학을 포함해 자신이 실제로 흥미를 느끼는 분야를 공부해야 한다는 뜻이다."

"만약 당신이 인문학 전공자라면 사람들은 항상 당신에게 한 가지를 물을 것이다. '그 전공으로 무엇을 할 겁니까?' 이 질문은 앞으로 어떻게 돈을 벌거냐는 뜻이다." 랜디는 이것이 '매우 정당한 질문'이라는 점을 인정했다. 그러나 그는 인문학을 전공하지 않은 학생들에게 다음과 같은 질문을 하고 싶다고 말했다. "돈을 벌면 그 돈으로 무얼 할 건가요?… 돈을 어떻게 쓸 건가요? 당신에게 행복감과 성취감을 주는 최고의 방법은 무엇인가요?"

그는 돈을 현명하게 사용하지 못하는 구체적인 예로 패리스 힐튼 Paris Hilton이 나이트클럽에서 춤을 추는 슬라이드 사진을 보여주었다. 그는 학생들에게 물었다.

무엇이 여러분을 행복하게 해줍니까? 여러분은 아주 오랫동안 후회할 실수를 피하거나, 적어도 자신의 실수로부터 배우고 있습니까? 여러분은 중년의 위기를 모면할 수 있을까요? W. E. B. 두보이스W. E. B. DuBois의 말을 인용하자면, "대학의 기능은 단순히 빵을 얻는 능력을 가르치는 것이 아닙니다. 대학은 무엇보다도 실제적인 삶과 삶에 관한 점증하는 지식 간의 수준 높은 조화, 즉 문명의 비밀인 이 조화를 제공해야 합니다. 진정한 대학에는 항상 단 하나의 목표가 있을 것입니다. 즉 고기를 얻는 것이 아니라 고기의 영양분을 섭취하는 인간의 삶의 목적과 목표를 아는 것입니다."

랜디는 학생들에게 다음과 같이 요청하며 마무리했다. "4년간의 자유를 낭비하지 마세요. 인생의 목적을 배울 수 있는 시기에 빵을 얻기 위한 것을 배우는 데 시간을 낭비하지 마세요." 부모가 당신을 힘들게 한다면 "부모님을 나에게 보내세요."

그의 강의는 아주 뛰어났지만 학생들은 여전히 인문학을 덜 선택하고 공학을 더 많이 선택했다. 5년 뒤 공대 학장 퍼시스 드렐Persis Drell 은 공대 상황을 스탠퍼드 교수협의회에 보고했다. 그녀는 발표 자료를 통해 공대 전공을 원하는 학생들의 유입을 제한하는 '출입구' 교육과정을 시행하자는 제안에 반대했다. 공대를 지원하는 고등학생들의 기준을 높여 등록생을 제한하는 다른 많은 대학들의 공대와 달리, 스탠퍼드는 단일한 입학 절차를 통해 학생을 받아들였으며, 일단 입학하면 자신이 원하는 전공을 자유롭게 선택할 수 있었다. 그녀는 대학이 공학이나 STEM 분야를 선택한 학생들에게 가능한 최고의 교육적 경험을 제공하기를 원했다.

하지만 드렐은 스탠퍼드에서 공학 전공 학생이 50%가 넘는 날이 점점 더 가까워지고 있다는 사실에 불편한 감정을 토로했다. 그녀는 공학 전공생 중 너무 많은 학생들이 '잘못된 이유' 때문에 공학을 선택한다는 점을 걱정했다. 그들이 다음과 같이 생각한 것은 잘못이었다. "학습 진로를 선택하는 기준은 직업이며 나의 열정은 나의 취미가 될 것이다." 미래의 취업을 목표로 한 이런 방향 설정 때문에 학생들은 그녀가 말하듯이, '스탠퍼드에서 할 수 있는 아주 흥미로운 것'을 제대로 활용하지 못했다. 회의록을 기록한 교수협의회 서기 한스 베일러Hans Weiler 가 은근슬쩍 말했다. "그녀는 공학이 흥미롭다는 데 동의하지만 그다지 흥미가 있다고 생각하진 않습니다(교수협의회는 이 말을 듣고 웃었다.)"**19**

　조슈아 랜디는 인문학과 공학을 포함한 복수 전공자를 칭찬했고, 퍼시스 드렐 역시 학부에서 두 학문 분야를 함께 경험하는 것에 찬성했지만 공학을 전공하라고 강하게 요구하지는 않았다. 그녀는 학생들이 이를테면 〈프로그래밍 입문 CS 106A〉을 듣고, 그 다음 두 번째 컴퓨터과학 강의, 계속해서 정치학의 〈컴퓨터를 사용하는 교육과정〉을 수강하는 것을 고려해보길 제안했다. 이렇게 하면 이 학생은 정치학 전공자가 된다. 이런 계획을 통해 학생들은 '취업과 열정을 따르는 삶 사이에서' 하나를 선택해야 하는 곤경에서 자유로워질 것이다.**20**

　공학 전공자의 증가에 대해 공대 학장이나 공대 교수진보다 더 옹호한 사람은 의과대학 미생물학 및 면역학 교수인 필립 피조Philip Pizzo였다. 소아감염 질환 전문가이자 최근 12년간의 의대 학장 임기를 마친 피조는 공대와는 직접적인 관련성이 없었다. 그는 포담 대학Fordham University 학부생이었을 때 미래의 많은 의대 동기생들보다 더 많은 시간 동안 인문학 강의를 들었다. 그는 생물학뿐만 아니라 철학도 전공

19 Persis Drell, "Stanford Engineering: The Path Forward," 〈SU〉, Forty-Eighth Senate Report No. 3, November 5, 2015, https://stanford.app.box.com/s/d563ao3dqs322i3z2c587rwjve91yym1. "그녀는 [공학]이 그다지 흥미롭지 않다고 생각합니다"라는 말을 듣고 교수협의회가 보여준 웃음이 그녀의 유머 감각에 대한 깊은 이해에서 비롯되었다면(당연히 공대 학장은 공학이 다른 어떤 분야보다 더 흥미롭다고 생각하지 않겠는가?) 그녀의 이력서는 그녀가 그날 농담을 한 것이 아니라, 정말로 공학이 그다지 흥미롭지 않다고 생각했을 수도 있다는 점을 보여준다. 그녀는 웰슬리 대학에서 수학과 물리학을 전공하여 학사 학위를 받았고, 캘리포니아 대학 버클리 캠퍼스에서 원자물리학으로 박사 학위를 받았다. 그녀는 5년 동안 SLAC 국가 가속기 센터 책임자로 일했다. 그녀가 2104년 공대 학장으로 임명되었을 때 그녀는 공대에서 어떤 직위도 갖지 않았고, 문리대 물리학 교수와 SLAC의 분자물리학과 천체물리학 교수를 겸직했다. "Former SLAC Director Persis Drell Named Dean of Stanford Engineering," 〈Stanford Report〉, June 4, 2014.

20 Drell, "Stanford Engineering."

했다.[21] 그러나 드렐이 '50%의 문제'[22]에 대해 어떻게 할 것인지 발표한 뒤 진행된 스탠퍼드 교수협의회 토론에서 필립 피조는 공학교육을 줄이지 말고 더 늘려야 한다는 비주류 입장을 밝혔다.

"우리는 학생들이 공학을 공부하고자 하는 것이 무언가 잘못된 것이라는 생각에 사로잡히지 말아야 합니다"라고 피조는 교수들에게 말했다. 그는 최근 중년에 접어든 많은 전문가들과 대화를 나누었다고 말했다. 학장직을 그만 둔 후 피조는 20~30년 동안 업적을 거둔 대학 상근 교직원들을 위해 〈탁월한 스탠퍼드 직업 경력 연구소Stanford Distinguished Careers Institute〉를 설립했었다. 그들 중 다수가 다양한 분야에 직업을 갖고 있음에도 그들의 배경이 공학이라는 것을 알고 피조는 놀랐다.[23] 그는 공학이 학생들에게 단지 공학 분야만이 아니라 많은 분야를 준비할 수 있도록 해준다고 주장했다. 학생들이 직접 자신의 전공을 선택한다는 점을 고려할 때 공학은 그들의 관심사이며, 따라서 그들이 공학으로 유입되는 것을 억제하거나 축소해야 할 것이 아니라 종합대학의 긍정적인 추세로 보아야 한다는 것이었다.[24]

피조의 말이 끝난 뒤 퍼시스 드렐은 그의 주장을 인정한다고 점잖게 말했다. 그러나 그녀는 학생들이 잘못된 이유 때문에 공학을 전공으로 선택한다는 자신의 우려를 다시 언급했다. 피조는 교수들이 잘못된 것으로 생각하는 이유 때문에 학생들이 전공을 선택할 가능성이

---

21 "Pediatrics and Immunology Expert to Speak on Emerging Trends in Medicine," 〈Fordham News〉, October 4, 2011.

22 독일학과 비교문학 교수 러셀 버만이 이 구절을 사용했다.

23 "Stanford Distinguished Careers Institute to Offer Transformative Experience," 〈Stanford Report〉, April 2, 2014.

24 SU's Academic Council, Forty-Eighth Senate, Report No. 3, November 5, 2015, 29~30쪽.

있다고 인정했다. 즉 진정한 관심 없이 공학을 선택할 수 있다. 그러나 그는 그것은 염려하지 않아도 된다고 주장했다. 왜냐하면 학위는 학생들이 '향후 몇 년 동안 발생할 예측할 수 없는 일들'에 대비하게 해주기 때문이다. 그는 토론을 끝내면서 적어도 그날은 이렇게 마무리했다. 그런데 피조는 예상할 수 없는 일들에 학생들을 준비시켜 준다는 인문학 교육의 가장 탁월한 정당성을 공학 선호를 옹호하는 자기 논리의 근거로 사용했다.[25]

인문학 입문 과목을 폐지하고 새로운 프로그램을 만들다

인문학은 전공자들을 잃었을 뿐만 아니라, 그다지 눈에 띄지는 않았지만 강력한 타격을 입었다. 그것은 바로 2012년에 스탠퍼드가 일반 교양 필수과목을 바꾼 것이었다. 스탠퍼드는 1997년 이후로 모든 신입생이 수강했던 인문학 입문 세 과목을 없앴다. 인문학 입문 과목 폐지는 직업 중심 교육의 지지자들에게 또 다른 승리의 표시였다.

아마 이 폐지는 스탠퍼드를 '실용교육'이라는 대학 설립자의 취지로 되돌리려는 또 다른 조치로 보였을 것이다. 데이비드 스타 조던 총장은 영작문 수업을 제외하고 모든 일반교양 과목을 필수로 지정하지 않은 것을 자랑스러워했다. 그는 이런 과목을 오래된 '귀족주의적' 전통의 흔적으로 보고 스탠퍼드가 이것과 차별화하기를 원했다. 조던 총장에게 일반 또는 핵심 교양과목은 모두 인격 함양을 위한 것이었기에 이것은 거의 관심사가 아니었다. 그는 스탠퍼드 졸업생이 '어깨가 구부정

---

25 같은 글., 30쪽.

한 문법학자'가 아니라 '기업 지도자, 국가 건설자'가 되기를 원했다.**26**

일반교양 교육이 스탠퍼드에 도입된 것은 조던이 퇴임한 직후인 1920년이었다. 그 이전에는 학생들은 전공 학과로 입학했고, 4년 내내 교육과정이 정해져 있었다. 1920년 스탠퍼드는 주립대학들이 시행한 제도를 채택하여 첫 2년을 전공을 확정하지 않은 학생들을 위한 시기인 하위 교육과정으로 지정했다. 이 시기는 모든 학생이 스탠퍼드가 제시한 예비 수업을 폭넓게 들을 수 있는 기간이기도 했다. 전공의 세분화는 3학년까지 미루어졌다.

의학박사이자 그 당시 대학 총장이었던 레이 리먼 윌버Ray Lyman Wilbur**27**는 하위과정을 없애고 스탠퍼드를 학부생을 위한 2년간의 상위 교육과정으로 바꾸길 원했다. 그는 '다른 교육기관(고등학교나 2년제 대학)'이 하위 교육과정 과목을 가르치고 스탠퍼드는 상위 교육과정과 곧 이어 대학원 과정을 담당해야 한다고 생각했다.**28** 1927년 윌버는 편입생을 위한 자리를 마련하기 위해 1학년생의 입학을 제한하는 데 동의하도록 스탠퍼드 신탁 관리위원회를 설득했지만 그 계획은 추진되지 못했다.**29** 윌버는 자신이 학생들의 반대에 직면했다는 것을 이해했다. 학생들은 윌버가 언급한 '이른바 4년간의 대학 생활'**30**을 포기하고 싶지 않았다. 그는 학생들이 반대하든 그렇지 않든, 오래 전에 확립된

---

26 SU, 《Study of Undergraduate Education》, 18.

27 레이 리먼 윌버는 새로 설립된 스탠퍼드 대학을 1896년에 처음 졸업한 학생 중 하나였다. 그는 스탠퍼드에 계속 남아 다음 해 석사 학위를 받고, 2년 뒤 샌프란시스코 쿠퍼 의과대학에서 박사 학위를 받았다. 그는 1916년 스탠퍼드 총장이 되었다.

28 Ray Lyman Wilbur, "The Junior College in California," 〈Bulletin of the American Association of University Professors〉 14, no. 5 (May 1928): 363~364쪽.

29 같은 글., 365쪽.

30 "University Must Welcome Change Says Dr. Wilbur," 〈SD〉, July 9, 1926.

교육과정을 제대로 바꾸려면 시간이 오래 걸린다는 것을 인정했다. 그는 1930년에 이렇게 썼다. "사람들은 사회적 단계Social Phases나 대학의 교육과정을 바꾸는 일에 묘지를 옮기는 만큼이나 보수적이다."**31**

스탠퍼드가 1920년대 일반교양 교육을 도입했을 때 수학, 영문학, 외국어, 물리학 또는 화학, 역사학이 새로운 필수 과목이 되었다. 이 중 일부 과목은 고등학교에서 이수할 수 있었고, 〈시민권의 문제Problems of Citizenship〉는 스탠퍼드의 1학년들의 필수 과목이었다.**32** 〈샌프란시스코 크로니클〉은 필수 과목들을 향후 이어지는 대학 교육과 '나중의 사업 또는 직업 생활'에도 필요한 폭넓은 기초라고 설명했다.**33** 권고 내용을 만든 교수협의회는 스탠퍼드가 '직접적인 유용성'을 향한 헌신을 바라는 대학 설립 취지에서 후퇴하는 것이 아니라 이 목적을 달성하기 위한 더 나은 길을 찾고 있다고 말했다. 교수협의회는 이렇게 썼다. "인문학 교육의 장점이 오늘날처럼 확실하게 선언된 적은 결코 없었다. 공학자협회는 가장 유용한 직업 경력의 기초로서 폭넓은 인문학 교육의 중요성을 주장함으로써 변호사협회와 경쟁한다."**34** (아마도 1920년은 인문학의 황금시대라고 간주되어야 할 것이다!)**35**

---

31 Ray Lyman Wilbur, "Introduction," 〈Junior College Journal〉 1, no. 1 (October 1930), 3.

32 "Faculty Considers Instruction Change," 〈DPA〉, April 23, 1920.

33 "New System at Stanford Will Offer Change," 〈SFC〉, July 18, 1920.

34 학부 교육 재편 위원회가 1920년 작성한 보고서에 포함된 이 구절은 《Study of Undergraduate Education》에 인용되었다.

35 〈시민권의 문제〉 과목은 1934년에 폐강되었고 3개 학기 연속으로 진행되는 역사과목인 〈서양 문명〉으로 대체되었다. 이 과목은 1960년대까지 필수과목이었다. 〈서양 문명〉과목이 폐강되었을 때 즉시 다른 과목으로 대체되지 않았다. 12년 뒤 〈서양 문화〉가 모든 학생의 필수 과목이 되었다. 이 과목은 1988년 명목상으로 더 범위가 넓은 〈문화, 사상, 가치〉라는 필수 과목으로 이어졌다. 이 과목은 1학년 때 3개 학기 연속으로 주제가 이어지며 학생들은 입학하기 전에 선택했다. 이 과목을 대체한 〈인문학 입문〉은 두 부분으로 나뉘었다. 하나는 가을 학기에 팀 단위로 가르치는 입문 강의로 학생들이 입학하기 전에 미리 선택했다. 그 다음은 두 학기 동안 강의 주제가 연속으로 이어지는 강의로 학생들이 나중에 선택했다. 이 강의는 또한 비유럽, 비남성의 목소리를 더 잘 대변하는 것으로 여겨졌다(독서 과제 분량을 보다 현실적인 수

〈시민권의 문제〉 강의는 〈서구 문명 시리즈〉 강의로 발전했고, 결국에는 학생들에게 많은 선택권을 제공하는 세 가지의 인문학 입문 강좌 IHUM가 되었다. 2008~09년 대학 강의 안내 책자를 보면 다음과 같은 두 학기 동안의 주제별 시리즈 강좌가 나열되어 있다(서사적 여행, 근대 탐색; 십자군에서 종족학살에 이르는 대규모 폭력; 세계 과학의 역사; 중국 가정의 반항적인 딸들과 효자들: 현재와 과거; 이성의 운명; 예술과 사상; 묵상하는 삶 또는 행동하는 삶? 서구 문학과 철학의 논쟁).**36** 교육과정은 〈시민권의 문제〉 강의 때보다 엄청나게 발전했다. 일단 강의 안내 책자 페이지가 아름답게 바뀌었다. 그러나 안타깝게도, 세월이 가면서 많은 학생들이 IHUM을 아주 싫어했고, 불만의 수위가 점차 높아져 교수들이 이 프로그램을 없애야 할 정도로 압박이 커졌다. 학생들은 무엇을 싫어했을까? 이것이 모든 것에 대한 대답인 것 같다. 그들은 모든 강의가 필수 과목이 되는 것을 좋아하지 않았다. 그들은 특히 즉각적인 효용이 분명하지 않은 강의를 필수로 지정하는 것을 원하지 않았다. 의사소통에 관한 과목들(작문과 수사학 프로그램)**37**도 필수 과목으로 지정되었지만 인문학 과목들처럼 불만의 대상이 되지 않았다. 이 과목들은 쓰고, 조사하고, 말하는 능력에 명확하게 초점이 맞추어져 있어 학

준으로 줄여 또 다른 학생들의 불평을 해소했다). 입문 강의 중 하나인 〈단어와 세계〉는 독서 과제물로 이 강의의 IHUM 버전 때 사용했던 10권 대신 5권만 제시했다. "A New Era: CIV Sweeps in Fac Sen," 〈SD〉, April 1, 1988; "CIV Replacement Pilot Begins," 〈SD〉, September 24, 1997; "Course Changes," 〈SD〉, September 18, 1998.

36 Registrar's Office, SU, 〈Stanford Bulletin〉, Archive 2008~09, https://web.stanford.edu/dept/registrar/bulletin0809/65097.htm.

37 학생들은 두 가지 강의를 수강했다. 하나는 분석과 조사에 기초한 논증 중심의 강의였고, 다른 하나는 쓰기, 조사, 구술 발표에 관한 강의였다. 세 번째 필수과목인 〈전공 글쓰기〉는 전공 분야 집중 글쓰기 강의로 이루어졌다. "Understanding the Writing and Rhetoric Requirements," Program in Writing and Rhetoric website, https://undergrad.stanford.edu/programs/pwr/courses/understanding-writing-and-rhetoric-requirements, accessed January 7, 2017.

생들에게 더 실용적인 것처럼 보였기 때문이었다.

학생들은 또한 IHUM의 과목별 강의 규모가 150~200명으로 매우 크다는 것에 불만을 가졌다. 충분히 이해할 수 있는 불만이었다.[38] 강의 참석자들은 다양했다. 그러나 학생들은 학점이 자신이 바라는 만큼 후하지 않은 것에 불만을 가졌고, 강의 평가 점수를 낮게 주는 방식으로 자신의 불만을 표출했다. 이들은 IHUM 강의 내용을 정말 재미있어 하고, 어리석게도 그것을 방과 후 일상 대화에서 꺼내는 소수의 반 친구들을 'IHUM 아이들'이라는 경멸적 표현으로 불렀다.[39]

기업가들의 천국인 실리콘밸리의 중앙에 자리 잡은 이 대학의 위치가 틀림없이 스탠퍼드 1학년 학생들이 세 가지 인문학 입문 강의를 수강할 수 없도록 영향을 주었을 것이다. 20세기 미국 역사를 전공한 역사가이자 퓰리처상 수상자 데이비드 케네디David Kennedy가 말했다. "실리콘밸리는 우리가 살아가는 터전이었죠. 실리콘밸리의 분위기는 은둔, 숙고, 탐구의 장소라는 대학의 사명에 적절하지 않았죠."[40]

그러나 학생들은 캠퍼스에 도착하기도 전에 철학 교수 래니어 앤더슨Lanier Anderson이 2012년에 언급한 '자신의 교육에 대해 과도하게 도구적인 태도'[41]를 흡수했다. 그러나 2012년 IHUM을 검토하여 대안을 제시하는 실무팀의 일원이었던 앤더슨 역시 학생들을 동정했다. 그

---

38 150명이라는 숫자는 스탠퍼드가 제공한 것이다. 《Study of Undergraduate Education》, 2012, 46. 250명이라는 숫자는 해리 엘람이 제시한 것이다. Harry Elam in "Departments Assess Impact of ThiMat," 〈SD〉, September 18, 2012.

39 Stanford, 《Study of Undergraduate Education》, 46쪽.

40 Ken Auletta, "Get Rich U.," 〈New Yorker〉, April 30, 2012.

41 SU, Forty-Fourth Senate of the Academic Council, March 8, 2012, Minutes, 18, https://stanford.app.box.com/s/el0ewruz6n8t1nuuxnbn.

는 학생들이 전공 공부에 압박을 받고 있는 것을 알았다. 일부 전공들에는 명시적인 선행과목뿐만 아니라 묵시적인 선행과목도 있었다. 그는 말했다. "지난 15년 동안 실제적인 변화가 일어났습니다. 많은 전공의 학업 범위가 확대되어… 1학년까지 포함되었습니다."[42] 두 가지 또는 그 이상의 전공 선택 가능성을 열어 놓으려는 1학년생들은 선행과목을 반드시 들어야 한다. "1학년이 입학하면, 우리는 그들에게 이 수업은 인문 교양 수업이어서 조사 연구를 해야 한다고 말합니다. 그러면 그들은 자유가 하나도 없다고 느낍니다."[43]

실무팀의 권고에 따라 대학은 1학년 네 학기 중 세 학기 동안 인문학 수강을 요구하는 IHUM을 〈사고 문제Thinking Matters〉라는 새로운 프로그램으로 바꾸었다. 이것은 인문학을 포함한 모든 학과에서 1학기 동안만 입문 강의를 듣는 것이었다. 새로운 프로그램이 시작되자 비인문학 강좌에 가장 많은 학생이 등록했다. 역사가 잭 라코브Jack Rakove는 2013년 인문학 교수의 위치에 대한 좌절감을 표현했다. "우리는 일종의 주변부로 밀려나고 있습니다."[44]

그러나 그의 동료 교수들 중 일부는 낙관적이었다. 철학 교수 래니어 앤더슨은 〈사고 문제〉 프로그램을 지지하면서, 비STEM 분야의 학생들이 지금껏 강의를 들을 수 없었던 분야인 STEM의 〈사고 문제〉 세미나에 참여할 기회를 얻음으로써 펼쳐질 미래에 대해 무척 흥분했다. 그는 말했다. "우리는 특정한 사고방식이 특정 유형의 문제에 관해 사

---

42 같은 글.
43 "Faculty Back IHUM Successor," 〈SD〉, February 28, 2012.
44 "Despite Warm Reception, Some Faculty Find Fault with Thinking Matters," 〈SD〉, January 11, 2013.

람들에게 일반적으로 무엇을 제공해야 하는지 보여주려고 합니다."[45] 다양한 특정 사고방식에 대한 깊은 이해는 바로 인문학이 제공하는 것이다. 그러나 여기서는 인문학이 모든 학생들에게 그다지 유용하지 않다고 여기는 새로운 STEM 중심 세계의 도래를 합리화하는 용도로 이용되었다.

[45] "Faculty Back IHUM Successor."

17장
복수 전공자

리암 키니Liam Kinney는 스스로 자신의 교육 진로에 대해 결정한 경험도 없이 2012년 가을에 스탠퍼드에 입학했다. 그는 말한다. "부모님이 극성이었습니다." 그의 집은 콜로라도 주 아스펜에 있었지만 고교 진학을 위해 뉴햄프셔 주 필립스 엑스터 학교에 갔다. 그곳에서 그는 라틴어와 그리스어와 관련된 많은 과목을 포함하여 부모가 들으라고 요구한 모든 과목을 수강했다. 그가 직접 선택하도록 허락받은 유일한 과목은 생태학이었다.

키니는 부모가 자신들의 교육지침을 따르면 좋은 학교에 갈 수 있다고 말했기 때문에 그들의 지도에 따랐다. 그들은 또한 그가 대학에 입학하면 더 이상 간섭하지 않을 것이라고 말했다. 그는 부모가 이 약속을 잘 지키지 않을 것이라고 생각했다. 그는 혼잣말을 하곤 했다. "부모님은 이 약속을 절대 지키지 않을 거야."

하지만 그들은 실제로 약속을 지켰다. 그것도 완벽하게 지켰다. 그는 AP시험(미국에서 고등학생이 대학 진학 전에 대학 인정 학점을 취득할 수 있는 고급 학습과정 — 옮긴이)을 보았기 때문에 중급 그리스어와 고급 라틴어 과정에 들어갔다. 그는 가을에 그리스어 과정을 시작했고, 철학 박사과정 3년차 학생과 함께 공부한다는 생각에 뿌듯했다. 그러나 그는 그것을 장난처럼 여겼다. 수업 첫 주 만에 그는 친구에게 말했다. "만일 내가 고전학을 전공한다면 내 얼굴을 때려줘." 그는 고전학의 응용 분야를 전혀 알지 못했고, 그것이 어떤 미래로 이어질지 예상할 수도 없었다. 그러나 그는 자신이 무엇을 전공할지에 대해 특별히 다른 비전도 없었다. 겨울 학기에 그는 크리스토퍼 크레브스Christopher Krebs가 가르치는 라틴어 수업을 들었다. 고전학에 대한 크레브스의 열정은 키니의 주의를 끌었다. 고전에 대한 크레브스의 열정이 다른 분야에서 그가 본 어떤 열정보다 컸다. 키니는 크레브스를 자신의 조언자로 삼기로 결정했다. 그는 고전을 전공할 생각이 없었지만 크레브스의 열정에 매료되었고 크레브스가 그 분야에 왜 그렇게 애착을 갖게 되었는지 알고 싶었다.

상징체계 전공

한동안 키니는 공학 학위인 제품 설계를 전공할 생각을 품었다. 2학년 때 그는 구직 시장에서 제품 설계 전공자가 크게 인정받지 못하고, 제품 설계 분야에서 좋은 일자리를 얻는 것은 기계공학 전공자라는 사실을 알게 되었다. "좋아, 그럼 기계공학으로 바꾸어야지"라고 그는 생각했다. 그러나 현실적으로 말하자면, 유감스럽게도 많은 학생들이 1학년 때 추구했던 전공과 밀접한 관련이 있는 전공일지라도 2학년 때 새로운 전공으로 진로를 다시 설정하는 것은 너무 늦는 경우가 있다. 키니의 경우에도 기계공학을 전공하는 데 필수인 한 과목을 듣지 못했는데 그 과목은 다른 필수 과목의 선행과목이었다. 그래서 그는 같은 학번의 기계공학 전공자보다 사실상 4학기(1년 4학기제로 한 학기는 12주에 해당 — 옮긴이)나 뒤처졌다. 기계공학을 전공하는 것은 불가능했다.

스탠퍼드에는 '학문 분야별' 필수 과목이 많지 않다. 모든 학부생은 5가지 학문 분야(공학 및 응용과학, 인문학, 수학, 자연과학, 사회과학)마다 최소한 한 과목을 수강해야 한다. 키니가 2학년이었을 때 같은 집에 살던 한 친구가 아직 공학 및 응용과학에서 한 과목을 수강하지 못했다. 그는 필수 요건을 맞추기 위해 〈CS 106A〉을 들을 것이라고 말했다. 키니는 어떤 특별한 목적을 위해 그 과목을 수강할 필요가 없었다. 그러나 그는 자신이 엑스터 고교에서 〈프로그래밍과 공공정책〉을 이미 수강한 사실을 떠올렸다. 그 당시 프로그래밍 수업은 충분하지 않았고 공공정책은 부담이 되었지만 둘 다 재미있었다. 그래서 〈CS 106A〉을 듣기로 결정했다.

키니는 그 과목이 상당히 좋았고 두 번째 과목인 〈CS 106B〉도 듣기로 했다. 역시 재미있었다. 그는 지루해질 때까지 컴퓨터과학 과목을 계속 듣기로 다짐했다. 그는 매 학기 고전 과목도 계속 들으면서 고전학과 상징체계로 복수 전공을 할 생각을 갖고 있었다. 상징체계 대신에 컴퓨터과학을 전공으로 고려하기에는 너무 늦었다. 그의 〈CS 106A〉 수업은 컴퓨터과학 전공 필수 과목에 포함되지 않아 2학년 말까지 필수 과목은 하나만 완료하는 셈이 될 것이다. 그의 친구들은 학기마다 프로그래밍 수업과 수학 수업을 이수해 1학년 말까지 컴퓨터과학의 6개 핵심 필수 과목을 들었다. 다시 말하지만, 시간 여유가 별로 없는 학생이 힘든 필수 과목이 포함된 전공을 선택하는 것은 재앙이다. 그러나 상징체계는 컴퓨터와 인문학이 혼합된 컴퓨터과학 라이트CS Lite 과정을 제공하는 것 같았고, 그가 수강한 〈CS 106A〉를 필수 과목으로 인정했다. 키니처럼 늦게 시작한 사람에게 상징체계 전공은 실제적인 대안처럼 보였다.

그러나 키니는 곧 당황스러운 상황을 알게 되었다. 기술 분야 기업들이 상징체계 전공에 관심이 없다는 사실이었다.[1] 기업들은 컴퓨터과학 전공자만을 원했다. 그는 기술 분야 전공자를 위한 캠퍼스 취업박람회의 오라클Oracle 부스에 방문한 뒤에 이런 사실을 알게 되었다. 그는 이력서를 건네주고 오라클 채용 담당자가 그것을 제대로 살펴보기 전에 무엇이 전도유망한 출발인지에 대해 이야기를 나누기 시작했고 자

---

[1] 〈스탠퍼드 데일리〉에 정기적으로 기고한 칼럼에서 리암 키니는 독자들에게 상징체계 전공자로서 여름 인턴에 대한 그의 실패한 경험을 설명했다. "나는 컴퓨터과학 전공이 복수전공하기에는 학점이 너무 많아 힘들며 또한 고전 전공을 떠나고 싶지 않았기 때문에 컴퓨터과학 전공의 차선책으로 상징체계 전공을 선택했다고 설득력이 약한 변명을 할 수 밖에 없었다." Liam Kinney, "CS+X-traordinary," 〈SD〉, May 15, 2014. 〈스탠퍼드 데일리〉 웹사이트에서 익명의 비평가가 키니가 상징체계 전공을 '컴퓨터과학 전공에 대한 차선책'이라고 설명한 것에 대해 이렇게 썼다. "나는 컴퓨터과학이나 상징체계를 전공하는 수십 명을 알고 있지만 그들이 상징체계를 선택한 것은 이 전공이 학제적 연구에 초점을 맞추어 특별한 이점을 제공하기 때문이다. 당신이 상징체계를 전공으로서 과소평가하고 대화에서 얕잡아본 것은 잘못이다. 대부분의 주요 실리콘밸리 기술 기업들은 스탠퍼드 대학의 상징체계 전공 학위가 무엇인지 알 것이다. 무엇보다도, 마리사 메이어는 이 학위를 소지한 유명한 기술 리더들의 선두에 서 있다." 메이어는 구글의 초기 직원으로 일하다가 고위 임원으로 승진한 뒤 야후로 이직하여 최고경영자가 되었다. 그러나 그녀는 이 비평가의 요점을 명확하게 보여주지 않는다. 메이어는 상징체계를 전공했지만 대학원으로 진학하여 1999년 컴퓨터과학으로 석사 학위를 받은 뒤 구글에서 첫 직장을 구했다.

신이 컴퓨터과학을 좋아한다고 말했다. 그러나 그의 전공이 컴퓨터과학이 아니라 상징체계라고 말하고, 또 그가 고전학과 글쓰기를 좋아한다고 말하자 그는 채용 담당자의 얼굴에서 웃음이 사라지는 것을 보았다. 오라클 채용 담당자는 "연락드리겠습니다"라고 입으로 말했지만 몸짓은 이렇게 말했다. "당신은 우리가 찾는 사람이 분명히 아닙니다." 그는 그 뒤 오라클에서 연락을 받지 못했다.

2학년 봄, 키니는 실리콘밸리의 IT 회사에 여름 인턴직을 문의하는 이메일을 약 30통 보냈다. 답장을 보낸 소수의 기업은 상징체계 전공이 무엇인지 알고 싶어 했다. 그는 이 전공이 여러 학문이 융합된 분야이며 컴퓨터과학 전공보다 필수 과목이 약간 더 적어서 고전학과 복수 전공을 할 수 있었다고 설명했다. 그러나 그의 복수 전공은 기업의 관심을 끌지 못했다. 단 하나의 기업도 인턴직 면접을 제의하지 않았다.[2]

그러던 중 구글의 라즐로 보크Laszlo Bock가 〈뉴욕 타임스〉의 칼럼니스트 토머스 프리드먼Thomas Friedman에게 복수 전공자들을 격려하는 말을 제시했다. 키니의 부모가 읽은 그 칼럼에서 프리드먼은 보크에게 "인문학이 아직도 중요합니까?"라고 물었다. 보크는 이렇게 대답했다.

[인문학]은 엄청나게 중요합니다… 특히 그것과 다른 학문이 결합될 때 더욱 그렇습니다… 나는 두 분야가 융합될 때 가장 흥미로운 일이 어떻게 일어나는지에 대해 많이 생각합니다. 이를 위해서 우리는 두 분야의 전문지식이 필요합니다. 우리는 경제학, 심리학, 또는 통계학,

2 Kinney, "CS+X-traordinary."

물리학을 이해하고 [그리고] 이것들을 결합해야 합니다. 우리는 인문학적인 배경을 가진 종합적인 사상가가 필요하고, 또 뛰어난 실무 전문가도 필요합니다. 이런 균형을 갖추는 것이 힘들지만 이것이 이루어질 때 위대한 사회, 위대한 조직을 만들 수 있습니다.[3]

많은 다른 예에서 보듯이 조직의 최고위 임원은 인문학을 환영하지만 하위 직급에서는 그런 표현을 명시적으로 하지 않았다.

전환점이 된 컴퓨터과학 입문 수업

키니는 여름 기간을 이용하여 컴퓨터과학의 다음 입문 수업인 〈컴퓨터 구성과 시스템 CS 107〉을 듣기로 결정했다. 이 강의에서 키니는 낮은 수준의 컴퓨팅을 철저히 공부하고 C 프로그래밍 언어 초급 과정을 배우고, 그 다음 마이크로프로세서를 본격적으로 배웠다. 수업 조교인 마이클 창Michael Chang은 질문하는 모든 컴퓨터과학 문제에 대답할 수 있을 것 같은 귀재였다. 공교롭게도 그 역시 맹목적일 정도로 컴퓨터과학에 빠져 있었다.

키니는 나중에 〈CS 107〉이 "내 인생을 바꾸었다"고 말했다. 그는 그 수업을 너무나 좋아했는데, 그 수업을 통해 창과 시간을 함께 보낼 수 있었기 때문이었다. 컴퓨터과학에 대한 창의 열정은 크리스토퍼 크레브스의 고전학에 대한 열정과 비슷했다. 키니는 창이 C 프로그래밍 언어 교육에 통달한 것을 보고 감탄했다. 그는 C 언어를 모두 암기하고

3   Thomas L. Friedman, "How to Get a Job at Google, Part 2," 〈NYT〉, April 19, 2014.

있는 것처럼 보였다. 키니는 창에게 오라클이라는 별명을 붙여주고 자신의 비공식적인 두 번째 조언자로 삼았다.

키니는 고전학을 받아들이는 방식으로 상징체계 전공을 열정적으로 받아들이지 않았다. 또한 컴퓨터과학에 대해서도 그런 열정을 느끼지 못했다. 상징체계 전공이 그에게 문을 열어주지 않는다는 사실을 알았기 때문에 그는 컴퓨터과학을 전공하고 싶었다. 그는 마이클 창에게 컴퓨터과학을 계속 공부하고 싶지만 그렇게 할 수 있는 현실적인 방법을 모르겠다고 말했다. 그러자 창은 그에게 고전학 필수 과목을 마친 다음, 석사과정에서 컴퓨터과학을 공부하라고 제안했다. 키니는 회의적이었다. 컴퓨터과학 석사과정은 자기처럼 늦깎이가 아니라 어릴 때부터 프로그래밍을 해온 컴퓨터과학 학생들만을 위한 것이 아닌가? 창은 입학 요건이 매우 간단하다며 그를 안심시켰다. 컴퓨터과학 과목 5개를 수강한 뒤 전공 과목과 비전공 과목을 포함한 학점 평균이 3.7 이상이면 입학할 수 있었다. 키니는 5개 과목을 듣기 전인 3학년 때 석사과정에 지원했지만 학점이 매우 좋아 입학 허가를 받았다.

그는 공동학위 과정으로 컴퓨터과학과와 관계를 맺은 덕분에 다음 여름에 인턴직을 구할 수 있었고, 더 이상 상징체계 전공이 제공하는 여러 학문 간 융합의 장점을 설명하는 부담을 느끼지 않아도 됐다. 한 친구의 도움 덕분에 그는 DirectTV에서 인턴직을 구해 캘리포니아 주 엘 세군도El Segundo의 '빅데이터' 팀에서 일했다.

그가 가을에 캠퍼스로 돌아왔을 때 컴퓨터과학을 전공한 친구들과 컴퓨터과학을 공동 학위 과정으로 신청한 친구들은 키니를 부러워했다. 그들은 4학년 때 컴퓨터과학 전공에 필수적인 수학과 물리학 분야의 수업(키니는 듣지 않아도 되었던 수업이다)을 들어야 했다. 그는 고전학 전공 필수 과목을 모두 마쳤기 때문에 느긋하게 석사 학위 교육과정을 시작할 수 있었다. 그는 또한 어떤 식으로든 직업적인 목적을 두지 않은 수업을 들을 수 있었다. 4학년 가을 학기에 그는 스탠퍼드의 음악 및 음향 컴퓨터 연구센터에서 즉흥 연극, 음악, 음악 코딩 관련 수업을 들었고, 그의 첫 대학원 수업인 컴퓨터과학과의 유명한 〈인공지능: 원리와 기법 CS 221〉을 수강했다.

그는 인공지능 수업의 마지막 프로젝트를 위해 샌프란시스코의 역사적 범죄 자료를 이용해 도시 내 지역별로 특정 유형의 범죄 발생 가능성을 예측하는 기계학습 프로그램을 만들었다. 이것은 그가 수행한 컴퓨터과학 최대 과제였고, 매우 새로운 분야여서 그의 프로그램은 놀라운 반응을 이끌어냈다.

키니가 컴퓨터과학 석사 학위과정에 등록하기 위해서는 단순한 우연 이상의 것이 필요했다. 그는 이 대학 인문학 분야 출신의 많은 학생들이 보여주지 못한 속도로 프로그램을 만드는 능력을 갖추었다. 키니가 충동적으로 〈CS 106A〉를 등록하게 만든 기숙사 친구는 학기를 시작한 지 얼마 후 그 수업을 포기했다. 그 친구는 첫 번째 과제를 완성할 수 없었다. 첫 시험 점수에서 0점을 받자 그는 그 과목을 중도에 포기했다.

실패한 면접

4학년이 되어 키니가 장래에 취업할 기업들을 살펴보기 시작했을 때, 그의 부모는 그의 계획에 다시 개입했다. 그의 어머니는 그에게 더 자주 지원서를 내보라고 충고했다.[4] 드디어 그는 충고에 따라 다음 여름에 에어비앤비 인턴직에 지원했다.

첫 단계인 화상 면접은 잘 진행된 것 같았다. 키니는 화면 공유 앱을 이용해 면담자가 제공한 프로그래밍 문제를 풀었다. 그는 55분 안에 문제를 끝내야 했다. 두 사람은 일반적인 전화 연결 방식을 사용했다. 그래서 키니는 자신을 카메라 앞에 바로 세우느라 주의를 흩뜨리지 않고 문제 해결에 집중할 수 있었다. 키니는 많은 말을 하지 않았다. 그는 자신의 코더 패드CoderPad 화면에 계속 집중했고, 면담자에게 무언가 말하고 싶을 때 화면에 그의 생각을 타이핑하면 됐다. 잠시 뒤 키니는 한동안 상대방으로부터 아무것도 듣지 못했다는 사실을 깨달았다. 그래서 그는 물었다. "모든 것이 잘 진행되고 있는 거지요?" 대답이 들려왔다. "예, 그렇습니다. 계속 하세요." 키니는 앞에 앉아 있거나 자신의 어깨 너머로 쳐다보는 사람 없이 문제를 해결하고 있는 것 같았다. 그것은 힘든 경험이 아니었다.

그 뒤 키니는 현장 면접을 위해 샌프란시스코의 에어비앤비 본사로 오라는 요청을 받았다. 이것은 주목할 만한 이정표였고, 에어비앤비의 전설적인 사무실이자 젊은 직장인들에게 꿈의 공간인 신성한 지역으로 걸어가는 것은 신나는 경험이었다. 현장 면접은 두 가지 기술 관련 면접과, 에어비앤비가 '핵심 가치'라고 부르는 것을 포함하는 세 번째 면접으로 이루어졌다.

---

4 키니의 어머니가 에어비앤비를 이상적인 직장으로 정한 것은 Glassdoor.com이 2015년 12월 에어비앤비를 자사 연간 순위에서 최고의 직장으로 인정하고 발표하기 전이다. 에어비앤비는 Glassdoor.com의 이전 연도 순위 목록에는 올라 있지 않았지만, 구글을 대신하여 최고의 직장이 되었다. "Airbnb Tops List of 'Best Places to Work' for 2016," 〈USA Today〉, December 9, 2015.

기술 관련 면접은 화상 면접과 같은 방식을 이용했다. 이를테면, 그는 55분 내에 문제를 풀면서 그 작업 진행 과정을 보여주어야 했다. 그러나 이때는 면접자가 현장에 있었기 때문에 자연스럽게 행동할 수 없었다. 그는 이전에 현장 면접을 한 적이 없어서 당황스러웠다. 그는 첫 면접 때 두렵고 떨렸기에, 잠시 멈추어 최적의 작업 진행 방법에 대해 명확하게 생각하지 않은 채 계속 이야기를 이어나가며 앞으로 해야 할 내용을 소개했다. 나중에 그 일을 되돌아보면서 그는 에너지의 90%를 자신이 똑똑한 것처럼 보이는데 쏟아 붓고 단지 10%만 문제를 해결하는 알고리즘을 짜는 데 사용했다는 것을 깨달았다. 첫 번째 기술 면접의 결과는 실패였다.

두 번째 기술 면접은 더 잘 진행되었고, 핵심 가치 관련 면접은 아주 잘 진행된 것 같았다. 에어비앤비 면접자는 그의 고전 전공에 대해 전혀 물어보지 않았다. 만일 이 주제가 면접 상황에서 제시될 가능성이 있다면 그것은 '핵심 가치 면접'이 될 것이다. 그리고 키니도 이 주제를 직접 꺼내지 않았다. 그는 컴퓨터과학 이외에 지적 관심사를 밝히면 컴퓨터과학에 전념하지 못하고 있다는 뜻으로 해석될 수 있다고 판단하고 그렇게 했다. 그러나 결국 어떤 것도 첫 번째 기술 면접 때의 비참한 점수를 만회하지 못한 것 같았다. 그는 취업 제의를 받지 못했다.

그는 에어비앤비 현장 면접을 할 때 그 일자리가 곧 자신의 것이 되고 그의 여름 인턴 계획이 확정될 것으로 생각했다. 그 자리를 얻지 못하자 그는 혼란에 빠졌다. 그때는 12월 말이었고 그는 두려워 어찌할지를 몰랐다. 또 다시 여름 인턴을 하지 못하게 되는 걸까? 그는 온라인으로 인턴직을 물색하고 여러 곳에 지원했다.

그가 가장 흥미를 가진 기업은 사운드하운드SoundHound라고 불리는 소규모 소프트웨어 스타트업이었다. 이 회사는 경쟁 관계인 샤잔 앱Shazan app처럼 모든 노래를 인식하는 동명의 앱으로 시작되었다. 이 회사는 하운드Hound라는 또 다른 앱을 만들고 있었는데, 키니가 보기에 구술 질문에 놀라울 정도로 정확하게 대답했다. 그는 앞서 그해 가을에 캠퍼스에서 열린 공학도를 위한 취업박람회에서 사운드하운드 직원과 아주 즐겁게 대화를 나눈 것을 기억했다. 그들은 공통의 관심사를 갖고 있었다. 사운드하운드 직원도 스탠퍼드 출신이었고 인공지능을 공부했고, 음악 및 음향 컴퓨터 연구센터에서 강의를 들었다. 그때 키니는 그 회사가 여름 인턴직을 고려하고 있는지 물었고, 검토해 보겠다는 말을 들었지만 그 뒤로 응답을 받지 못했다. 이제 키니가 다시 연락을 한 것이었다.

키니는 컴퓨터과학을 공부한 덕분에 고려 대상이 되는 자격을 갖게 되었지만 취업박람회도 어느 정도 도움이 되었다. 취업박람회에 직접 가서 회사 직원들과 공통점을 계속 찾는 학생들도 비슷한 자격을 갖고 있었지만 직접 악수를 하고 대화를 해볼 기회를 갖지 못한 학생들보다 유리했다.

키니는 4학년 중반 자신의 일자리 가능성에 대해 어머니와 대화를 나눈 뒤에 어머니가 자신의 아들과 마크 주커버그가 공통점이 아주 많다고 단언했던 태도를 언급하면서 "우리 어머니가 얼마나 재미있는지 아세요?"라고 말했다. "어머니는 저에게 이렇게 말하셨어요. 리암, 난 왜 네가 주커버그에게 전화를 걸어 '들어보세요. 나는 컴퓨터과학을 전공했고요. 엑스터 고교 출신입니다. 고전학 전공자이기도 합니다'

라고 말하지 않는지 그 이유를 모르겠구나. 그에게 전화를 걸어서 네가 그와 똑같은 사람이라고 말해보지 그러니? 그러면 그가 너를 도와줄 거야." 저커버그가 고전 언어에 관심을 갖고 있는 것은 사실이지만 그는 하버드를 떠나기 전 컴퓨터과학과 심리학을 복수 전공하려고 했다.[5] 키니는 어머니가 발견한 공통점이 무엇이건 간에 그가 페이스북 최고경영자와 전화 통화를 할 가능성은 없다고 설명했다.[6]

고전학 공부에서 배운 것

키니는 사운드하운드의 여름 인턴직을 얻는데 성공했다. 그는 그곳에서 사운드하운드의 노래와 가사 데이터베이스를 활용하는 게임을 개발하는 일을 했다. 그는 인턴직을 마칠 때 정규직 제의를 받았지만 수락 결정을 미루었다. 가을에 학교에 돌아갔을 때 그는 자신이 마케팅 일을 얼마나 좋아하는지 확인하려고 다른 스타트업인 시낵Synack에서 풀타임으로 인턴 일을 하기 위해 이수 학점을 줄였다. 결국, 그는 공학이 더 흥미 있다고 판단하고 사운드하운드가 제시한 정규직을 받아들였다.

---

5   2005년 〈하버드 크림슨〉이 한 해 전에 설립된 '페이스북' 공동창업자에 관한 관련 기사를 실었을 때 마크 주커버그가 하버드에서 컴퓨터과학과 심리학을 집중적으로 공부했다고 밝혔다. "Key Players," 〈Harvard Crimson〉, February 24, 2005.

6   마크 주커버그가 2012년에 자신의 학창 시절을 회고할 때 자신의 최우선 관심사는 인문학이 아니라 프로그래밍이었다고 밝혔다. 이렇게 된 계기는 스타트업에 대해 이야기하는 1일 강연 프로그램인 스타트업 스쿨(Startup School)이었다. 이 프로그램을 후원한 창업지원 펀드 와이 컴비네이터(Y Combinator)가 하루 동안 스탠퍼드 강당을 빌렸다. 질의응답 시간에 주커버그는 자신이 예술사 기말시험을 준비했던 방법에 대해 말했다. 그는 200개의 예술작품 이미지를 전시하는 웹사이트를 빨리 코딩하여 이 '공부 도구'와 연결된 링크를 그의 동기들에게 보내고 그들을 초청하여 각 이미지의 중요한 의미에 대해 자신의 생각을 덧붙이게 했다. 친구들은 즉시 의견을 달아주었다(주커버그는 그 시험에서 A학점을 받았다. 대화 상대였던 와이 컴비네이터 공동창업자 폴 그레험은 "당신은 클라우드소싱을 이용해 공부를 했군요"라고 놀랐다). "Zuckerberg Admits: If I Wasn't the CEO of Facebook, I'd Be at Microsoft," VentureBeat blog, October 20, 2012.

키니가 컴퓨터과학의 공동 석사 학위 프로그램을 이수하기로 결정한 것은 분명히 고용에 미치는 영향을 고려했기 때문이었다. 그러나 그것은 컴퓨터과학에 대한 그의 열정에서 비롯된 것이기도 했다. 그는 고전학을 좋아하는 것 못지않게 컴퓨터과학을 좋아했다. (그는 프랑스어와 비교문학 교수 조슈아 랜디가 〈삶의 기술〉 강의 수강생들에게 경제학을 정말 좋아할 경우에만 경제학을 전공하라고 말할 때 염두에 두었던 학생이었을 것이다.)[7] 사운드하운드의 연구 개발은 '자연 언어 이해'라는 컴퓨터과학 연구 분야에 집중되었다. 그는 사운드하운드에서 아마존의 에코 Echo처럼 구술 질문과 지시 사항을 처리하는 하운드 분야에서 일할 것으로 기대했으며, 특정 질문을 물을 수 있는 온갖 다양한 방법을 예상하는 과제에 흥미를 느꼈다. 이 일은 어원을 찾는 것과 관련되었고 이는 그리스어와 라틴어 연구에서도 수행하는 것이었다. 고전학 전공자인 키니는 마음이 편안한 고향을 찾은 것 같았다.

스탠퍼드 인문학과 예술 분야의 등록생이 감소하자 고전학과는 "왜 고전학인가?"라는 질문이 실린 학과 웹사이트 페이지에 추천 링크들을 모아두었다(컴퓨터과학과는 이런 페이지가 필요하다고 생각하지 않았다).

고대 로마 역사가이자 스탠퍼드 문리대 학장 리처드 살러Richard Saller는 한 에세이에서 자신이 공대생일 때 타 학문 분야의 필수학점

---

7 영문학을 전공한 4학년 그레이스 차오는 2014년 〈스탠퍼드 데일리〉에 발표한 글을 통해 키니와 같은 학생을 옹호했다. 그녀는 동료 인문학 전공자들에게 말했다. "인문학 전공자들이 자신의 미래에 대해 좋은 느낌을 갖기 위해 컴퓨터과학을 지루하다거나 비창조적이거나, '신념을 저버리는 것'이라고 폄하하는 것은 바람직하지 않다." Grace Chao, "In Defense of the Humanities, Computer Science, and the Not-So-Book-Drunk English Major," 〈SD〉, April 8, 2014.

을 채우기 위해 로마 역사에 관한 강의를 듣고 예전에 전혀 몰랐던 이 주제에 엄청난 흥미를 느끼는 자신을 발견했다고 말했다. "내가 배운 교훈은 모든 엔지니어가 나처럼 인문학으로 전과할 필요는 없지만(그렇게 되면 세상이 정지할 것이다), 학생들은 폭넓은 수업을 들으면서 다양한 사고방식을 개발하고 뜻밖의 분야에서 발견할 수 있는 자신의 열정을 찾아야 합니다."[8]

살러는 인문학 교육 주창자들이 스탠퍼드 설립 이후 옹호해 온 모델, 즉 직업 교육을 대학원 과정으로 미루는 모델을 지지했다. 그는 인문학 전공자들이 대학원 과정의 강력한 후보자라고 주장했으며, 인문학 전공자들에게 스탠퍼드 경영대학원 하계 일반 경영 강좌에 지원할 것을 구체적으로 제안했다. 이 강좌는 비경영계 전공자를 위한 프로그램으로 재정 지원을 받을 수 있었다.

고전학과는 인문학 전체(스탠퍼드 의대 학장 로이드 마이너Lloyd Minor가 구체적으로 언급했다)나 특정 고전 공부를 추천하는 글이 포함된 링크를 제공했다.[9] 그러나 웹페이지에서 한 링크는 다른 링크와 별도로 배치되어 있었다. 이 링크는 '21세기에 고전을 공부해야 할 12가지 이유'라는 제목이 달린 자체 버튼이었고, 버튼을 누르면 5,000단어로 된 추천 글이 나왔다. 이 글은 고전학 공부에 대한 살러의 짧은 에세이나 다른 사람들의 추천 글보다 더 완벽한 이유를 제공했다. 이것을 쓴 사

8   이 링크는 Richard Saller, "Enlightenment in Unexpected Places," 〈SD〉, April 7, 2014를 가리킨다.
9   Lloyd Minor, "The Humanities and Medicine," 〈SD〉, April 6, 2014; Dan-el Padilla Peralta, "Why 'Why Classics?'" n.d., 〈SU〉, Department of Classics website, https://clas sics.stanford.edu/dan-el-padilla-peralta-why-why-classics; Mary Beard, "Do the Classics Have a Future?" 〈New York Review of Books〉, January 12, 2012.

람은 학장이 아니라 평범한 학부생인 리암 키니였다.[10]

키니는 이유 목록을 제시하기 전에 고대 그리스어 테크네techne는 기술skill을 습득하는 것을 가리키며, 공학 전공자들은 테크네 전공자이고, 파이데이아paideia는 지식을 위한 지식을 가리킨다고 설명했다. 가장 두드러진 점은 키니가 파이데이아를 정당화하는 것만으로 만족하지 못했다는 것이다. 그는 첫 번째 여섯 가지 이유로 고전학이 현대 세계에서 테크네의 한 형태임을 제시했다.

키니는 먼저 자료를 수집하여 고전학 전공자들이 대학원 과정에 지원하기에 유리하다는 점을 보여주었다. 고전어를 전공하는 학생들은 GRE 어휘 부분에서 최고 점수를 받았고, 고전학을 전공한 학생들은 2위였다. 그들은 GRE 총점이 최고 수준인 소수의 학생들이었다. 그는 이런 관련성이 상관관계 이상이라고 주장했다. 라틴어나 헬라어에 숙달하려면 모국어를 공부할 때만 습득할 수 있는 문법 개념에 대한 철저한 이해가 필요하다. 그는 고교 1학년 때 라틴어 교사가 처음 2주를 영어 문법을 배우는 데 완전히 할애했을 때 얼마나 놀랐는지를 상기했다. 그는 이렇게 썼다. "라틴어 문법은 매우 가변적이고 대단히 복잡해서 그것을 공부하려면 모국어 규칙을 먼저 숙달해야 한다는 사실을 알기 전까지 나는 그것이 어리석다고 생각했다."

키니는 고전학 전공자들이 고전학 공부에서 얻은 능력을 활용하기 위해 대학원 과정에 진학할 필요는 없다고 주장했다. "고전학은 인간

10 Liam Kinney, "12 Reasons to Study Classics in the 21st Century," n.d., 〈SU〉, Department of Classics website, https://classics.stanford.edu/sites/default/files/final_project_0.pdf, linked on the department's Why? Classics web page, https://classics.stan ford.edu/academics/why-classics, accessed January 7, 2017.

을 이해하는 한 가지 방법이다. 이것은 IT 기술 회사들이 계속 늘어나는 자료 더미를 잘 이용하기 위해 필요한 것이 아닌가?" 그는 이베이의 데이터베이스에는 90페타바이트petabyte의 정보가 들어 있다고 말했다. 엔지니어들은 자료를 모으지만 그것에서 통찰을 뽑아내는 사람은 인문학자들이다. 그래서 그는 고전학이 거리 두기를 통해 가능한 비판적인 관점을 이용하여 '사람들이 왜, 무엇을 하는지' 이해할 수 있도록 도와준다고 설명했다.

18장
미래의 역사

1969년 1월 〈스탠퍼드 데일리〉 기자가 캠퍼스를 돌아다니며 교직원들을 대상으로 다음 새천년이 시작되는 2001년에 스탠퍼드가 어떤 모습일 거라 예상하는지 조사해서 발표했다. 대학의 기획부서에서 일하는 한 사람은 자전거를 더 많이 이용할 것이라고 말했다. 지질학과의 한 조교는 이 지역에 또 다른 대규모 지진이 예고되어 있다고 말했다 ("그러나 지진이 특정한 날짜에 발생할 것이라고 말하지 않으면 아무도 그 말을 심각하게 받아들이지 않는다").[1]

컴퓨터과학 조교수 라지 레디Raj Reddy[2]의 예상들은 지금 회고해볼

---

1 "Stanford 2001," 〈SD〉, January 29, 1969.
2 라지 레디는 1966년 스탠퍼드에서 컴퓨터과학으로 박사 학위를 받은 뒤 교수직을 얻었다. 그는 1969년

때 특별히 눈에 띄는 내용이다. 그의 주요 예상은 컴퓨터를 활용한 교육이었는데 각 학생의 필요에 따라 개별화된 온라인 강의가 시행될 것으로 예상했다.[3] "모든 사람이 자신의 개별적인 프로그램에 맞추어 공부하고, 어떤 학생들은 2년 만에 4년간의 대학 교육을 마칠 것입니다." 그는 또한 스탠퍼드는 학사 일정을 기록한 달력이 필요 없을 것이라고 말했다. "모든 사람이 자신의 일정에 따라 공부를 할 수 있습니다. 학생들은 컴퓨터로 강의를 시청하고 스탠퍼드뿐만 아니라 세계 모든 곳에 있는 대학의 강의를 들을 수 있습니다"[4] 그는 학생들이 교수가 강의를 제공하는 날이 아니라 자신이 원할 때 강의를 시청할 수 있을 것이라고 주장했다.

레디는 많은 사람이 컴퓨터를 두려워 할 것임을 감지하고 안심시키기 위해서도 최선을 다했다. "사람의 두뇌와 같은 능력을 가진 컴퓨터를 만들려면 도시 전체의 면적이 필요할 것입니다. 컴퓨터를 두려워 할

카네기멜런대로 이직했다.

3   1960년대 스탠퍼드 철학 교수였던 패트릭 수피즈는 컴퓨터를 활용한 강의를 실시한 선구자였다. 그는 먼저 초급 수준의 수학교육을 실시했다.(그가 처음으로 제공한 강의는 집합논리였다). 그는 1966년에 다음과 같이 예측했다. "수년 안에 수백만 명의 학생들이 마케도니아 왕 필립의 아들 알렉산더가 왕족의 특권으로 누렸던 것을 이용하게 될 것이다. 아리스토텔레스와 같이 풍부한 학식과 즉각적인 대응 능력을 갖춘 개인 교사의 가르침을 받게 될 것이다." 1967년 그는 컴퓨터 커리큘럼 코퍼레이션(Computer Curriculum Corporation)을 설립하여 자신이 개발한 기술을 상용화했다. 이 회사는 엄청난 성공을 거두었고 수피즈는 스탠퍼드에 막대한 돈을 기부했다. "Patrick Suppes, Pioneer in Computerized Learning, Dies at 92," 〈NYT〉, December 3, 2014.

4   '원격 학습'은 인터넷이 필요하지 않았다. 레디가 말하던 당시, 스탠퍼드는 미국연방통신위원회로부터 4채널 텔레비전 방송 시스템, 곧 스탠퍼드 교육방송(Stanford Instructional Television Network)을 시작할 수 있는 허가를 받았다. 이 방송국은 주로 공학 분야의 대학원 강의를 제휴 기업과 기관에서 파트 타임으로 근무하는 졸업생들에게 제공했다. 이 방송국은 단파 주파수를 이용했는데 방송 수신을 위해 특별한 텔레비전이 필요했다. 스탠퍼드의 강의실과 기업의 방송 수신실 사이에 설치된 FM 기반 오디오 링크를 통해 기초적 형태의 상호 소통이 이루어졌다. 이 방송은 1970년대 초반에 시작되었으며 스탠퍼드는 이 방송국이 대학원 수준의 실시간 공학 수업을 제공하는 최대 규모의 대학이라고 자랑했다. "TV Circuit to Link Colleges," 〈SD〉, May 22, 1968; "Area Businesses Ally with Stanford," 〈SD〉, January 15, 1969; "Stanford TV Transmits Education," 〈SD〉, February 19, 1974; "Top Prize for SITN," 〈SD〉, December 2, 1993; "Distance Learning Successful," 〈SD〉, December 1, 2011.

이유는 없습니다. 컴퓨터는 똑똑한 사람의 명령을 수행하는 도구일 뿐입니다."[5]

스탠퍼드 2025

그로부터 45년 뒤 스탠퍼드 대학은 자신의 먼 미래를 예상하려는 훨씬 더 야심 찬 시도를 했다. 1969년에는 단지 한 학생 기자가 몇몇 사람과 인터뷰를 통해 미래를 예상했지만, 2013~14년의 조사에는 200명의 학생과 60명 이상의 관리자가 참여했으며, 그 예상 시기는 2025년이었다.[6] 이 조사를 수행한 곳은 스탠퍼드 '디닷스쿨d.school'이었다. 정식 명칭은 스탠퍼드 하소 플래터너 디자인 연구소Hasso Plattner Institute of Design at Stanford다. 'd.school'에서 'school'은 부적절한 명칭이다. 이 연구소는 스탠퍼드 대학원생에게 강의나 워크숍을 제공하지 않으며, 학위를 수여하는 기관도 아니었다.

2014년 5월, '스탠퍼드 2025'의 조사 결과가 전시되었는데, 미래에 대한 예언이 아니라 먼 미래의 사람들이 과거를 되돌아본 내용으로 구성되어 있었다. 마치 2100년에 살고 있는 사람들이 2025년을 회고하는 역사적 전시물 같았다. 2025년은 스탠퍼드 교육의 익숙한 특징들이 대부분 뒤집어져 스탠퍼드의 '패러다임 이동'이 발생한 해였다. 2025년을 회고적 시각에서 되돌아보도록 설정한 것은 재치 있는 아이디어였다. 그 전시는 실제로 역사에서 일어날 법한 가능성을 보여주었다.

〈스탠퍼드 2025〉는 라지 레디가 1969년 스탠퍼드의 미래를 간단

---

5   "Stanford 2001."
6   "D.School Presents the Future of Higher Education," 〈SD〉, May 2, 2014.

히 묘사했듯이 강의실이 없는 컴퓨터를 이용한 교육처럼 완전히 온라인으로 바뀐 스탠퍼드를 상상하지 않았다. 스탠퍼드 학부생들은 물리적인 캠퍼스에서 실제로 생활하는 경험을 가질 것으로 추정되었다. 응답자들은 최근 세 명의 스탠퍼드 컴퓨터과학 교수들(세바스찬 트런 Sebastian Thrun, 앤드루 응Andrew Ng, 다프네 콜러Daphne Koller)이 선구적으로 만든 개방된 대규모 온라인 강의MOOCs를 그들의 비전에 포함시키지 않았다.

2011년 가을, 세 명의 교수가 컴퓨터과학과의 세 가지 인기 강의(각자 인공지능 입문7, 기계학습, 데이터베이스 입문을 강의했다)를 시험적으로 스탠퍼드 학생뿐만 아니라 일반인에게도 온라인으로 무료 제공했다. 트런은 500명이 수강할 것으로 예상했으나 16만 명이 등록했다. 앤드루 응의 강의도 10만 명 이상의 학생이 수강했는데, 그가 말했듯이 강의실 수업을 통해 이 인원을 가르치려면 "스탠퍼드에서 250년 동안 가르쳐야 할 것이다."8

이러한 수강 인원은 너무나 뜻밖이고 전율스러워 이 새로운 강의 방식은 당장(짧은 시간에 그렇게 될 것이다) 교육의 미래를 보여주는 것 같았다. "이렇게 되면 나는 다시는 스탠퍼드에서 가르칠 수 없습니다. 그것은 불가능합니다." 트런은 학기가 끝난 지 몇 주 후 뮌헨의 콘퍼런스에서 이렇게 말했다. "빨간 약과 파란 약이 있는 것 같습니다. 여러분은 파란 약을 먹고 강의실로 돌아가 20명의 학생을 상대로 강의를 할 수

---

7   세바스찬 트런은 공동 강사였다. 또 다른 공동 강사는 구글의 연구책임자 피터 노빅이었다.
8   "Virtual Classroom," 〈SD〉, February 21, 2012. 이 세 명 중 콜러가 2010년 겨울학기에 처음으로 자신의 강의들 중 하나를 스탠퍼드 학생들만을 대상으로 온라인으로 제공했다.

있습니다. 그러나 나는 이미 빨간 약을 먹고 원더랜드를 보았습니다."[9] 그는 콘퍼런스 참석자들에게 자신이 스탠퍼드 종신 교수직을 사임하고, 세계 모든 사람에게 스탠퍼드 교육을 무료로 제공하기 위해 스타트업 유다시티Udacity를 시작했다고 말했다.[10] 그는 그날 자신의 강연에 '대학 2.0'이라는 제목을 붙였다. 유다시티는 곧 앤드루 응과 다프네 콜러가 공동 설립한 코세라Coursera와 합쳐졌다. 코세라는 파트너 대학들에게 온라인 강의를 운영하기 위한 소프트웨어 기술을 제공하고 학생들이 훌륭한 강의를 이수했음을 증명하는 수료증을 발급받길 원할 경우 수수료를 받아 파트너 대학교와 나누었다.[11]

2012년 4월 잡지 〈뉴요커〉가 스탠퍼드를 '부유한 대학'으로 묘사했을 때 필자 켄 올레타Ken Auletta는 온라인 교육이 '스탠퍼드를 돋보이게 하는 모든 것을 파괴할' 가능성에 대해 분명하게 질문했다. 그는 스탠퍼드 총장 존 헤네시John Hennessy가 안식년 동안 여러 사항 중 온라인 교육을 가장 중요하게 숙고했다고 말하며 이렇게 썼다. "신문사나 음반사, 10년 이상 된 많은 전통적인 미디어 매체들과 마찬가지로 스탠퍼드는 겉보기에 평온한 바다를 항해하고 있다. 그러나 헤네시는 디지털 경험(헤네시는 컴퓨터과학자이며 성공한 실리콘밸리 기업가다)을 통해 위험을 의식하고 있다." 올레타는 글을 마치면서 "쓰나미가 몰려오고 있습

9   Sebastian Thrun, "University 2.0," presentation at DLD12, Munich, Germany, January 23, 2012, https://www.youtube.com/watch?v=SkneoNrfadk.
10 트런은 자신이 설립한 유다시티에서 일하기 위해 사임했다고 암시했지만, 사실은 이전 연도에 대학 당국에 의해 사직하라는 압력을 받았다. 그는 앞서 2년 동안 구글 직원으로서 일하느라고 휴직했기 때문이었다. 스탠퍼드는 교수들의 7년 근무 기간 동안 휴직 기간을 2년으로 엄격히 제한했다. "Thrun Starts Web-Based University," 〈SD〉, February 9, 2012.
11 "Online Education Venture Lures Cash Infusion and Deals with 5 Top Universities," 〈NYT〉, April 18, 2012.

니다"라는[12] 헤네시의 말을 인용했다.

2012년 봄, 사람들을 흥분시키는 온라인 교육에 관한 소식이 최고조에 이르렀다. 대학 교육이 인터넷으로 연결된 전 세계의 모든 사람에게 무료로 제공되었고, 단일 강의 등록자가 10만 명이 넘었으며, 기존 고등교육 기관이 엄청난 혼란에 빠졌다는 소식이 전해졌다. 그러나 온라인 교육 개척자들은 곧 약간의 추가적인 경험을 통해 초기에 경험한 '대량의 숫자'에 현혹되어 간과한 주요한 문제들을 발견했다. 트런은 유다시티의 강의에 등록한 학생들의 10% 미만 정도만 강의를 끝까지 이수하며, 모든 사람이 합격하기에 충분할 정도로 과제를 하지 않는다는 사실을 알게 되었다. 아마 등록한 100명 중 불과 5명 정도가 학습 주제를 만족할 정도로 배웠다고 말할 수 있을 것이다.[13] 코세라 강의에 등록한 학생들이라고 더 나은 것 같지는 않다. 펜실베이니아 대학 교육대학원이 2012년 6월부터 2013년 6월까지 16개의 코세라 강의에 등록한 학생 100만 명의 기록을 살펴보니 강의 이수비율은 평균 4%였다.[14]

2013년 1월, 트런은 유다시티의 기술을 소규모로 적용하려고 시도했다. 그는 산호세 주립대학과 함께 학점을 부여하는 세 가지 강의(초급 수학, 대학 대수학, 초급 통계학)를 제공하는 실험을 시작했다. 그리고 학생들의 질문에 대답할 수 있는 온라인 멘토를 학생들에게 제공했

12 Ken Auletta, "Get Rich U.," 〈New Yorker〉, April 30, 2012.

13 David Black, "Udacity's Sebastian Thrun, Godfather of Free Online Education, Changes Course," 〈Fast Company〉, November 13, 2014.

14 "Penn GSE Study Shows MOOCs Have Relatively Few Active Users, with Only a Few Persisting to Course End," University of Pennsylvania press release, December 5, 2013; Slides for presentation, Laura Perna et al., "The Life Cycle of a Million MOOC Users," given at the MOOC Research Initiative Conference, University of Texas at Arlington, December 5, 2013, http://www.gse.upenn.edu/pdf/ahead/perna_ruby_boruch_moocs_dec2013.pdf.

다.**15** 결과는 끔찍했다. 온라인 교육에 참여한 학생들은 캠퍼스에서 같은 강의를 수강한 학생들, 곧 대조군보다 결과가 좋지 않았다.**16** 그해 여름, 산호세 주립대는 다시 유다시티를 사용해 보았지만**17** 실험 결과는 온라인 교육이 강의실 교육과 같다는 점을 보여주지 못했고, 제휴 관계는 종료되었다.**18**

트런은 이 경험을 통해 그가 스탠퍼드에 있을 때 설계한 온라인 강의가 아주 똑똑하고 동기부여가 잘된 학생들을 위한 것임을 알게 되었다고 말했다. 2014년 그는 이렇게 말했다. "무크MOOC는 기본적으로 학생 전체 중 상위 5%에 해당하는 사람들에게 적합한 것입니다. 하위 95% 학생들에게는 맞지 않습니다."**19** 그 후 그는 유다시티 강의를 학점을 수여하는 대학 강의에서 직업 교육으로 바꾸었다. 2017년 유다시티는 소프트웨어와 관련된 '나노디그리Nanodegree(기업의 요구에 맞춰 6개

---

15 트런은 유다시티가 산호세 주립대에 맞게 기술을 수정한 것은 캘리포니아 주지사 제리 브라운의 뜻밖의 전화에 의해 추진되었다고 말했다. 트런의 말에 따르면 브라운 주지사가 "이봐, 세바스천, 우리 주가 위기를 맞고 있어요"라고 말했다고 한다. "California to Give Web Courses a Big Trial," 〈NYT〉, January 15, 2013.

16 "Udacity's Partnership with SJSU Furthered [sic] Explained to Campus Community," 〈Spartan Daily〉, February 3, 2013; "After Setbacks, Online Courses Are Rethought," 〈NYT〉, December 10, 2013.

17 "SJSU and Udacity Offer Summer Courses," 〈Spartan Daily〉, April 30, 2013.

18 "San Jose State U. Puts MOOC Project with Udacity on Hold," 〈Chronicle of Higher Education〉, July 19, 2013. 대학의 교무처장 엘렌 준은 대학과 유다시티 간의 제휴를 열정적으로 옹호했다. 그녀가 2014년 1월 사직 통보를 하고 곧장 대학을 떠난 후 이 시도는 불행하게 끝났다. 준은 그녀가 교수들에게 이메일로 보낸 고별 메시지에서 온라인 실험을 이렇게 묘사했다. "아마 우리의 가장 담대한 모험은 에덱스(edX)와 유다시티와 맺은 제휴일 것입니다. 이 기회는 흥미롭고 도전적이었으며 산호세 주립대를 국내 뉴스의 초점이 되게 했습니다. 대학 총장 콰요미와 나는 빌과 멜린다 게이츠, 세바스천 트런, 주지사와 부주지사, 다른 유명한 지도자를 만날 수 있었습니다. 또한 우리는 언론으로부터 다양한 주목을 받았습니다. 무엇보다도, 이것은 활기를 주는 경험이었고 우리는 많은 것을 배울 수 있었습니다. 우리는 이와 같은 새로운 교육전달 방법의 가능성과 성취도가 낮거나 이미 수학 보충교육에서 낙제한 고등학생들에 대한 적용 가능성을 연구하기 위해 국립과학재단(NSF) 재원을 확보할 수 있었습니다. 초기 결과는 엇갈리지만 실제 대학 수업에서 학생의 학습을 판단할 수 있는 최초의 경험적 연구 중 하나였습니다." 엘렌 준이 쓴 "사랑하는 친구와 동료 여러분"이라는 제목의 이메일은 산호세 주립대 교무처에 의해 발송되었다. [January 10, 2014], http://us7.campaign-archive2.com/?u=bee290757ecb4d88376ed920d&id=3c09b0d55d.

19 "Demystifying the MOOC," 〈NYT〉, October 29, 2014.

월 내외로 제공하는 학습과정 — 옮긴이) 프로그램'만 제공했다(프로그래밍 입문, 인공지능, 경영예측 분석, 안드로이드 베이직 등등).[20] 무크가 불러일으킨 흥분된 이야기들이 모두 사라졌다. 이러한 단기간의 즐거운 환상은 많은 대학이 1920년에 설립한 '방송대학'(대학 캠퍼스에 소재한 라디오 방송국(과 우편)을 이용했다)에 대해 품었던 유사한 환상을 생각나게 한다.[21]

세바스찬 트런은 자신이 처음 개발한 온라인 대학 강의가 스탠퍼드 학생들과 같은 사람들에게만 적합하다고 믿었지만, 〈스탠퍼드 2025〉의 저자들은 온라인 강의를 스탠퍼드가 걸어가야 할 미래로 보지 않았다. 그들이 필수적인 것으로 여기고, 또 2100년까지도 장점을 가진 교육방식으로 상상한 것은 기숙 교육이었다. 기술적, 경제적으로 온라인 교육을 가능하게 만든 많은 기술의 탄생지인 스탠퍼드는 물질적, 신체적 방식으로 교육을 통한 상호작용을 유지할 것이다. 실제 인간 존재는 하나의 물리적 장소에 모인다.

그러나 사람들이 모이는 시간이 바뀌었다. 2025년의 스탠퍼드는 '열린 고리 형태'의 대학이 되었다. 이곳에서 학생들은 잠시 왔다가 머물고 돌아가는 방식으로, 인생 여정 동안 여러 차례 캠퍼스로 다시 돌아왔다가 떠났다. 이 프로젝트는 과거 시제로 오늘날의 현재를 묘사함으로써 현재의 모습이 어리석은 것처럼 보이게 만들었다.

---

20 Udacity website, https://www.udacity.com/nanodegree, accessed January 4, 2017.

21 Susan Matt and Luke Fernandez, "Before MOOCs, 'Colleges of the Air.'" 〈Chronicle of Higher Education〉, April 23, 2013. 뉴욕대는 1922년 자체 라디오 방송국을 설립했다. 이를 통해 "사실상 대학의 모든 과목을 방송했다." 컬럼비아대, 하버드대, 캔자스주립대, 오하이오주립대, 퍼듀대, 터프츠대, 아크론대, 아칸소대, 캘리포니아대, 플로리다대, 하와이대, 아이오와대, 미네소타대, 네브래스카대, 오하이오대, 위스콘신대, 유타대가 라디오를 이용해 강의를 방송했다.

신경사회학 교육자들neurosocial educators이 인간 학습을 둘러싼 인식 과정을 완전히 이해하기 전, 사회는 젊은 사람들을 성인기 초기 단 몇 년 동안만 대학에 보냈다. 그들은 향후 생산적인 생애 기간에 필요한 모든 정보와 기능을 흡수한 다음, 곧장 성숙한 사람이 되어 성공에 필요한 모든 것을 갖추어야 했다. 마치 제우스의 머리에서 완전히 무장한 채 태어난 고대 아테나 신화처럼 말이다.[22]

모든 학생이 18세 때 스탠퍼드에 입학하지 않았다. 신입생 중 10%는 '연령과 상관없는' 전형으로 선발되는데 이는 캠퍼스에 연령의 다양성을 높이기 위해 도입되었다. 이러저러한 변화들은 2100년에 기록된 대학의 역사인 것처럼 과거 시제로 표현되었다. "강의실 학습은 평균 연령보다 어린 학생들의 순진하고 대담한 관점과 경험 많고 나이가 많은 학생들의 지혜로 인해 풍성해졌다"라고 프로젝트는 말했다.[23]

상상한 미래의 역사에서 스탠퍼드는 전문가 집단을 이용해 시험 점수보다는 소질을 기준으로 스탠퍼드 입학 후보자를 지명했다. 그리고 후보자로 지명된 개인들은 대학에 지원할 필요 없이 스탠퍼드에 입학할 수 있도록 초청했다. 이러한 가상의 역사에 따르면 "2016년 학생의 10%가 초청에 의해 입학했다. 6년 뒤 스탠퍼드와 28개 다른 대학들은 절대 다수의 학생들을 지원이 아니라 초청에 의해 선발했다."[24]

22 Stanford 2025: Open Loop University web page, http://www.stanford2025 .com/open-loop-university.
23 같은글.
24 같은글.

미래 교육의 핵심

2020년 초 스탠퍼드는 교육과정을 재구성하여 과학적 분석, 계량적 추론, 사회 조사, 도덕적 추론과 윤리적 추론, 심미적 해석, 과감한 창의성, 효과적인 의사소통과 같은 '기능과 역량'을 강조했다. 사람들은 스탠퍼드가 학문과 '역량'을 결합하고 일치시킴으로써 "21세기 중반 가장 유명한 연구 분야(사회 조사를 위한 인공지능, 계량적 국제 문제, 우뇌 금융)를 만들었다"고 말했다.[25]

학생들은 더 이상 전공을 선택하지 않았고 그 대신 '사명'을 선언했다. 이것은 학문 분야와 그 선택의 근거가 되는 목적이 결합된 것이었다. "나는 컴퓨터과학과 정치학을 배워 시민들이 정부에 참여하는 방법을 다시 만들 것이다."[26]

〈스탠퍼드 2025〉는 학습과 학습 속도가 고도로 개별화되었다고 말했다. 교수들은 학생들에게 과목의 맛보기를 보여주는 '작은 분량의 과목 입문 강의'를 제공하는데 학생들은 2016년의 강의실을 대체한 '생활과 학습이 통합된 숙소'에서 이 과목을 더 깊이 공부할 수 있었다. 교수와 학생들의 관계가 더 가까워져 학습 속도가 빨라졌다. 학생들은 "보통 18~24개월 만에 2015년 이전 박사 학위와 동등한 수준"[27]에 도달했다.

학생들이 '호르몬 거울'이라는 거울 평면에 손을 얹는 모습도 보여주었다. 이 호르몬 거울은 2020년에 한 학생이 발명하여 이용되기 시

---

25 Stanford 2025: Axis Flip web page, http://www.stanford2025.com/axis-flip.

26 Stanford 2025: Purpose Learning web page, http://www.stanford2025.com/purpose-learning

27 Stanford 2025: Paced Education web page, http://www.stanford2025.com/paced-education.

작한 것으로, 학생들에게 '인지적 바이오피드백'을 제공하여 '정신적, 감정적, 신체적 행복을 최적화하도록' 강의와 방과 후 활동을 조정할 수 있도록 지원했다. '호르몬 거울'은 학부생들의 "코티솔(스트레스 호르몬) 수준이 너무 높아서 세로토닌(행복 호르몬)뿐만 아니라 도파민(보상 호르몬)의 기능을 억제한다는 사실이 밝혀진 후 도입되었다."[28]

대학은 이 첨단 기술을 지원하면서 아울러 '다양한 명상 방법'과 캠퍼스 내 많은 '디지털 청정 구역'을 만드는 노력도 기울였다. 인문학은 '느린 인식 운동'이라는 것을 선도하여 학생들의 정신 건강에 기여했다 (유감스럽게도 이에 대한 구체적인 소개나 설명은 제공되지 않았다).[29]

스탠퍼드 학생은 더 이상 성적표를 갖고 대학을 떠나지 않았다. 성적표는 '역량'을 보여주는 '기량 목록'으로 대체되었다. 이것은 이 미래 역사의 한 부분으로 일시적인 것이 아니었다. 우리가 앞서 살펴보았듯이 20세기 초 입학 시험과 산업 심리학에서 시작된 역량에 대한 언급은 최근 증가했고 유다시티의 나노디그리 같은 모습으로 나타났다. 가령, 입학사무처가 맥아서 재단Macarthur Foundation처럼 운영되는 것 같이, 다른 예측들이 현실화되기 전에 기량 목록과 같은 것이 성적표를 대체할 가능성이 더 많다.

미래의 스탠퍼드 학생들은 "기업과 기관이 발전하는 만큼 빠르게 배우고 적응하는 능력과 다재다능함을 갖추고 있어 매우 적극적인 영입해야 할 인력으로 묘사되었다."[30] 다재다능? 배우고 적응하는 능력?

---

28 같은글.
29 같은글.
30 Stanford 2025: Axis Flip.

나는 기량 목록 또는 '역량' 목록 또는 스탠퍼드에서 고등교육을 새롭게 창출하는 디댓스쿨이 필요 없다고 주장한다. 또한 학생들이 고용주에게 이런 특성을 보여주기 위해 2025년이 될 때까지 기다릴 필요도 없다고 주장한다. 종래의 성적표를 받은 인문학 전공자들은 지금도 이런 역량을 보여줄 수 있다.

디댓스쿨의 실험

2015년 〈고등교육의 역사Chronicle of Higher Education〉는 스탠퍼드 디댓스쿨에 관한 "'디자인 사고'는 새로운 인문학인가?"라는 길고 사색적인 에세이를 발표했다. 이 글의 저자는 역사학자이자 뉴욕시 바드 대학원 센터Bard Graduate Center 학장인 피터 N. 밀러Peter N. Miller였다.[31] 이전 학기에 밀러 교수는 스탠퍼드 고전학과의 고고학자 마이클 생크스Michael Shanks와 디댓스쿨에서 가르치는 소수의 인문학 종신 교수 중 한 사람과 함께 영상 세미나를 진행했다. 밀러는 그 뒤 디댓스쿨에 방문하여 "디댓스쿨은 인문학 고등교육 분야에서 매우 중요한 실험"이라고 찬사를 보냈다.

밀러 교수는 이 디댓스쿨을 유럽 대학 전통에 도입했다. 이것은 지금 학과 단위 밖에 있으며 학자들이 여러 학문에 걸친 질문을 제기할 수 있는 공간을 제공한다. 그는 디댓스쿨의 어휘와 방법론을 숙달하고 디댓스쿨이 수행하는 내용에 공감하는 글을 썼다. 그는 매년 디댓스쿨 수업을 수강하는 1,200명의 스탠퍼드 학생들이 일부는 학점을 따

---

31 Peter N. Miller, "Is 'Design Thinking' the New Liberal Arts?' 〈Chronicle of Higher Education〉, March 26, 2015.

려는 기대 없이 "최상의 수준으로 인문학 공부를 하고 있는 것처럼 보인다'라고 말했다. 하지만 밀러가 보기에 그것은 새로운 인문학이 아니며, 적어도 "아직은 그렇지 않았다." 디닷스쿨의 방법론은 역사적 맥락이 부족했다. 그래서 복잡했다. "만약 우리가 인문학이 가르치는 내용에 대해 깊이 생각한다면, 역사학, 문학, 철학, 음악, 또는 예술에 상관없이 과거 인문학의 성과에 대한 공부를 통해 우리는 인간 존재의 복잡성에 대한 매우 예민한 인식을 갖게 된다'라고 그는 썼다. 디자인 사고의 핵심은 "삶의 복잡성을 이해하고 문제 해결을 위해 단순하게 만드는 것이다." 그는 디닷스쿨 강의가 "인문학을 완전히 대체한다면 엄밀히 말해 고전 교육의 실제적인 가치, 즉 우리 자신을 시간상의 존재이며 여러 불완전한 복잡성을 관리하는 존재로 보는 관점을 상실할 것"이라고 목소리를 높여 우려했다.[32]

〈스탠퍼드 2025〉 프로젝트 이면에 깔린 고려 사항 중 하나는 '미래 고용주들의 요구와 기대가 바뀐다'는 것이다. 그리고 한 명의 대학 졸업자가 많은 고용주를 만나게 될 것이라는 예측이다.[33] 〈스탠퍼드 2025〉는 직업을 구하기 위해 전전하는 모습을 보여주는 〈포브스〉 잡지의 다음과 같은 말을 인용했다. "오늘날 평균적으로 노동자는 하나의 직장에 4.4년을 근무하지만 노동 집단 중 가장 젊은 노동자들이 기대하는 근속기간은 이 기간의 약 절반이다."[34] 직장의 변화된 특성은 구체적으로 언급되지 않았지만, 〈스탠퍼드 2025〉의 저자들은 특정한

32 같은 글.
33 Stanford 2025, www.stanford2025.com.
34 Jeanne Meister, "Job Hopping Is the 'New Normal' for Millennials: Three Ways to Prevent a Human Resource Nightmare," 〈Forbes〉, August 14, 2012.

하나의 직업을 계속 유지하지만 고용주가 여러 차례 바뀔 것으로 예상하는 사람들과 한 번 이상 직업을 바꿀 것으로 예상하는 사람들을 구별하지 않았다. 인문학 교육에서 가장 많은 도움을 받는 사람들은 후자다. 브라운 대학 전 총장 하워드 스웨어러Howard Swearer는 인문학 교육을 "아직 임명되지 않는 직책을 준비하는 것"으로 묘사했다.**35**

스탠퍼드 교무부처장 해리 엘람Harry Elam은 2016년 교수협의회에 제출한 보고서에서 스탠퍼드 입학생들에게서 나타나는 '교육에 관한 사고방식의 변화'에 우려를 표명했다. 학생들은 교육을 오로지 경제적 목적을 위한 수단으로 보았다. 그가 조언하는 신입생 중 하나는 2학년 말까지 스타트업을 설립해 운영하려는 향후 일정이 지연될까 걱정했다. 엘람은 또한 공학 전공자의 지속적인 증가를 우려했다. 그는 "'비기술 전문가'와 '기술 전문가'의 위계질서 문제"가 사라지길 바랐다. 그는 예술, 인문학, 응용기술, 자연과학의 융합, 곧 "예술가들이 코딩을 하거나 엔지니어와 자연과학자들이 음악을 연주하는 것을 넘어서서 학제적이면서도 학문적 구분을 초월하는 이른바 새로운 조화"를 간절히 요청했다.**36** 이것은 2100년에는 실현될지도 모른다. 그러나 그때까지는 인문학을 지금과 같은 실용적인 사고방식의 시대에 가장 보편적이고 유용한 실용 기술로 보아야 한다.

---

35 스웨어러의 인용문은 SU, 《The Study of Undergraduate Education at Stanford University》 (SUES) (Stanford: The Office of the Vice Provost for Undergraduate Education, SU, 2012), 12쪽에서 사용되었다. 그리고 《Stanford 2025》가 SUES 보고서에서 이 인용문을 다시 인용했다.

36 Harry Elam, "Our Shifting Educational Environment: Why Stanford's Leadership in Higher Education Is Critical Now," 〈SU〉, Forty—Eighth Senate Report No. 5, January 21, 2016.

19장
다시 시작하는 사람

영화와 미디어 전공자 더그 블러마이어Doug Blumeyer는 2008년 스탠퍼드를 졸업할 때[1] 영화계에서 일자리를 찾았지만 성공하지 못했다. 그러나 그는 프로그래밍 분야의 직업 훈련을 받을 수 있는 역사적인 시기에 살았다. 이 분야는 수요가 있었고 대학으로 돌아가지 않아도 됐다. 그는 빚을 지지 않고 금방 훈련을 받았고, 학부 때 받았던 인문학 교육에도 고마워하고 있다.

100년 전, 이전 시대의 첨단기술 대기업들은 사내 교육훈련 프로그램을 설치했다. 1929년 4월 제너럴일렉트릭General Electric은 스탠퍼드

---

1 블러마이어는 2007년 스탠퍼드 동문회 명부에 등록되어 있지만 그는 1년 휴학하여 2008년에 졸업했다.

동문 잡지에 자사의 '전기공학 대학원'을 홍보했고 매년 400명의 신입생이 등록했다. 이 회사는 "미래의 지도자들은 태어날 뿐만 아니라 만들어져야 한다. 그리고 만들어지는 곳은 대학이 아니라 기업이어야 한다"고 말했다.[2]

졸업생들이 받을 수 있는 교육은 무료로 여러 해 동안 연장될 수 있었다. 예를 들면, 1934년 한 보험 회사가 스탠퍼드 졸업생 취업 안내센터에 한 남자를 요청했는데(그 직무기술서는 성gender 중립적이지 않았다), 이상적으로는 경제학 전공자이고 판매직 분야에서 3년 동안 사내교육을 받은 사람을 원했다.[3]

물론, 컴퓨터과학은 1920년대에는 존재하지도 않았기 때문에 지금과 그 당시를 직접 비교할 수는 없다. 그러나 이를테면, 한 학생이 학부 4년 동안 인문학 교육을 제대로 충실하게 받고, 그 다음 자신의 교육에 명확한 직업적 요소를 추가하기 위해 컴퓨터과학 석사 학위 공부를 시작하길 원할 경우 스탠퍼드에서 이학 석사 학위를 얻으려면 2년이 더 필요했을 것이다.[4]

적어도 최근 소프트웨어 개발자를 위한 새로운 대학원 교육 모델이 등장하기 전까지의 사정은 이러했다. 영리추구형 학교들은 몇 년이 아니라 단 몇 주만에 이수할 수 있는 커리큘럼을 제공한다. 이 학교들은

2   "Generating Brain Power for 1950," General Electric Company advertisement, 〈Stanford Illustrated Review〉, April 1929, 367쪽.

3   "Alumni Placement Service," 〈Stanford Illustrated Review〉, June 1934, 258쪽.

4   2017년 스탠퍼드 컴퓨터과학과는 지원자들에게 다음과 같이 조언했다. "컴퓨터과학 석사(MSCS) 프로그램은 45학점으로 구성되며 대부분의 풀타임 학생들은 이 과정을 모두 마치는데 2년이 걸린다. 한 학기당 대략 8~10학점을 이수해야 하는데, 이것이 MSCS 과정 학생들에게 가장 일반적인 수업량이다(그리고 수업 조교 또는 연구조교인 경우 최대 학점 이수가 허용된다). 수업은 보통 2~3개 학급으로 운영된다." "Program Planning," Department of Computer Science, 〈SU〉, http://mscs.stanford.edu/classes/planning/, accessed January 4, 2017.

컴퓨터과학 수업을 하나도 수강하지 않은 인문학 전공자를 포함해 코딩 경험이 거의 또는 전혀 없는 학생들을 받아들였다. 이 학교들은 이런 프로그램이 학위 과정은 아니지만 불필요한 과목을 없애고 학생들에게 미래의 고용주들이 강력하게 요구하는 소프트웨어 개발 기술을 제공한다고 주장한다.

코딩 부트 캠프

이런 학교들은 종종 스스로를 '코딩 부트 캠프coding boot camps'라고 부른다. 이는 일반적으로 단 12주 동안 필수적인 것들만 갖추어진 시설(저렴한 책상과 컴퓨터, 모니터로 가득한 임대 사무실)에서 진행되는 교육 경험을 표현하는 적절한 용어다. 2015년 샌프란시스코에 있는 부트 캠프는 다음과 같다. 애니원 캔 런 투 코드Anyone Can Learn To Code, 앱 아카데미App Academy, 코더 캠프Coder Camps, 코딩 도조Coding Dojo, 데브 부트캠프Dev Bootcamp, 갈바나이즈Galvanize, 제너럴 어셈블리General Assembly, 핵 리액터Hack Reactor, 핵브라이트 아카데미Hackbright Academy, 메이크 스쿨Make School, 로켓 유Rocket U.[5]

이 중 앱 아카데미는 2015년 가을 스탠퍼드 동문회에 "50명 이상의 스탠퍼드 졸업생이 10만 5,000달러 이상의 연봉을 받는 직장에 취업했다"라는 배너 광고를 이용해 직접 마케팅을 시작했다.[6] 이 학교는 2012년 시카고 대학에 다닐 때 만난 두 명의 친구가 설립했다. 쿠쉬 파

---

5   Nick Toscano, "The Complete List of Coding Camps in San Francisco," January 6, 2015, http://www.skilledup.com/articles/bootcamps-san-francisco. 이 안내 자료는 차후에 개정되었다. 그러나 2017년 4월 4일 개정된 페이지를 방문해보니 사라지고 있었다.

6   앱 아카데미 광고는 매일 독자들에게 이메일로 발송되는 〈스탠퍼드 데일리〉 요약본 최상단에 실렸다.

텔Kush Patel은 헤지펀드 기업에 취직한 경제학 전공자이며 네드 루제리Ned Ruggeri는 구글의 소프트웨어 엔지니어였다. 그들은 처음에는 샌프란시스코에 앱 아카데미를 설립했지만 나중에는 뉴욕에도 사무실을 추가로 확장했다. 얼마간의 시험을 거친 뒤 그들은 12주를 한 학기로 하는 교육과정을 확정하고 표준화했다. 그러나 앱 아카데미는 학생들에게 수업료를 청구하는 방식 덕분에 다른 학교와 차별화된다. 앱 아카데미는 1만 5,000달러 또는 1만 7,000달러의 수업료(비슷한 교육기간을 시행하는 부트 캠프와 비교해 특별히 다르지 않다)를 부과하는 대신 졸업생이 자신의 첫 해 소득의 18%를 6개월에 걸쳐 지불하는 후불제 방식을 채택했다.[7] 학생이 졸업한 다음 해 1년 동안 계속 실직 상태인 경우 학교에 수업료를 지불할 의무가 사라졌다.

이런 제도 덕분에 앱 아카데미 공동설립자들은 초보 소프트웨어 개발자들을 위한 시장이 원하는 것에 면밀히 주목해야 했다. 초기에 그들은 교육과정을 두 부분으로 나누었다. 하나는 애플의 아이폰과 아이패드에 사용되는 iOS 운영체계에서 작동하는 모바일 앱을 개발하는 방법을 배우는 과정이었고, 다른 하나는 웹 애플리케이션, 즉 일부는 원거리 서버에서, 다른 일부는 웹 브라우저에서 각각 가동되는 소프트웨어를 개발하는 교육과정이었다. 그러나 앱 아카데미 공동설립자들은 첫 회 졸업생을 취업시키기가 힘들었다. iOS 모바일 앱을 개발할 수 있는 최소한의 역량을 제공하려면 몇 주간의 교육기간으로는 부족했다. 그래서 그들은 모바일 분야를 포기하고 웹 애플리케이션에

---

7   앱 아카데미는 또한 입학할 때 각 지원자에게서 5,000달러의 보증금을 받았고, 교육과정을 마치면 다시 돌려주었다. 이 돈은 지원자가 학업을 끝까지 마치도록 하기 위한 것이었다.

만 집중하여 가장 수요가 많을 것 같은 루비 온 레일스Ruby on Rails와 자바스크립트JavaScript를 가르치기로 결정했다.

앱 아카데미는 지원하는 모든 사람을 성공적인 프로그래머로 만들겠다고 말하지 않았다. 이 학교는 지원자들에게 학사 학위를 요구하지 않았고, 이전의 프로그램 경험을 공식적으로 요구하지도 않았지만 여러 단계의 시험 과정을 통해 지원자들에게 기본적인 프로그래밍 개념들을 완전히 숙달시켰다. 처음에 이 학교는 지원자의 5%만 받아들였으나 2015년에는 입학률이 3%로 떨어졌다.

예비 지원자들은 처음부터 끝까지 실습을 하도록 권장되었는데, 몇 줄의 코딩 형태로 해결책을 준비한 뒤 45분 동안 시험을 치렀다. 이것이 지원자들의 첫 번째 관문이었다. 2015년 연습문제는 다음 작업을 수행하는 코딩 문제가 포함되었다. '문자열의 순서를 반대로 바꾸어라, 문장에서 가장 긴 단어를 찾아내라, 주어진 숫자가 소수인지 판별하라, 두 숫자를 똑같이 나누는 가장 큰 정수를 구하라, 주어진 임의의 두 숫자를 똑같이 나누는 가장 큰 정수를 구하라.' 과제 중 어느 것도 프로그래밍 언어를 특별히 정하지 않았기 때문에 학생들은 루비Ruby, 파이썬Python, 자바스크립트JavaScript, 펄Perl, PHP, 또는 자바를 이용하여 시험 문제를 코딩하여 제출했다. 앱 아카데미 입학을 준비하는 지원자들에게 말했다. "우리는 부분적인 해답을 인정합니다. 정확한 코딩보다는 전체적인 논리가 더 중요합니다. 따라서 해답의 완성도나 정확도를 특별히 강조하지 않습니다."

세 문제(각 문제를 15분 이내에 완료해야 한다)가 출제되는 코딩 시험을 통과한 학생들은 첫 번째 시험과 비슷한 문제와 시간 제한이 있는 두 번째 시험을 치렀다. 이 시험은 앱 아카데미 직원이 스카이프 전화를 이용해 시행했다. 직원은 지원자가 작성한 해답을 화면을 통해 지켜보았다. 두 단계의 시험은 스탠퍼드나 다른 명문대에 다니는 학생들에게 특별한 혜택을 주지 않았다. 이 학교가 이 시험들을 통해 확인하고 싶은 유일한 내용은 지원자가 기초적인 프로그래밍 문제를 해결할 능력이 있는지 여부였다.

시험에 합격한 사람들의 경우 평가 단계가 한 가지 더 남았다. 앱 아카데미는 이것을 '적합성 면접'이라고 불렀는데 후보자가 다른 사람들과 함께 편안하게 일하는지를 평가하는 것이었다. 앱 아카데미 교육과정은 '2인조 프로그래밍' 방식(두 학생이 같은 화면과 키보드 앞에 앉아서 작업한다)을 이용하기 때문에 이것이 중요했다. 두 사람은 교대로 작업을 한다. 한 사람이 코드를 입력할 동안 다른 사람은 제안을 하거나 에러를 확인하거나 대안을 제시한다. 앱 아카데미에서 학생들은 매일 새로운 조를 배정받았고, 그들은 많은 급우들과 작업을 하면서 다양한 개성과 특이한 성격을 받아들여야만 했다.

강제 수업조 배정, 스파르타식 학습 방식, 수업료를 취업 첫 해 소득의 일부로 지불하는 것. 이것 중 어느 것도 스탠퍼드의 수업 환경이나 재정적 요구 조건과 같지 않았다. 아마 가장 큰 차이는 교육과정이 끝났을 때 학위를 수여하지 않은 것이다. 이 때문에 앱 아카데미와 코딩 부트 캠프들은 교육적 권위를 가진 전통적인 평가자인 유에스 뉴스 앤 월드 리포트U.S. News & World Reports와 전문 학회들이 취합하는 대학원 순위에 나타나지 않는다. 앱 아카데미의 홍보를 접한 스탠퍼드 학생들은 자연히 의구심을 갖게 되었다. 앱 아카데미와 같은 코드 부트 캠프에 입학하면 그들이 스탠퍼드에 입학했을 때 그들에게 주어진 모든 좋은 관계들이 사라지는 것이 아닐까 하고 말이다. 예술사 학위를 받은 후 대학원 진학을 포기하고 스탠퍼드를 떠나 코드 부트 캠프에 입학한 인문학 전공자는 자신이 20세기 초 인문학 옹호자들이 제시했던 고등교육 개념(몇 년의 학부 기간은 인문학 교육을 하고, 그 이후에 직업 훈련을 하는 것이 최선이라는 개념)을 성취했다는 사실을 알면 약간의 위안이 될 것이다.

졸업 6년 후에 다시 프로그래밍을 배우다

의학과 같은 일부 직업은 학생들에게 아주 많은 선행과목 이수를 요구하기 때문에 학부 때 그 진로를 시작해야 한다. 일단 학부를 졸업하면 값비싼 졸업 후 교육을 통해서만 잃어버린 시간을 만회할 수 있다. 그러나 코딩 캠프 모델은 선행과목 이수나 학위를 요구하지 않고 갓 졸업한 학부생에서부터 몇 년 전에 학위를 받은 졸업생까지 모든 사람에게 문호를 개방한다. 더그 블러마이어는 졸업한 지 6년이 지난 후에 앱 아카데미에 지원했다.

지원할 때 블러마이어는 소프트웨어 초보자가 아니었다. 그러나 그는 자신의 실제 실력보다 프로그래밍 기초에 대해 더 많이 안다고 생각했기 때문에 스탠퍼드에 다닐 때 고생을 했었다. 중학교 시절 그는 프로그래밍을 배우러 여름 캠프에 갔었다. 거기서 그는 베이직BASIC을 배우고 간단한 텍스트로 표시되는 롤플레잉 게임을 만들었다. 캠프 뒤 그는 학교에서 추가로 수업을 들었지만 집에서 스스로 프로그래밍을 시작할 정도로 관심을 가지지는 못했다.

그러나 블러마이어는 인공지능에 깊은 관심을 갖게 되었다. 그는 여러 아이비리그 대학과 MIT, 스탠퍼드에 지원하여 모든 학교에 합격했다. 그가 스탠퍼드를 선택한 것은 스탠퍼드가 학부 때 인공지능을 공부할 수 있는 다학제 전공인 상징체계 전공을 제공했기 때문이었다. 그는 학교에 입학한 뒤 첫 학기에 컴퓨터과학과의 필수 과목을 시작하느라 시간을 낭비하지 않았다. 그는 입문 강의인 〈CS 106A〉를 들을 필요없이 곧장 〈CS 106B〉를 수강할 수 있다고 생각했다. 그가 프로그래밍을 미리 경험했고, 그리고 그가 자조적으로 말하듯이, 세상은 항상 그에게 매우 똑똑한 사람이라고 말했기 때문이었다. 그는 최상위 대학에만 지원했고 모든 대학에서 입학 허가를 받았다. 그는 속성 강의인 〈CS 106X〉를 듣는 것이 최선이라고 판단했다.

블러마이어는 이렇게 회상했다. "코가 납작해졌어요. 난 그 수업에서 완전히 망했어요." 이 일은 뼈아픈 충격으로 다가왔다. 그는 인생에서 결코 실패를 경험한 적이 없었다. 그 실패는 인공지능을 배우려는 그의 계획에 큰 타격을 주었다. 또한 그는 집에서 멀리 떨어져 지내는 자신의 생활이 집중을 방해하는 것들로 가득하다는 것을 알았다. 그는 말했다. "나는 성장하면서 파티 놀이나 아동기적 행태를 떨쳐내지 못했습니다." 그래서 그는 이제 그런 것들을 떨쳐내느라 시간을 보냈고 이것은 그의 학업 계획에 도움이 되지 못했다.

블러마이어는 뒤로 물러나서 〈CS 106A〉와 〈CS 106B〉, 그리고 소수의 다른 컴퓨터 과목을 수강했다. 그러나 인공지능과 관련된 그의 첫번째 과목은 성과가 좋지 못했다. 아울러 그는 우연히 〈영화이론 101〉를 수강했는데 영화가 그를 끌어당겼다. 그는 안드레이 타르코프스키

Andrei Tarkovsky의 〈노스텔지어Nostalghia〉(1983)의 한 장면을 보고 완전히 넋을 잃었다. 그는 영화 이론이 자신이 상징체계 전공을 좋아한 이유를 만족시켜 준다고 판단하고, 전공을 영화와 미디어 연구 전공으로 바꾸었다. 이 전공은 예술사학과의 집중 연구 분야로 시작되었고 그해 처음으로 독립적인 전공으로 개설되었다.

블러마이어는 직접 영화를 만들고 싶었다. 그는 단편 영화 작업을 하면서 스탠퍼드 영화협회와 연계된 워크숍이 제공하는 자원을 이용했다. 그는 조언자의 권고에 따라 여름 동안 뉴욕대 영화제작 수업을 들으면서 단편 영화를 더 제작했다. 그는 스탠퍼드로 돌아왔고 시간은 빠르게 흘렀다. 그는 졸업반이 되었지만 직장을 구하지 못했다.

고등학생 때 블러마이어는 자신을 명문 학교로 인도하는 '레일rail'이라고 부른 길을 따랐다. 그것은 아주 흥미로울 정도로 단순했다. 즉, 열심히 공부하는 것이었다. 이 길은 자연스럽게 그의 길이 되었고 레일은 그를 바라는 목적지로 데려다 주었다. 그러나 대학에서 영화와 미디어 전공 공부는 그가 원하는 것, 곧 영화 제작으로 인도하는 분명한 레일을 제공하지 않았다. 그는 다른 직업을 찾을 수도 없어, 한 번도 가본 적이 없는 해외에서 얼마간 시간을 보내고 싶어 졸업 후 일본으로 가서 1년 동안 영어를 가르쳤다. 그는 곧 돌아왔지만, 그가 없는 동안 미래의 영화로 가는 레일은 전혀 나타나지 않았다.

블러마이어는 일리노이 주 부모 집으로 돌아가 장편 영화를 완성했다. 그 뒤 그는 뉴욕으로 가서 예전에 뉴욕대에서 만났던 영화과 학생들을 다시 만났다. 그는 영화 제작 프로젝트에 그들을 참여시킬 수 있을 것으로 생각했다. 그는 그 당시를 후회하며 돌아봤다. "그 프로젝트를 보는 사람은 누구나 즉시 그것의 매력에 빠져서 주목할 만한 차세대 작품임을 이해하고, 그들이 하는 일을 중단하고 그 프로젝트에 합류할 것"이라고 블러마이어는 기대했었다. 상황이 그렇게 되지 않자 그는 자신이 하는 본업으로는 충분한 생계비를 벌 수 없다는 것을 깨닫고 집으로 돌아갔다. 부모와 같이 살다가 샌프란시스코 베이 지역으로 돌아가 다시 영화 제작을 시도했다. 본업을 하는 틈틈이 그의 첫 영화를 제작할 방법을 찾으면서 음악과 시를 만지작거리며 지냈다. 세월이 흘렀고 그는 대학 졸업 후 펼쳐진 자신의 삶에 만족하지 않았다. 그러던 중 코드 부트 캠프들이 등장했다. 블러마이어는 이것이 그에게 다시 시작할 수 있는 기회를 제공할 것임을 깨달았다. 캠프는 많은 시간을 요구하지 않았다. 3개월 동안 정신없이 바쁘게 지낸 뒤 그는 마술처럼 웹 개발자로 나타났다. 특별히 앱 아카데미가 그의 주목을 끈 것은 수업료를 위해 돈을 빌리지 않아도 된다는 점이었다. 그는 앱 아카데미에 지원하여 2014년 12월부터 2015년 2월까지 다녔다.

앱 아카데미는 주 5일 오전 9시부터 오후 6시까지 수업을 진행했다. 학생들은 과제물을 하느라 저녁과 주말을 바쁘게 보냈다. 학생들은 학기 시작 때 일주일에 80~100시간을 전적으로 수업에 할애해야 할 것이라는 말을 들었고, 블러마이어는 일주일 평균 100시간 가까이 공부했다. 그는 그를 스탠퍼드로 이끈 전공인 상징체계의 일부를 되찾을 기회를 준 것에 고마워하면서 교육과정의 요구사항을 매우 진지하게 대했다.

일반적으로 앱 아카데미 학급의 75~80%는 남자들이었다. 학생의 약 절반은 STEM 분야 출신이었다. 블러마이어의 동기생들 중에는 스탠퍼드 출신이 없었다. 아카데미의 수업 조교 중 한 사람은 그에게 유명 단과대학이나 종합대학 출신의 지원자가 유명하지 않은 학교 출신의 지원자보다 아카데미 합격률이 더 낮다고 말했다. 그 이유는 알려지지 않았지만 조교는 유명 대학 출신의 지원자들이 다른 지원자들보다 더 많은 대안을 갖고 있어 간절히 입학을 원하지 않았기 때문일 것이라고 설명했다.

그는 이전에 스탠퍼드에서 컴퓨터 수업을 들었기 때문에 53명의 동기생들 중 대부분의 학생들보다 프로그래밍 경험이 더 많았다. 그러나 그는 경험이 매우 적은 학생과 짝을 이루었을 때 실망하지 않았다. 아카데미에 선발된 3%의 학생들은 모두 수업을 감당할 수 있는 능력을 가지고 있었기 때문이다. 동기생 중 단 두 명만이 교육을 이수하지 못했다. 블러마이어는 2인 1조 방식이 경험이 적은 사람들뿐만 아니라 경험이 많거나 기량이 더 뛰어난 사람들에게도 소중하다는 것을 알았다. 경험이 많은 사람이 교사 역할을 하기 때문이었다. 그는 어떤 사람에게서 이런 말을 들었다. "여러분이 어떤 것을 두 가지 다른 방식으로 설명할 수 없으면 그것을 정말로 이해한 것이 아닙니다." 그러나 블러마이어는 이 말에 담긴 지혜를 깊이 이해한다. "당신은 그냥 앉아서 어떤 일을 매우 편안하게 할 수 있습니다. 그러나 당신이 그 일의 작은 부분에 대해 꼬치꼬치 캐묻거나 왜 다른 방식으로는 할 수 없는지 의문을 가질 때가 당신이 그것을 가장 깊이 이해하기 위해 도전할 때입니다."

앱 아카데미의 첫 9주는 프로그래밍 교육에 전념한다. 마지막 3주에는 아카데미가 '취업 지원'이라고 부르는 것을 수행할 기회가 제공된다. 지원 내용에는 이력서와 자기소개서 준비와 같은 일반적인 것들이 포함된다. 기술 기업들의 채용 관리자들은 아이픽시트iFixit 최고경영자 카일 비엔스Kyle Wiens의 견해에 공감할 것이다. 그는 2012년 〈하버드 비즈니스 리뷰〉에 기고한 에세이에서 이렇게 썼다. "글쓰기 방법에 주목하는 프로그래머는 코딩을 하는 방법에 더 많은 주의를 기울이는 경향이 있다." 비엔스는 자신의 '문법 오류에 대한 무관용 접근 방법'을 이렇게 설명했다. "어떤 사람이 it's를 적절하게 사용하는 법을 이해하는 데 20년 이상이 걸린다면 그것은 내 마음에 드는 학습곡선이 아니다."[8]

앱 아카데미의 다른 취업 지원 방식들은 특정한 소프트웨어 개발 요구에 맞추어져 있다. 이를테면, 기술 면접 워크숍, 코딩 과제 수행, 영화와 미디어 전공자들이 전에 참여했을 가능성이 없는 연봉 협상에 관한 워크숍 등이다. 이 워크숍에는 기술 면접에서 제시될 가능성이 가장 높은 알고리즘에 관한 시간이 포함된다.

성장에는 시간이 필요하다

블러마이어는 자신의 자격 인증서를 많은 구인 게시판에 올렸다. 가장 빨리 크게 성장한 스타트업들은 더 오랜 경력을 가진 개발자들의 지원서로 넘쳐나기 때문에 일반적으로 무경력자들을 고용하지 않으

---

8 Kyle Wiens, "I Won't Hire People Who Use Poor Grammar. Here's Why," 〈Harvard Business Review〉, July 20, 2012. 또한 Kristian Glass, "Cover Letters: Always Send One," Kristian Glass—Do I Smell Burning? blog, January 15, 2016, http://blog.do ismellburning.co.uk/cover-letters-always-send-one/을 보라. 런던 소재 레이터페이(LaterPay)의 최고 기술책임자 글라스(Glass)는 구직 신청을 한 소프트웨어 엔지니어들, 특히 자신의 경험과 지원한 직무가 정확하게 일치하지 않는 지원자들이 자기소개서 작성을 시간 낭비로 취급하지 않도록 설득하려고 노력했다. "우리는 다양한 배경과 국적을 가진 사람들입니다. 그런 다양성은 우리를 강하게 만듭니다"라고 글라스가 썼다. "비록 당신의 이력서가 완벽하다고 생각되어도 그것을 아주 명확하게 보여줄 자기소개서를 제출하십시오. 인간은 완벽하지 않습니다. 자료를 전송하는 것만으로도 충분하지 않습니다. 다양한 방법을 이용해 자신의 적합성을 보여줘도 손해가 되지 않을 것입니다."

려고 한다.[9] 이런 기업의 채용 담당자들은 블러마이어를 찾지 않았지만 소프트웨어 스타트업들의 세계는 넓기 때문에 환영하는 스타트업이 많았다. 그는 채용 담당자들로부터 엄청난 문의를 받았다. 그것은 영화와 미디어 전공으로 스탠퍼드를 졸업했을 때와는 다른 변화였다. 앱 아카데미는 학생들이 '가장 선호하는 기업들'로 곧장 취업하지 않도록 조언했다. 그는 "자신이 그다지 진지하게 생각하지 않은 기업을 택해 면접에서의 불안을 먼저 경험하라"는 조언을 들었다. (그러나 리암 키니는 에어비앤비에서 면접 기회를 얻었을 때 이런 조언을 듣지 못했다). "그래서 나는 그렇게 했죠."

블러마이어가 피봇탈 랩스Pivotal Labs에 면접을 하러 갈 때는 이미 면접 기술에 능숙했다.

이 회사는 자사의 방법론을 이용해 고객사의 사내 개발자를 훈련시켜 그들이 모바일과 웹 애플리케이션과 다른 소프트웨어를 개발하도록 도와주는 소프트웨어 컨설팅 회사였다. 조별 프로그래밍은 이 회사가 사용하는 기법 중 하나다. 또한 부트 캠프 출신의 미경험 프로그래머를 기꺼이 받아들이는 회사였다. 피봇탈 랩스 자체가 고객 기업의 프로그래머들을 3개월간 교육하는 회사이고, 피봇탈의 프로그래머와 긴밀히 협력하면서 진행하는 훈련 프로그램은 습관을 바꾸기 위해 만들어진 군대의 부트 캠프를 모델로 삼아서 만들어졌기 때문이

---

9   리프트(Lyft)에서 스티븐 헤이즈는 핵 리엑터(Hack Reactor) 졸업생들로부터 많은 이력서를 받았다. 그들 중 일부는 인문학 전공자였다. 핵 리엑터에 진학했던 스탠퍼드 출신 친구도 그에게 이력서를 보냈다. 핵 리엑터는 높은 평가를 받고 있지만 학비가 비싸다. 2016년 초 12주 프로그램의 수업료가 1만 7,700달러였다. 앱 아카데미 참가자와 마찬가지로 핵 리엑터 참가자들은 약간의 프로그래밍 지식을 이미 갖고 있어야 한다. 그들은 자신의 기술을 '0에서 60으로' 발전시키는 것이 아니라 '20에서 120으로 끌어올리는 훈련을 받고 싶다고 말하기를 좋아했다. 헤이즈는 그 이력서들을 리프트의 소프트웨어 엔지니어링 부서에 전달했지만 그가 전달한 사람 중 채용된 사람은 아무도 없었다.

다.[10] 블러마이어는 취업을 제안받고 입사했다. 1년 남짓 지난 뒤 그는 회사의 일을 즐기며 계속 새로운 것을 배우고 있다고 말했다.

그가 취업한 뒤 1년 동안 피봇탈 랩스는 점점 성장하여 2016년 5월 에는 2억 5,300만 달러의 매출을 거두었다.[11] 이 금액은 자본 비용이 높지 않은 회사치고는 정말 엄청난 것이었다. 블러마이어는 실리콘밸 리를 주의 깊게 조사하지 않았고, 앤드루 필립스가 그랬듯이 특정 영 역에서 빠르게 성장하는 스타트업들을 찾았다. 그는 그저 자신과 자신 의 부트 캠프 훈련을 기꺼이 받아주는 고용주를 찾았다. 그런데 그는 좋은 곳에 취업했다.

블러마이어는 자조적인 어조로 "성장하는 데 시간이 필요했습니 다"라고 말했다. 블러마이어가 다른 길을 갔다면 취업의 길이 훨씬 더 짧았을지도 모른다. 그러나 그는 그의 길이 결국은 좋은 결과를 낳았 다고 진심으로 믿는다(그는 먼저 인문학을 배우고 그 다음 직업 교육을 받 았다).

10 Matt Weinberger, "Why Ford's CEO Invested $182 Million in the $2,8 Billion Startup That Teaches How to Be More Like Google," Business Insider blog, July 14, 2016.

11 같은 글.

20장
인문학 교육은 직업에 유용하다

스탠퍼드 대학 신경학 교수였고 제넨텍Genentech의 고위 임원을 거쳐 록펠러 대학 총장이 된 마크 테시어 라빈Marc Tessier-Lavigne은 충분히 상상할 수 있듯이 STEM의 가치에 깊이 치우쳐 있었다.[1] 하지만 2016년 스탠퍼드 대학 총장으로 임명되고 난 뒤 취임 연설에서 그는 인문학을 강하게 옹호하며 정치인과 대학생의 부모가 얼마나 STEM에 사로잡혀 있는지 성토했다. 그는 학부생들에게 전달될 수 있는 가장 중요한 기량은 비판적이고 도덕적인 추론, 창의적 표현, 다양성에 대한 올바른 인식이며, 미래에 대한 가장 좋은 준비는 폭넓은 교양 교육이라

---

1   Office of the President, 〈SU〉, Biography.

고 말했다.

테시어 라빈에게 있어 '교양 교육liberal education'에서의 교양liberal 은 '정신을 해방하는 것liberating the mind'을 의미했다. 이 해방은 직업에 초점을 맞추어야 한다는 엄청난 압력에 위협을 받았다. STEM이나 직업 관련 분야의 전문화는 학생들이 평생에 걸쳐 환경에 적응하도록 준비하는 데 도움이 되지 않는다. 인문학 교육이 학생의 미래 직업에 다양한 유용성을 발휘하게 하려면 새로운 슬로건이 필요하다. "인문학 교육은 직업에 유용하다."[2]

테시어 라빈은 취임 며칠 뒤 교수들과 만난 자리에서 당시 컴퓨터과학이 주도하는 인기 있는 분야들이 20~30년 전에는 그다지 인기가 없었고, 20~30년 뒤에는 가장 인기가 높은 분야가 아닐 수 있다고 말했다. 그가 내린 결론은 바로 인문학이나 사회과학 분야 교수가 내릴 수 있는 결론이었다. 즉, 대학은 폭넓은 학문적 기반을 유지하며 학생들의 관심이 모든 학문에 걸쳐 확대되도록 해야 한다는 것이었다.[3]

테시어 라빈은 캠퍼스 내 다양한 집단을 상대로 한 강연에서 특별히 인문학을 옹호했다. 그는 어떤 식으로든 자신의 입장을 얼버무리지 않았다. 그가 응용과학 분야에서 탁월한 경력을 쌓은 사실은 그의 인문학 옹호를 더욱 돋보이게 했다. 그는 자기 분야를 옹호하지 않았다.

2 "Prepared Text of Inauguration Address, 'The Purposeful University,' by Stanford President Marc Tessier-Lavigne," 〈Stanford News〉, October 21, 2016.

3 Marc Tessier-Lavigne, "The Purposeful University: Dialogue with the University Senate," 〈SU〉, Forty-Ninth Senate Report No. 2, October 27, 2016. 티세르 라빈은 2주 전 학부생들의 전공 선택 추세에 관한 보고서가 제출된 교수협의회에 참석했기 때문에 컴퓨터과학이 스탠퍼드에서 차지하는 탁월한 위상에 대해 잘 알았다. Russell Berman and Brian Cook, representing the Policy & Planning Board, "Changes in the Academic Interests of Stanford Undergraduates," 〈SU〉, Forty-Ninth Senate Report No. 1, October 13, 2016.

그는 특별히 스탠퍼드에서 의견을 말했지만 그의 말은 많은 단과대학과 종합대학에도 적용되었다. 모든 학생은 일생 동안 자주 직업을 바꿀 것으로 예상되며, 빠르게 발전하는 직업에 대비하고 다양한 문화와 배경을 가진 사람들과 일할 준비를 해야 한다. 따라서 모든 학생이 그의 처방, 즉 '폭넓은 교육'으로 혜택을 입을 것이다.[4]

인문학의 운명을 결정하는 고용주

테시어 라빈이 간과한 한 가지는 인문학의 운명을 정하는 고용주의 결정적인 역할에 주목하지 않은 것이다. 그는 말했다. "우리는 학생들에게 폭을 넓히기보다 집중하라고 몰아대는 사회와 싸우고 있습니다." 그리고 이렇게 덧붙였다. "내가 들은 이야기에 따르면, 이처럼 당장의 미래에 집중하라고 강하게 요구하는 사람은 학부모뿐만 아니라 학생, 또래, 타인들입니다."[5] 그러나 학부모와 학생들은 미래의 고용주가 고용 시장에서 보내는 신호에 단순하게 반응하는 것일 뿐이다. 고용주들이 인문학의 진가를 인정하는 신호를 보낸다면 학생과 학부모들은 이를 감지할 것이다.

이 책에서 소개하는 인문학 전공자들은 통념과 반대되는 의견을 가진 사람들이다. 그들은 자신이 졸업할 때 전문직을 갖기가 매우 힘들 것이라는 많은 증거에도 불구하고 인문학 전공을 선택했고, 실제로 어려움을 겪었다. 그들의 이야기를 언급한 이유는 시장이 인문학을 회의적으로 본다는 사실을 부정하기 위한 것이 아니다. 그것은 고용주들

---

4 Tessier-Lavigne, 'Purposeful University.'
5 같은 글.

이 그들에게 기회를 줄 때 그들은 인문학이 유용하다는 주장(인문학은 직업에 유용하다)을 직장에서의 경험이라는 구체적인 증거로 입증한다는 점을 보여주기 위한 것이다.

학부생들이 미래에 대해 느끼는 불안은 전공 선택과 고용주의 전공 수용 여부에 따라 좌우된다. 이는 항상 그랬다. 스탠퍼드 역사에서 초기 수십 년 동안 공학 전공자들은 그들의 전공이 광산학과 같은 특이한 분야가 아닌 한 직장을 찾을 수 있는 가능성이 아주 높았다. 예비 법학 과정을 전공하거나 의대를 준비하는 학생들도 그들 앞에 전문직으로 가는 밝은 길이 있다는 것을 알고 안심했다. 또한 6개월 혹은 1년간의 교육대학원 과정을 이수하고 고등학교 교사 자격증을 받은 졸업생들도 역시 그랬다. 20세기 초 스탠퍼드 대학 졸업생의 3분의 1은 임시직 또는 정규직 형태의 교직으로 진출했다.[6]

그러나 같은 시기에 직업 관련 교육과정을 이수하지 않은 학생들은 졸업 후 미래의 공백에 두려움을 느껴야 했다. 1904년, 한 학생 기자는 영문학과 역사학을 공부한 졸업생의 절망을 상상하며 라틴어가 기록된 양피지 액자를 응시하고는 질문했다. "도대체 이것은 무슨 쓸모가 있는가?"

책장 위에 양피지가 걸려 있네

오래된 마호가니 액자 속에

제길, 단어를 하나도 읽을 수가 없네

---

6 William A. Cooper et al. to J. C. Branner, June 14, 1915, Wilbur Presidential Papers (SC 064A), Box 2, Folder 11, SCUA.

빌어먹을 오래된 이름을 제외하고 말이다!⁷

비슷한 시기, 스탠퍼드 대학의 학생 유머 잡지는 곧 대학에 떠밀려 심연의 바다에 빠질 4학년생의 공포를 잘 묘사했다.

이 거지야, 빨리 움직여!
왜 그렇게 꾸물거려
너와 비슷한 사람이 수백 명인데도
계속 뭉그적거리다니?
제발 배에서 내려
바다로 뛰어들어!
그러면 우리는 배를 깔끔히 정리하고
차茶를 마실 수 있어!⁸

다른 단과대학이나 종합대학과 마찬가지로 스탠퍼드도 졸업 후 학생들의 취업을 책임져야 한다고 생각하게 되었다. 현실적으로 대학이 가장 중요한 한 가지 요소(고용주들이 학생들에게서 원하는 것)를 결정할 힘이 없는데도 말이다. 인문학 전공자들이 취업에 어려움을 겪는다면 대학은 그 책임을 스스로 져야 한다.

스탠퍼드는 직업 관련 교육과정을 선택하지 않은 학생들을 위해 마땅히 해야 할 일을 모두 했는가? 이 질문은 1910년 영문학 부교수 리처

---

7   "His Diploma," 〈Stanford Chaparral〉 6, no. 6 (November 23, 1904), 1쪽.
8   "To the Man at the End of the Plank," 〈Stanford Chaparral〉 3, no. 15 (May 22, 1902), 1쪽.

드 알덴Richard M. Alden이 처음 던졌다. 그는 공학, 의학, 법학, 교육 분야에서 직업을 가지려 하는 학생들을 제외하고 스탠퍼드의 많은 상급생들에게 설문지를 보내 전공을 택한 이유를 물었다. 전공이 '직업과 관련이 없는 학과'에 속하는 학생들의 최소 절반이 '직업적 목표'에 대한 생각이 없었다. 특히 영문학, 역사학, 독문학을 선택한 학생들이 그랬다.[9]

알덴이 보기에, 비직업적 전공자에는 '바람직하지 못한' 학생과 '바람직한' 학생이 모두 포함되어 있었다. 바람직하지 못한 비직업적 전공자 부류는 '일차적으로 교육적 목적이 아닌 다른 목적으로 대학에 진학한' 학생들과 어쩔 수 없이 전공을 선택한 학생들이었다. 하지만 바람직한 비직업적 전공자들은 그들이 목표로 한 직업에 대비한 준비의 제공 여부에 따라 특정 분야의 전공을 선택하지 않았다. 알덴은 이 학생들이 입문 수업을 더 많이 듣고 다양한 분야의 지식을 탐색하면서 인문학 교육을 받고 싶어 하는 바람을 지지했다. 이 대학의 헌장에 교육은 "졸업생의 유용성 추구에 적합해야 하며, 이를 위해 가능한 초기부터 학생들이 추구하고 싶은 특정한 인생의 직업을 선택할 수 있게 해야 한다"고 구체적으로 언급되어 있다는 점을 고려할 때, 그의 유일한 의구심은 비직업적 전공자들이 스탠퍼드에 다닐 합법적 권리를 갖고 있는가였다. 알덴은 인문학 교육이 모든 분야를 위한 탁월한 준비가 될 수 있다거나 또는 학사 학위를 받는 것이 대학원의 직업교육이 시작되기 전 단계의 교육으로 간주되어야 한다고 주장하지 않았다.[10]

---

9 "A Defect in the Major–Subject System," 〈Stanford Alumnus〉 12, no. 2 (October 1910), 43쪽; "Professor R. M. Alden to Leave Stanford," SD, April 4, 1911.

10 "Defect," 43~44쪽. 그 당시 심지어 영문학과 내에서도 교양교육의 실용성을 옹호하는 캠퍼스의 목소리가 드물었다. 1898년 졸업식에서 인문학과 학부교육이 "어떤 것을 배우는 것이 아니라 어떤 것을 배우

직업 안내위원회의 출범

스탠퍼드는 '비직업적' 교육의 미덕을 외부세계에 설득하려고 노력하는 대신[11] 문제로 생각되는 것(학생들이 직업적 대안에 대해 충분한 정보가 부족하다)을 개선하려고 시도했다. 처음에는 5명의 교수진으로 구성된 직업 안내위원회가 1913년 설립되었다. 이 위원회는 특정 직업의 '종사자'를 초청해 그 직업에 대해 대화를 나누고(그리고 때로 여학생을 위해 여성 직업 종사자가 참석했다), 전공과 일치하는 직업 목록을 정리하고, 대학 도서관 참고도서실에 직업 관련 도서를 확충하는 일을 감독했다.[12]

그 당시 '직업 안내'라는 표현은 고등교육계에서 모호한 개념이었지만 위원회는 '직업'이라는 단어가 대학 교육이 필요하지 않는 직업의 이미지를 연상하기 때문에 문제가 있다는 것을 알았다. 위원회가 발간한 초기 안내 책자는 이 단어의 사용이 일반적인 용례와 다르다는 점을 설명했다. "이 안내 책자에서 '직업'이란 단어는 일의 특성이나 수준에 상관없이 한 사람이 천직으로 삼는 직업을 의미한다." 교육학과의 '직업 안내' 수업을 가르친 W. M. 프록터W. M. Proctor는 1919년 천직을 선택하는 방법에 관한 스탠퍼드 학생과의 대화에서 같은 표현을 사용

는 방법을 배우는 것"이라며 웅변적으로 옹호했던 고전철학 교수 월터 밀러는 그 연설을 한 직후 캠퍼스를 떠났다. "Stanford Now Loses One More from Its Staff of Professors," 〈San Francisco Call〉, May 26, 1902.

11 스탠퍼드 초대 총장 데이비드 스타 조던에 이어 1913년 지질학 교수 존 C. 브래너가 총장이 되었다. 그는 허버트 후버를 가르친 교수이자 조언자였다. 브래너는 단 3년 동안만 총장직을 수행했고, 그를 이어 의학박사 리먼 윌버가 총장이 되었다. 그 전에 그는 스탠퍼드가 쿠퍼 의과대를 인수하면서 새로 개설한 샌프란시스코 의과대학 학장으로 일했다. 총장 취임 1년 만에 윌버는 한 모임에서 "취업 준비를 위한 지나친 전문화의 위험성"에 대해 언급했다. 그러나 스탠퍼드 총장으로서 27년이라는 매우 긴 재임 기간 동안 그는 교양교육의 정당성을 공식적으로 주장하는 것을 자신의 최우선 순위로 삼지 않았다.

12 같은 글.

했다.[13]

위원회는 또한 대부분의 학부생들이 학사 학위가 그들이 천직을 시작하는 데 필요한 전부라고 생각하는 경향이 있다는 것을 알았다. 모든 직업이 4년제 대학 졸업자들에게 열려 있는 것이 아니라는 점을 설명하는 일은 위원회에 불편한 과제였다. 그들은 안내 책자를 통해 어떤 직업은 대학원 공부가 필요할 수 있고, 어떤 것은 도제 실습 교육이 필요하고, 어떤 것은 사소한 일부터 시작하여 나중에 정규직으로 일할 수 있다는 점을 지적했다.[14]

스탠퍼드 직업 안내위원회는 사업에 관심을 가진 학생들에게 조언을 제공했는데 오늘날 다시 살펴볼만한 신선한 것이었다. 1919년 이 대학에 경영대가 없다는 점을 고려한 위원회는 사업에 관심을 가진 학생들에게 경제학을 전공하라고 충고하지 않았다. 그 대신 그런 학생들이 모든 관심사(예를 들어 과학, 언어, 문학)를 추구함으로써 자신의 시간을 잘 사용하라고 말했다. 지식은 중요하지 않다. "대학 졸업자들이 사업에 성공할 수 있게 하는 것은 지식이 아니라 지식을 습득하는 훈련이었다"라고 안내 책자는 설명하고 있다. 그리고 이렇게 덧붙였다. "이런 훈련은 거의 모든 학문 분야의 공부를 통해 가능하다. 성실하고 폭넓게 공부한다면 말이다."[15]

위원회는 특정 직업을 다른 직업보다 더 좋다고 공식적으로 선정하지 않았다. 그 대신 학생들이 많은 가능성을 고려하도록 권유하고, 학

13 "'Choosing a Life Work' Is Subject of Freshman Talk," 〈DPA〉, December 1, 1919.
14 Stanford University Committee on Vocational Guidance, 〈Vocational Information〉 (Stanford: Stanford University, 1919), 2, 13쪽.
15 같은 책., 34쪽.

생들이 들어본 적이 없거나 대학 졸업자들에게 적절하지 않다고 생각할 수 있는 많은 직업을 소개했다. '과수 재배', '학술문서 초안 작성', '천문학자와 측지학자', '보험업', '대중 연설', 그리고 위원회의 훌륭한 업무인 '직업 상담'16 등이다.

학생들에게 제시된 수십 가지 직업에 대한 부정적인 말은 한 마디도 없었지만 한 가지 예외는 법률 분야였다. 이 직업은 오래 전부터 너무 많은 사람이 진출하여 평균 수입이 하락하고 매년 '많은 남자'가 법률 분야에서 떠났다. 직업 배우도 권유하지 않았다. "지금의 불안정하고 불확실한 무대 생활과 주변 환경은 연기를 천직으로 결정하기 전에 매우 철저하고 주의 깊게 고려해야 할 문제였다."17

대학 졸업자로서 비서직에 관심을 둔 여성들(위원회는 성 중립적인 언어를 사용하지 않았다)은 "교육, 판단력, 능력이 부족하며 결혼 전까지 단지 자신의 옷값을 벌기 위해 일하길 원하는 젊은 소녀들"과 경쟁해야 했다. 그들은 "비효율적인 업무 능력, 일에 대한 관심 부족 때문에 비서들이 받는 표준적인 보수보다 상당히 낮은 월급을 받았고 이로 인해 유능한 여성들이 마땅히 누려야 할 기회를 얻기 힘들었다." 그러나 여성 졸업자들이 이런 상황에 굴하지 않고 보수가 낮은 비서직을 "교육을 덜 받았지만 경험이 더 많은 직원들"로부터 많은 것을 배울 수 있는 실습 교육으로 생각한다면, 더 나은 보수를 받는 직책으로 진급할 수 있었다.18 그러나 위원회는 남성이 많이 진출한 직업에 관심을 가진

---

16 같은 책., 6~7쪽.
17 같은 책., 147쪽.
18 같은 책., 63~64쪽.

여성들에게 그런 직업에 도전해보라고 격려하지는 않았다.[19]

1930년 학생 신문 기자가 직업 안내위원회가 마련한 강연 프로그램에 학생들을 끌어 모으려고 약간의 유머를 사용했다. "흔히 단과대학과 종합대학의 고등교육을 일컫는, 젊은 세대를 위한 4년간의 휴가가 끝나가고 있다. 6월 스탠퍼드 졸업반 중 많은 학생들이 자신의 평생 직업에 대한 준비도, 결정도 하지 못한 채 세상의 냉혹한 현실에 직면할 것이다."[20] 여기서 '많은 학생들'은 인문학을 전공한 사람들이었다. 또다른 기자는 "의사, 변호사, 엔지니어는 장래 계획에 대해 분명한 생각을 갖고 있지만 신입생의 대다수는 다음 미식축구 시즌 또는 다음 봄학기 이상의 미래에 대한 전망이 없었다. 이런 상황에서 직업 안내 프로그램이 시작되었다"고 말했다.[21]

직업 안내는 확대되었다. 교육학과 박사과정생인 길버트 위렌c. Gilbert Wrenn이 1929년 이 대학의 직업 안내서비스 사무총괄자로 임명되어[22] 오후 시간에는 학생들을 위해 일했다.[23] 위렌은 또한 직업 안내위원회의 위원으로 임명되었고, 1930년에는 위원회에 기존의 교수 외

---

19 남자 졸업생을 염두에 두고 제시된 직업들 중 대단한 열정을 가진 익명의 작가가 '흥미 있는 삶'을 살 수 있는 직업을 홍보했는데, 그것은 뜻밖에도 철도 관리자로 일하는 '철도부설'이었다. 안내 책자는 "같은 날이 하루도 없다. 전혀 단조롭지 않고 적극성이 필요하기 때문에 에너지가 넘치는 젊은 사람들에게 아주 매력적인 분야다"고 설명했다. SU, 《Vocational Information》, 53~54쪽.

20 "A Job! My Kingdom for a Job!" 〈SD〉, January 29, 1930.

21 "Share the Wealth," 〈SD〉, May 10, 1940. 1951년 같은 내용이 주장되었다. "보콤(Vocom) 프로그램 시리즈의 대상자는 사회과학, 영문학, 또는 역사학과 같은 분야를 전공한 학생들로, 특정 직업을 위한 집중 훈련을 받지 않았거나, 자신이 활동하고 싶은 분야를 결정했거나 하지 못한 채 졸업을 앞둔 4학년생이 될 것이다. 'Senior Vocom Outlines Jobs," 〈SD〉, April 5, 1951.

22 시작 날짜를 1929년으로 잡은 것은 위렌이 부임한 날짜가 1930년 1월 초인 점, 그리고 그가 1936년 미네소타 대학에서 일하기 위해 사임할 때 7년 동안 일했다고 언급한 점을 고려하여 추정한 것이다. 'Dr. C. G. Wrenn Resigns Office," 〈SD〉, July 2, 1936.

23 'Committee Offers Information on Careers Open to Graduate," 〈SD〉, January 9, 1930. 성격 특성과 직업에 관한 위렌의 학위 논문과 그의 이후 직업에 대한 설명이 필요하다면, Clyde Parker, 'Charles Gilbert Wrenn (1902~2001)," 〈American Psychologist〉 57, no. 9 (September 2002): 721~722쪽을 보라.

에 세 명의 학장과 대학 교무처장이 추가되어 위원회의 규모가 확대되었다.[24]

시간이 지나자 교수진과 대학 당국의 대표자들은 뒤로 물러나고 학생들이 강사 섭외와 모임 홍보를 맡았다. 직업 안내라는 목적을 위해 학생 자원봉사자들이 수행한 일들은 광범위했다. 위원회 활동의 전성기 때 학생위원회는 일주일에 한 번씩 만날 정도로 아주 부지런했다.[25]

직업 안내는 여성 영역과 남성 영역으로 분리되었다.[26] 예를 들어 1940년 남성을 위한 직업 안내 시리즈는 엠포리움 백화점의 임원 에드워드 C. 리프먼Edward C. Lipman을 캠퍼스로 초청했고, 그는 학생들에게 이런 메시지를 전했다. "모든 남성들을 환영합니다." 리프먼이 방문한 뒤 이어 아메리칸 트러스트 컴퍼니American Trust Company, 크라운 젤러바흐 코퍼레이션Crown-Zellerbach Corporation, 스탠다드 오일 컴퍼니 오브 캘리포니아Standard Oil Company of California의 대표자들이 초청되었다.[27] 여학생들이 백화점 경영에 관한 강연을 들으려고 할 경우 여성들을 위한 직업 목록(드라마, 글쓰기, 인사 업무, 교육, 백화점 경영)에 대해 안내하는 강연자를 별도로 초청해야만 했다.[28] 1940년에는 패션 디자인

---

24 'Committee Offers Information,' ⟨SD⟩, January 9, 1930.

25 'Vocom Aids in Evaluating Professions,' ⟨SD⟩, May 11, 1939, and 'Advice on That Career Hunt,' ⟨SD⟩, February 28, 1951. 대공황 시기에 가장 가시적으로 나타난 관심사: 'Lectures Cancelled,' ⟨SD⟩, May 12, 1937 and 'Vocom Asks Farm Ideas on Projects,' ⟨SD⟩, February 16, 1940을 보라. 이 글에서 '새로 결성된 남성 직업 안내위원회'가 언급된 것을 고려할 때 이 위원회가 이미 사라졌음을 시사한다. 여성 직업 안내위원회는 1951년에 공식적으로 중단되었고, 2년 뒤 나머지 직업 안내위원회도 사라졌다. 'Interest Lag Is Reason for Ending Vocom,' ⟨SD⟩, October 5, 1951, and Eugene Dils, Director of the Placement Service, 'From Another Viewpoint,' ⟨SD⟩, January 13, 1953.

26 여학생들은 이 시스템의 정점에서 탁월한 의사소통 시스템을 개발했다. 캠퍼스 내 모든 여자 기숙사와 여학생 클럽회관에는 직업 안내위원회 대표자가 있어 개최될 프로그램의 강연자를 공지하고 프로그램에 관한 제안을 받았다.

27 'Forum Plans Merchandise Talk Tonight,' ⟨SD⟩, January 29, 1940.

28 'A Job!'

분야의 직업을 소개하기 위해 캠퍼스에 초청된 강연자는 남자들을 상대로는 말하지 않았다.[29]

1932년 길버트 워렌이 스탠퍼드 여학생을 상대로 강연했을 때 '상냥한 성격 개발'의 중요성을 강조했다. 그는 이런 성격을 가진 여학생들은 '미래의 고용주에게 꼭 필요한 존재가 될 것'이라고 주장했다.[30] 그는 여성들에게 "사람들을 만나는 연습을 하라, 자신감을 키워라, 인격을 개발하라, 유명 인사가 되어라"라고 말했다.[31]

여학생들은 가끔 남자들의 가부장주의와 조언에 저항했다. 1939년 직업 학생위원회의 일원이 된 9명의 학생은 특히 독립적이었고, 여학생의 관심 분야 조사에서 선두를 차지한 4개 분야('인사, 사회복지, 교육, 사업')뿐만 아니라 임업, 지질학, 정부 서비스와 같은 다른 분야, 그리고 '여성들의 참여가 낯설지만 임시직이 아닌 다른 많은 직책'에 관한 정보를 수집했다.[32] 위원회는 여학생부 사무처의 직업 상담자 아나스타샤 도일Anastasia Doyle이 관리하는, 모든 여학생이 이용할 수 있는 직업 정보 서류철에 주목했다. 법률 직업 관련 서류에는 여성 판사와 여성 변호사에 관한 잡지 기사도 포함되었다. 아울러 이 서류철에는 실제 법률 업무에 종사하는 스탠퍼드 출신 여학생들이 쓴 편지도 있었는데,

29 'Vocom to Discuss Fashion Designing,' 〈SD〉, January 30, 1940.

30 1945년 개인 특성의 중요성이 표면화되었다. 전미제조기업협회가 샌프란시스코 베이 지역의 대기업 출신의 대표자 5명으로 구성된 전문가 집단을 구성했다. 여기에는 스탠더드오일, 제너럴일렉트릭, 오클랜드의 백화점이 포함되었다. 대표자들은 자사의 직업에 대해 말하도록 요청받았다. 모든 사람들이 가장 높게 평가한 것은 '교양교육에서 비롯되는 포괄적이고 균형 잡힌 교육'이었다. 그러나 같은 대표자 집단은 약간 더 나아가, 오늘날 기업 의사소통 담당자들은 자사의 공식 대표자가 어디에서든지 지원자가 받은 학위가, 직업을 얻는 데 가장 중요한 지원자 개인의 성격에 비해 이차적이라고 말하는 것을 결코 허용하지 않는다고 한목소리로 말한다. "'Rounded Education' Favored," SD, November 28, 1945.

31 "Wrenn Advises Job-seeking '500,'" 〈SD〉, February 17, 1932.

32 'Vocom Aids.'

편지는 "잡지 기사가 좀처럼 포착하지 못하는 법률 분야 직업의 문제점과 장점에 관한 통찰력 있는 내용을 제공했다."[33]

직업 안내 학생 봉사자들에게 가장 인상적인 점은 많은 시간과 노력을 투자하여 강연자를 섭외하고 학생들의 참여를 독려한 남녀 학생들이 자신의 직업적 관심사만 추구하는 것이 아니라 동료 학생들이 직업 계획을 수립하도록 기꺼이 도와주었다는 것이다. 학생 주최자들은 자신의 미래를 보장받지 않았고, 똑같이 불확실한 미래를 걱정하며 힘들어했다. (되돌아보면, 우리는 그들이 자신의 장래를 몰랐다는 것을 알 수 있다. 예를 들어, 1951년 학번으로 졸업한 정치학 전공자 데렉 복Derek Bok은 졸업반 직업 안내위원회[34]에서 적극적인 자원봉사자로 활동했으며 나중에 하버드 대학 총장이 되었다.)

직업 정보 배포 활동은 나중에 제도화되고 전문화되었다. '직업 계획'은 한동안 스탠퍼드 대학 취업안내센터의 공식적인 이름의 일부가 되었고, 학생들이 자발적으로 이끌던 초기의 취업 안내 시기에 보여주었던 이타주의는 사라졌다.

인문학 전공자들의 불안감 해소를 위해 만들어진 BEAM

2013년 스탠퍼드는 직업개발센터Career Development Center의 새로운 책임자로 파룩 데이Farouk Dey를 임명했다. 카네기 멜런 대학 경력 및 직업개발센터의 전前 책임자였던 그는 스탠퍼드 대학의 직업개발센터를

---

33 'Vocom Gives Students Aid Through Files,' 〈SD〉, May 12, 1939. 도일의 사무실은 대학 행정 건물 내 '잘 알려지지 않은' 곳에 있는 것으로 기술되었다.

34 'Majors Will Be Subject,' 〈SD〉, May 22, 1951.

다시 만드는 책임을 맡았다.**35** 조정위원회가 구성된 뒤 센터의 미래 계획인 '비전 2020'이 완성되었다. 2015년, 데이는 "오프라인 방식의 직업 경력 서비스 시대는 끝났다"고 선언할 준비가 되어 있었다.**36** 데이는 다소 명확하지 않지만 야심찬 말로 새로운 직업 경력 서비스 모델을 설명했다. "우리의 직업 경력 교육자들은 학생들을 위해 스탠퍼드 생태계를 지원하고, 확대하고, 활용하기 위해 캠퍼스 안팎 어디에서나 연결되어 있다."**37**

데이와 동료 직원들은 센터 조직이 새로운 사명을 반영하는 새로운 이름을 갖기를 원했지만 '센터'를 대체할 좋은 단어를 생각해낼 수 없었다. 그들이 만들어낸 단어는 두문자어 BEAM(교육, 야망, 의미 있는 일 잇기Bridging Education, Ambition, and Meaningful work) 이었다. 이 단어는 문법적으로 이상한 혼합어로 마지막 단어가 빠져 있었다.

BEAM은 자신의 새로운 정체성을 설명한 대목에서 "우리는 사람들에게 일자리를 안내하기보다는 교육한다"는 점을 강조했다. 구체적으로 BEAM은 학생들에게 "자신들의 직업적 여정을 만들기 위한 개인적인 네트워크를 키우고, 자신들의 학습과 야망을 의미 있는 일로 연결하는 과정"에 대해 가르쳤다.**38** 개인적인 네트워크의 중요성은 이 책에 제시된 졸업생 이야기를 관통하는 주제다. 공대생들은 이러한 개인적인 네트워크가 필요하지 않다는 점에 유의해야 한다. 이런 인맥이 필요

35 'Farouk Dey Is New CDC Head,' ⟨SD⟩, January 16, 2013.

36 "'Vision 2020' Re-Envisions Career Services Model," ⟨SD⟩, November 1, 2013.

37 'Career Development Center Renamed BEAM,' ⟨SD⟩, September 17, 2015.

38 Farouk Dey, "Our Name Story," n.d., Stanford Career Education, https://beam.stanford.edu/about-us/our-name-story, accessed January 7, 2017.

한 사람들은 인문학과 다른 교양과목 전공자들이다.

조직의 이름 한가운데서 '센터'를 뺀 BEAM에서는 학생들을 지원하기 위해 사용했던 네트워킹을 대학 당국이 아니라 학생들이 직접 떠맡기 때문에 그 규모가 상당히 축소되었을 것이라 예상할지 모른다. 사실은 그렇지 않았다. 새로운 책임자는 새로운 비전과 새로운 프로그램 명칭 덕분에 더 많은 자원에 대한 소유권을 주장할 수 있었다. 데이가 2013년 부임했을 때 26명의 정규직이 일했는데 2016년에는 직원이 두 배로 늘었다. BEAM은 새로운 하위 조직(직업 경력 커뮤니티, 직업 경력 촉진, 직업 경력 모험, 브랜딩 및 디지털위원회)을 구축했다.[39]

BEAM의 대폭적인 확장은 인문학 전공자들(그리고 아마 더 중요하게는 그들의 학부모)이 느끼고 있는 미래의 직업 전망에 대한 고조된 불안에 대응하여 그들을 안심시키기 위한 것으로 볼 수 있다. 사립대와 공립대를 포함한 다른 모든 대학과 마찬가지로, 스탠퍼드는 모든 이해당사자들에게 졸업 때 직업을 찾도록 모든 학부생들을 열심히 돕는다는 점을 전달해야 한다. 특히 여러 곳에서 취업 제의를 받지 못할 가능성이 있는 분야를 전공한 학생들을 열심히 도와야 한다. 이런 노력은 곧 졸업하는 학생들을 위해 지치지 않고 열심히 일하는 경력 서비스 담당 직원 확대로 이어졌다.

나는 직업 경력 서비스 조직의 확대로 어떤 변화가 일어날 것이라고는 기대하지 않는다. 나는 직원들을 나무라는 것이 아니다. 그들은 경제 전반의 고용주들이 인문학 전공자들에게 문호를 개방하는 방향으

---

39 'Q & A: Farouk Dey,' 〈SD〉, May 21, 2013; 'Stanford BEAM Celebrates Name Change with BEAM Connection Event,' 〈SD〉, January 15, 2016.

로 태도를 바꾸도록 영향을 미칠 수 없다. 나는 학생들이 직업 경력 서비스에 거는 기대가 상당히 낮다는 점을 보여주는 많은 증거를 갖고 있다. 이 책에 제시된 학생들의 이야기에는 제도적인 지원은 거의 보이지 않는다. 또한 나는 스탠퍼드 학생들이 풀타임 직업 상담자들을 외면하고, 대학이 2010년부터 〈인생 설계〉**40**라는 제목으로 제공하기 시작한, 합격/불합격으로 평가하는 2학점짜리 강의에 많이 등록하여 자신의 직업 경력 계획에 스스로 더 적극적인 역할을 하고 있다는 점을 증거로 언급할 수 있다. 이 강의를 개발한 사람은 스탠퍼드 대학 디자인 프로그램 강사였던 빌 버넷Bill Burnett과 데이브 에반스Dave Evans였다. 이 강의 안내서에는 "디자인 사고방식을 활용하여 인생과 직업 경력 설계라는 '까다로운 문제'를 다룬다"라고 쓰어 있다. 강의 안내서에는 직업이라는 단어가 많이 나오며 강의 목표에는 "천직 형성 과정, 직업 개발, 현재와 미래, 학생들의 '직업 비전'"이 포함된다.**41**

앞선 시기에 교수와 학생들은 '직업 안내'를 기본적으로 학생들에게 다양한 직업에 관한 매우 상세한 정보를 제공하는 것으로 이해했다. 학생들은 문자로 안내를 받을 필요가 없었다. 〈스탠퍼드 데일리〉가 1940년 강연 시리즈에 관한 기사에서 약속했듯이, 그들은 풍부한 정보가 필요하기 때문에 경험이 많은 직업 종사자들이 캠퍼스를 방문하여 '내부 정보'를 제공하면 그걸로 족했다.**42**

40 'Stanford's Most Popular Class Isn't Computer Science—It's Something Much More Important,' 〈Fast Company〉, March 26, 2015.

41 'Designing Your Life, ME104B,' course syllabus, identified as 'v5,' n.d., http://web.stanford.edu/class/me104b/cgi-bin/uploads/Syllabus-Designing-Your-Life-ME104B-v5.pdf, first retrieved November 10, 2015.

42 'Forum Plans.'

스탠퍼드 직업 안내의 현대적인 형태는 〈인생 설계〉 강의에서 보여주었듯이 직업 개발이다. 이것은 직업 경력에 관한 세부 내용에 주목하지 않고, 한 번만이 아니라 여러 번 지원할 수 있는 채용 선발과정에 더 많이 주목한다. 이 강의는 '직업 경력'에 대해 말하는 대신 '대학에서 첫 직장'으로 이동하는 문제를 다룬다. 이 강의에는 뉴에이지 심리학(마틴 셀리그먼Martin Seligman, 《진정한 행복: 새로운 긍정 심리학을 이용하여 자신의 잠재력을 깨닫고 지속적인 성취감 느끼기》), 더 진지한 심리학(미하이 칙센트미하이Mihalyi Csikszentmihalyi, 《몰입: 최적 경험의 심리학》), 직업 경력 설계(리처드 볼스Richard Bolles, 《당신의 낙하산은 무슨 색깔인가》, 마티 넴코Marty Nemko, 《초보자를 위한 멋진 직업들》), 직업 관련 구술 역사 이야기(스터드 터켈Studs Terkel, 《노동: 사람들은 자신이 하루 종일 무엇을 하는지, 그것을 어떻게 느끼는지에 대해 말한다》)가 포함된다.

빌 버넷은 디자인의 필수적인 방법론이 천직 선택에 어떻게 똑같이 적용되는지 설명했다. "원형을 만들고 시험을 거쳐 끊임없이 자신의 관점을 바꾸어야 한다." 강의에 참석한 학생들은 스스로 완전히 다른 세 가지 5년 계획('오딧세이 계획')을 만들고, 그중 하나를 선택해 완전한 형태의 10년 계획을 만들어야 한다. 버넷의 말에 따르면, 이 연습 활동을 통해 학생들은 "실현 가능성이 있는 자신의 모습에 대한 다양한 버전의 원형을 만들어야 한다."**43**

---

43 'Stanford's Most Popular Class,' 2016년 버넷과 에반스는 《인생설계: 풍요롭고 즐거운 인생 만드는 법(Designing Your Life: How to Build a Well-Lived, Joyful Life)》(New York: Knopf, 2016)을 출간하여 일반 대중과 자신들의 생각을 나누었다. 이 책은 빠른 속도로 베스트셀러 목록에 올랐다. 이 책은 독자들에게 2인칭으로 말을 건네면서 페이지마다 '실행 가능한' 실제적인 조언을 제공했다. 예를 들면(11페이지), "시인들의 평균 수입을 바꾸려면 당신은 시장을 바꾸어 사람들이 더 많은 시집을 사거나 그것에 더 많은 돈을 지불하게 해야 한다. 당신은 그것을 시도해볼 수 있다. 시에 찬사를 보내는 편집자에게 편지를 써라. 당신은 지역의 커피숍에서 열리는 시낭송의 밤에 사람들이 참석하도록 대문을 두드릴 수 있다. 하지만 이것은

348

그러나 10년 계획은 적어도 대학원 진학 또는 졸업 후 교육을 깊이 고려하지 않는다면 인문학 전공자에게 적합하지 않은 것처럼 보인다. 우리는 이 책에 소개된 졸업생들이 경험한 직업 경로를(부분적으로는 그들은 대학원에 진학하지 않았기 때문에 선택되었다) 보여주는 지도를 만들 수 없을 것이다. 뉴욕 연방준비은행 소속의 두 경제학자 제이슨 R. 아벨Jaison R. Abel과 리처드 데이츠Richard Deitz가 2010년 인구조사에서 수집한 자료를 이용해 대학 졸업자들의 전공과 그들의 직업이 얼마나 잘 일치하는지 살펴보았을 때, 그들은 석사 학위 소지자를 제외한 경우 학사 학위를 가진 대학 졸업자의 27%만이 연방정부의 분류체계 기준으로 자신의 전공과 관련된 직장에서 일하고 있었다. 여기에는 모든 학과가 포함된다. 분명히 이 분류 기준의 폭이 넓지 않아서 정확하게 일치하는 비율은 낮았다. 인문학 전공자의 1%만이 자신의 특정 전공과 일치하는 직장에서 일하는 것으로 밝혀졌다.44

가치가 있는 것은 지식이 아니라 지식을 얻기 위해 받은 훈련

미지의 미래에 대해 스스로 편안하게 생각하는 일부 학생들은 이미 알려진 목적지로 이동시켜주는 컨베이어벨트와 같은 전공을 선택하라는 부모의 압박을 막아내야 한다. 조지 메이슨 대학 사회문제 분

거의 승산이 없다. 비록 당신이 '문제'를 놓고 열심히 노력할 수 있지만 우리는 당신이 그것을 실행할 수 없는 상황임을 받아들이길 권고한다. 그렇게 한다면 당신의 생각이 자유로워져서 다른 문제에 대한 다른 해결책을 궁리하기 시작할 것이다."

44 Jaison R. Abel and Richard Deitz, "Agglomeration and Job Matching Among College Graduates," 〈Regional Science and Urban Economics〉 51 (2015), 16. 지나가는 말로, 우연히 저자들은 스튜디오 아트 전공자의 44%가 자신의 전공과 관련된 직장을 갖고 있다고 언급했다. 이 놀라운 수치(이는 직업 일치율이 53%인 회계 전공자와 비슷하다)는 스튜디오 아트 전공이 없다면 모든 인문학 전공자의 직업 일치율은 1%보다 더 낮아질 것임을 시사한다.

야 교수 스티븐 펄스타인Steven Pearlstein은 2016년 〈워싱턴 포스트〉에 '자녀들에게 문학을 공부하도록 허용하지 않는 부모와 만나다'라는 제목의 글을 썼다.[45] 이 글에서 그는 세미나 수업에서 데이비드 나소David Nasaw의 800페이지짜리 앤드루 카네기 전기를 읽고 토론한 뒤 학생들과 대화한 내용을 소개했다. 많은 학생이 펄스타인 교수가 이 책을 과제물로 내준 것에 고마워했다. 그는 부와 빈곤에 관한 상급생 세미나 수업을 듣는 24명의 학생들 중 역사학 전공자가 한 명도 없다는 사실을 알게 되었다. 심지어 영문학 전공자도 철학 전공자도 없었다. 그는 그들에게 물었다. "이게 어떻게 된 거죠?" 대여섯 명의 학생이 "부모님이 이 수업을 듣지 못하게 했습니다"라고 대답했다.

자녀들이 인문학을 멀리하게 만드는 것은 주립대 학생들의 부모만이 아니다. 하버드 대학 역사학과 교수 질 레포레Jill Lepore는 하버드의 역사 및 문학 프로그램을 홍보하는 행사에 참가하게 된 것에 열광하며 자신의 집으로 온 한 학생에 대한 이야기를 했다. 그 학생은 자신의 집에 있는 동안 부모로부터 긴급 문자메시지를 수없이 받았다. "당장 떠나, 거기서 나와, 그곳은 고통의 집이야."[46]

스탠퍼드 대학 신입생 아만다 리즈칼라Amanda Rizkalla는 2016년 가을, 저소득층 가정의 1세대 대학생으로 자신이 직면한 어려움에 대한 에세이를 학교 신문에 썼다. 그녀는 아버지에게 왜 자신이 창의적인 글쓰기를 전공하고 싶은지, 아버지가 기대하는 의대 예비 과정을 선택하

45 Steven Pearlstein, "Meet the Parents Who Won't Let Their Children Study Literature," 〈Washington Post〉, September 2, 2016.
46 'As Interest Fades in the Humanities, Colleges Worry,' 〈NYT〉, October 31, 2013.

고 싶지 않은지를 설명하려고 했다. 만약 그녀가 아버지에게 자신의 바람에 대해 말하면, 아버지가 "너는 글 쓰는 법을 이미 알고 있어, 그걸 배우려고 대학에 갈 필요는 없어. 넌 실용적인 사람이 되어야 해"라고 대답할 것이라고 예상했다. 그녀는 자신의 전공 선택을 아버지에게 맡기기 싫었다. "스탠퍼드에 진학한 사람은 나지 부모님이 아니다"라고 그녀는 썼다. 그녀는 감동적인 말로 끝을 맺었다. "그래, 나는 우리 집에서 대학에 진학한 첫 세대야. 맞아, 우리 집은 가난해. 난 의지할 만한 안전망도 없어. 진심으로, 추호의 후회도 없이 나는 실용이 아니라 열정을 선택할거야."[47]

나는 리즈칼라의 표현에 손을 대기가 망설여지긴 하지만 '열정'과 '실용'을 반대 개념으로 보고 싶지 않다. 나는 이 책에서 소개한 이야기들에서 인문학을 전공으로 선택한 졸업생들의 열정을 본다. 이 열정은 졸업 후 그들의 첫 직장으로 이어지고, 또는 (그 직업이 본질적으로 흥미롭지 못한 경우) 새로운 것을 배우고, 새로운 과제를 맡아 공식적인 업무 내용을 넘어서 고용주에게 유용한 존재가 되는 방법을 찾는 것으로 이어진다. 그들의 열정은 아주 쓸모 있었다.

언뜻 보면, 이 책의 이야기는 하나의 대학교와 밀접한 관련이 있는 것처럼 보일지도 모른다. 이 책에 소개한 이야기에서 학생들은 학교에 기반을 둔 네트워크를 이용해 졸업 후 첫 취업의 문을 열었다. 이 이야기를 읽는 과정에서 독자들은 자연스럽게 다음과 같은 실망스러운 가정을 떠올릴 것이다. 즉 그 대학에 가지 않았다면 그런 네트워크를 이

---

47 Amanda Rizkalla, 'From Lower Class to Literature Class,' ⟨SD⟩, October 24, 2016.

용할 수 없었을 것이다. 나는 여러 이야기에서 스탠퍼드 졸업생 네트워크의 역할을 반복적으로 언급했기 때문에 네트워크가 실제보다 더 결정적인 것처럼 보이게 만들었다고 주장하고 싶다. 내가 대담하게 이런 주장을 하는 이유는 두 경제학자의 연구 덕분이다. 그들은 재치 있게 설계한 두 가지 대규모 연구를 수행하면서 '명문 단과대학이나 종합대학 진학에 따른 경제적 보상은 어떤가?'같은 질문에 대해 정량적으로 분석했다.

매스매티카 정책 연구소Mathematica Policy Research 소속 경제학자 스테이시 버그 데일Stacy Berg Dale과 프린스턴 대학교 경제학 교수 알랜 크루거Alan B. Krueger는 지원서, 성적표, 그리고 스탠퍼드와 다른 학교(프린스턴, 예일, 윌리엄스 같은 최고 명문대와 펜실베이니아 주립대, 사비에르 대학과 같은 비명문대를 포함한다)의 두 졸업생 집단의 중년기 수입을 살펴보았다.[48] 이전의 연구들은 동일한 SAT 점수나 고교 성적을 가진 학생들 중에서 높은 SAT 점수를 받거나 고교 성적이 좋은 학생들을 끌

---

[48] 첫 연구는 Stacy Berg Dale and Alan B. Krueger, 'Estimating the Payoff to Attending a More Selective College: An Application of Selection on Observables and Unobservables,' 〈Quarterly Journal of Economics〉 117, no. 4 (November 2002): 1491~1527. 첫 연구로 1976년 3개의 단과대학과 종합대학의 신입생 1만 4,000명 이상이 앤드루 W. 멜론 재단에서 수행한 College and Beyond 자료 수집 프로젝트에 참여했으며, 1995년 피실험자들이 스스로 보고하는 방식으로 소득 자료를 수집했다. 두 번째 연구는 Dale and Krueger, 'Estimating the Return to College Selectivity Over the Career Using Administrative Earnings Data,' NBER Working Paper Series, Working Paper 17159, June 2011였다. 이 연구는 1989년 27개 단과대학과 종합대학에 입학한 학생들 중 추적 연구에 기꺼이 참여할 의사 있는 사람들을 대상으로 이루어졌다. 이 연구에서는 사회보장 행정기관으로부터 받은 소득 자료를 이용했다. 저자들은 추적 조사에 참여한 27개 대학 명단을 다음과 같이 열거했다. Barnard College, Bryn Mawr College, Columbia University, Duke University, Emory University, Georgetown University, Kenyon College, Miami University of Ohio, Morehouse College, Northwestern University, Oberlin College, Penn State University, Princeton University, Smith College, Stanford University, Swarthmore College, Tufts University, Tulane University, University of Michigan, University of Pennsylvania, Vanderbilt University, Washington University, Wellesley College, Wesleyan University, Williams College, Xavier University, and Yale University. 저자들이 연구한 두 집단 중 각각의 집단에 속한 학생들의 35%가 자신이 입학 허가를 받은 가장 유명한 대학에 입학하지 않았다. Dale and Krueger, 'Estimating the Return,' 26쪽.

어들이는 명문대에 진학한 사람들이 더 많은 수입을 올릴 가능성이 있다고 밝혔다.

데일과 크루거는 학생이 진학한 대학뿐만 아니라 그들이 지원한 대학, 합격한 대학, 그리고 불합격한 대학도 살펴볼 수 있었다. 그 자료를 분석하자 뜻밖의 결과가 나타났다. 비슷한 SAT 점수와 고교 성적을 통제한 뒤 미래의 수입을 예측하는 가장 중요한 요소는 학생이 진학한 학교의 우수성이 아니라 설령 지원했다가 떨어진 경우라도 학생이 지원한 가장 우수한 대학의 우수성이었다. 스탠퍼드와 사비에르 대학에 지원해서 사비에르에는 합격하고 스탠퍼드에는 불합격한 가상의 학생은 평균적으로 비슷한 SAT 점수와 고교 성적을 받은 학생으로서 스탠퍼드에 입학하여 졸업한 학생들만큼 많은 수입을 올렸다.

이 현상에 대해 연구자들은 대학 입학 사무처가 야망과 자신감과 같은 결정적으로 중요한 특성을 보지 못하기 때문이라고 설명한다. 이런 특성은 학생이 지원하기로 선택한 대학에 의해 드러나며, 대학 교수진이나 졸업생 네트워크 규모 차이보다 훨씬 더 중요하다. 그들은 유명한 예를 언급했다. 서든 캘리포니아 대학과 UCLA 대학의 영화과에서 입학을 거부당한 스티븐 스필버그는 롱비치의 캘리포니아 주립대로 진학했지만 그의 경력에 뚜렷한 손상은 없었다.[49]

알랜 크루거가 이런 연구 결과에 대해 인터뷰하면서 학생들에게 이런 조언을 했다. "입학할 만한 가치가 있는 유일한 대학은 당신을 거절한 대학이라고 생각하지 마라." 그는 학문적 장점들이 자신의 장점과

---

49 Dale and Krueger, 'Estimating the Payoff,' 1499.

일치하는 학교를 찾으라고 조언했다. 아울러 그는 "학위증에 적힌 대학 이름이 아니라 자신의 동기, 야망, 재능이 자신의 성공을 결정한다는 점을 인식하라"고 덧붙였다.[50]

이 책에 언급된 이야기를 관통하는 통일적인 주제는 '지적으로 도전하는 태도, 가장 쉬운 길에 대한 단호한 거부, 열심히 일하는 능력, 더 높이 도달하려는 추진력을 포함한 개인의 특성이 매우 중요하다는 점'이다. 우연히 인문학을 공부한 뒤로 기꺼이 깊이 탐구하여 탁월한 사람이 되고 싶은 모든 대학생은 이 책의 이야기를 읽고 자신감을 가져야 한다. 빛을 발하는 것은 개인의 특성이다. 그러니 부모들도 자신감을 가져야 한다.

과거에 그랬듯이, 나는 이 이야기가 미래 졸업생들의 고용주들이 전문적인 학위가 필요 없는 신입 직원 자리에 모든 인문학 전공자를 기꺼이 고려하려는 태도를 회복하는 데 도움이 되기를 바란다. 이렇게 하려면 모든 신입 직원이 근무 첫날에 업무를 수행할 준비를 완전히 마쳐야 한다는 기대를 버려야 한다. 공식적인 현장 교육을 지원할 수 없다면 비공식적인 현장 학습 시간이 있어야 한다. 재빨리 배우는 능력은 인문학 전공자들의 특징이다. 그러나 그런 능력이 빛을 보려면 지원자에게 먼저 기회를 주어야 한다.

고용주들을 조사해보면 그들은 인문학 교육이 강조하는 바로 그것을 소중하게 여긴다고 말한다. 미국 대학연합회가 2013년 조사한 결과에 따르면 고용주의 95%가 "우리 기업은 직원을 채용할 때 직장에서

---

50 'Revisiting the Value of Elite Colleges,' 〈NYT〉, February 21, 2011.

혁신에 도움이 되는 지적 능력과 대인관계 능력을 우선시한다"는 내용에 동의했다. 그리고 93%는 "'지원자'가 비판적으로 사고하고, 명확하게 소통하며, 복잡한 문제를 해결하는 능력을 입증하는 것이 학부 전공보다 더 중요하다"는 말에 동의했다.[51]

그러나 이렇게 공언한 확신을 일상의 실천으로 바꾸려면, 실제로 인력 채용을 담당하는 관리자와 팀원들이 비전문가를 고용할 때 특정 전공자를 찾고 다른 모든 전공자를 외면하는 습관을 버려야 한다. 이런 통찰은 1919년에 발행된 직업 안내 책자에도 나타났다. 새롭게 평가할 가치가 있는 것은 "지식이 아니라 그 지식을 얻기 위해 받은 훈련이다." "훈련은 거의 모든 학문 분야 연구를 통해 받을 수 있다." (그리고 학생들은 마지막 말을 잊지 말아야 한다) "단, 성실하고 폭넓게 공부해야 한다."[52] 인문학을 전공으로 선택한 학생들에게 더 많은 문호를 열면 복잡한 세계를 이해하는 데 필요한 다양한 관점이 제공되고, 그 복잡성을 다른 사람들과 잘 소통할 수 있는 능숙한 인재가 공급될 것이다.

51 Debra Humphreys and Patrick Kelly, 《How Liberal Arts and Sciences Majors Fare in Employment》 (Washington, DC: Association of American Colleges and Universities, 2014), 6쪽.
52 SU Committee, 《Vocational Information》, 34쪽.

감사의 말

나의 에이전트 엘리자베스 카플란에게 감사드리고 싶다. 그녀는 실용교육을 아주 부드럽게 전달해 주었고, 내가 잘못된 계획에서 벗어나 탄탄한 기초로 돌아오도록 나의 주의를 환기시켜 주었다. 그녀는 또한 스탠퍼드 대학 출판부에서 이 프로젝트를 수행할 훌륭한 장소를 찾았다. 대학 출판부의 제니 가박스는 내가 이 프로젝트 계획을 몇 차례 수정하도록 큰 도움을 주었다. 그리고 케이트 월의 통찰력 있는 제안 덕분에 이 책이 훨씬 더 개선되었다. 지지 마크는 애정 어린 관심으로 세부적인 출판 과정을 살펴 주었다. 스테파니 애덤스, 칼리 카에타노, 라이언 퍼트캠프, 케이트 테플라는 열심히 홍보 업무를 준비해 주었다. 뛰어난 책 표지 디자이너 미첼 브라나는 달인의 솜씨를 보여 주었다.

나는 이 프로젝트를 위해 자신의 경험을 나누어 준 학생들에게 빚을 졌고 그들 모두에게 감사드린다. 카일 아브라함, 마크 베센, 더그 블러마이어, 아만다 브린, 올리비아 브리안트, 마이클 크렌델, 트루먼 그라너, 마갈리 더커, 엘리세 그랜가드, 스티븐 헤이즈, 메레디스 헤이지, 트렌트 헤이지, 구스 호워드, 마리 허바드, 리암 키니, 칼리 라브, 제시카 무어, 제니퍼 옥켈먼, 제스 피터슨, 앤드루 필립스, 스티븐 라파포트, 마이크 산체스, 아리엘 시슨, 알렉시스 스미스, 딜런 스위트우드, 브라이언 디치, 막샤 톨버트, 주디 왕.

나와 함께 시간을 보내며 앤드루 필립스에 관한 이야기에 사용할 자료를 제공해 준 대니얼 데이비스와 데렉 드레이퍼에게 감사드린다.

더그 블러마이어의 이야기를 위해 앱 아카데미의 쿠쉬 파텔은 인터뷰에 응해주었을 뿐만 아니라 아카데미를 돌아볼 수 있도록 해주었고, 존 울버턴은 친절하게도 실제 코딩 시험을 경험하고 싶다는 나의 요청을 들어주었다(내가 쏟은 땀은 실제 코딩 시험이 어떤지 잘 보여주었다).

스탠퍼드에서 나는 컴퓨터과학과 미란 사하미 교수와 줄리엣 카나스, 앨리스 후, 제이크 손넨버그 등의 학생들로부터 유용한 도움을 받았다. 스탠퍼드 대학 뉴스 도서관의 아서 패터슨, 미리암 W. 팜, 미셸 푸토닉, 레인 의학 도서관 사서 드루 본, 특별 소장 자료 및 대학 기록보관실의 인내심 많은 직원들로부터 큰 도움을 받았다.

지금까지 여러 차례 그랬듯이 산호세 주립대학 경영대는 내가 이 책을 집필할 수 있도록 재정 지원과 함께 휴가를 제공하였다.

이 원고의 이전 버전들은 독자 드림팀(게일 허쉐터, 리즐리 베를린, 베리 생크)이 검토한 후 수정하였다. 각 사람은 근거가 약한 주장과 불성실한 표현을 찾아내고 세부사항을 제공하는 일을 지치지 않고 해주었다. 이 일들은 힘들었지만 재미있었다.

이 책을 쓰는 데 시간이 많이 걸렸지만 인생 전부는 아니었다. 엘렌 스트로스는 충만한 삶을 나누는 동반자로서 글쓰기를 포함하여 모든 것을 기쁘게 만들어 준다.

나는 이 책을 세 명의 특별한 교사들이자 현명한 영혼들이며 나를 인문학으로 이끌어 준 모범적인 안내자인 에밀리 로젠버그, 헤럴드 칸, 리먼 반 슬라이크에게 바친다.

각주 약어표

CPPC 진로 계획 및 취업안내 센터(Career Planning and Placement Center)

DPA 데일리 팰로앨토(Daily Palo Alto)

H&S 스탠퍼드 대학 문리대(School of Humanities and Sciences, Stanford University)

H&SR 문리대 기록School of Humanities and Sciences, Records 1930-1999 SCO036, 스탠퍼드 대학 도서관 특별 소장 자료 및 대학 기록보관소(Special Collections and University Archives, Stanford University Libraries)

LSP 릴랜드 스탠퍼드 대학 논문(Leland Stanford Papers, University matters (Series 6), Stanford University, Stanford Digital Repository, http://purl.stanford.edu/qm411yg8385).

NYT 뉴욕 타임스(New York Times)

SCUA 스탠퍼드 대학 도서관 특별 소장 자료 및 대학 기록보관소 (Special Collections and University Archives, Stanford University Libraries)

SD 스탠퍼드 데일리(Stanford Daily)

SFC 샌프란시스코 크로니클(San Francisco Chronicle)

SU 스탠퍼드 대학교(Stanford University)

A Practical Education